감성×경제

Cents and Sensibility: What Economics Can Learn from the Humanities
by Gary Saul Morson and Morton Schapiro

감성 × 경제

What Economics Can Learn from the Humanities

Cents and Sensibility

게리 솔 모슨·모턴 샤피로 지음
김형석·김형주 옮김

한울
아카데미

우리 가족들과 학생들에게:

우리는 여러분의 이야기를 듣고자 하고,

여러분의 이야기에 보탬이 되고자 합니다.

오라, 우리가 서로 변론하자

_이사야서 1장 18절

차 례

감사의 말

1980년대 초 경제학자 고든 윈스턴은 경제학에서 시간 문제를 다루는 신간을 출간했을 때 전설적인 경제학자 조앤 로빈슨에게 자랑스럽게 미리 보냈다. 로빈슨 교수는 변덕스러운 성격으로 악명이 높았기 때문에, 고든은 몇 주 동안 초조하게 기다렸다. 어느 날 조앤은 갑자기 연구실로 와서 책상에 책을 던지며 "윈스턴, 이 책을 읽는 것보다 쓰는 것이 훨씬 재미있었겠네요"라고 선언했다.

이야기는 인문학의 주된 요소이지만 경제학에서는 그렇지 않다. 우리(모슨과 샤피로)는 공동 강의와 집필 작업을 통해 경제학에 인문학적 접근 방식과 감성을 도입할 때 경제학 모형은 더 현실적이 되고, 예측은 더 정확해지고, 정책은 더 효과적이고 공정해질 수 있다고 확신하게 되었다.

이 과정에서 도움을 준 많은 분들에게 감사를 보낸다. 데이비드 필리오, 쟝 프랑직, 배리 글래스너, 크리스 하이랜드, 댄 린처, 알렉 리토비츠, 케이티 마틴, 마이크 맥퍼슨, 제러미 밍고, 에이드리언 랜돌프, 주디 레밍턴, 토마스 파벨, 폴라 피터슨, 알리사 샤피로, 미미 샤피로 등은 초고 단계에 많은 유용한 조언을 해주었다. 케이티 포터는 일상적인 지혜를 나눠주었고, 조엘 모키르(Joel Mokyr)는 크고 작은 통찰력 있는 제안을 해주었다. 우리는 고인이 된 위대한 인문학자인 스티븐 툴민에게서 배울 기회가 있었다. 제네바 단코는 수많은 원고 버전들을 흔들림 없이 효율적으로 처리하여 정리하는 데 큰 도움을 주었다. 마지막으로 프린스턴 대학 출판부의 피터 도허티와 익명의 리뷰어들의 의견이 있었기 때문에 이 책은 많은 부분 개선될 수 있었다.

이 책을 집필하는 일은 정말 즐거운 경험이었고, 독자들이 이 책을 읽으면서 우리가 느낀 즐거움을 느끼게 되기를 희망한다. 로빈슨 교수와는 다르게 독자들이 우리의 열정을 공유하길 바란다.

서문

다양한 리뷰를 미리 읽고, 수십 번의 북토크에서 피드백을 받고, 신문 서평과 비평으로 말미암아 촉발된 댓글과 촌평을 모두 읽은 후에야 책을 출판할 수 있다면 얼마나 좋을까?[1] 너무 늦었다라는 것은 결코 없으니까!

다행히도 우리의 책에 대한 여러 반응에서 경제학이 그 어느 때보다 중요한 학문이지만 그 결함이 노골적으로 눈에 띄기도 하고 동시에 불필요한 것이기도 하다는 우리의 핵심 주장을 확증해주었다. 경제학을 긍정적

---

1 특히 다음 리뷰들이 유익했다. 로저 로웬스타인, 「경제학에 톨스토이가 필요한 이유: 경제모형에 부족한 것은 인간성이다」(≪워싱턴 포스트≫, 2017년 11월 12일); 디어드리 N. 매클로스키, 「인간의 얼굴을 한 경제학」(≪월스트리트 저널≫, 2017년 9월 14일); 매튜 라이즈, 「21세기 경제학의 새 지평」(≪고등교육 타임스≫, 2017년 7월 6일). 사설과 비평 중에서 우리가 주목한 것은 다음과 같다. 「학교가 짜놓은 얽히고설킨 그물망: 대학 순위 게임」(≪시카고 트리뷴≫, 2017년 8월 28일); 「탈인문학」(≪고등교육 내부통신≫, 2017년 6월 13일); 「입학사정관을 위한 윤리학 101」(≪고등교육연감≫, 2017년 7월 7일), 「인문학의 얼굴을 한 경제학」(≪프로젝트 신디케이트≫, 2017년 7월 28일), 「더 나은 투자자가 되려면 더 좋은 소설을 읽어라」(≪마켓워치≫, 2017년 6월 21일) 등. 이 서문은 특히 「톨스토이와 오스틴을 읽는 것이 경제 예측을 개선할 수 있을까?」(Knowledge@Wharton, 2017년 11월 7일)에 기반하고 있는데, 평자는 우리의 북토크를 리뷰하면서 "똑똑한 애봇과 카스텔로(1940년대부터 1950년대 미국의 라디오, 영화, TV에서 활약했던 코미디 듀오–옮긴이주)의 가벼운 루틴" 느낌이라고 했다. 우리가 의도했던 이미지와 정확히 일치하지는 않지만 수용하겠다.

측면에서 보면 분석적 엄밀성, 상충 관계(trade-off)와 효율성을 중요시하는 점, 삶의 개선을 목표로 하는 정책 등으로 인해 경제학은 이례적으로 영향력 있는 학문이 되었다. 그리고 '대안적 사실'이 점점 더 실제 사실로 둔갑하고, 많은 사람들이 '사실'의 존재 자체를 부정하는 현실에서 경제학의 통계적 도구는 궤변과 정치적 수사에 대항하여 반가운 해독제 역할을 하고 있다.

하지만 경제학은 자부심이 너무 강한 학문이다. 미국 교수들을 대상으로 한 설문 조사에 따르면 경제학자의 절반 미만만이 다른 분야에서 배울 것이 있다고 생각하는 것으로 나타났다. 심리학 교수 79%와 사회학자 73%는 학제 간 접근이 합리적이라고 생각했으나, 경제학자 중 42%만 이러한 견해를 지지했다.[2]

이 결과가 의외라고 느낄 수 있을 것이다. 경제학자들은 자신의 연구 주제를 위해 다른 학문 분야로 눈을 돌리는 경우가 일반적이지 않은가? 그렇다. 하지만 인용 지수와 그것과 유사한 데이터를 보면 경제학자들이 다른 학문 분야를 진지하게 다루는 경우는 매우 드물다.[3] 인간 행동에 대

---

2 우리가 이 연구와 영국은행의 수석 이코노미스트인 앤드류 할데인의 흥미로운 강연(2016년 11월 10일 GLS Shackle Biennial 기념 강연 "다채로운 세계")에 대해 처음 알게 된 것은 2017년 2월 12일 자 ≪뉴욕타임스 매거진≫에 게재된 존 란체스터의 「돈에 대해서」라는 기사를 통해서였다. 이 설문 조사는 닐 그로스와 솔론 시몬스에 의해 "미국 교수들의 사회적 정치적 견해"라는 주제로 수행되었으며, 마리온 포케이드·에티엔느 올리옹·얀 알간의 통찰력 있는 논문 「경제학자들의 우월성」(≪경제시각저널≫, 2015년 겨울호, 89~114쪽)에 관련 분석과 함께 자세히 설명되어 있다.

3 포케이드·올리옹·알간의 논문을 참고하기 바란다. 그런데 그들이 저명한 경제 학술지들을 분석한 결과, 경제학자들이 갈수록 포괄하고자 하는 분야가 있다는 것을 알게 되었다. 그 분야가 사회학이나 정치학일까? 아니다. '학제 간' 연구에서 성장세를 보여주는 학문(분야)은 바로 재무(경제)학으로, 경제학에서 멀리 떨어진 학문도 아닐뿐더러 딱히

한 대부분의 경제학 모형은 심리학을 무시하고, 빈곤의 순환에 대한 연구는 사회학과 인류학을 무시하며, 과거에 대한 분석은 역사가들을 우회한다. 마치 여타 다른 학문 분야들이 가지고 있는 문제의식은 훌륭하지만 **모든** 답은 엄밀한 경제학만이 가지고 있다는 듯 말이다.

이러한 오만함은 정확한 예측과 효과적인 정책의 역사에 의해 정당화된 것이라고 생각할 수도 있다. 그러나 이 오만함과 배치되는 반례와 오랜 기간의 실망이 경각심을 불러일으키지 않는 것 같다. 닷컴 버블, 대침체(the Great Recession), 노동생산성 증가율의 장기적인 하락, 지난 10년간 미국 경제가 보여준 놀라울 정도로 지지부진한 경기회복의 사태, 그리고 트럼프 대통령 당선 이후 미국 주식시장의 급등 및 브렉시트 투표 이후 영국의 고용 증가 등을 예측하지 못한 경제학자들이 깨닫는 바가 있을 것이라고 생각할 수도 있겠지만 우리가 보기에는 그렇지 않다. 수학을 좀 알고 정치인과 비즈니스 리더가 당신의 의견을 기꺼이 경청할 의향이 있다면 겸손해지기는 어려운 듯하다. 경제학자들도 다른 사람들과 마찬가지로 제인 오스틴의 소설에서 경고하는 것처럼 '오만과 편견'으로 인해 상반되는 증거와 자신의 한계를 인식하지 못하는 행동을 하게 되는 것이다.[4]

우리가 이 책에서 염두에 두고 있는 학문도 아니다!

4 경제학자들은 자신들의 실수는 인정하기 싫어하면서 다른 사람들이 자신들의 실수를 인정하리라 기대한다. 노벨 경제학상을 수상한 경제학자이자 칼럼니스트인 폴 크루그먼은 트럼프 정부가 그들의 부정확성에 대해 시인할 것을 촉구했다(「트럼프 무오류의 교리」, ≪뉴욕타임스≫, 2017년 10월 23일). "우리는 실수를 인정하지도 않고, 사과하지 않으며, 결정적으로 실수로부터 배우지 않는 사람들에 의해 지배 당하고 있습니다. 오류를 인정하면 약해 보인다고 생각하는 사람들은 더 큰 실수를 계속 저지르고, 무오류에 대한 망상은 결국 재앙으로 이어지며, 앞으로 닥칠 재앙이 우리 모두에게 재앙을 불러오지 않기를 바랄 뿐입니다"라고 말했다. 이는 오히려 경제학자들이 명심해야 할 말이다.

덜 고립되고 더 겸손하고 더 효과적인 경제학의 장점을 유지하는 것이 가능할까? 우리는 가능하다고 생각한다. 이때의 가능이란 단지 질적 사회과학의 아이디어 통합만을 의미하는 것이 아니다. 특히 멀게만 느껴지는 학문, 즉 위대한 문학에 다가가려고 한다.

다양한 문화권에서 경제성장을 촉진하는 방법, 대학이 학생들을 희생시키면서까지 사익을 추구할 때 제기되는 도덕적 문제라든가, 건강 관리나 결혼, 가족에 관한 매우 개인적인 문제까지 고려할 때는 경제적 통찰력만으로는 충분치 않다.[5] 수학에 기반한 설명을 열정적으로 추구한 나머지 경제학자들은 적어도 세 가지 영역에서는 고전하고 있다. 문화 인자를 규명하는 것, 내러티브(서사적) 설명을 활용하는 것, 그리고 경제적 범주로 환원할 수 없는 윤리적 문제를 다루는 것 등이다.

문화적 존재로서의 인간을 이해하려면 인간에 대한 이야기를 다루어야 한다. 인간의 삶은 화성이 태양 궤도를 도는 것처럼 예측 가능한 방식으로 전개되지 않는다. 대수나 뉴턴 역학과 달리 삶은 이야기로 설명되어야 하는 '내러티브성(서사성)'을 지니고 있다. 내러티브 자체의 가치 및 서로

크루그먼은 자신의 겸손함의 증거로, 선거 당일 밤의 예측(트럼프 대통령이 당선되더라도 주식시장은 '절대' 회복되지 않을 것이라는) 철회를 꼽았다.

5 안타깝게도 대학 측에서 특정 유형의 불미스러운 행동이 증가하고 있는 듯 보인다. 전 세계 대학 순위를 높이기 위해 오해의 여지가 있는 데이터를 제공한 행위와 관련하여 엘리자베스 레든, 「홍콩 대학, 부정확한 순위 제출 혐의로 감사를 받다」(≪고등교육 내부통신≫, 2017년 11월 15일)를 참고하기 바란다. 문제가 있는 입학 관행에 대해서는 론 리버, 「예치금을 납입했는데도 대학은 계속 전화를 돌린다」(≪뉴욕타임스≫, 2017년 5월 25일); 디드러 페르나데스, 「1순위 희망 대학에 입학하고 싶으면 비행기표를 사세요」(≪보스톤 글로브≫, 2017년 8월 21일); 스콧 야쉬, 「연구에 의하면 일반적 입학 관행인 '입증된 관심도' 측정은 부유한 지원자에게 유리하다」(≪고등교육 내부통신≫, 2017년 7월 27일) 등을 참고하기 바란다.

다른 시대가 어떻게 다양한 성향의 사람들을 형성하는지에 관한 최고의 이해는 위대한 사실주의 소설에서 찾을 수 있기 때문에, 사실주의 소설은 단순한 문학 형식이 아니라 사회 세계를 이해하는 명확한 방식으로 간주되어야 한다. 소설이 묘사하는 사건은 허구이지만, 그 형태와 순서, 파급 효과는 종종 삶이 **어떻게** 전개되는지에 대한 가장 정확한 설명을 제공한다. 그리고 소설이 옳고 그름에 대해 가르치는 것은 매우 소중하다. 레프 톨스토이, 표도르 도스토옙스키, 조지 엘리엇, 제인 오스틴, 헨리 제임스의 소설들은 하나의 이론으로 해석되기에는 너무 중요한 윤리적 질문, 즉 올바른 판단을 요구하는 질문의 복잡성을 잘 드러내고 있다. 판단은 본질적으로 공식화될 수 없다. 게다가 문학을 읽으면서 등장인물과의 동일시는 다른 사람의 입장이 되어보는 광범위한 공감 연습을 수반한다. 안나 카레니나와 스스로를 동일시하지 않는다면 『안나 카레니나』를 제대로 읽지 않은 것이다.

위대한 문학작품을 읽으면서 등장인물에 몰입함으로써 다른 사람이 되어본다는 것이 어떤 것일지를 내면에서 느낄 수 있다. 다른 사회계층, 성별, 종교, 문화, 성적 성향, 도덕적 이해, 또는 인간의 경험을 정의하고 차별화하는 기타 범주의 관점에서 세상을 바라보게 된다. 등장인물의 삶을 대리 체험함으로써 그 인물의 감정을 느낄 뿐만 아니라 그 감정에 대해 성찰하고, 그 감정이 이끄는 행동의 본질을 생각해보며, 연습을 통해 실제 인간을 풍부하게 이해하는 지혜를 습득할 수 있는 것이다.[6]

---

6 점점 더 양극화되는 세상에서 사람들 간의 차이를 다면적으로 이해하는 일은 그 어느 때보다도 중요하다. 칼럼니스트 데이비드 브룩스(「지배적 정체성의 위험성」, ≪뉴욕타임스≫, 2016년 11월 18일)의 말처럼 "복잡 다면적인 인간을 하나로 축소하고자 한다면 안

현실 속 인간을 이해하는 것은 다른 어떤 학문 못지않게 경제학에서도 중요하다. 인간의 동기를 이해하지 못한다면 그들이 행동하려고 하는 바를 어떻게 예측할 수 있을까? 물론 개인이 자신의 이익을 위해 합리적으로 행동한다고 가정할 수 있다. 하지만 현대 경제학의 창시자인 애덤 스미스조차 이러한 관념을 의심했으며 거부했다.[7] 그의 명저 『국부론』을 완전히 이해하려면 이를 보완하는 『도덕 감정론』도 함께 읽어야 하는데, 스미스는 인간 행동을 개인의 효용을 극대화하기 위한 사람들의 '합리적 선택'이라는 관점에서 적절하게 설명할 수 없다고 명시했다. 인간은 때때로 어리석은 행동을 할 뿐만 아니라, 타인에 대한 관심은 이기적인 관심으로 환원될 수 없는 '원시적인 열정'이다. 스미스의 『도덕 감정론』이 출판된 지 반세기 후에 제인 오스틴과 그녀의 후배들에 의해 극화된 감수성의 일종인 특수성을 이해할 필요가 있다.

하지만 문학이 그토록 가치 있는 학문이라면 왜 문학, 더 넓게는 인문학은 쇠퇴일로에 처했을까? 이 분야의 대학 등록률과 전공자 수는 계속해서 급감하고 있으며, 이 분야 교수들은 인문학이 위기에 처했다고 느낀다.[8] 많은 이들이 "학생들의 관심사는 오직 돈뿐"이라며 "트위터가 학생들

됐지만 당신 주변 세계가 어떻게 돌아가는지 전혀 이해하지 못하는 삶을 살게 될 것"이다. 복잡성을 이해하는 것은 수많은 면에서 가치가 있다. 그 사례는 제시카 스틸먼의 「소설을 읽는 것이 당신을 더 나은 지도자로 만든다: 수많은 연구에 따르면 소설 읽기는 단순한 시간 때우기 그 이상이다」(Inc.com, 2017년 4월 25일)에서 볼 수 있다.

7 디어드리 매클로스키는 2016년 2월 25일 동부 경제학회에서 한 강연 "애덤 스미스도 휴머노믹스를 했고 우리도 그래야 한다"에서 스미스와 다른 영향력 있는 경제학자들에 대한 흥미로운 관점을 보여주었다.

8 콜린 플래허티의 「MLA 보고서에 따르면 영어 및 언어 분야의 정규직 일자리가 최저치에 도달했다」(≪고등교육 내부통신≫, 2017년 11월 21일)를 참고하기 바란다. 또한 인

의 집중력을 무뇌충 수준으로 떨어뜨렸다"고 비난한다. 경제학자들은 당연히 시장의 쇠락을 소비자의 나쁜 취향으로 돌리는 설명에 대해서는 회의적이다.

우리는 좀 다른 이야기를 하려 한다. 수십 년 동안 많은 문학 교수들은 헤게모니적 억압의 힘이 있다고 믿도록 우리를 세뇌시켰기 때문에 '위대한 문학'이란 존재하지 않고, 위대한 문학이라고 불리는 것만 존재한다고 주장해왔다. 하지만 셰익스피어, 밀턴, 톨스토이가 다른 어떤 글보다 더 중요하지 않다면 왜 상당한 노력을 투자해서 읽어야 할까? 『실낙원』은 어렵고 『전쟁과 평화』는 길다. 많은 학생들이 위대한 작품을 읽는다는 것이 무엇인지 전혀 이해하지 못한 채 중등교육기관을 떠난다. 시험은 문학에 대한 사실적 지식을 테스트하고 있을 뿐이고, 실제로 문학에 대한 이해를 테스트하는 것이 아니기 때문이다. 마치 위대한 수학자들의 탄생 연도를 질문하면서 수학에 대한 이해도를 테스트하는 것과 같다. 학생들은 진정한 독서 대신 상징을 찾거나 현재의 가치관에 따라 작가를 판단하거나, 단순한 시대의 기록으로 명작을 취급하도록 배웠다. 그리고 이러한 접근 방식은 대학에 와서도 반복된다.[9]

문학 분야의 교원에서는 비정년 교원직이 늘어나는 —결코 이상적이지 않은 조건— 추세가 계속되고 있다. 스콧 야쉭의 「인문학 박사 학위는 늘어나지만 일자리는 사라지고 있다」(≪고등교육 내부통신≫, 2017년 8월 28일)와 콜린 플래허티의 「비정년 교원에 대한 GAO 보고서」(≪고등교육 내부통신≫, 2017년 11월 21일) 기사를 참고하기 바란다.

9 인문학자들이 어떻게 스스로 파멸의 씨앗을 뿌리고 있는지에 대한 자세한 내용은 에릭 애들러의 「인문학자들이 인문학의 가치를 훼손할 때」(≪크로니클 리뷰≫, 2017년 5월 14일)와 티모시 브레넌의 「디지털 인문학은 망했다」(≪크로니클 리뷰≫, 2017년 10월 20일), 스콧 야쉭의 「가짜 학술 논문이 성별 연구와 오픈 액세스 출판에 대한 비판을 촉발하다」(≪고등교육 내부통신≫, 2017년 5월 22일) 등을 참고하기 바란다. 학생들의 취

문학에서 뭔가 잘못되었다는 신호는 이야기를 단순한 메시지로 축소시킨다는 점에서 알 수 있다. 이류 문학작품이나 이러한 식으로 읽을 수 있을 것이다. 그 메시지를 외우면 될 게 아니냐고? 네 이웃을 사랑하라(『두 도시 이야기』), 불행한 사람을 도와라(『레미제라블』), 아동 학대는 잘못된 것이다(『제인 에어』, 『데이빗 코퍼필드』), 아무리 못됐다고 해도 노파를 죽이지 마라(『죄와 벌』), 첫인상은 오해의 소지가 있다(『오만과 편견』), 질투에 굴복하지 마라(『오셀로』), 집착은 위험하다(『모비 딕』), 그만 우울해 하고 뭐라도 해라!(『햄릿』), 인생은 영광스럽지 않은가?(『닥터 지바고』), 먹고 마시고 즐겨라. 내일이면 적자가 될 수 있을 것이니(『톰 존스』), 고소하라고!(『황폐한 집』), 늙은 얼간이만큼 어리석은 바보는 없다(『리어왕』).

줄거리 요약만으로는 왜 충분하지 않은지, 그리고 위대한 작품을 주의 깊게 읽는 것이 왜 그토록 중요한지에 관해 설득력 있는 근거를 제시하지 못한다면 당신은 문학을 제대로 배우거나 공부하지 못한 것이다. 경제학이 소설에서 깊이와 넓이를 가진 이해를 배울 수 있다고 주장할 때는, 다른 곳에서 얻을 수 없는 지혜와 통찰의 원천으로서의 위대한 문학을 다루는 것이다.

그러한 사례는 차고 넘친다.

2014년 러시아군이 우크라이나 크림반도를 점령한 후 미국이 러시아에 제재를 가했을 때 푸틴 대통령은 어떻게 대응했었나? 미국과 유럽에서 각

향 변화가 인문학 문제에 전적으로 책임이 없다고도 볼 수 없다. 콜린 플래허티의 「인문학 전공 학생들이 느끼는 졸업 후 취업 시장에 대한 두려움이 학생들의 선택과목 수강 여부에도 막대한 영향을 미치고 있다」(≪고등교육 내부통신≫, 2017년 2월 21일)도 참고하기 바란다.

종 농산물의 수입을 금지하는 등 자체적인 제재를 두 배로 강화했다. 경제학자들은 이러한 '비이성적' 행동에 당황할 수 있지만 러시아 문학의 고전을 읽었다면 놀라지 않았을 것이다. 서양인은 일반적으로 국가가 개인을 위해 존재한다고 생각하지만 러시아인은 그 반대인 경우가 많다. 민족은 흥망했지만 러시아는 남았다. 국가를 위한 희생과 고통은 환영 받지 못하는 것이 아니라 오히려 그러한 삶을 정당화하고 의도적으로 포용하는 것이다.

브렉시트 투표의 충격이나 트럼프 대통령의 당선은 어떤가? 실제로 많은 유권자들이 자신의 경제적 이익에 반하는 투표를 하지 않았던가? 이는 경제학자들에게 이단일 것이다! 어쩌면 도스토옙스키가 『지하에서 쓴 수기』에서 훌륭하게 묘사했듯이 유권자 중 일부는 경제학자들이 이해하는 이기심에 의도적으로 반하는 행동을 했을지도 모른다. 아마 그들은 시혜적 태도의 분위기와 이미 알려진 '변량'이라는 가정에 직면하여 (반발심을 가지고) "가장 소중하고 가장 중요한 것, 즉 우리의 인격과 개성을 주장"하기 위해 행동했을 것이다.[10] 그리고 전문가와 교수들은 박탈감을 느끼거나 무시 당했다고 분노하는 사람들을 적극적으로 만나고, 문화적 우월자(cultural betters)가 아니라 그들의 이야기를 그들이 말하는 그대로 듣고 읽어야 할 것이다. 돌이켜보면 단서는 바로 거기에 있었다.

실망스러운 경제정책 중에서도 개발도상국에 대한 선의의 투자가 보여준 영향력의 한계가 가장 뼈저린 경험일 것이다. 주요 소비재에 대한 정부 보조금을 줄임으로써 '적정가격 형성'을 달성하는 것은 강의실에서는

---

10 표도르 도스토옙스키, 『지하로부터의 수기』와 『대심문관』, 랄프 매트로 편집(E. P. 더튼 출판사, 1960), 26쪽.

이해가 될지 모르지만, 현실 세계에서는 다채로운 뉘앙스와 문화적 이해가 전제되어야 한다. 한 대륙이나 한 국가에서 효과가 있는 정책이 다른 대륙이나 다른 국가로 간단히 이전될 수 있다고 합리적으로 기대할 수 있을까? 정책을 책정하기 전에 그 나라의 태도, 정치, 종교, 역사 등 그 나라의 문학이 가장 잘 제공할 수 있는 모든 것을 이해해야 한다.

문학이 정책 개선을 뒷받침할 수 있는 마지막 사례는 엘리트 대학들이 더 많은 저소득층 학생들을 등록하도록 하는 것이다. 다양한 홍보 노력과 상당한 등록금 인하에도 불구하고, 형편이 어려운 재능 있는 학생들이 그들을 뽑고 싶어 하는 명망 있는 대학 대신에 공개 등록(open enrollment)이나 안정권 대학에 등록하는 '언더매칭'이 지속되고 있다. 스스로 아이비리그나 옥스브리지에서 성공하기에는 부적합한 사투리, 신념 체계, 매너를 가진 것은 아닐까 걱정하는 학생의 입장이 되어보라. 이를 이해하는 한 가지 방법은 지방 출신의 젊은 남녀가 대도시에서 성공하기 위해 분투하는 모습을 그린 수많은 위대한 소설을 읽는 것이다. 발자크부터 디킨스, 체호프에 이르기까지, 독자들은 "모범" 사회에 적응하기 위해 고군분투하는 사람들의 공간에 살고 있다. 제인 오스틴의 엠마 우드하우스(소설 『엠마』의 주인공－옮긴이주)가 반복해서 경험하듯이 친구, 조부모, 대학 입학사정관에 의해서도 중매는 쉽지 않은 일이다. (이 소설이 보여주는 바는) 계급의 차이는 뿌리가 깊고, 중매쟁이는 행복한 커플을 매칭해내기 위해 자신들의 선호도를 당연시하는 경향이 있다. 이러한 점을 이해하면 학교는 불우한 배경을 가진 학생들이 엘리트 학교에서 불편하게 느끼지 않고 더 편하게 지낼 수 있는 많은 프로그램을 개발할 것이다. 필요 기반 지원을 하는 것도 도움이 되지만 소속감이라는 주제는 경제적인 부분 이외의 훨씬 더 많은 것들을 내포한다.[11]

문학을 진지하게 받아들이면 경제학 분야가 변화할까? 물론 그럴리는 없다. 하지만 역사, 사회학, 인류학, 심리학, 정치학, 종교 등과 함께 문학, 철학, 기타 인문학에서 배움으로써 경제학자들이 인간 행동에 대한 보다 현실적인 모형을 개발하고, 예측의 정확성을 높이고, 예측이 정확해야 한다는 점을 깨닫고, 더 효과적이고 더 공정한 정책을 마련하도록 이끌 수 있다고 믿는다. 우리가 잃을 게 뭐가 있겠는가?

영국은행의 수석 이코노미스트인 앤드류 할데인은 브렉시트 투표 이후 다양한 경제 전문가들이 내놓은 경기 침체 전망(실제로 발생한 고용 및 투자 증가와는 정반대의 전망)에 대해 "이 위기에서 벗어나면 경제학의 르네상스를 맞이할 것이다"라고 말했다.[12] 어쩌면 그 르네상스는 도서관에서 시작될 것이다.[13]

2017년 12월 25일

---

11 에릭 후버(「대학 진학은 동화가 아니다」, ≪고등교육연감≫, 2017년 6월 18일)는 특히 저소득층 출신 대학생들에게 불리하게 작용하는 현실을 생생하게 보여주는 통찰력 있는 이야기를 들려준다.

12 필립 인먼의 「영국은행 수석 이코노미스트가 브렉시트 예측의 오류를 인정하다」(≪가디언≫, 2017년 1월 5일)를 참고하기 바란다.

13 우리는 희망을 가지고 있다. 앞서 언급한 할데인의 도발적인(경제학자들에게 학제 간 렌즈를 통해 경제 시스템을 바라볼 것을 촉구한) 강연 이후 불과 몇 달이 지나지 않은 2017년 1월 7일에 노벨 경제학상 수상자인 경제학자 로버트 쉴러는 전미경제학회에서 「내러티브 경제학」(≪전미경제리뷰≫, 2017년 4월, 967~1004쪽에서 재인용)이라는 제목으로 회장 연설을 했다. 이 연설에서 그는, 경제학자들은 스스로의 위험을 감수하면서까지 이야기의 방식을 무시하는 경향이 있는데 "이야기는 인간 활동에 관한 동기를 부여하며, 또한 마음속 깊게 느껴지는 가치들과 필요를 연결하기 때문"이라고 주장했다. 보다 확장된 경제학으로의 변화는 이미 시작된 것일지도 모른다!

01

스푸핑 발견하기

학교 밖(과 학교 안)에서 스토리텔링의 가치

이 책에서 우리는 평소에는 서로에 대해 별반 교류가 없는 경제학과 인문학이라는 두 분야 사이에 대화를 이끌어내고자 한다. 그 대화가 어떻게 진행되는지, 그리고 이 대화가 우리에게 선사할 수 있는 수많은 무엇인가를 가지고 있는지 보여주려고 한다.

최고의 대화는 각 화자가 타인인 척하지 않고 스스로의 진심을 담아서 말할 때 이루어진다. 노벨 경제학상을 수상한 경제학자 조지 액커로프와 로버트 쉴러는 근간 『피싱 포 풀스: 조작과 속임의 경제학』에서 '피싱(phishing)'이라는 용어의 의미를 확장한다.[1] 그들은 피싱을 인터넷에서 "사기를 저지르는 것을 넘어 보다 오래되고 보편적인 것"을 지칭한다고 보는데, "사람들이 자신이 이익이 아닌 피싱범의 이익에 부합하는 일을 하도록 유

---

1 조지 A. 액커로프·로버트 J. 쉴러, 『피싱 포 풀스: 조작과 속임의 경제학』(프린스턴 대학 출판, 2015).

도하는 것"[2]을 의미한다는 것이다. 같은 맥락에서 타인의 이메일의 이름과 주소를 사칭하여 수신자(명의를 도용당한 사람의 친구나 가족)가 제정신이라면 낯선 사람의 요청으로 절대 하지 않을 일을 하게 만드는 것을 의미하는 최신 인터넷 용어인 "스푸핑"(한국의 전기통신 금융사기 또는 보이스 피싱에 해당함.–옮긴이주)을 확장하여 사용하고자 한다. 물론 이 경우 스푸핑은 보다 일반적인 의미, 즉 실제로는 다른 분야의 규범에 따라 행동하면서 다른 분야를 대표하는 척하는 행위를 의미를 포함한다. 피싱처럼 스푸핑은 속이려는 목적을 가지고 있기 때문에 스푸핑을 적발해내는 것은 항상 유용할 것이다.

영문학 수업을 수강하면서 문학을 배울 것이라고 기대를 가지고 있던 학생이 알고 보니 정치학자가 비웃을 만한 정치학 수업을 들었다거나 사회학자를 혼란스럽게 할 만한 사회학 수업을 들었다면 그는 스푸핑 당한 것이다. 다른 인문학 분야(우리는 탈인문학이라는 용어를 선호한다)들도 컴퓨터학과부터 진화 생물학과 신경학에 이르는 다양한 학문 분야를 스푸핑한다. 스푸핑이 오래 지속될수록 학생들은 자신들이 '인문학'으로 간주했던 것으로부터 더 환멸을 느끼게 될 것이다.

마찬가지로 경제학자들이 윤리, 문화, 사회적 가치의 문제를 순전히 경제학적 관점에서 해결하는 척하는 것은 다른 학문임을 사칭하는 것이지만, 이 경우 가장 쉽게 속는 사람은 경제학자들 자신이다. 우리는 이러한 사칭(사기 행각, 스푸핑 등등 중에서 고르기)이 어떤 방식으로 이루어지고 있는지, 그리고 이러한 사기 행각을 발견한 사람들 사이에서 경제학자들이 어떻게 오명을 얻게 되는지 알아볼 것이다.

---

2 액커로프·쉴러, xi쪽.

많은 사람들은 이를 알아채지 못한다. 게리 베커(Gary Becker)는 경제학을 인간 행동의 가장 깊은 곳까지 확장한 공로로 노벨 경제학상을 수상했으며, 베스트셀러인 『괴짜 경제학』 시리즈는 이러한 접근 방식을 대중화했다(2024년 현재 괴짜 경제학은 주류 경제학계에서 사실상 용도 폐기되었다. 보고된 '괴짜 경제학' 연구 결과 대부분이 재현 불가능하고 인과관계 또한 거의 확정 불가능한 것으로 판명되고 있다. 영국 ≪이코노미스트≫는 괴짜 경제학이 칵테일 파티의 농담거리로 전락했다고 평했다. 스티븐 레빗은 2024년 3월 시카고 대학 경제학 교수직에서 퇴직하기로 결정했다.–옮긴이주).[3] 경제학자들에게는 이러한 다른 분야로 확장하려는 노력이 진지해 보일지 모르지만 해당 분야의 연구자들에게 이러한 시도는 제국주의의 그것과 다를 바 없게 느껴진다. 왜냐하면 경제학자들이 기존의 연구서와 방법론에 합당한 존중의 자세를 보이지 않으면서 주제만 약탈하기 때문이다. 학제 간 연구에 대한 경제학적 접근 방식의 문제는 다른 분야는 질문만 하고 경제학은 대답을 가지고 있는 듯 행동한다는 것이다.

탈인문학도 마찬가지이지만 이러한 노력이 가치가 없는 것은 아니다. 무엇보다도 모든 행위가, 우리가 일반적으로 경제적 용어로 생각하지 않는 분야에서조차, 경제적 측면을 가지고 있기 때문이다. 사람들은 많은 것을 선택해야 하며, 경제학자들이 가정하는 합리적 선택 모형은 적어도

---

3 스티븐 D. 레빗·스티븐 J. 더브너, 『괴짜 경제학: 상식과 통념을 깨는 천재 경제학자의 세상 읽기』(하퍼 콜린스, 2005)[한국어판은 안진환 옮김(웅진지식하우스, 2007)]; 『슈퍼 괴짜 경제학: 세상의 이면을 파헤치는 괴짜 천재의 실전 경제학』(하퍼 콜린스, 2009)[한국어판은 안진환 옮김(웅진지식하우스, 2009)]; 『괴짜처럼 생각하라: 상식에만 머무는 세상을 바꾸는 천재 경제학자의 사고 혁명』(하퍼 콜린스, 2014)[한국어판은 안진환 옮김(웅진지식하우스, 2015)]; 『세상물정의 경제학: 경제력이 불끈 솟아나는』(하퍼 콜린스, 2015)[한국어판은 한채원 옮김, 류동민 감수(웅진지식하우스, 2015)].

합리적으로 행동할 때 사람들이 어떻게 그렇게 행동하는지 이해하는 데 도움이 될 수 있고, 최악의 비합리주의자조차도 사람들이 때때로 합리적이라는 것을 인정한다. 은행에서 일부러 긴 줄에 가서 줄을 서는 사람은 없지 않은가!

윤리학에 있어서도 경제모형은 자원을 가장 효율적으로 배분하는 것이 무엇인지 알려줌으로써 적어도 한 가지 방식으로 도움이 될 수 있다. 물론 '경제적 잉여'를 극대화하는 효율성의 일반적인 경제적 정의에 의문을 제기할 수도 있지만, 어떤 목표를 선택하든 목표를 달성하기 위해 최소한의 자원을 소비하는 효율적인 방법을 선택하는 것이 좋다.[4] 자원 낭비는 다른 도덕적인 일에 쓰일 기회를 빼앗는 것이기 때문에 결코 바람직하지 않다. 문제는 효율성이 윤리적 문제를 해결해주지 않으며, 많은 문제 속의 경제적 측면이 가장 중요한 것은 아니라는 점이다. 경제학자들은 윤리적 문제를 해결하는 척하면서 철학자, 신학자, 다른 윤리학자들을 사칭하는 것과 같다. 경제적 합리성은 인간 본성의 일부인 것은 맞지만 결코 인간 본성의 전부가 될 수는 없다. 인간 본성의 나머지 부분을 이해하려면 인문학(그리고 인문사회과학)이 필요하다. 삶의 많은 측면들은 경제학과 인문학, 즉 가짜 경제학이 아닌 진짜 경제학과 진짜 인문학 간의 대화라는 관점에서 가장 잘 이해될 수 있다고 우리는 생각한다.

---

4 효율성에 대한 순수 경제학적 접근법에 대한 통찰력 있는 비판은 조너선 B. 와이트, 『경제학에서의 윤리: 도덕적 틀 입문(Ethics in Economics: An Introduction to Moral Frameworks)』(스탠퍼드 대학 출판부, 2015).

쌍둥이 위기

원인은 다르지만 경제학과 인문학은 모두 어려움에 처해 있다. 경제학자들은 많은 권력을 행사하면서 비판도 많이 받는다. 어떤 면에서 경제학자들은 정책을 입안하는 일과 정책대로 되지 않았을 때 책임을 지는 두 기능을 수행하는 듯 보인다. 경기 부양책이 경기 부양에 실패하거나 고금리 정책이 인플레이션을 억제하는 데 무력한 것으로 판명되면 경제학자들은 현상을 설명해 무마하려 하지만 언론은 이를 왜곡하려고 열을 올린다. 부동산 버블이 터지면 언론인들은 버블은 존재할 수 없다는 경제 이론을 지적하고 나선다. 많은 대중에게 경제학자의 얼굴은 MIT 경제학자 조나단 그루버가 동료들에게 의료법은 "미국 유권자의 우매함"을 고려하여 그 핵심 조항이 드러나지 않도록 "고문적인 방식으로" 고안되었다고 말했을 때 드러났다. 또 폴 크루그먼이 미국의 지난 경기 침체로부터의 회복 시점, 유로존의 미래, 디플레이션의 시작 등에 대한 자신의 예측 실패에 대해서 자신은 틀린 적이 거의 없다고 선언할 때 나타났다.

경제학자들은 이미 발생한 사건을 설명하기 위해 언제든지 모형을 미세하게 비틀 수 있다. 반면에 경제학을 비판하는 사람들은 위험 부담은 전혀 지지 않으면서 피할 수 없는 실수만 찾아다닌다. 3세기 전 알렉산더 포프(Alexander Pope, 1688~1744년, 영국 시인이자 풍자 작가-옮긴이주)가 썼듯이 누군가의 논문에 구멍을 내기란 쉬운 법이다.

> 자네들, 나의 비평가들이여! 빛과 어둠이 교차하는 나무 그늘에서
> 당신들이 만든 구멍을 통해 비치는 새 빛을 감상하시오![5]

방법은 없는 것일까? 지난 몇십 년간 경제학자와 사회심리학자들은 경제 이론과는 달리 사람들이 항상 합리적으로 행동하는 것이 아니더라는 꽤 놀라운 발견을 했다고 발표한 바 있다! 사람들의 메커니즘은 최적화를 위한 것만은 아니며, 그 선택이 항상 일관된 것도 아니고 자신들의 최선의 이익을 위해서만 행동하지도 않는다는 것이다. 경제학 내부에서는 열띤 논쟁이 야기되었지만 외부의 관점에서 이것은 기적이었다. 제정신을 가진 이가 과연 인간이 합리적일 것이라고 어떻게 생각할 수 있겠는가? 서양 문학의 전 유산이 인간을 비합리적이라고 묘사하고 있고 사회과학자들도 행동을 형성하는 요인으로 이성 이외의 것들을 지적하고 있듯이 말이다. 그게 아니라면 소크라테스 이후의 철학자들이 사람들이 이성적으로 행동할 것을 촉구할 이유가 무엇이겠는가? 지성사가들이 그 많은 시간을 들여 서구 근대에서 합리성 개념의 등장에 대해 설명해 왔겠느냐 말이다. 게다가 그 누구도 어리석음의 부재에 대해 반추하지 않았던 일상생활이 있었다.

이 발견을 염두에 두고 전통적인 합리적 선택 이론은 음이 양에 대응하듯 비합리적 선택 이론을 만들어냈다. 행동 경제학이라고 명명된 이 번성하는 움직임은 그 자체의 시대적 소임에 따라서 새로운 정책과 비판을 야기했다. 행동 경제학은 경제모형에 인간적 차원을 덧붙이는데 거의 성공했다고 주장한다. 물론 일부 진척을 보인 것도 사실이지만, 우리가 곧 보여주듯이 실상은 전혀 그렇지 않다. 행동 경제학이 상상하는 인간은 기계적으로 행동할 뿐이며 전통 경제학자들이 사용하는 기준에 비추어 봤을

---

5 알렉산더 포프, 「던시아드(The Dunciad)」(Book IV, II, 125~126쪽), 윌리엄 K. 윔샛 편집, 『알렉산더 포프: 시와 산문 선집』(홀트, 라인하트, 1965), 430쪽.

때 덜 효과적으로 행동하는 것이다. 그들에게 인간은 특정 문화에 의해 형성되지 않은 추상적인 단자일 뿐이다. 인간을 이해하는 데 이야기라는 서사 방식이 필요하지 않게 되는 것이다. 요약하자면 행동 경제학에서 인간은 실물 인간과 거의 닮지 않았는데 아마 그 차이는 평면적인 주인공과 조지 엘리엇이나 레프 톨스토이의 여주인공들 간의 차이 정도일 것이다.

이런 식으로 경제학에 인간적 차원을 가미하는 것은 인간에게 공기와 식량이 필요하므로 영양가 없는 음식 섭취를 처방하는 것과 같다[데어리 퀸(Dairy Queen, 미국의 저가 유가공업체명 – 옮긴이주)을 기꺼이 원하는 사람이 있을까?]. 인간적 통찰을 통합하는 데 더 나은 방법이 있기는 한 걸까? 이 지점에서 우리는 인문학의 현실이라는 또 다른 문제에 직면하게 된다.

탈인문학

≪고등교육연감(the Chronicle of Higher Education)≫ 아무 호수를 펴거나, ≪월스트리트 저널≫이나 ≪뉴욕타임스≫ 같은 전국지 및 하버드 대학이나 미국 인문과학 학술원(American Academy of Arts and Sciences)이 발간한 보고서를 읽어보면 인문학이 위기에 처해 있다는 것을 파악하게 될 것이다. 인문학의 가치를 인정하는 사람은 더 이상 없어 보인다. 인문학 신입생 수는 추락했고 인문 분야의 전공 수는 감소하고 있다. 복수 전공(취직을 보장하는 방편으로 두 분야의 필수 학점을 채우는)이라는 최근 현상을 감안하지 않는다면 인문 등록 수치는 더욱 심각하게 느껴질 것이 확실해 보인다.

썩은 고기를 팔면서 자신의 가게 운영 실패를 고객의 입맛이 촌스러워졌기 때문이라고 핑계 대는 푸줏간 주인처럼 인문학 교수들은 자신들의 곤경을 학생들의 잘못으로 설명하고 있다. "그 애들이 관심 있는 건 돈밖에 없어." "트위터가 학생들의 집중도를 뇌가 제거된 개구리 수준으로 떨어뜨렸다니까." 문학 교수들을 비판하는 사람들은 최소한 지난 4반세기 동안 문학 교수들 스스로가 위대한 문학이란 존재하지 않았으며, 억압이라는 패권적 세력이 우리를 미혹시켜왔기 때문에 오직 '소위 위대한' 문학이라는 이름을 가진, 실체 없는 것들만 존재한다고 주장한다. 이 생각은 한때는 용감하게 들렸을지 모르지만 지금은 지루할 뿐이다. 영문학 교수들이 많이 사용하는 『노턴 선집: 이론과 비평(The Norton Anthology of Theory and Criticism)』에서는 문화학이라는 주요 분야의 핵심 이론을 다음과 같이 표현하고 있다: "문학 텍스트는 다른 예술작품들과 마찬가지로 어떤 문화 유물이나 관습보다 더도 덜도 중요하지 않다. 문화적인 의미들이 어떻게 생산되고 유통되며 소비되는지를 강조하면서, 연구자들은 예술과 문학이 어떤 내적인 관심이나 특별한 미적 가치를 가져서가 아니라, 보다 넓은 사회적 요인들과 연결되는 지점에만 초점을 맞출 것이다."[6] 이 문장에 대해서는 나중에 더 이야기하겠지만, 문화학이 이러한 점을 만들어낸 것이 아니라 예전부터 형성되어왔던 문학의 내적 가치를 부정하는 흐름에 적응한 것이라는 데 주목할 필요가 있다.[7] 셰익스피어나 밀턴이 여타

6 빈센트 B. 레이츠 외 편집, 『노턴 선집: 이론과 비평』, 제2판(노턴, 2010), 2478쪽. 이 책과 유사한 흐름에 대한 최근의 비판은 제임스 시튼, 『플라톤에서 포스트 모더니즘에 이르는 문학비평: 인본주의적 대안』(케임브리지 대학 출판부, 2016); 마크 에드먼슨의 『자아와 영혼: 이상에 대한 방어』(하버드 대학 출판부, 2015)와 『왜 읽는가』(블룸스버리, 2004)를 참고하기 바란다.

7 바바라 허슈타인 스미스, 『가치의 우발성: 비평이론을 위한 대안적 관점』(하버드 대학 출판부, 1988). 스미스의 주장은 다음과 같다. 모든 가치는 근본적으로 우발적이며 고정된 속성이나 내재적 특성, 사물의 객관적 성질에 의해서가 아니라 끊임없이 변화하고 지속적으로 상호작용하는 여러 변수의 효과, 다시 말해 시스템, 특히 경제 시스템의 역학

"문화적 유물이나 관습"보다 중요하지 않다면, 그들에 대한 연구가 "내적인 관심이나 특별한 미적 가치"가 있어서가 아니라, 다른 사회적 요소들과의 연관하에서만 연구된다면, 그들 작품을 읽는 데 그 많은 노력을 쏟아부을 필요가 있겠는가? 『실낙원』을 읽는 것은 들판을 산책하는 것은 아니니까(『닥터 지바고』 중 유리 지바고의 시 「햄릿(Гамлет)」에 "삶을 사는 것은 들판을 가로지르는 것이 아니다(Жизнь прожить — не поле перейти)"라는 구절이 있다.—옮긴이주). 학생들이 문학 수업을 수강하지 않는 것은 이미 교사들이 한 말이 있어서 그에 이성적으로 반응한 결과일 수도 있는 것이다.

"문화적인 의미들이 어떻게 생산되고 유통되며 소비되는지"라는 표현은 어떤 단단하고 비감성적이며 구체적인, 간단히 말하자면 문학 교수들이 상상하는 경제학의 영예를 지향하고 있다. 인문학자들은 자신의 분야를 구제하는 주요 전략으로 인문학의 탈인문학화를 해온 것처럼 보인다. 그 결과로 이중나선 발견에 걸맞은 열정을 가지고 다양한 움직임들이 있어왔다. 사회생물학은 문학작품에서 나타난 감정과 행동들이 진화론적 설명에 부합하게 나타났다고 지적한다. 더 나아가서 신경미학을 참고한다면 이제는 왜 우리가 단테를[아니면 다니엘 스틸(1980~1990년대에 인기를 끌었던 미국 대중문학 작가—옮긴이주)을] 사랑하는지 파악할 수 있을 것이다. 2009년 열린 근대언어학회에서는 "차세대 중요 이슈(the next big thing)"는 디지털 인문학이 될 것이라고 했다. 아무도 의식하지 못한 상태에서 "나노-인문학(the nano-humanities)"이라는 분야가 만들어졌다. 아직은 이 첨단 비평 분야가

관계의 산물이다(스미스, 30쪽). 그녀는 "우연성이라는 모호한 개념, 즉 '내재적', '객관적', '절대적', '보편적', '초월적'과 같은 개념을 강화하는 것은 피해야 한다"고 주장한다(스미스, 31쪽).

무엇을 할 것인지는 모르지만, 확실한 것은 이 분야가 주요 문학작품을 진지하게 다루거나, 그 작품들이 왜 위대한지를 평가하지는 않을 것이라는 점이다.

이러한 탈인문학도 가치 있는 지점을 제시하기는 한다. 디지털 인문학자들에 의해서 좋은 텍스트들이 많이 접근하기 쉬워졌고 평가하기 쉬워진 것은 의심할 여지가 없다. 예술작품을 만들고 감상하는 인간의 능력이 어떻게 진화해 왔는지를 아는 것은 흥미롭고, "마크 트웨인을 읽으며 웃을 때 우리의 두뇌에서 무엇이 일어나고 있는지"를 알아보는 것은 호기심을 자극할지 모른다.[8] 그렇기 때문에 소설 출판의 경제학이라는 주제는 많은 정보를 담고 있을 수도 있고, 종이 생산의 화학에 대한 연구, 책 제본의 물리학, 시 낭독의 생리학 같은 분야조차도 의미가 있을 수 있다. 하지만 이러한 연구들은 우리가 이미 위대한 예술과 문학을 제대로 감상하고 평가할 수 있을 때 유의미하며, 탈미학화한다거나, 탈문학화, 또는 탈인간화한다면 절대 알 수가 없는 것이다.

---

8 이 학파에서 나온 중요한 논문 모음집으로는 『진화와 내러티브의 본질』(노스웨스턴 대학 출판부, 2005)을 볼 것. 사회생물학적 비평가들의 중요한 기여에도 불구하고 여전히 중요한 문제가 남아 있다. 문학을 가능하게 한 진화 과정은 일반적으로 적용되지만, 위대한 문학은 일반적이지 않고 다른 방식으로 위대할 때 중요하다. 진화론이나 신경학이 셰익스피어의 제73번 소네트가 작가의 두뇌 속 어떤 신경세포들의 발화로 인해 쓰인 시여서가 아니라, 왜 진정으로 위대한 시인지를 밝힐 수 있을지 의문이다(제73번 소네트 속 'glowing of such fire'라는 표현과 뉴런이 작용하는 것을 'firing'으로 표현하는 데서 착안한 이 책 저자의 표현–옮긴이주).

휴머노믹스(Humanomics)

이론적 인식 내부에서 인식과 삶, 사유와 단일한 구체적 현실 사이의 이원론을 극복하려는 모든 시도는 자신의 머리카락으로 자신을 들어 올리려는 것과 같이(…) 절대적으로 절망적이다. —미하일 바흐친 9

인문학을 탈인문학화함으로써 구제하려는 노력하는 대신 위대한 문학이 다른 분야에 기여할 수 있는 것이 무엇인지를 살펴보는 것이 나을 것이다. 우리가 이 책을 쓴 목적은 이것이 가능한지를 보여주기 위함이다.

우리는 경제학이 위대한 문화유산을 읽어가면서 형성된 핵심 사고방식을 고려해 봄으로써 분명히 혜택을 얻을 것이라 믿는다. 독자들이 우리의 결론을 쉽게 예상할 수 있도록 하기 위해 경제학자들이 사람을 더 잘 이해함으로써 얻는 이득이 있다고 가정해보자. 인문학이 경제적 사고에 도움이 되는 방식은 다음 세 가지로 생각해볼 수 있다.

첫째, 인간은 아킬레스가 스틱스 강에 담겼다 나온 것과 같이 일단 형성된 다음 문화에 담겨지는 유기체가 아니다. 출발부터 문화적인 존재인 것이다. 문화 이전의 인간은 인간이 아니다. 문화 이전의 인간이라는 개념은 한 손으로 치는 박수 소리와 같은 간화선(Zen koan)(불교에서 질의응답 형태로 제시되는 화두의 일종으로 보통 비상식적이고 무의미한 행동이나 말이 질문으로 제시된다. 화두의 목적은

---

9 M. M. 바흐친, 「행위의 철학을 위하여(K filosofii postupka)」, 『소련 과학 아카데미 연감 1984~85』(모스크바, 나우카, 1986), 86쪽; 에이미 맨델커, 「산문적 바흐친: 랜드마크, 반지성주의, 러시아 반전통」, 『맥락 속의 바흐친: 여러 분야에 걸쳐』, 게리 솔 모슨 옮김(노스웨스턴 대학 출판, 1995), 63쪽.

부지불식간에 우리가 집착하고 있는 관념 및 의식의 배후를 탐구하는 데 있다.–옮긴이주)의 일종이다. 물론 경제학자들이 문화를 필수적인 것보다는 나중에 덧붙여진 부가물로 간주하는 유일한 사상가들은 아니다. 일부 정치철학자들도 똑같은 해석을 하고 있으니까.[10] 그러나 주류 경제학이든 (앞으로 살펴볼) 행동 경제학이든, 보편성을 지향하는 주장과 방정식으로 환원 가능한 모형에 대한 유혹은 문화적 인간성이라는 개념을 특히 매력적으로 보이게 한다.[11]

둘째, 인간을 이해하기 위해서는 인간에 대한 이야기들을 해야 한다. 연역 논리로 개인이나 집단의 행위를 이해하는 것은 불가능하다. 로베스피에르나 프랑스 혁명을 이해하는 것은 피타고라스 공리를 증명하는 것이나 화성의 궤도를 계산하는 것과는 다르니까 말이다. 인간의 삶은 화성이 태양을 공전하는 것처럼 순수하게 예측이 가능한 방식으로 전개되지 않는다. 다른 대안들의 존재를 가정하는 우발성, 특이성, 그리고 선택지들이 중요한 역할을 한다. 그렇기 때문에 잘 알려진 소설가들이 주인공의 인격과 사회성은 그 전기와 역사를 필요로 한다고 본 것이다. 소설은 특정한 앎의 방식이며, 작가들이 서술하는 이야기의 형태가 –즉, 어떤 사건들이 있을 법하고 효과적인지, 중요한지– 모호할 수도 있지만 핵심적인 정보를 전달하는 것이다.[12]

---

10 홉스, 루소, 현대의 롤스 등의 사회계약론이 이 사고 흐름을 따르는데 롤스에 대해서는 이 책 후반부에 다룰 것이다.

11 지난 수십 년 동안 많은 학자들이 경제문제, 특히 경제 발전과 관련한 문화의 중요성에 주목해왔다. 하지만 이러한 사상가들 그 누구도 경제학자에게 문학이나 인문학 전반의 연구를 권장하지는 않았던 것으로 보인다. 7장에서 우리는 위대한 소설이 주는 통찰력을 통해 애덤 스미스의『국부론』을 제대로 이해할 수 있다고 주장할 것이다.

12 미하일 바흐친의 유명한 연구인「소설 속의 시간과 크로노토프의 형식들」, 마이클 홀퀴스트 옮김, 캐릴 에머슨·마이클 홀퀴스트 편집,『대화적 상상력: 네 개의 에세이』(텍사

셋째, 경제학은 필연적으로 경제학 자체나 다른 사회과학으로 환원될 수 없는 윤리 문제를 수반한다. 경제학자들을 "공정시장가격" 같은 개념들을 필연적으로 주어진 것처럼 경제모형에 포함함으로써 윤리적 고려를 슬쩍 집어넣기도 한다. 이 책에서는 이러한 숨겨진 이슈들을 드러내고 명확히 논쟁하는 여러 가지 방법을 보게 될 것이다. 최근 여러 사상가들이 지적했듯이 이러한 질문은 다양한 윤리 이론의 관점에서 다뤄질 수 있다.

이러한 질문들은 모두 위대한 사실주의 소설가들로부터 배울 수 있는 특정 관점을 통해 해답을 얻을 수 있다. 톨스토이, 도스토옙스키, 투르게네프, 체호프, 조지 엘리엇, 제인 오스틴, 샬롯 브론테, 이디스 워튼, 헨리 제임스, 그 외 위대한 심리적 사실주의자들은 모두 윤리 문제들이 기존의 이론이나 앞으로 나올 하나의 이론으로 다루기에는 너무 복잡하고 중요하다는 문제의식을 공유하고 있다. 이러한 질문에는 사실적이지만 표현해내기는 어려운 민감성과 이렇게 민감하게 인식된 것을 표현할 수 있는 능력이 필요하다. 6장에서 설명하겠지만 이 명백히 **문학적**이고 **소설적**인 접근은 물론 이론의 일종으로 간주될 것이고, 이론적 접근법을 찾아본다면 이 분야에 대해 탐구했던 미하일 바흐친 같은 러시아 철학자 등의 이론가를 만나게 될 것이다.[13] 그러나 우리가 위대한 소설을 읽음으로써 얻을

스 대학 출판부, 1981), 84~258쪽을 참고하시오. 바흐친은 괴테와 다른 작가들에 대한 미완성 연구인 「교양소설과 리얼리즘 역사 속에서의 그 의미(소설의 역사적 유형학을 위하여)」에서 사건 전개 방식, 개인의 행동을 형성하는 데 사회적 조건의 역할, 인간의 주도성의 성격 등이 여러 서사 장르와 각각의 장르가 선호하는 플롯에 따라 다르게 전개된다는 개념을 발전시켰다. 이 연구는 베른 맥기 옮김, 캐릴 에머슨·마이클 홀퀴스트 편집, 『담화 장르들과 기타 후기 에세이』(텍사스 대학 출판, 1986), 10~59쪽에 수록되어 있다.

13 윤리적 담론보다 구체적인 것을 선호하는 경향이 있는 여성 작가들이 이상의 작가 리스

수 있는 것은 통합적 체계로서의 이론이 아니다. 위대한 소설 작품을 읽는다는 경험 그 자체가 소설 각각이 보여주는 도덕적인 방식으로 사고하기 위해 필요한 것이다.

각각의 소설이 도덕적 결정을 이해하는 계기가 되기 때문에 소설 또한 바른 판단을 필요로 하는데, 이것 또한 어떤 이론이나 일련의 규정으로 축소될 수 없는 것이다.[14] 조너선 와이트가 꽤 설득력 있게 논증했듯이 윤리적 다원주의라는 다양한 이론들을 이해하는 것이 도움이 될 수는 있다.[15] 그런 다원주의는 무엇보다도 가장 중요한 문제를 다루는 데 필요한 이론적 추론 능력에 대해 겸손한 자세를 갖게 할 수 있기 때문이다. 톨스토이의 『안나 카레니나』를 좋아하는 책으로 꼽은 스티븐 툴민은 좋은 도덕적 판단[아리스토텔레스가 에피스테메(episteme)라고 부른 선과 관련된 지혜–옮긴이주]은 이론적 추론 문제가 아니라, 실천적 추론[프로네시스(phronesis), 사리분별–옮긴이주]의 문제이며, 이 실천적 추론은 많은 개별 사안들의 예측 불가성과 특수성을 면밀히 추론하는 과정에서 얻어지는 것이라고 주장한다.[16] 이 책의 6장과 7장에

트에서 대다수를 차지한다는 점은 그 당시에도 널리 인지되었다. 이는 많은 남성 작가들로 하여금 ―톨스토이가 그 예이다― 도덕적으로 가장 현명한 주인공들을 여성으로 그리도록 했다. 하지만 당시 대다수의 남성들은 여성 캐릭터들의 생각이 충분히 이론적이지 않았고 세세한 것에 너무 기반하고 있다는 생각에 그들을 간과했다.

14 판단에 관해서는 필립 테틀록(Philp Tetlock), 『전문가의 정치적 판단(Expert Political Judgment: How Good Is It? How Can We Know?)』(프린스턴 대학 출판부, 2005)을 참고하기 바란다. 다음 장에서 테틀록의 엄청난 책에 대해 자세히 다룰 것이다.

15 와이트, 17~19쪽, 210~230쪽.

16 앨버트 R. 존슨·스티븐 툴민, 『결의론의 남용: 도덕 추론의 역사(The Abuse of Casuistry: A History of Moral Reasoning)』(캘리포니아 대학 출판부, 1988)[한국어판은 권복규·박인숙 옮김(로도스, 2014)]; 스티븐 툴민, 『코스모폴리스: 근대의 숨은 이야깃거리들(Cosmopolis: The Hidden Agenda of Modernity)』(프리 프레스, 1990)[한국어판은 이종흡 옮김

서 살펴보겠지만 툴민은 사례 기반 추론 방법인 결의론(casuitry)의 전통을 부활시키면서 결의론에 덧칠해진 부정적 이미지는 벗김으로써 이와 같은 사고방식의 연구를 소명으로 삼는다. 툴민과 G. A. 스타는 사실주의 소설이 윤리적 성찰의 개별적인 풍부한 사례들을 보여줌으로써 결의론으로부터 발전되어나온 것이라고 주장한다.[17]

더 나아가서 위대한 문학작품을 읽는 것이 대학에서 가르치는 그 어떤 분야와도 다른 점은 지속적으로 공감을 훈련시킨다는 것이다. 윤리 이론은 공감을 권장할 수도 하지 않을 수도 있지만, 이론을 배우는 데 공감 **훈련**이 반드시 필요한 것은 아니다. 이와 다르게 위대한 소설은 항상 공감을 필요로 한다. 안나 카레니나와 동일시되지 않았다면 당신은 『안나 카레니나』를 제대로 읽지 않은 것이다.

당신이 위대한 소설을 읽고 등장인물들과 스스로를 동일시하면 당신은 그들과 수백 시간을 함께 보내는 것이고, 다른 사람이 되는 것은 어떤 것인지 마음속으로 느끼게 된다. 당신은 사람과 사회적 경험을 차별화하는 요소들, 다른 사회 계급, 성별, 종교, 문화, 성, 도덕적 이해도 등의 수없이 많은 요소들을 가진 타인의 관점으로부터 세상을 보게 된다. 그리고 등장인물들이 상호작용하면서 당신도 차례로 그들과 동질감을 체험함에 따라, 각각의 관점이 상대방에게 어떻게 비쳐지는지도 알 수 있게 된다. 오해조

(경남대학교출판부, 2008)]을 참고하기 바란다.

17 G. A. 스타, 『디포와 결의론(Defoe and Casuistry)』(프린스턴 대학 출판부, 1971)을 참고하기 바란다. 디포는 영국 사실주의 소설의 창시자로 간주된다. 존슨과 툴민이 지적하듯 "디포의 이야기들, 특히 『로빈슨 크루소』, 『몰 플란더스』, 『록사나』는 양심의 사례들(cases of conscience)로 가득 차 있는데 이 문제는 18세기 영국 생활 속 인물들과 플롯을 통해 구현되어 나타난다"(존슨·툴민, 164쪽).

차도 이해하는 법을 배우게 되는 것이다.[18] 여주인공이 생각을 하면 그 생각을 따라감으로써 그녀의 내면으로 들어가게 되는데 이것은 실제 생활에서는 불가능한 것이다. 여자 주인공이 바보 같은 결정을 한다면 당신도 움찔할 것이다. 그녀의 삶을 대신 살아냄으로써 그녀가 느끼는 것을 느낄 뿐만 아니라, 그 감정들을 반추함으로서 그 행위의 도덕성을 생각해보게 되고, 그것을 반복함으로써 실제 개인들의 복잡다단함을 제대로 이해하는 지혜를 얻게 되는 것이다.[19]

이론주의와 문학

인문학이 경제학을 보완할 수 있는 영역은 이야기, 문화의 역할에 대한 더 나은 이해, 그리고 모든 복잡성 속에서 윤리에 대한 건강한 존중이라는 세 가지이다.

이야기를 활용한다는 것이 단순히 행동 모형의 결과를 설명하기 위해 이야기를 활용해야 한다는 뜻이 아니라, 모형 자체를 만드는데 이야기를 사용해야 한다는 뜻이다. 이 장의 뒷부분에 내러티브(서사)와 내러티브성(서사다움)에 대해 설명하는 부분에서 이야기의 중요성과 이야기가 필요한

18 바로 이것이 안톤 체호프의 위대한 주제였다(그의 단편 「적들」이 훌륭한 사례이다). 그러나 사실주의 소설에는 흔히 볼 수 있는 주제이다.

19 바바라 하디는 『특수성: 조지 엘리엇 읽기』(오하이오 대학 출판부, 1982)에서 다음과 같이 관찰하고 있다. "소설가는 빅토리아 시대의 사실주의 소설이 만들어낼 것으로 기대되는 캐릭터를 창조해낸다. 그 캐릭터들은 복잡하고 변화 가능해 보이고, 상호작용하며 환경에 의해 결정되고, 몸, 정신, 열정을 소유하고 적절한 언어를 구사한다. (…) 그녀는 자신의 표본을 판단하고 사랑하는 자연과학자와 유사하며, 자신의 사례들이 분류하기 어렵고 고정관념화할 수 없다고 생각한다. 조지 엘리엇의 분류법과 일반화는 역동적이고 일시적이며, 그녀의 사례들은 다수의 문제들을 동시에 연구하기 위해 사용된다"(12~13쪽).

설명 형식에 대해 논의할 것이다.

경제학은 문화를 수학화할 수 없기 때문에 문화를 다룸에 있어서 어려움에 처한다. 그리고 비경제적 사고방식과 관련된 윤리적 문제를 경제적 용어로 다루기 편한 다른 질문들로 대체해버리는 경향이 있다.

리처드 브론크의 비평서 『낭만주의 경제학자: 경제학의 상상력』은 이러한 문화적 측면에 대한 경시에 자극을 받아 쓰인 책이다.[20] 브론크의 경제학을 대체하려는 아이디어는 국가 및 특정 문화라는 주제를 열정적으로 탐구했던 낭만주의 예술 사조에서 영감을 얻은 것으로 "국가기관과 역사는 경제적 성과에 중요하게 작용하며, 경제적 경쟁력이나 경제성장에 대한 보편 공식이란 존재할 수 없는데", "역사가 중요하기 때문이다".[21] 우리의 관점은 그와 공감하는 부분도 있지만 차이는 그는 낭만주의 시에, 우리는 사실주의 소설에 방점을 찍는다는 것인데, 이 차이는 결국 경험에 대한 다른 감각을 표현한다. 두 문학사조 모두 다중적 관점의 필요성과 인간 경험이 어느 한 이론으로 축소될 수 없다는 점과 함께 **특이성**을 강조한다.

세 번째 영역인 도덕론은 최근의 흥미 있는 사상가들의 관심을 끌어왔다. 우리가 특히 인상 깊게 느낀 것은 디어드리 매클로스키(Deirdre McCloskey)인데, 그는 미덕에 기반을 둔 윤리학을 주장하며, 이는 철학자들에게 새롭게 주목 받고 있는 사고방식이다. 우리는 와이트가 미덕, 의무, 규칙에 기반한 접근법과 결과주의적 접근법 등 다원주의적 접근법을

---

20 리처드 브론크, 『낭만주의 경제학자: 경제학의 상상력』(케임브리지 대학 출판부, 2009). 브론크는 합리적 선택 경제학에 비판을 제시하면서 수정안을 제안한다. 이 책의 제6장 「경제학과 민족국가」는 다음과 같이 시작한다: 대부분의 낭만주의자들은 인간의 사고와 사회적 행위를 일련의 보편 법칙으로 축소시키는 시도에 회의적이었다(149쪽).

21 브론크, xii쪽과 2쪽.

옹호하는 입장을 높게 평가한다. 둘 다 이사야 벌린의 아이디어에서 발전했다는 점에서 우리의 접근법은 와이트의 접근법과 가장 유사하다고 볼 수 있다.[22]

그럼에도 불구하고 벌린에 대한 해석에 따라서 차이, 어쩌면 확장이라고 할 수 있는 면을 보인다. 벌린의 "여우다움"의 다원주의는 원래 그의 책 『고슴도치와 여우: 톨스토이의 역사관에 대한 에세이』—세계에서 가장 위대한 소설가인 레프 톨스토이의, 논쟁의 여지가 있을 수 있지만 세계에서 가장 위대한 소설 『전쟁과 평화』에 대한 주석서—에서 발전된 개념이다.[23] 소설에 집중하는 것은 중요하다. 이 연구를 통해 "인문학"에 대해 이야기한다고 할 때는 무엇보다도 지혜의 보고로서의 위대한 문학을 염두에 두고 있는 것이다. 철학자들과 사회과학자들은 문학을 사탕발림 철학쯤으로 여기는 듯한데, 이는 마치 프루스트는 여느 이야기에 등장하는 베르그송일 뿐이고(시간의 이질성과 주관성을 다루는 베르그송의 시간론과 프루스트의 『잃어버린 시간을 찾아서』 속 시간 개념에는 연관 관계가 있다.—옮긴이주), 따라서 진짜 아이디어는 철학자들 속에서 찾을 수 있다는 식이다. 어느 유명한 작가도 그런 식으로 사고하지 않는다. 오히려 그 반대로 철학자가 위대한 문학작품을 풀어 설명할 때 할 수 있는 최선은 불충분한 재현을 만들어내는 데 그친다. 그 재현은 전적으로 쓸모없다고 할 수는 없지만 원작보다는 훨씬 조잡하고 뉘앙스가 덜 풍부한 표

---

22 벌린의 다원주의와 어떤 단일한 가치 척도로는 불가하다는 낭만주의에 대한 이해는 브론크의 『낭만주의 경제학자』와 테틀록의 『전문가의 정치적 판단』에 동시에 영향을 주었다.

23 이사야 벌린, 『고슴도치와 여우: 톨스토이의 역사관에 대한 에세이』, 제2판, 헨리 하디 편집(프린스턴 대학 출판부, 2013). 이 유명한 논문은 원래 1951년 쓰였으나 벌린의 『러시아 사상가』, 헨리 하디·에일린 켈리 편집(펭귄출판사, 1978)에 포함되어서 쉽게 접할 수 있게 되었다. 우리는 앞으로 이 책에서 벌린의 구분법에 대해 논할 것이다.

현을 만들어내는 것이다. 톨스토이는 비평가 니콜라이 스트라호프에게 쓴 『안나 카레니나』에 대한 편지에서 위대한 작가라면 누구나 그렇듯 다음과 같이 설명했다.

> 내가 소설을 통해 표현하고자 했던 모든 것을 [직접] 말하고 싶었다면 나는 내가 썼던 것과 똑같은 소설을 다시 써야 했을 것이다(…) 내가 쓴 모든 것, 거의 모든 것에서 나는 서로 연결된 아이디어를 하나로 모아야 할 필요성에 이끌렸다(…) 그러나 말로 표현된 모든 것은 그 의미를 잃고, 연결 고리에서 벗어나 따로 보게 되면 그 의미가 끔찍하게 약해진다. 이 연결은 하나의 아이디어가 아니라 다른 것에 기반하고 있으며, 그 연결의 본질을 말로 직접 표현하기란 불가능하지만, 이미지, 행동, 상황을 묘사하는 단어로 간접적으로 표현하는 것은 가능하다.[24]

또는 바흐친의 주장처럼 비평가와 철학자는 위대한 작품의 무궁무진한 지혜를 "전사(轉寫)"하려는 목표를 가지고 있는데, 이러한 목표는 궁극적으로 실현 불가능하지만 그럼에도 지금까지는 그러한 시도가 아주 유용하게 작용했다. 좋은 비평가나 철학자는 작품과 대화를 나누면서 작품에 숨겨진 의미를 명확하게 드러낼 수 있는 것이다.

바흐친은 위대한 문학—특히 위대한 사실주의 소설—이, 인간과 도덕적 문제들은 하나의 단일한 이론에 의해 포착되기에는 너무 복잡하다는 인식에 의해 형성된다고 보았다. 오히려 위대한 소설은 어떤 이론으로도 포착

---

24 레프 톨스토이, N. N. 스트라호프에게 보낸 편지, 1876년 4월 23일경, 조지 기비언 편집, 『안나 카레니나』, 제2판(노턴, 1995), 750쪽.

할 수 없지만 모든 차이를 만드는 특수성에 대한 깊은 이해를 필요로 한다. 그 차이는 특정 인간이나 어려운 윤리적 상황에서 현명한 결정에 이르는 경우에서 발견된다.

바흐친은 문학은 비평가와 철학자가 엄정한 이론적 정립으로 승화할 수 있는 모호한 이야깃거리를 제공하기 위해 존재한다는, 위와 대립되는 가정을 "이론주의(theoretism)"로 지칭한다. 물론 일부 문학작품은 상황에 맞게 충분히 의역될 수도 있지만 바로 그 점 때문에 삼류 문학작품이 되는 것이다. 많은 언론인과 정치인이 선호하는 아인 랜드(Ayn Rand)나 유사한 부류의 고압적·교훈적 작품을 의역하는 데 있어 어떤 어려움도 없다. 일부 고등학교 교사들 (또는 문학을 이론을 설명하기 위한 도구로 사용하고자 하는 대학교수들은) 그와 같은 부류의 책들을 숙제로 내준다. 그 책에 나온 "메시지"가 단순하기 때문에 가르치기 쉬운 것이다. 그러나 문학작품이 줄 수 있는 것이 그 "메시지"뿐이라면 누가 그것을 필요로 하겠는가? 그냥 메시지를 가르치는 것이 나을 것이다. 『전쟁과 평화』를 읽는 것보다는 훨씬 간단할 것이고 『잃어버린 시간을 찾아서』를 읽는 것보다는 훨씬 쉬울테니까.

톨스토이, 벌린, 바흐친이 그랬던 것처럼 우리는 문학을 다른 곳에서는 아예 얻을 수 없거나, 잘 얻을 수 없는 지혜의 원천으로 다룬다. 위대한 소설가들이 지금까지 살았던 어떤 사회과학자보다 사람에 대한 이해가 높다는 명백한 증거가 있다. 사회과학자들이 톨스토이나 조지 엘리엇만큼 인간을 잘 이해했다면 안나 카레니나나 도러시아 브룩(Dorothea Brooke) [조지 엘리엇의 소설 『미들마치(Middlemarch)』(1871)의 주인공-옮긴이주]처럼 사실적인 인간을 묘사할 수 있었을 것이다. 프로이트의 사례 연구조차도 이 소설만큼의 사실성을 띠지 못한다. 작가들이 뭔가를 알고 있다는 것은 틀림없는 사실이다! 위대한 소설가들은 윤리적 질문을 제시할 때도 풍부함과 깊이를 가지고 접근하기 때문에 다른 접근법이 도식적이고 단순해 보일 정도이다.

경제학과 문학을 연결하여 이야기할 때 우리는 경제학자들이 경제적 교훈을 예시하기 위해 문학을 사용하는 방식을 염두에 두는 것은 아니다. 이러한 접근법이 가치가 없다는 것은 아니지만 단순히 전통적 경제학이 가르치는 바를 명확히 하는 것을 넘어서 이야기가 경제 분석의 실질적 **개선을 가능케 한다**는 주장은 진지하게 고려할 만한 가치가 없다는 뜻이다. 잘 알려진, 마이클 와츠의 선집 『문학으로 읽는 경제학(The Literary Book of Economics)』을 고려해보자.[25] 와츠는 "문학 작가(literary authors)"를 경제학자들이 전달하려는 진리를 편리하게 설명할 수 있도록 "글을 잘 쓰는" 사람들로 정의한다(와츠, xxi~xxiii쪽). 그들이 쓴 글은 "교과서적 산문, 그래프, 산술표와 수학으로 쓴 전형적인 글과 대비되게 잘 썼고 기억에 남을 만할 뿐만 아니라 경제학 수업에 다양성을 줄 수 있기 때문에"(와츠, xxii쪽) 유용하다는 것이다. 로버트 프로스트의 "가지 않은 길"은 "선택과 기회비용"을 예시하는 시가 되고, 그의 "담장 수선(Mending Wall)" 시는 ─ 제발, 신이시여!─ "소유권과 인센티브"를 가르칠 수 있는 텍스트라는 식이다. 셰익스피어의 『베니스의 상인』은 "정부의 규제와 시장을 위한 법적·사회적 틀"에 대한 기억에 남는 예시를 제공한다는데, 이 작품들의 복합성을 아는 사람이라면 고개를 갸우뚱할 것이다. 다음으로 국제 관계 수업에서는 산상수훈("적국이 당신의 영토 일부를 차지한다면 나머지도 내어주어라")이라도 사용할 것인가? 와츠는 어디에서도 위대한 작가들이 경제학자들에

---

25 마이클 와츠 편집, 『문학으로 읽는 경제학: 경제 개념, 이슈와 주제들을 다룬 문학·희곡 작품 강독』(ISI 북스, 2003).

게 그들이 이미 알지 못하는 것을 가르칠 수도 있는 가능성은 언급하고 있지 않다.

융합이 아니라 대화

> 타인이 나와 결합했을 때 내가 얻을 수 있는 것은 무엇일까? 그는 내가 이미 보고 알고 있는 것만 보고 알 것이며, 내 삶의 피할 수 없는 닫힌 순환을 스스로 반복할 뿐이다. 차라리 그가 내 밖에 머물게 두자. —미하일 바흐친[26]

경제학자는 이러한 세 가지 인문학적 소양, 즉 본질적으로 문화적인 인간에 대한 이해, 필수적인 설명 형식으로서의 이야기, 그리고 환원될 수 없는 복합성을 지닌 윤리에 대한 인식을 모두 활용함으로써 혜택을 얻을 수 있다. 그러려면 인문학이 스스로를 탈인문화할 필요가 없는 것처럼 경제학이 스스로의 모든 위대한 업적을 포기할 필요는 없다. 경제학자는 그 누구도 속일 필요가 없다. 경제학자들은 "행동 경제학"과 유사한 모종의 융합된 학문을 추구해서는 안 될 것이다. 그 대신 각 학문들의 고유한 특성을 유지할 수 있는 "휴머노믹스"가 필요하다.

경제학과 인문학을 융합하는 것이 아니라 휴머노믹스는 둘 사이의 대화를 만들어낸다. 우리가 추구하는 것은 일련의 이론적 제안들이 아니라 계속되는 대화이다. 오해의 여지를 막기 위해 말해두지만 우리가 말하는 대화는 두 저자들 사이의 것이 아니다. 수많은 대화와 몇 번에 걸친 공동

---

26 M. M. 바흐친, 『말의 미학』, S. G. 보차로프 편집(모스크바, 이스쿠스트보, 1979), 78쪽.

수업을 통해 우리는 어느 정도 의견 일치에 이르렀다. 우리가 염두에 두는 것은 지식에 개별적인 접근 방식으로 이해되는 두 **학문 영역** 간의 대화이다.

"진짜" 애덤 스미스의 귀환

경제학과 인문학 간의 대화를 만들어감에 있어서, 우리는 항상 경제사상의 가장 중요한 근원인 '애덤 스미스'로 되돌아가는 것을 상상한다. 스미스에 대한 가장 현명한 주석자들은 그가 도덕주의자이기도 했다고 기억한다. 이 이중의 정체성이 아주 큰 차이를 만들어낸다. 경제학 교과서에서 『국부론』이 다뤄지는 방식은 원래 저자의 정신과 많은 차이가 있다. 경제활동을 어떤 정해진 공식이나 탈역사적인 개념에 의해 설명하는 것이 바람직하거나 가능하다고 보지 않았던 스미스는 이 책의 상당 부분을 순수하게 서술적인 방식으로 집필했다.

인간 행동을 합리적 선택이라는 모형 틀 안에서 생각하는 대신, 스미스는 반복해서 합리성이라는 개념을 예외적인 것으로 간주했다. 사람들은 너무 자주 바보 같은 행동을 한다. 예를 들어 "로마 교회법"의 해로운 영향력을 언급하면서 스미스는 "오랜 기간 교회법에게 온전한 인간의 이성이라는 힘은 어떠한 위협도 되지 못했다. 인간 이성의 미약한 시도조차 없었다면 이 법은 아마도 영원히 지속되었을 것이다"[27]라고 언급했다.

---

27 애덤 스미스, 『국부론(An Inquiry into the Nature and Causes of the Wealth of Nations)』, 제2판, R. H. 캠벨·A. S. 스키너 편집(리버티 출판사, 1981), 803쪽. 초판은 1776년 출간.

무엇보다도 스미스는 지금의 경제학자들처럼 도덕 문제를 어떤 모형들로 축소해서 생각하지 않았다. 도덕 문제 제기의 중요성을 강조했던 학자답게 스미스는 『국부론』의 저자일 뿐만 아니라 『도덕 감정론』도 집필했다.[28] 『국부론』에서 그는 많은 도덕 논쟁을 보여주고 있는 게 사실이다. 스미스는 인간의 행동이 인식된 자기 이익에 의해서 이끌어진다는 생각—홉스에 의해 대표되었던 당대의 사상—을 부정했을 뿐만 아니라 그 정반대를 주장했다. 즉, 스스로뿐만 아니라 타인에 대한 고려가 인간 본성의 근원에 있음을 주장한 것이다. 『도덕 감정론』은 다음과 같은 유명한 구절로 시작된다: "인간이 아무리 이기적인 존재라 하더라도, 그 천성에는 분명히 이와 상반되는 몇 가지가 존재한다. 이 천성으로 인해 인간은 타인의 운명에 관심을 가지게 되며, 단지 그것을 바라보는 즐거움밖에는 아무것도 얻을 수 없다 하더라도 타인의 행복을 필요로 한다. 연민과 동정심이 이런 종류의 천성에 속한다. 이것은 타인의 고통을 보거나 또는 그것을 아주 생생하게 느낄 때 우리가 느끼게 되는 종류의 감정이다."[29] 그리고 스미스는 연민과 동정심 같은 감정이 합리적 선택 이론가들이 제시하듯이 자기애나 자기 이익 같은 것으로 환원될 수 없다는 점을 확실히 했다.

스미스는 명백하게 현대 경제학의 토대가 된 사고방식이 인간의 행동양식을 이해하고 행동 지침을 주는 데 필요하지만 충분하지는 않다고 간주했고, 인간에게는 경제학과 그 이상이 필요하다고 보았다. 우리도 이에

---

28 와이트, 5~8쪽, 134쪽, 153~157쪽을 참고하기 바란다.

29 애덤 스미스, 『도덕 감정론(The Theory of Moral Sentiments)』, D. D. 라파엘·A. L.맥피 편집(리버티 출판사, 1982)[한국어판은 박세일·민경국 옮김(비봉출판사, 2009)], 9쪽. 초판은 1759년 출간.

전적으로 동의하며 이 두 가지 사고방식이 어떻게 함께 작동할 수 있는지 보여주려 한다.

우리는 스미스를 상당히 자세하게 다룰 예정인데, 여기에서는 7장에서 우리는 사실주의 소설가들이 『도덕 감정론』에 나타난 윤리학과 심리학적 측면의 스미스의 아이디어를 확장시키고 심화시켰다는 점을 논증할 것이라고만 언급해두자. 심리 사실주의 소설은 실상 도덕 감정으로의 확실한 접근 방법이며, 스미스의 논문처럼 동감에 특별한 의미를 부여한다. 철학자들이 제인 오스틴이나 조지 엘리엇 같은 사실주의 소설가들을 이러한 관점에서 다루지 않는다면 그것은 아마도 철학 본령은 접해보았어도 소설을 특별한 종류의 철학으로 읽어보지 않아서일 것이다.

학교 안팎에서 스토리텔링의 가치

인문학자들은 이야기를 읽고 쓰는 것을 좋아하지만 경제학자는 그렇지 않다. 인문학에서 이야기는 영감을 주고 설명하고 공감을 가르친다. 경제학에서 이야기는 수학적 모형으로 표현되는 공정성을 방해하고 공평무사한 데이터 분석을 방해한다. 이야기는 단순한 일화로 폄하된다.[30]

---

30 이야기가 인간의 행동을 이해하는 데 도움이 된다고 믿는 경제학자들도 존재한다. 로버트 실러(Robert Shiller)는 「이야기가 주식시장을 움직이는 방법(How Stories Drive the Stock Market)」, ≪뉴욕타임스≫, 2016년 1월 22일 자에서 대중적인 내러티브가 동기를 부여한다고 주장하며 내러티브 심리학의 미덕을 찬양했다. 그에 의하면 "대부분의 경제학자들은 일반적으로 그러한 대중의 이야기를 언급한다든가 감정적 호소력을 평가하지 않는다." 하지만 "이러한 대중적인 이야기는 심각한 문제가 된다. 혁명으로 이어질 수도 있고 시장 붕괴를 야기할 수도 있기 때문이다."

물론 이 학제 간 접근에 존재하는 차이에는 명분이 있다. 경제학자는 사람들이 하는 말을 믿지 말고 행동하는 것을 관찰하도록 훈련되었다. 어떤 이는 오페라를 가장 좋아한다고 말하지만 소득 증가에 의해서나 티켓 가격의 하락으로 오페라 관람 비용이 경쟁 소비재에 비해 상대적으로 하락함에도 절대로 공연을 보러 가지 않을 수 있다. 이 사람이 오페라에서 진정한 만족을 얻는다고 말할 수 있는 것일까? 그의 선호도가 행동으로 잘 나타난다고 말할 수 있는 것일까? 경제학자라면 그의 행동은 자신의 주장에 의문을 제기한다고 볼 것이다. 반면 인문학자는 이 사람은 오페라를 보러 가고 싶다는 의미에서 오페라를 사랑하지는 않지만, 오페라를 좋아한다고 생각하는 것을 좋아한다고 말할 수 있다. 그는 공연에 참석하는 것이 아니라 공연에 가는 것에 대해 생각하거나 말하는 것에서 즐거움을 얻는 것이다. 실제로 우리가 행하지는 않으면서도 환상을 품는 많은 활동이 존재한다. 그게 아니라면 도서관이 필요한 이유는 무엇이겠는가?

어느 종교를 믿는다고 진정으로 고백한 사람이 정작 다른 종교를 믿는 듯 행동한다면, 그가 진짜 믿는 것은 무엇일까? 인문학자에게 이는 흥미로운 철학적 질문이라서, 이에 대한 통찰을 얻기 위해 위대한 문학 속 이야기를 참고할지 모른다. 경제학자라면 답은 그 사람이 실제로 하는 행동에 달려 있다.

어떤 재화를 소비함으로써 얻는 만족감이 다른 재화를 소비함으로써 얻는 만족감보다 더 큰지 사람들의 선호 구조를 파악하는 경제학자에게 호불호의 변화로 행동을 설명하는 것은 큰 문젯거리가 될 수 있다. 예를 들어 베이비붐 이후의 출산 절벽을 상대적 가격의 변화가 아니라 대중의 아이 선호도 증가와 감소로 설명한다면 사회과학자들의 신빙성을 떨어뜨리는 것이다. 게리 베커가 표현했듯이 이런 식의 논리는 사망률이 증가했다가 감소하는 것이 사람들에게 내재된 죽음에 대한 욕망이 증가했다가 감소했다는 식으로 설명하는 것과 유사하다. 경제학자에게 출산율의 증가와 감소는 선호도의 변화 때문이 아니라 소득과 가격의 변화 때문에 발생하는 것이다. 예를 들어 소득이 증가할 때 사람들은 아이에 대한 내재적 욕망은 동일하더라도 아이를 더 낳고 싶어 한다(또는 다음에서 보겠지만 아이에게서 더 많은 만족을 얻는다).

그런데 서사성을 가진 이야깃거리들이 경제학자의 모형에 정보를 제공하여 정책의 결과를 더 잘 예측하게 할 수 있지 않을까? 이야기와 연관된 이론적·방법론적 접근법들이 결과를 왜곡하지 않고 주어진 데이터를 더 잘 이해하는 데 도움을 줄 수 있지 않을까? 이야기가 문제를 인식할 때 우리가 간과할 수도 있는 도덕적 함의를 이해하는 데 도움이 되지는 않을까? 우리는 이야기의 이러한 가능성을 믿으며, 내러티브뿐만 아니라 인문학 및 기타 학문의 다양한 기법과 방법론을 활용하는 것이 "사회과학의 보석"[31]이 우리가 살고 있는 세상을 보다 적절하고 다룰 수 있고, 우리를 기다리는 미래를 훨씬 더 잘 예측할 수 있도록 도울 것이라고 믿는다.

우리가 이 주제에 대해 생각하기 시작한 것은 몇 년 동안 공동 강의한 학부 수업을 통해서였는데, 수업 제목은 "대안들: 학제 간 모델링을 선택하는 문제"[32]였다. 경제학, 문학, 철학, 역사학, 심리학, 사회학, 신학, 진화론, 도시계획 등 다양한 과목의 자료를 검토한 끝에 우리는 경제학이 자

31 "음울한 과학"이라는 대중적 용어보다 잘 사용되지는 않지만 경제학자들이 훨씬 선호하는 경제학을 지칭하는 용어이다.

32 이 수업의 결과로 우리는 『멋진 미래?: 2040년의 미국과 세계(The Fabulous Future?: America and the World in 2040)』(노스웨스턴 대학 출판부, 2015)를 공동 집필했다.

매 학문 분야로부터 배울 것이 많다는 점을 명확히 깨달았다. 학문 분야로서 경제학의 중요성에 관해서는 의문의 여지가 없듯이, 이러한 학제 간 대화에서 얻을 성과에 대해서도 의문의 여지가 없다.

"경제과학(economic science)"이라는 용어 자체에서 알 수 있듯 이 학문의 편협하고 제국주의적인 성격을 비판하는 데 이는 우리가 처음이 아니며, 경제학자들을 포함한 독자들이 좀 더 이 분야에 대해서 폭넓은 사고를 할 수 있는 계기가 되기를 바란다. 혹자는 이러한 학제적 사고가 경제학 분야에 필요하다고 확신하는지 우리에게 되물을지 모른다. 또 다른 혹자는 지난 몇 년 동안 전통 경제학보다 미묘하고 겸손해진 버전이 진행되어 왔다는 점을 지적할지도 모른다. 이어질 장들에서 우리는 그러한 방향에서 나온 수많은 사례들을 언급할 것이다. 그러나 최고의 경제학 학술지를 한번 살펴보라. 다루고 있는 주제는 학제적으로 보일지 모르지만 타 분야를 진지하게 다루는 경우가 과연 얼마나 될까? 간혹 심리학, 사회학, 정치학, 인류학, 철학, 심지어 인문학 분야의 문헌을 참고문헌에서 인용하는 경우도 있기는 하나 일반적으로는 거의 찾아보기 어렵다. 경제학계의 통상적 규칙은 경제학자는 일반적인 경제학 도구를 활용하여 다른 경제학자를 위해 논문을 쓰는 것이다. 어떤 논문이 이론과 수학적 모델링에 초점을 맞춘다면 그다지 놀랍지 않다. 하지만 많은 논문들은 정책 부분으로 끝맺음을 하기 때문에 우려의 여지가 발생한다. 편협한 경제적 관점이 정말 옳은 정책을 만들어낼 수 있을까? 세상은 복잡하며 행위자도 역시 복잡하다. 효과적인 정책은 제한된 접근 방식이 만들어낼 수 있는 것 이상을 요구한다. 다음 장에서 이에 해당하는 사례를 살펴보고 우리가 어떻게 이 믿음에 이르렀는지를 논의해볼 것이다.

두 가지 이야기

인간에 대한 우리의 강조와 맞물려 전혀 다른 두 사고방식 간의 대화의 중요성을 인식하게 된 이야기를 들려주고자 한다. 우리가 인문학을 경제학에 접목하게 된 배경을 설명하는 것이 분석의 현실성과 유용성을 높이는 데 도움이 될 수 있다고 생각해서이다. 그다음 장에서 우리의 목표를 설정할 것이다.

모턴 샤피로

1979년 대학원을 졸업할 무렵 나는 "적정가격 형성(getting the prices right)"이 거의 모든 경우 최고의 경제정책이라는 관점에 동의하고 있었다. 내 관심사는 거시보다는 미시경제학이었지만 나는 정부가 일반적으로 자유 시장 체제의 최적 기능을 약화시킨다는 것에 대해 의심하지 않았다. 그러나 1980년대에 개발도상국에서 겪은 경험으로 인해 나는 시장 해결책의 적절성에 대해 의문을 품게 되었다. 첫 번째 사례는 1981년 카이로에서였다. 그보다 몇 년 전 이집트 정부는 국제기관의 압력에 굴복하여 오랫동안 빵 가격을 시장 청산 가격(시장에서 거래되는 재화의 수요와 공급이 일치하도록 조정된 재화의 가격-옮긴이주)보다 훨씬 낮게 유지해오도록 한 정부 보조금을 줄이기로 결정했다. 일련의 경제학자들과 이야기를 나눴는데, 그들은 정부가 이미 일부 보조금을 복구시켰음에도 핵심 물품 가격을 '적정 수준'으로 유지하기로 합의했다는 사실에 감격했고, 이것이 국내시장에 대한 정부의 간섭이 감소하는 시대의 시작이라는 희망을 품고 있었다. 이로 인해 야기된 폭동의 사망자 수가 언급되었고, 영양실조[33]가 광범위하게 확산될 것이라는 전망이 나오기 전까지 이 기조는 설득력 있게 들렸다. 그럼에도 이 정책은 대의를 위한 것이라는 생각으로 논쟁이 마무리되었다. 하지만 이 문제는 나에게 의문으로 남아 있었다.

죽음의 가격을 어떻게 적절하게 매길 수 있을까? 우리가 만약 사상자(부수적 피해라고 하는 사람도 있을 것이다) 중 누구, 혹은 그 가족이라도 알았다면 우리의 행위를 그렇게 빨리 정당화할 수 있었을까? 그 정책들이 진정 최선이었는지를 결정하는 데 고려해야 할 사항이 있지 않았을까? 아마도 그때는 IMF나 세계은행이 오만했던 암흑기였지만, 누군가는 개발 정책이 그 이후 몇십 년간 그다지 발전하지 않았다고 주장한다.[34] 문제는 기대 수명이 짧고 교육 수준이 낮으며 실업률이 높은 사회에서는 인명 손실이나 건강 악화와 관련된 좁은 의미의 경제적 비용을 그다지 크게 다루지 않는다는 것이다.

왜 이런 상황이 발생할까? 생명의 경제적 가치는 미래 수입의 총액을 적절한 이자율로 할인하여 현재 달러 가치로 환산한 금액으로 가장 쉽게 측정할 수 있다(할인율이 높을수록 먼 미래에 벌어들일 돈의 가치는 낮아진다). MBA를 취득한 30세 투자 은행가는 대학 학위가 없는 50세 웨이터보다 큰 미래의 수입이 기대될 것이다. 이런 이유로 9월 11일 보상기금(예상했듯이 광범위한 조사가 이루어진 인명 피해 소송 건)의 일부로 제시된 합의금은 사망

33 이집트의 대도시들 다수가 1977년 "빵 폭동"을 겪었다. 79명이 사망했고 550명 이상이 부상을 입었고 1천여 명 이상이 체포되었다.

34 그 사례로 조셉 E. 스티글리츠, 『세계화와 그 불만』(W. W. 노턴, 2002)[한국어판은 송철복 옮김(세종연구원, 2020)]; 윌리엄 이스털리(William Easterly), 『전문가의 독재: 경제학자, 독재자, 그리고 빈자들의 잊힌 권리(The Tyranny of Experts: Economists, Dictators, and the Forgotten Rights of the Poor)』(베이직 북스, 2014)[한국어판은 김홍식 옮김(열린책들, 2016)]; 앵거스 디턴, 『위대한 탈출: 건강, 부 그리고 불평등의 기원』(프린스턴 대학 출판부, 2013)[한국어판은 이현정 옮김, 김민주 감수(한국경제신문, 2015)]을 참고하기 바란다.

자의 연령, 교육·직업군에 따라 아주 다양했다. 제안 범위에 대한 대중의 항의가 있기도 했지만 경제학자를 놀라게 할 만한 것은 없었다. 하지만 여전히 평생 소비 가치라는 어려운 문제가 남는다. 직장에서 벌어들이는 수입과 별개로 건강한 사람의 일 년 가치는 얼마일까? 특정 분야의 건강을 개선할 수 있는 시장이 존재한다고 가정해야(예를 들어 시력이나 활동성 개선을 위해 얼마를 지불할지 물을 수 있다) 이 분야의 가격을 책정하는 방식에 대한 개념이 생겨난다. 하지만 이 방식은 완벽하지 않고 경제학자들이 자신의 안전지대를 벗어나는 경우가 많기 때문에, 단순히 누락된 소득의 흐름의 현재 할인된 가치를 기준으로 경제적 손실을 계산하는 전통 방식을 따르게 된다.

이러한 현실은 10년 후 악명 높은 세계은행-로런스 서머스의 메모[35]를 통해 대중에게 알려졌다. 당시 세계은행의 수석 이코노미스트였던 서머스는 세계은행이 독성 오염 배출 산업들을 개발도상국으로 이전시켜야 할 수많은 이유가 있다고 주장한 메모에 서명했던 것이다. 그 이유 중 하나는 카이로에서 내가 들었던 대화를 떠올리게 하는데, 독성 폐기물을 이미 발병률과 사망률이 높고 임금이 낮은 지역으로 재배치하는 것이 경제적 비용을 최소화할 수 있다는 것이었다. 두 번째 이유는 깨끗한 환경에

---

35 이에 대한 설명과 논평은 다음에서 볼 수 있다. 「메모」, 1991년 12월 12일(월드은행그룹, 2001); 「독극물 메모」, ≪하버드 매거진≫, 2001년 5~6월; 데이비드 N. 펠로우, 『세계적 독극물에 저항하기: 환경정의를 향한 초국가적 움직임』(MIT 출판부, 2007); 다니엘 M. 하우스만·마이클 S. 맥퍼슨, 『경제분석, 도덕분석, 공공정책』(케임브리지 대학 출판부, 2006)[한국어판은 『경제분석, 도덕철학, 공공정책』, 주동률 옮김(나남출판, 2010)]. 이 메모에 사용된 경제적 접근법의 윤리적 함의에 대한 사려 깊은 분석은 하우스만·맥퍼슨의 책 12~23쪽과 265~273쪽을 참고하기 바란다.

는 소득 탄력성이 높다는 가정인데, 이는 나라가 부유할수록 깨끗한 공기와 물에 대한 인식이 높아지고, 건강 수준도 향상된다는 논리이다. 서머스는 나중에 이 메모에 서명한 것을 사과했는데 —전 뉴욕 시장 라과르디아(Fiorello La Guardia, 1934~1946년 재임—옮긴이주)가 "내가 실수하면 그것은 아름다움의 일종이다"라고 말한 것을 인용하면서— 이후 ≪뉴요커≫ 지의 기사에서 실제로는 젊은 경제학자가 작성한 메모에 오로지 관련 논의를 유발하기 위해 본인은 서명만 했다고 주장하기도 했다.

그리고 실제로 논쟁이 발생했다! 한 예로 브라질 환경부 장관은 다음과 같이 썼다: "당신의 추론은 완벽히 논리적이지만 완전히 미친 생각입니다. (…) 당신의 사고는 많은 기존의 '경제학자들'이 우리가 거주하는 세계의 본질에 대해 얼마나 믿기 어려울 정도로 소외되어 있고, 환원주의적 사고를 하며, 사회적으로 무자비하고, 오만하면서도 무지한 인식을 가지고 있는지를 보여주는 구체적인 사례입니다."[36]

이것이 모든 것을 말해준다고 생각한다. 극단적으로 말하자면 경제학자가 생명의 경제적 가치가 제한된 곳에서 수명을 줄이는 비용이 더 적게 든다고 추천하는 것이 논리상 맞을 수는 있지만 그것이 과연 타당한 것일까? 도덕적 문제는 어떻게 해결할 것인가? 대개의 경제학자들에게 전통 경제학 이론의 한계를 벗어나는 것은 무서운 일이다. 파레토 최적의 세계(타인을 해하지 않으면서 누군가의 상태를 개선하는 방법을 찾는 세계)가 주어진다면 누구라도 정책을 제안할 것이다. 하지만 현실 세계에서는 경제학자들이 피하고자 하는 상쇄 효과가 발생한다. 누군가 얻는 것이 있다면 다

36 이상 출처에서 인용.

른 누군가는 잃어야 하는 것이다. 강의실에서는 개인 간 효용의 비교에 대한 질문을 회피하기 쉽다. 따라서 누군가의 효용 감소가 다른 사람의 효용 증가에 의해 정당화될 수 있는가의 질문은 완전히 무시되는 것이다. 그러나 1970년대 후반 1980년대 전반 카이로에서, 1990년대 독성 폐기물 폐기 사건에서, 어쩌면 현재에도 그것은 피할 수 없는 질문이다.

한 가지만 더 보태겠다. 1980년대 중후반 아프리카 안팎에서의 개발 문제에 대한 강의로 상당 기간을 보낸 후 나는 세계은행을 위한 새 출판물 간행에 참여를 제안 받았다. 1955년 이후 세계은행은 경제개발연구소(Economic Development Institute: EDI)가 개발계획, 정책 형성, 계획 실행, 투자 분석에 대한 강의, 세미나, 워크숍을 개설하여 관리를 양성하도록 했다. 많은 참여자가 아프리카 출신이었지만 수업 자료는 대부분 아시아에 관한 것이었다. 왜 그랬을까? 놀랍지는 않은데 EDI는 성공담을 가르치고 싶었기 때문이다. 즉, 국제기구가 상당한 경제적 수익률로 정당화되는 프로그램과 계획을 설립한 사례를 교육하는 것을 선호했던 것이다. 성공담은 그때도, 아마 지금도 아프리카보다는 아시아에서 찾게 될 가능성이 높다.

그래서 아프리카 관리들이 아프리카 성공담을 요구했을 때 세계은행은 『아프리카에서 성공적인 개발』이라는 책을 의뢰하기로 한 것이다.[37] 각 장의 내용을 채우는 것보다는 각 장의 제목을 선정하는 것이 쉬웠다. 책을 의뢰 받은 학자 일부는 대륙을 뒤져서 흥미로운 단서들을 찾아야 했다. 안타깝게도 이러한 단서들의 상당수는 따라할 만한 유형의 계획이 아니었고, 일부는 한시적인 혜택을 보았거나 제한된 이득을 본 정도였다. 그

37 『아프리카에서 성공적인 개발』, EDI 발전 정책 사례집, ≪분석적 사례 연구≫, no.1(세계은행, 1989).

래도 최종적으로 책에 실을 만한 사례를 7건 발굴해냈다. 내가 담당한 장은 케냐에서의 원예 상품 생산과 모리셔스(책에 포함될 만한 사례를 찾아 대륙 밖으로 나가야 했다는 사실이 아프리카 내에서 성공기를 찾는 것이 얼마나 어려웠는가를 알 수 있다)의 수출 지역 개발에 관한 것이었다. 그런데 나에게 가장 기억에 남는 장은 서아프리카의 회선사상충증 관리 프로그램(Onchocerciasis Control Program: OCP)을 다룬 것이다.[38]

회선사상충증(강변 실명증, river blindness)은 서아프리카에 풍토병처럼 퍼져 있던 끔찍한 기생충병으로 수백만 명의 아프리카 사람들을 실명시켰다. 1974년 지역 협력의 아주 드문 사례로 서아프리카 7개국이 이 끔찍한 재앙을 퇴치하기 위해 모였고 기부자 커뮤니티에 손을 내밀었다. 그 결과로 탄생한 OCP는 세계보건기구의 감독을 받았고, 세계은행을 비롯한 수많은 양자 간·다자간 원조기구로부터 원조를 받았다.

그 효과는 어마어마했다. 프로그램이 가동된 지 10년 만에 90%가 넘는 지역이 상당한 진전을 보였다. 세계보건기구는 이 프로그램이 "공중 보건 문제이자 사회 경제적 발전의 걸림돌인 회선사상충증을 퇴치하는 데"(영거·종고, 27쪽) 기여했다고 극찬했다. 지역 주민들도 동의했다. 저자 중 한 명은 부르키나파소에 도착했을 때 OCP 팀이라는 말만 하면 귀빈 대접을 받았다고 말했다—세관에서조차! 게다가 프로젝트가 예산 범위 내에서(또는 그 이하로) 운영되고 있었다. 아프리카의 성공적인 개발에 관한 책을 쓸 가치가 있는 프로젝트는 바로 이것이 아니었을까? 애석하게도, 경제학자들의 접근법으로 성공을 정의한다면 그렇지 못하다.

---

38 스티븐 D. 영거·장-밥티스트 종고, 「서아프리카: 회선사상충증 관리프로그램」, 『아프리카에서 성공적인 개발』, 제2장.

카이로·서머스 메모 문제는 여기에서 전면에 드러난다. 수백만 명의 아프리카인이 시력을 유지하는 경제적 가치는 얼마일까? 경제적 측면에서 가치를 계산한다면 아쉽게도 실업률이 높고 교육 성취도가 낮은 지역에서는 그다지 높지 않다는 답이 나온다. 저자들이 고전적인 비용편익분석을 해봤을 때 그 결과는 "결정적이지는 않다"는 것이었다. 즉, 시력의 경제적 가치에 대한 관대한 가정을 전제로 할 때 경제적 수익은 비용을 정당화할 정도의 수준이었다는 것이다. "회선사상충증으로 인한 실명과 고통을 감소하는 정도의 인도주의적 혜택이 있다"는 점은 인정했지만, "특히 기부자에게는 그 중요성에도 불구하고 이러한 혜택은 본질적으로 측정 불가능하여 우리는 굳이 설명하지 않을 것이다"라고 썼다(영거·종고, 38쪽). 인문학자라면 이 지점에서 의아해 하며 경제 개발의 핵심은 사람들의 생활을 개선하도록 돕는 것이 아니냐고 묻지 않을 수 없을 것이다. 물론 그렇다고 경제학자들은 대답할 것이다. 하지만 자신들은 실증적으로 측정 가능한 범위로 분석을 제한하는 것을 선호한다고 토를 달 것이다. 경제적 편익의 잣대를 고수할 경우 "OCP 지역 빈곤 노동자들의 매우 낮은 한계 생산성(1978년 달러 기준 57~107달러)으로 한 생명의 1년 가치를 평가함으로써 우리는 필연적으로 OCP의 추정 편익이 작다는 결론을 내리도록 강요 받는다"(영거·종고, 39쪽). 그러나 이들은 결국 경제학자로서는 매우 이례적인 시인이긴 하지만 다수 인문학자들의 마음을 따뜻하게 해줄 결론을 내린다. "소득 수치를 활용하여 한 생명의 가치를 판단할 때, 프로젝트의 평가는 본질적으로 빈곤층에 대한 편향성을 띨 수밖에 없다. 그럼에도 불구하고 사회복지에 관한 논의에서 전문가들은 놀랍게도 종종 부유층보다 빈곤층에게 혜택이 돌아가는 공공 정책 프로그램에 더 많은 비중을 두어야 한다고 주장하곤 한다. 사실 공공 정책 프로그램의 일환으로서 OCP야말로 특히 매력적인데, 수혜자가 대부분 농촌 빈곤층이라는 점이다"(영거·종고, 39쪽).

여기에는 어떤 교훈이 있을까? 이 사례는 전통적인 비용편익분석만 고수했다면 아프리카 역사상 가장 성공적인 보건 개입으로 널리 알려진 프로젝트가 일찌감치 쉽게 중단될 수도 있었다는 것을 보여준다. 수혜자 인터뷰 및 이와 유사한 질적 연구를 수행했다면 또 다른 통찰을 얻을 수 있지 않았을까? 그들의 삶의 이야기는 어떤 통찰을 줄까? 경제학자들은 한 발 물러서서 다른 사람들이 생각하는 더 큰 선에 대해 더 폭넓게 생각해야 할 필요가 있을까? 우리의 답은 확신할 수는 없지만, 충분히 그렇다. 또는 적어도 다음 장에서 우리는 그렇게 주장한다.

게리 솔 모슨

1996년부터 1997년까지 나는 캘리포니아 팔로 알토에 있는 고등연구원 행동과학센터에서 1년을 꿔다 놓은 보릿자루 같은 인문학자로서 많은 사회과학자들과 부대끼며 보냈다. 연구원들 사이에는 매일 교류가 있었고 오래 지나지 않아 사회과학자들이 내 프로젝트가 어떻게 사회과학이 생겨났는지에 대한 역사적 탐구 쪽으로 진행되는 것을 신기해 한다는 것을 알게 되었다. 왜 사회과학자들은 인문학자들과 다르게 생각할까?

합리적 선택 이론은 경제학뿐만 아니라 정치과학 분야에서도 지배적 위치를 차지했으며, 다른 사회과학 분야에서도 상당한 영향을 행사하고 있다. 처음에는 이 사실을 믿기 어려웠다. 이 관점은 도스토옙스키가 『지하로부터의 수기』와 여타 작품들에서 그리도 성공적으로 패러디했던 것이 아니던가? 설마 사람들이 항상 최선의 이익에 부합되는 방식으로 행동한다고 믿는 것은 아니겠지? 조금이라도 인간에 대해 안다면, 아니면 최소한 내면을 볼 수 있는 능력이 있다면, 스스로는 최선이라고 생각하면서 자기 파괴적인 또는 부정적인 행동을 하는 게 사람이라는 걸 알 텐데 말이다. 이론대로라면 정신과 의사와 소설가들은 이미 예전에 사업을 그만두어야 했을 것이다.

나는 도스토옙스키의 지하 생활자가 이 개념을 비웃었던 문단에 대해 여러 번 생각해보았다. 그 당시에는 공리주의라고 불렸던 개념 말이다.

> 아, 누가 처음으로 단언했는가? 누가 최초로 선언했는가? 인간은 자기의 이익이 진정으로 무엇인지 모르기 때문에 너저분한 짓을 한다고. (…) 왜냐하면 계몽되어 자신의 진짜 이익을 깨닫게 된 나머지 선행 속에서 자신의 이익을 간파할 수 있기 때문이란다. 알다시피, 아무도 자신의 이익에 고의로 반하는 짓을 하지 않기 때문에, 필요에 따라 선을 행하지 않겠느냐는 의미이다. 아, 얼마나 유치한 발상인가! 순진무구하기 짝이 없는 생각이다!(한국어판은 38쪽) [39]

내가 만나던 '순진무구한 아이'들은 탁월한 지적 능력의 소유자들이었다. 그런데도 인상적인 분석 능력과 심리적 순진함이 결합되어 있었는데 나는 그들이 정말 자신들이 말하는 것을 믿고 있는 건지 의심이 갈 정도였다. 이 모순이 어떻게 가능한가? 마치 연구원 자체가 나에게 풀어야 하는 사회심리학적 문제를 던져주었다고 느꼈다.

---

39 표도르 도스토옙스키, 『지하로부터의 수기』와 『대심문관』, 랄프 매트로 편집(E. P. 더튼 출판사, 1960)[앞으로 언급하는 쪽수는 모두 한국어판 『지하에서 쓴 수기』, 김근식 옮김(창비출판사, 2012)을 근거로 한다.-옮긴이주], 18쪽.

수차례의 토론이 있은 다음 나는 이 모순의 해결점을 찾아냈다. 그들은 유클리드 기하학에서와 같은 **이론적** 가정, 공리에서 출발해서 그 지점에서 추론해 내려온다. 공리적으로는 사람은 스스로에게 최선이라고 생각하는 것을 선택한다는 원칙을 상정하는 것이 말이 된다. 다른 것을 선택할 필요가 무엇이 있겠나? 더 중요한 것은 일단 그러한 공리에서 출발하면 인간 행동에 대한 멋진 그림을 그릴 수가 있다는 점이다. 근대 경제학의 총체가 그러한 추론에서 얼마나 나아갈 수 있는지를 입증하는 것이다.

경제학은 그 당시 교수들의 보수가 높았을 뿐만 아니라, 무엇보다도 모범 과학으로 여겨지는 물리학에 가장 근접해 있었기 때문에 사회과학 중에서도 명망 있는 학문 분야였다. "물리학 선망증"은 "경제학 선망증"으로 이어졌다. 사람들은 어느 캠퍼스에서든 가장 멋진 건물을 찾으면 경제학과 건물이고, 가장 못생긴 건물을 찾으면 외국어학과일 거라고 농담을 하곤 한다. 지난 반세기 동안 경제학은 많은 수학을 사용해왔고, 그 명제들은 모두 등식으로 표현될 수 있었다. 따라서 정치학자들이 그 방법을 모방하려는 것은 당연한 일이었다.

하지만 나는 이 상명 하달식(top-down) 접근법을 반박하는 지하인의 방식에 대해 생각하게 된다. 지하인은 이상의 결론에 모순되는 수많은 사례들을 든다. "사람들은 자신의 진짜 이익이 무엇인지 충분히 알면서 고의로 그 이익을 팽개치고 위험이 도사린 엉뚱한 길로 달려들곤 했다. 누가 강요하거나 어떤 목적이 있어서가 아니었다. 마치 지정된 길이 싫어서 암흑 속의 험난하고 고된 길을 더듬거리면서도 고집스럽게 뚫어보려는 심산 같았다"(한국어판 『지하에서 쓴 수기』, 39쪽). 그는 이 모형과 모순되는 고통스러울 정도로 익숙한 행동의 수많은 사례를 제시한다. 또한 작가는 역사적으로 인류가 자신들의 최선의 이익에 반하여 집단적으로 행동했던 사례들도 열거한다. 잠깐 한 발짝 물러서서 생각해보자. 합리적 선택 이론을 믿지 않는 사람이 십자군 전쟁, 17세기 종교전쟁, 발칸반도에서의 끝없는 분쟁을 보면서 사람들은 누구나 합리적으로 행동한다는 결론을 내릴 수 있을까? 그렇다면 비합리적 행동은 어떤 것일까?

과학자라면 경험적 사실을 무엇보다 존중해야 하지 않을까? 이론은 가설을 검증하지만 사실이 이론에 부합하지 않는다면 사실이 우선된다. 그래야 한다. 불편한 진실은 언제나 무시할 수 있었다. 지하인이 관찰하듯 "인간은 체계와 추상적 결론에 강하게 집착하기 때문에 의도적으로 사실을 왜곡하려 하고, 보이는 것을 보지 않으려 하고, 들리는 것을 듣지 않으려 하고, 오직 자신의 논리만 정당화하려 한다"(한국어판 『지하에서 쓴 수기』, 41~42쪽).

이러한 경험적 사실에 관한 논쟁은 내 주변의 사회과학 동료들에게 별 영향력이 없어 보였고 그들은 다음과 같은 대답을 반복했다. 먼저 그들은 내 질문에 모든 선택은 **정의상** 합리적이라고 자신들의 용어를 재정의했다. 예를 들어 어떤 종류의 행동을 예측하고자 할 때 합리성이라는 단어를 협의로 정의하면서 예측이 가능하도록 했다. 그러나 이 모형이 도전을 받을 때면 합리성을 동어반복, 즉 그 정의 자체에 의해 참인 진술로 재정의하는 방식이다. 행위 자체는 합리적이며, 합리적이지 않았으면 행동하지 않았을 거라는 식이다. 행위가 비합리적으로 보이더라도 아직 식별되지 않은 범주에 의하면 합리적 행위라는 것이다. 이런 식의 논리는 사실이 어떠하든 반대 자체를 불가능하게 만든다. 이런 방식의 공식화는 오류의 가능성 자체를 부정하기 때문에 특정 예측 자체를 쓸모없게 만들 것이다.

이 상황을 일기예보에 빗대본다면, 예보자가 예보학의 근거에 대해 공격을 받을 때 "내일은 비가 오겠습니다"에서 "내일은 날씨가 있을 것입니다"(좋거나 나쁜 가치 범주가 빠진—옮긴이주)라고 예측을 바꾸는 식이다. 나는 소위

"비합리적 선택 이론" 분야를 꿈꾼다. 여기에서는 사람들이 하는 모든 행동이 자신의 최대 이익에 반대하는 방향으로 이루어질 것이고, 행위가 합리적으로 보인다면 그것은 아직 정의되지 않은 범주에 의해 비합리적이기 때문일 것이다. 이러한 논리는 반대 결론을 정당화하기 위해 사용된 논증법만큼 강력할 수 있기 때문에 양방향 모두 오류가 없어야 한다.

어떤 명제가 과학적인 것은 말할 것도 없고 의미 있는 명제가 되려면 원칙적으로 그 명제가 시험되어 거짓임이 증명될 수 있는 상황 자체가 허용되어야 한다. 그러나 명제가 정의상 참이라면 시험 자체가 불가능해진다. 이런 방식으로 논증을 하는 사람은 문자 그대로 부주의하게(fast and loose) 행동하는 것이다. 여기에서 "fast"는 "꽉 잡아(hold fast)"라는 표현에서처럼 옛 의미인 "close(가깝다)"나 "tight(꽉 조이는, 탄탄한)"를 뜻한다. 예측을 바로 하고자 한다면 탄탄한(tight)이라는 정의를 사용해야 한다. 그런데 위험한 일이 닥쳤을 때(when the wolf is at the door, 즉 틀릴 위험이 있을 때 – 옮긴이주) 그들은 틀리지 않으려고 느슨한 정의로 갈아타는 것이다.

이러한 반대 논리로는 사회과학자들을 설득할 수 없다. 내 추측으로 그들에게 이러한 반대 논리는 논리상 속임수로 여겨지는 듯하다. 그리고 자신의 분야에서 생성된 것이라고 보지도 않는다. 나의 이러한 추측은 모든 분야는 외부자로부터의 도전을 무시하는 경향이 있다는 관찰에 근거한 것이다.

둘째, 나의 사회과학 동료들은 실증적 반론에 다음과 같이 응대한다. 즉 18세기에 화학이, 갈릴레이 시대에 물리학이 그러했듯 경제학은 젊은 과학이라고. 모든 과학은 어딘가로부터 출발해야 하며 초기에는 설명할 수 없는 것들이 있을 수밖에 없다. 하지만 바로 그러한 점이 그 과학에 미래가 있음을 보여준다고 주장하는 것이다.

이러한 대답은 그 분야가 결국 과학이 되었음을 보여준다면 설득력이 있으리라. 나는 예전에 문학비평이 과학의 지위에 다다랐다는 주장이 있던 시절을 떠올렸다.[40] 물론 문학 학자는 아직 모든 것을 설명할 수는 없지만 앞으로의 연구가 설명이 가능하도록 할 것이라고 주장되었다. 이런 식의 추론이라면 점성술에서 다이어네틱스(Dianetics)(사이언톨로지의 창시자인 론 허버드가 창안한 유사 과학이자 심리 치료의 형태—옮긴이주), 연금술에서 골상학에 이르기까지 모두 초기 상태의 과학이라고 주장할 수 있을 것이다. 그러나 주장만으로 과학이 될 수는 없다.

마지막으로 나는 가장 세련된 답인 세 번째 답을 헨리 아론에게 받았는데 그는 그 당시 브루킹스 연구소에서 경제학 소장 임기를 막 마친 상태였다. 헨리는 밀턴 프리드먼의 유명한 1953년 논문 "실증경제학의 방법론"[41]을 추천해 주었다. 프리드먼은 합리적 선택 모형은 터무니없는 심리

---

40 예를 들어 이 주장은 러시아 형식주의자들에 의해 제기되었는데, 그들은 이 주장을 구조주의자들에게 물려주었다. 보리스 에이헨바움, 「형식적 방법 이론」, 라디슬라프 마테이카·크리스티나 포모르스카 편집, 『러시아 시학 강독: 형식주의와 구조주의 관점』(MIT 출판부, 1971), 3~37쪽을 참고하시오. 에이헨바움은 "젊은 과학" 논리에 의존한다: "이미 확립된 과학이란 존재하지 않는다. 과학의 생명력은 진리를 확립하는 것이 아니라 오류를 극복하는 것으로 파악된다"(에이헨바움, 4쪽). 그런가 하면 우리가 이미 주지했듯이 스푸핑으로 가득 찬 소위 문학 과학이라 불리는 최근의 조류가 있다. 컴퓨터의 등장이 실증 문학 과학(hard science of literature)이라는 분야를 시도하는 데 영감을 주었다. 조슈아 로트만, "문학 법칙을 발견하려는 시도", ≪뉴요커≫, 2014년 3월 20일 자를 참고하시오(http://www.newyorker.com/books/page-turner/an-attempt-to-discover-the-laws-of-literature). 또한 인지과학이나 진화론에 근거한 문학의 과학화를 시도한 이들도 있다. "영문학에서의 다음 빅뱅: 당신이 아는 것을 그들이 안다는 것을 알기"는 다음 링크를 참고하기 바란다. http://www.nytimes.com/2010/04/01/books/01lit.html?pagewanted=all

41 밀턴 프리드먼의 「실증경제학의 방법론」은 동저자의 『실증경제학 논고』(시카고 대학

학에 기초하고 있기는 하지만 그 모형이 예측을 잘하기만 한다면 문제가 되지는 않는다고 인정했다. 이 대답은 나에게 강렬하게 다가왔다. 결국 우리는 많은 단순화된 가정이 틀렸다는 것을 알면서도 사용하는데 그 가정의 결과들이 효과는 있기 때문이다. 이것이 바로 모형이 가진 한계이다. 도식화된 다이어그램과 사고실험은 유익한 결론을 도출하는 데 도움을 줄 때도 있긴 하다. 이 경우에는 왜 그렇게 작용하지 않는 걸까?

헨리에게 내가 줄 수 있는 대답은 "경제학자들의 예측이 얼마나 유용한가요?"였다. 헨리는 몇 초간 생각하더니 "자네 말이 일리가 있네"라고 대답했다. 이 정직한 대답에 대해 생각하면 할수록 나도 경제학을 옹호하고 싶어진다. 경제학의 많은 예측들, 특히 미시경제학의 예측들은 잘 맞기 때문이다.

경제학이 실증과학이 될 수 없는 이유를 설명했을 때 사회과학자들은 내가 경제학이 효용성이 없다거나 근거 없다고 말하는 것으로 가정했다. 나는 문학 해석이나 예술비평이 과학이라고 믿어본 적은 없지만 그것들이 쓸모없다고 생각한 적은 없다. 바이올린 연주의 과학이란 존재하지 않지만 우리는 여전히 거장의 공연을 들으러 가지 않는가? 나에게 인문학의 본질과 위대한 작가들이 줄 수 있는 것은 지혜이며, 지혜란 그 정의상 수학적 모형 비슷한 것으로는 형식화될 수 없다. 형식화된다면 지혜도 명제의 하나로서 가르칠 수 있을 것이다.

훌륭한 과학자, 수학자, 엔지니어는 기계를 고안할 수는 있어도 그 기계가 어떻게 쓰일지 결정하는 사람들은 아니다. 경제학자에게도 이 논리

출판부, 1953), 3~43쪽에 포함되어 있다. 이 책은 우스칼리 매키 편집, 『실증경제학의 방법론』(케임브리지 대학 출판부, 2009)으로 재출간되었다. 3~42쪽 참고하기 바란다.

가 적용될 수 있지 않을까? 그렇다면 인문학의 지혜로부터 이익을 볼 수 있지 않을까?

아리스토텔레스는 젊은이들이 수학은 기꺼이 배우지만 지혜는 배우지 않는데, 지혜는 경험을 요하고 경험은 시간을 요하기 때문이라고 말했다. 그는 과목마다 서로 다른 **종류**의 지식이 필요하다는 점을 거듭 강조했다. 정확성이 불가능할 때가 있다. 기하학을 인문적으로 생각하듯(또는 아리스토텔레스가 표현했듯 "수사적으로") 윤리학에 수학적 추론을 강요하는 것은 잘못된 것이다. "우리의 연구는 장인들이 추구하는 것과 같은 엄밀한 정확도를 갖출 수 없으므로, 그 정확성(명료함)을 주요 문제와 연결시키는 것이 더욱 적절하다. 각 영역에는 그 주제의 본성이 허용하는 정도의 정확도가 있고, 교육 받은 사람들은 이것을 잘 분별할 줄 안다. 수학자에게서 그럴듯한 추론은 취하면서 수사학자에게서 과학적 증명을 요하는 것은 분명히 동일하게 어리석은 일이다."[42]

경제학과 다른 사회 분야들은 현재와 과거 모두 과학이 되지 못해도 가치가 있다고 생각한다. 그렇다면 이 학문들은 자신들의 주장을 다른 방식으로 제시해야겠지만 여전히 통찰력을 줄 수 있다. 내게는 경제학이 "수학적으로" 얼마나 멀리 갈 수 있는가와 어느 지점에서 경제학이 "수사적으로" 또는 인문학적으로 사고함으로써 혜택을 얻을 것인지는 여전히 열린 질문으로 남아 있다.[43]

---

42 아리스토텔레스, 「니코마코스 윤리학」, 리처드 맥킨 편집, 『아리스토텔레스 원론집』(랜덤하우스 출판, 1941), 936쪽.

43 수사학(설득적 논쟁이라는 의미에서)의 형식으로서 경제 논쟁에 대한 고전적 연구는 도널드 N. 매클로스키, 『당신이 그렇게 똑똑하다면: 경제전문지식 내러티브』(시카고 대학 출판부, 1990)를 참고하기 바란다. 매클로스키의 책은 다음과 같이 시작한다. "경제학자

때로는 사회과학자들이 전세를 뒤집고 인문학의 단점에 대해 질문을 던지기도 했다. 그들은 문학 연구자들이 여전히 정신분석학을 마치 확립된 학문인 듯 여기며 글을 쓴다는 사실(그리고 심리학에서 정신분석은 이미 유행이 지나간 분야라는 것을 모르는 것도)에 당황했다. 어떻게 그럴 수 있었을까? 그리고 문학 연구자들은 참과 거짓을 판명하기 어려운 분야를 어떻게 학문이라고 생각했던 것일까?

유명한 소칼 사기가 벌어졌을 때 사회과학자들 역시 똑같이 당황해했다. 물리학자인 앨런 소칼은 과학이 "특권"을 누리고 있지 않다고 주장하는 과학적 허세 글을 권위 있는 첨단 잡지 ≪소셜 텍스트(Social Text)≫(듀크 대학 출판부에서 발행하는 문화 이론 분야의 학술지 – 옮긴이주)에 게재하는 데 성공했다. 그는 "진리"라는 개념을 배제함으로써 "해방"이라는 목적을 달성할 수 있는 포스트모던 과학을 요구했다. 수학은 사회 진보 원칙에 따라서 재구성되어야 한다는 것이다. 예를 들어 소칼은 다음과 같이 쓰고 있다: "갈릴레오 이래 서양의 주류 물리학은 수학의 언어로 공식화되었다. 하지만 **누구의** 수학인가? 이 질문은 근본적인 것으로, 아로노비츠가 말했듯 '논리도 수학도 사회의 **오염**에서 벗어날 수 없기' 때문이다. 페미니스트 사상가들이 반복하여 지적했듯 현 문화에서 이러한 오염은 압도적으로 자본주의적이고

는 시인처럼 은유를 사용한다. 그 은유는 '모형'이라고 불린다"(매클로스키, 1쪽). 매클로스키는 은유의 역할이 제대로 받아들여지지 않았다고 강조한다. 경제학자들은 이야기를 활용하는 데 일부는 "사실상 믿을 수 없는" 이야기이다. 그의 결론은 "이렇게 문학적인 문제에 문학적인 해법은 이야기와 은유가 서로를 비판하도록 사용하는 것이다. (…) 이 조합은 과학에서는 진리를, 정책에서는 지혜를 만들어낼 것이다"(매클로스키, 3~4쪽). 매클로스키의 다음과 같은 야심에 동감한다: "이 논거는 일원론적 무절제에 반대하는 온건하고 다원적인 주장이다(플라톤 이후 대부분의 효과적인 논거는 일원론적이고 무절제적이었다)"(매클로스키, 4~5쪽).

가부장적이고 군사주의적이다. '수학은 정복된 타자가 되고자 하는 본성을 지닌 여성으로 묘사된다.' 따라서 해방 과학은 수학이라는 정전에 대한 근본적인 수정 없이는 완성될 수 없다."[44] 전적으로 말도 안 되고 과학적으로도 무지한 문장들이 포함되어 있음에도 소칼의 기고문은 동료 심사를 통과할 수 있었다. 기사문이 출판되고 나서야 소칼은 자신의 글이 인문학자들이 결론만 맞고 적절한 사람들을 인용하면 어떤 난센스라도 출판하는지를 알아보려고 조작해낸 사기였다고 폭로했다.

이 사건을 계기로 사회과학자들은 사실이란 존재하지 않으며, 우리가 사실이라 부르는 것은 사회적 이해관계에 따라 그렇게 간주되는 것일 뿐, 과학은 "담론"의 또 다른 형식이며, 어떤 지식 체계도 본질적으로 다른 지식 체계보다 우월하지 않다는 인문학자들의 주장에 주목하게 되었다. 물론 사회과학자들이 나에게 물어보긴 했지만 그들이 진심으로 말하고자 한 것을 말하지 못했을 수도 있다. 그들이 진정으로 의미하는 바는 종종 우리의 연구에 스며드는 의심하지 못한 편향을 경계해야 하며, 그리고 과학은 종종 사회적 세력에 의해 일부가 형성된다는 것이다. 나는 그것이 주장된 전부라면 혁명적이라고는 할 수 없다고 대답해야 했다. 의심할 여지 없이 사회과학자들이 진정으로 의미하는 두 가지 중 어느 것이 더 겸손한 명제이든 간에 인문학계에서 명제의 참에 대해 의심하는 사람은 아무도 없었다. 그러나 주장할 만한 가치가 있는 것은 두 가지 주장 가운데 보다 극단적인 견해였고, 그것이 보편적인 견해는 아니더라도 인문학계의 정통파적인 견해였다. 이러한 인문학의 성향이 바로 소칼이 사기를 칠 수

---

44 앨런 소칼, 「경계를 넘어서: 퀀툼 중력의 변형 해석학을 향하여」(http://www.physics.nyu.edu/sokal/transgress_v2/transgress_v2_singlefile.html).

있었던 이유이다.

그러나 대부분의 사회과학자들은 누구도 그런 극단적인 의미의 상대주의자가 될 수 있다고 믿지 않았다. 모든 지식이 똑같이 훌륭하다면, 과연 인문학자들이 특정 분야의 전문가라고 굳이 주장할 수 있을까? 이 반론은 너무나도 명백하기 때문에 아무도 그런 입장을 유지할 수는 없을 것이다.

이 시점에서 나는 "두 가지 문화"라는 개념을 이해하게 되었다. C. P. 스노우가 이 제목의 유명한 책을 썼을 때 그가 염두에 두었던 것은 인문학과 실증과학 사이의 간극이지만, 나는 문학과 사회과학 사이에 동등한 간극, 또는 심연이 존재한다고 생각했다.[45] 나는 실제 문학과 사회과학 사이의 심연이 존재하며, 따라서 우리에게는 진정으로 두 개의 뚜렷한 문화가 존재하지만, 일반적으로 각각의 학문이 다른 신념을 가질 때만큼의 심연과 뚜렷한 문화 차이가 존재하는 것은 아니라고 결론 내렸다. 항상 그러했다. 누구도 다른 쪽이 믿는다고 말하는 것을 믿지 못할 때 우리는 두 개의 뚜렷한 문화를 갖게 된다!

인문학이 이런 식으로 도전 받을 때 나는 선택을 해야 한다면 적어도 의미 있는 지식의 가능성이 있는 학문을 선택해야 한다고 이해했다. 하지만 내 바람은 서로가 서로의 정신과 구체적인 통찰력을 통해 배울 수 있기를 희망했다.

사회과학자들과 이야기를 나눌수록 핵심 쟁점은 내러티브, 또는 이야기의 역할이라고 생각되었다. 사회과학자 중 한 명은 진정한 과학에서 이

---

45 찰스 퍼시 스노우, 『두 문화』(케임브리지 대학 출판부, 1959, 2001)[한국어판은 오영환 옮김(사이언스북스, 2001)]. 보다 최근에 두 문화 문제를 다룬 자료로는 스티븐 제이 굴드, 『고슴도치, 여우, 매지스터의 두창: 과학과 인문학의 간극 메꾸기』(하모니 출판, 2003).

야기는 불필요하다고 주장했다. 물리학자는 이론을, 수학자는 정리를 이야기로 증명하지 않는다. 사회과학은 이야기식 설명을 완전히 배제할 수 있을 때 진정한 과학적 지위를 획득할 것이라고 설명했다. 물론 특정 사건의 과정을 통해 법칙을 예로 들어 이야기로 설명할 수는 있지만, 왜 어떤 일이 일어났는지를 설명하는 데는 역사학자들이 일상적으로 하는 식의 이야기에 의존할 필요가 없다는 것이다.

한때 물리학자가 꿈이었던 나는 바로 그 점을 이해했다. 화성의 궤도에 대해 처음에는 이곳에 있다가 저쪽으로 이동했고, 이곳으로 미끄러져 왔다는 식으로 내러티브 설명을 할 수는 있다. 그러나 뉴턴의 법칙을 통해 이미 어느 시점에서든 그 위치를 움직일 수 있기 때문에 이상의 방식과 같은 설명은 의미가 없을 것이다.

그래서 나는 "내러티브성(서사다움, narrativeness)"이라는 새로운 개념을 염두에 두고 센터를 떠났다. 내러티브성은 정도의 차이를 가지며 내러티브의 필요성을 측정하는 개념이다. 화성의 예에서는 내러티브성이 전혀 없다. 반면 위대한 사실주의 소설이 제기하는 윤리적 질문들에는 내러티브성이 극대화되어 있다.[46]

내러티브성은 언제 나타나는가? 설명의 수단으로 문화가 더 많이 필요할수록 내러티브성은 더 많이 나타난다. 환원할 수 없는 개인 심리를 더 많이 불러일으킬수록 내러티브성은 더 커진다. 그리고 학문적 틀 안에서 예측할 수 없는 사건과 같은 우발적 요인이 더 많이 작용할수록 내러티브성은 더 커진다고 볼 수 있다.

---

46 게리 솔 모슨, 「내러티브성」, ≪신문학사≫, 34권 제1호(2003년 겨울), 59~73쪽을 참고하기 바란다.

경제학에는 얼마나 많은 내러티브성이 있을까 하는 의문이 생겼다. 더 많은 이야기를 통해 경제학을 개선할 수 있을까? 센터에서 근무하던 마지막 주에 처음 형성되었던 이 질문이 모턴 샤피로와 함께 강의를 시작했을 때 내 머릿속을 맴돌았다.

게리 솔 모슨과 모턴 샤피로

우리는 경제학자와 인문학자가 단순히 서로 다른 결론에 도달하는 것이 아니라, 서로 다른 질문을 던지고, 다양한 사실을 다르게 인식하며, 상대방에게는 전혀 설명으로 여겨지지 않는 설명을 선호한다는 사실을 확신하게 되었다.

흔히 '학제 간'이라고 하면 자신의 분야의 방법론으로 다른 분야의 학문 주제를 다루는 것을 의미하지만, 진정한 학제 간 연구에는 다양한 **접근 방식 간의 대화**가 포함된다. 다시 한 번 말하지만 어느 한 학문을 다른 학문에 도입하는 융합이 아니라, 각자의 관점을 유지하면서 다른 학문을 존중하며, 상대방으로부터 배울 준비가 되어 있는 상태에서의 대화가 필요한 것이다. "나는 당신 자신보다 당신을 더 잘 안다"라는 말은 대화의 시작이 될 수 없지만, "우리 각자가 상대방의 목표 달성을 도울 수 있다"라는 말은 대화의 시작일 수 있다. 이 책에서 우리가 만들고자 하는 대화는 바로 이런 종류의 것이다.

우리는 이 대화의 한 측면, 즉 경제학이 인문학과의 대화에서 어떻게 더 강력해질 수 있는지에 초점을 맞춘다. 우리는 반대 방향, 즉 인문학적 문제에 경제학적 사고방식을 적용하는 것의 가치를 의심하지는 않는다.[47] 때때로 그 방향으로 진행할 수도 있겠지만, 대화의 이 부분은 우리 자신이나 다른 사람들이 추후에 연구할 수 있도록 남겨둘 것이다.

우리의 연구가 경제학이라는 학문의 본질적 가치에 대한 공격이 아니라는 점을 강조한다. 우리는 경제학의 엄정함, 집중력, 인간 조건 개선을 위한 정책에 대한 관심 등 경제학의 놀라운 힘을 의심하지 않는다. 하지만 그 편협함이 경제학의 유용성을 약화시킨다고 생각한다. 경제학자들이 미래를 더 정확하게 예측할 수 있을까? 더 효과적인 정책을 만들 수 있을까? 인간 행동을 더 잘 이해할 수 있을까? 아래에서 이러한 질문과 관련된 답을 찾아볼 것이다. 우리가 성공한다면 우리의 주장은 세 종류의 독자, 즉 경제학자, 인문학자, 그리고 가장 중요한 일반 독자에게 변화를 가져올 것이다. 경제학자들에게는 환경문제가 경제적 해결책 이상의 것을 요구할 때 그들의 인식을 첨예화할 수 있을 것이다. 특히 정책 권고와 관련된 경우 인문학자들에게 익숙한 가치, 의미, 기타 주제에 대한 질문을 무시하거나 순전히 경제적 관점에서만 다룬다면 위험할 것이다. 좋은 경제학이 되려면 그냥 경제학보다 많은 것을 포함해야 한다. 우리의 목표는 경제학을 공격하는 것이 아니라 그 영역과 세력을 확장하는 것이지만, 앞서와 같은 입장이 어떤 경제학자들을 불안하게 할 수 있으리라 예상한다.

인간 사회와 행동을 이해하려면 생물학 이상의 것이 필요하다고 주장하는 사람이 있다고 해서 생물학의 중요성이 줄어들지는 않을 것이다. 기술 문제를 기술의 관점에서만 접근해서는 안 되고 인간 사용자와 구경꾼에게 미치는 영향을 포함해야 한다고 말한다고 해서 러다이트주의자가

---

47 7장에서 인문학자들이 희소 자원의 개념과 그것이 선택에 가지는 함의를 보다 잘 이해함으로써 얻을 수 있는 이점을 언급한다. 책 이 부분을 읽고 나서 한 독자가 인문학자들에 대해 다음과 같이 말했다. "인문학자들은 예산의 제약을 이해하지 못한다. 비교 우위, 기회비용, 포지티브섬 게임(게임이론에서 참가자 모두가 이익을 보는 상황-옮긴이주), 인센티브, 선택 편향(selection bias)과 같은 경제학의 기본 개념도 이해하지 못한다."

되는 것은 아니다. 마찬가지로 경제학과 인문학 간의 대화를 통해 경제학이 인간사를 이해하고 건전한 정책을 제안하는 데 더 유용하게 활용될 수 있을 것이다.

인문학자들도 마찬가지로 자신의 학문이 더 큰 변화를 만들 수 있음을 깨닫게 될 것이다. 인문학의 가치가 점점 더 의문시되고 있는 이 시점에 인문학은 새로운 가치를 부여 받을 수 있다. 확실히 이러한 식의 접근은 포위된 인문학자들이 자신의 학문을 일종의 과학이나 사회과학으로 변모시키려는 시도, 즉 가짜 인문학으로 만들어서 학문을 구하려는 모든 시도에 정면으로 반하는 것이다. 인문학을 탈인문학화로는 살릴 수 없다. 인문학의 과학적 지위에 대한 때 이른 주장은 종종 미래 과학이 아닌 유사과학을 만들어내고 그 과정에서 인문학이 진정으로 잘할 수 있는 있는 것을 배제해버리고 만다. 인문학자들이 자신의 고유한 앎의 방식과 위대한 문학의 지혜에 대한 믿음을 새롭게 한다면, 인문학자들이 일반적으로 간과해왔거나 인문학을 간과해왔던 영역에 기여할 것이 많다.

무엇보다도 전반적인 논증뿐만 아니라 구체적인 사례 연구를 통해 일반 독자들이 관심을 가질 수 있기를 바란다. 이 책을 읽은 독자들은 놀랍게도 미국의 일부 대학이 어떻게 학생을 입학시키고 재정 지원을 하는지 알게 될 것이다. 또한 질적 개선을 염두에 두는 것이 아니라 양적 확대에만 신경 쓰는 것처럼 보이는 고등기관의 순위를 매기는 활동에 빠져 있는 사람들을 의심해야 하는 이유도 알게 될 것이다. 그 외에도 독자들은 어떤 나라가 왜 다른 나라보다 번영하는가에 대해 아는 것이 거의 없다는 사실에 대해, 결혼이나 가족생활 같은 내적인 문제에 대해 사람들이 어떻게 결정을 내리는지에 대한 통찰이 거의 없다는 사실에 대해 알게 되면 동요할 수도 있을 것이다. 그러나 이 통찰을 전적으로 거부하는 사람들도 이 과정에서 모든 사람에게 가까운 문제에 대한 이해를 명확히 할 수 있다. 또한 전 세계적 이슈와 다양한 문화가 공존하는 세상에서 독자들은 자신이 상상하지 못했던 시각들을 포함한 다양한 관점들이 어떻게 빛을 발할 수 있는지 깨닫게 될 것이다.

오늘날 지적인 독자들은 다양한 사회문제에 대응할 것을 요구 받고 있다. 다양한 분야의 전문가라고 자처하는 사람들이 끝없이 많은 해결책을 제시한다. 모든 해결책은 아주 자신 있게 제시되는 듯하지만 서로 모순되는 경우가 많다. 독자들은 이를 어떻게 평가해야 할까? 결국 모든 분야의 전문가가 될 수는 없기 때문에 대부분의 경우 자신의 전문 분야 외부의 추천을 받고 평가해야 한다. 그러한 추천을 모두 믿어서는 안 된다. 독자들이 자신의 기존 성향과 일치하는 해결책만 받아들인다면 제대로 사고하지 않은 것이다. 또한 일반적으로 다른 사람에게만 적용되는 용어인 편견이 충분한 지침이 될 수 있다고 생각하는 것도 좋지 않다.

디어드리 매클로스키가 지적했듯이 경제학은 다른 분야와 마찬가지로 수사(rhetoric)에 의지하면서도 그 사실을 인지하지 못하고 있다.[48] 각 역사 시대에는 주장에 분외(分外)의 타당성을 부여하는 일련의 용어들이 항상 존재한다. "연구 결과로 알 수 있듯이", "컴퓨터 모형이 증명하듯", "뇌 스캔이 보여주듯이" 등은 우리 시대의 마법의 단어이다. 19세기 후반에 사회적 다윈주의가 그러했듯이 이 문구들은 새롭기 때문에, 또한 우리 시

---

48 디어드리 매클로스키, 『경제학의 수사』(위스콘신 대학 출판부, 1998); 『경제학의 지식과 설득』(케임브리지 대학 출판부, 1994). 앞서 보았던 『당신이 그렇게 똑똑하다면: 경제전문지식 내러티브』와 함께 매클로스키는 경제학과 다른 학문 간의 대화를 선도하고 있다(매클로스키의 책 중 『휴머노믹스』만 한국어판이 있다.—옮긴이주).

대의 것이기 때문에 설득력을 가진다.

"사람들은 달콤한 것을 좋아하고 그것을 맛보기 위해 노력을 기울일 것이다"라는 말은 말할 가치가 없는 진부한 표현으로 보인다. 그러나 "뇌 스캔 결과 단맛 지수가 1.0 이상인 물질이 있을 때 대뇌 피질의 모모의 영역의 쾌락 뉴런에 불이 켜지고, 기대감과 집중력과 연관된 뉴런이 활성화되면 옥시토신이 분비된다"라고 말하면 아무런 사실 정보를 추가하지 않아도 과학적으로 들릴 것이다. "어떤 형태의 학습은 실제로 뇌를 변화시킨다는 사실을 알고 있나요?"라고 호기심에 차서 말하면 사람들은 항상 그 뻔한 상식을 이미 알고 있었다는 사실 자체를 잊어버린다. 그러고 나서 학습이 또 무엇을 변화시킬 수 있나요? 신장?이라며 되묻는다. 이러한 수사를 통해 우리를 신비화하거나 스스로를 신비화한 사람들은 빈약한 아이디어에 과분한 권위를 부여하거나, 사소한 아이디어에 원치 않는 유의미를 부여한 것인지 모른다. 경제학자와 다른 사회과학자들도 이러한 자기 신비화에서 자유롭지 않다. 그런 경우를 우리는 파악할 필요가 있다. 이 책은 이러한 신비화에 대한 회의적인 태도가 증가하고 있다는 신호를 알아차릴 수 있는 몇 가지 도구를 말해줄 것이다.

때때로 대담한 사상가들은 인간 활동의 방대한 영역을 설명할 수 있는 체계를 수립한다. 이사야 벌린의 용어를 빌리자면 이러한 '고슴도치'들은 생태학이나 진화 생물학 같은 실증과학의 모형을 인간사의 영역으로 수입해 온다. 유사한 방식으로 경제학자들은 지금까지 경제학적 사고에 저항하는 것처럼 보였던 영역으로 그들의 특징적인 이해 방식을 확장할 수 있다. 스푸핑이 확산되고 있는 것이다. 제기된 주장이 충분히 광범위해지면 그것은 혁명적인 것처럼 보인다. 언론은 이 획기적인 발견을 환영하며 마침내 난치성 문제에 대한 과학적 해결책을 찾았다고 주장할 것이다. 전문 학술지가 긍정적인 결과를 선호하고 부정적인 결과를 거의 발표하지 않는 것처럼, 기자들이 발견의 중요성과 근거를 과소평가하는 경우는 거의 없다. 관심을 끌어야 할 직업적 필요성과 사회 개선에 대한 진지한 희망이 결합되어 많은 언론인이 장밋빛 그림을 그리게 된다.

반대로 회의론자들은 의심의 근거를 아무리 잘 뒷받침하더라도 박수갈채를 받기 어렵다. 그들은 책임감 있는 과학자와 학자가 해야 할 일, 즉 논리와 증거에 반하는 해결책을 시험하는 일을 했다는 이유로 칭찬을 받기는 어려울 것이다. 그들은 반과학적이라고 비난을 받을 가능성이 더 높다! 아무도 환자의 희망이 훼손되기를 원하지 않는다. 만약 훼손된다면 새로운 식이요법을 홍보하는 사람들은 더 힘들어질 것이다.

많은 분야에 전문 지식이 없는 일반 독자는 적절한 자격을 갖춘 듯 보이는 사람의 것이라면 혁명적이라고 여겨지는 주장이라도 무엇이든 받아들이게 된다. 때때로 반대하는 사람들이 실제로 조잡한 논리를 사용하거나 가장 잘 뒷받침되는 주장조차도 불쾌한 의미를 내포하고 있다는 이유로 거부하는 경향이 있기 때문에, 반대를 하면 반과학적이라고 상상하기 쉽다. 하지만 독자들이 근거 있는 회의론과 막연한 혐오감을 구별할 수 있는 능력이 있다고 어떻게 여길 수 있을까? 이 책은 완벽한 방법을 제시하지는 않지만 찾아야 할 몇 가지 경고 신호를 보여줄 것이다.

모든 포괄적인 이론은 예외적으로 잘 맞고 경쟁 이론보다 더 잘 설명하는 데이터 집합을 기반으로 한다. 그 이론을 다소 덜 맞는 데이터로 확장한 후 단계적으로 프로크루스테스의 힘으로만 맞을 수 있는 데이터(즉, 멋대로 변형해서 억지로 끼워맞추는—옮긴이주)로 확장하고 싶은 유혹이 생긴다. 이론의 원래 영역과 유사한 것은 모두 보지만, 이론과 근본적으로 다른 것은 모두 간과되거나 무시되거나 이론 자체의 관점에서만 설명된다. 일련의 주장을 더 모호하지만 위조 가능성이 적고, 더 광범위하지만 상상할 수 있는 반증에 차단되도록 만드는 방법은 항상 존재한다. 결국 그 주장이 모든 것을 설명하는 듯 보이지만, 치명적인 반론이 제기될 때마다 핵심 용어를 재정의하는 방식으로 반박을 피할 수 있기 때문이다. 독자들이 언제 이런 일이 발생했는지 알아차릴 수 있기를 바란다. 모든 것을 포용하는 시스템의 매혹적인 오류를 인식할 수 있을 것이다. 우리는 경제학 및 관련 분야에서 상당한 주목을 받고 있는 몇 가지 사례를 살펴볼 것이다.

동시에 독자들은 이러한 모든 것을 포괄하는 경제 이론을 전적으로 거부하지 않을 정도로 현명할 수 있다. 다소 과장된 부분이 있더라도 이러한 이론의 가치는 상당할 수 있다. 아기를 목욕물과 함께 버리지 않는 법(빈대 잡으려다 초가 삼간 태운다는 뜻의 영어 관용구 'throw the baby out with the water'의 직역–옮긴이 주)을 배울 것이고, 모든 목욕물이 아기용이 아니라는 사실도 알게 될 것이다. 부모뿐만 아니라 모든 사람이 이 둘을 구별하는 것이 중요하다. 이 책은 그러한 구분을 위한 몇 가지 사례를 제공한다. 또한 다양한 시각을 결합하여 여러 학문의 대화를 만들어내는 데 의존하는 더 현명한 대안, 덜 섹시하더라도 좀 더 깊이 있는 설명도 인용할 것이다. 우리는 일반 독자들에게 이러한 대화의 좋은 버전이 어떤 것인지 보여줄 수 있기를 바란다.

물론 인문학자와 경제학 간의 대화는 우리가 육성하고자 하는 여러 학제 간 대화 중 하나일 뿐이다. 아마도 이러한 대화는 우리 모두가 전문가의 조언에 대해 현명한 결정을 내리는 데 도움이 될 것이다. 모든 사람은 특정 분야에 대해서는 비전문가이기 때문에 민주주의는 비전문가들이 전문가의 조언에 대해 평가할 수 있도록 요구한다. 모든 전문성을 완전히 무시하거나 의사 결정권을 원하는 사람에게 넘기는 사례 등은 모두 비참한 결과를 초래할 것이다. 그렇기 때문에 우리는 지적인 시민이 전문가가 누락한 것이 무엇인지, 다른 학문의 관점에서 전문가의 주장이 어떻게 보이는지, 야망이 가능한 증거를 넘어섰을 때를 어떻게 인식할 수 있는지 평가할 수 있는 방법을 제시하고자 한다.

진정한 대화에는 끝이 없다. 진정한 대화는 항상 몇 걸음 전에는 예상하지 못했던 새로운 통찰력을 만들어낸다. 대담자는 이러한 통찰에 반응하여 대담자 스스로를 놀라게 하는 아이디어를 계속 만들어낸다. 우리는 경제학자와 인문학자, 그리고 우리 자신과 독자 사이에 그러한 대화가 이루어지기를 희망한다. 그들과 함께 우리는 무엇보다도 대화를 계속 이어가기를 희망한다.

02

판단을 향한 느린 걸음

고슴도치와 여우, 지혜와 예측

- 편협한 경제 논리를 근거로 정부의 가격정책을 정당화하면서 그로 인해 발생할 수도 있는 사망자 수를 고려하지 않는 것.
- 기대 수명이 낮은 것으로 이미 판명된 지역에 위험한 폐기물을 수출하는 것이 합리적이라고 주장하며, 어차피 그곳에서는 폐기물 수출 여부와 관계 없이 사람들의 수명이 낮다는 사실을 근거로 삼는 것.
- 질병 완치자로부터 얻을 수 있는 경제적 가치가 미미하다는 근거를 바탕으로 공포의 질병을 퇴치하는 보건 개입에 의문을 제기하는 것.
- 인간 본성에 관한 상식적인 이해가 요구되는 조건에서도 기존의 다른 학문 분야에서 배운 상식과는 상반될 뿐 아니라 터무니없는 행동 모형을 공식화하는 것.

이 예시들이 촉구하는 바는 무엇일까? 한마디로 말하면 판단력이다. 인문학자들이 판단력을 이해하고 길러내는 데 대해 알아야 할 모든 것을 아직 알아내지 못했을 수 있지만, 대부분의 경제학자보다 이 주제에 대해 더 많이 생각하는 것은 분명하다.

판단력이 필요한 시점은 언제일까? 이 질문은 '이야기는 언제 필요한가' 라는 질문과 거의 같은 답을 공유하는 것으로 귀결된다.

1장에서 언급했듯이 화성의 미래 위치를 예측하는 데는 이야기나 판단이 필요하지 않다. 뉴턴의 법칙과 몇 가지 초기 조건만 있으면 된다. 더 나은 장인, 예술가, 복잡한 도덕적 문제의 판단자가 되기 위한 경험도 필요하지 않다.

미래 특정 날짜의 화성의 위치를 계산하기 위해서는 화성에 대한 특별한 경험과 평생을 화성과 함께한 경험이 있는 사람이 필요하다고 누군가 말한다면, 우리는 그가 자연법칙에 대해 잘 모른다고 생각할 것이다. 궤도 특정에는 전문 지식과 수학적 능력이 필요하지만 판단력은 필요하지 않다. 아리스토텔레스가 말했듯이 이 일은 젊은이들이 잘할 수 있다.

반대로 어떤 과정을 수강하면 아이가 태어나서 어른이 될 때까지 매 순간 무엇을 해야 하는지 알 수 있도록 알려주는 식의 육아가 실증적 과학이라고 말하는 사람이 있다면, 그는 부모가 되어본 적이 없는 사람일 것이다. 그가 자신의 어린 시절에 대해서는 잘 기억하고 있을까? 도덕적 결정에 직면하거나 명확한 지침이 없는 두 행위 사이에서 긴급히 선택을 해야 할 때도 마찬가지이다. 정치 지도자는 불완전한 지식을 가지고 어떤 정책을 따라야 할지, 어떤 군벌을 믿어야 할지 결정해야 할 수도 있다. 위협적인 적의 도발에 대해 전쟁, 제재, 무행위 또는 다른 어떤 것이 적절한 대응책이 될지는 공식을 적용하여 해결할 수 있는 문제가 아니다. 만약 그러한 공식이 있다면 적도 그 공식을 알고 있을 것이고, 우리의 결정을 미리 알고 그 지식을 이용할 것이다. 공식이 존재한다는 것 자체가 그 목적을 상쇄하는 것이다.

요컨대 우리는 근본적으로 불확실한 상황에서 판단력을 필요로 한다. 여기서 말하는 불확실성은 수학적으로 계산할 수 있는 위험뿐만 아니라 결과의 가능성을 알 수 없거나 결과 자체를 정의하기 어려운 상황을 의미한다. 2040년에는 어떤 기술이 등장할지, 우리는 이에 얼마나 정확하게 대비해야 할지 특정할 수 있을까?[1]

우리의 가치관, 따라서 우리가 선호하는 목표가 파악되지 않았을 때 판단력이 필요하다. 때때로 그러한 가치는 해당 결정을 내리는 과정에서야 비로소 드러나기도 한다. 또한 우발적인 상황, 즉 미리 상상할 수 없는 인과적 요인이 개입할 수 있는 경우에도 판단이 필요하다. 경제 상황의 결과가 경제 외생적(exogenous) 요인에 따라 달라진다면 어떻게 해야 할까? 앞으로 살펴보겠지만, 외생적 요인처럼 보이는 것이 내생적(endogenous)일 수도 있고, 실제로는 외생적 원인이 더 우세할 때도 있다. 다른 영역에서도 마찬가지이다. 언어학만으로는 언어의 미래를 예측할 수 없고, 생물학만으로는 의학의 미래를 예측할 수 없는 것이다.

이러한 모든 경우에서 우리에게는 현명한 판단이 필요하다. 과학적 지식이 아무리 유용하다 해도 그것만으로 충분치 않다는 것을 우리는 안다. 우리는 지혜를 가진 사람들에게 의지한다.

지혜는 공식화될 수 없다. 지혜를 찾기 위해 우리는 실증과학이 아니라 종교에 의지하고, 세속 시대에는 위대한 문학작품에 의지한다. 레프 톨스토이만큼 과학과 지혜의 차이를 잘 이해한 작가는 없다. 그는 걸작 『전쟁

---

1 다루기 쉬운 질문은 아니지만 존 켈리 3세가 『멋진 미래?』의 제8장(113~127쪽)에서 논의한 내용이다.

과 평화』를 이 주제에 바쳤다.

이 책이 쓰였을 당시 실증과학에 대한 갈망이 극심했고, 유럽 전역에서 마침내 실증과학에 도달했다는 숨 막히는 주장이 쏟아졌다. 특히 러시아인들은 인류의 행복으로 가는 길을 약속하는 듯한 이 꿈에 매료되었다. 마르크시즘이 유토피아적 희망을 제시하는 유일한 과학은 아니었다. 일단 사회조직의 명분만 파악하면 마음대로 교체할 수 있었기 때문이다. 러시아에서는 이러한 메시아적 꿈이 러시아 정교회의 강렬한 메시아적 성격과 맞물려 있었기 때문에, 유토피아적 결과를 약속하는 사회과학의 주장이 지식인들을 사로잡았다. 톨스토이는 그런 주장을 모두 헛소리로 여겼다. 『전쟁과 평화』에서 톨스토이는 유럽 장군들이 수용한 '전쟁학'을 가능한 모든 사회과학의 대용품으로 사용한다.

소설의 주인공 중 한 명인 안드레이 공작은 나폴레옹이 과학을 통달하고 이를 일관되게 적용할 수 있는 용기를 가졌기 때문에 유럽을 정복할 수 있었다고 상상한다. 전투에 대한 수많은 기록을 읽은 공작이 전투를 체스 게임과 비슷하다고 생각하는 것은 당연하다. 차르의 군대를 이끄는 독일 장군들처럼 그는 양 측면의 전개과 대항 전개의 결과로 광범위한 불확실성을 상상하고, 연대의 최적 배치를 계산하는 대수학이 있는 것처럼 추론한다. 아우스터리츠 전투를 앞두고 열린 전략 회의에서 장군들 대부분은 나폴레옹의 패배는 과학적으로 확실하며, 그가 도주하기 위해 취할 수 있는 모든 행동은 수학적으로 패배를 더욱 확실하게 할 것이라고 확신했다. 실제 아우스터리츠 전투는 나폴레옹의 대승으로 판명되었다.

차르가 장군들의 조언을 신뢰했기 때문에, 회의적이었던 총사령관 쿠투조프 장군도 이에 따라야 했다. 쿠투조프는 전투에는 확실성이 있을 수 없고, 예측할 수 없는 돌발 상황이 발생할 때는 반추할 시간이 거의 없을

뿐더러, 산술적으로 계산할 수 없는 병사들의 사기가 더 중요하다는 것을 잘 알고 있다. 쿠투조프는 상황과 사람에 대한 경험과 지혜, 현명한 판단력을 갖춘 인물이다. 전략 회의 내내 졸던 그는 마침내 군사 회의의 폐회를 선언한다. "여러분, 내일의, 아니 오늘(이미 12시가 지났으니까요)의 작전 계획은 변경될 수 없고 (…) 그리고 전투 전에 가장 중요한 것은 (그는 잠시 입을 다물었다) 푹 자두는 것이오".[2]

전략이나 과학적인 계획이 아니라 숙면이 중요한 것이다. 예측할 수 없는 돌발 상황에 대한 경각심이 차이를 만들 때, 판단력이 필요한 사안을 그 자리에서 결정해야 할 때, 숙면은 중요할 것이다. 모든 것을 하루 전에 과학적으로 계산할 수 있다면 깨어 있다고 해서 달라지는 것은 아무것도 없을 것이다.

러시아가 실제 패배하자 안드레이는 쿠투조프가 옳다는 것을 알게 된다. 다음 전쟁에서 독일 장군들의 과학적 설명을 듣고 그는 반추한다.

> 조건과 상황을 알지 못하고 그것을 일정하게 한정할 수 없는 실전에서, 전쟁을 하는 사람의 힘은 더더욱 한정할 수 없는 실전에서, 어떤 이론과 학문이 존재할 수 있단 말인가? (…) 이따금 "우리는 차단되었다!"라고 외치며 달아나는 겁쟁이들 대신 "우라!" 하고 외치는 용감무쌍한 사람들이 선두에 있으면 쇤그라벤 전투 때처럼 5천 명 부대가 3만 명 부대에 맞먹는 가치를 갖기도 한다. 그러나 때로는 아우스터리츠 전투 때처럼 5만 명이 8천 명을 앞에 두고 달아나기도 한다. 실무적인 일이 다 그렇듯 아무것도 확실하지 않고 모든 것

2 레프 톨스토이, 『전쟁과 평화』, 앤 더니건 옮김(시그넷, 1968), 323쪽[한국어판은 『전쟁과 평화 1』, 연진희 옮김(민음사, 2018), 620쪽].

이 무수한 상황에 좌우되는, 그 상황의 의미가 어느 한순간 결정되고 그 순간이 언제 닥칠지 아무도 모르는 그런 문제에 관해 무슨 학문이 존재할 수 있겠는가.[3]

알 수 없는 것이 너무 많고, 알 수 없는 것을 무시하거나 배제시킬 수 없기 때문에 여기에 과학이란 있을 수 없다. 군인의 사기가 차이를 만드는 상황에서 특정 장소에 어떤 군인이 배치될지 일반 법칙으로 결정하기란 명백히 불가능하다.

현재성(presentness)이 중요해진다. 화성의 궤도를 계산할 때 시간은 방정식의 't'에 불과하며, 각 순간은 이전 순간에 의해 전적으로 결정된다. 이는 자동적으로 계산되는 미분값이며, 어떤 순간도 다른 순간보다 더 중요한 비중을 차지하지 않는다. 하지만 전투에서, 그리고 일반적인 사회생활에서, 어떤 순간들은 정말 중요한 결정적인 순간이다. 과거의 지식이나 일반 법칙으로 예상할 수 없는 일이 벌어질 수 있다. 결정적인 보로디노 전투 전날 밤, 안드레이의 친구 피에르는 전쟁의 과학을 터득한 "노련한 지휘관"이라면 "모든 우발 상황을 예측할 수 있을 것"이라고 추측한다. 안드레이는 냉정하게 대답한다. "내일 우리 앞에 무엇이 기다리고 있을까? 수십억 가지의 온갖 다양한 우연이야. 적이나 우리 가운데 어느 편이 달아나고 또 앞으로 달아날 것인가, 이쪽이 죽을 것인가 저쪽이 죽을 것인가."[4] 정말 중요한 것은 "그 순간"에 일어난다. 이러한 '순간'이라는 감각은 실증'과학'으로는 충분하지 않은 상황의 특징이다.

3　같은 책, 775쪽(한국어판 『전쟁과 평화 3』, 제1부, 105쪽).

4　같은 책, 930쪽(한국어판 『전쟁과 평화 3』, 제2부, 410쪽).

이러한 상황들에서는 경험, 주의력, 현명한 판단력이 요구된다. 안드레이는 "모든 실질적인 문제에서" 그렇다고 주장한다. 톨스토이가 보기에 실질적인 문제란 이론적 지식으로는 해결하기 어려우며 판단력이 요구되는 문제를 지칭한다.

어떤 자질이 좋은 판단력을 만들까? 이를 테스트할 수 있는 방법이 있을까? 프랑스의 격언가 라 로슈푸코(La Rochefoucauld)는 "누구나 자신의 기억력에 의문을 제기하지만, 아무도 자신의 판단력을 불평하지는 않는다"라는 유명한 말을 남겼다.[5] 그 이유는 기억력의 실패가 자신의 지위나 자존감에 해가 되지는 않기 때문이다. 따라서 더 심각한 실수에 대한 편리한 변명거리가 될 수 있다. 하지만 사람의 정체성은 판단력의 수준과 밀접한 관련이 있다. 잘못된 판단으로 인해 실제로 별 볼일 없는 사람으로 각인되기 쉽고, 또한 이런 판단을 스스로 인정하는 것은 그의 허영심에 큰 타격을 주는 행위이다. 정치 전문가들이 자신이 했던 유명한 예측이 잘못된 판단으로 밝혀졌다고 인정하는 것을 얼마나 자주 들어보았는가?

유명 저서 『전문가의 정치적 판단』에서 필립 테틀록은 정치적 판단뿐 아니라 모든 판단에 적용되는 질문을 제기한다.[6] 어떤 사람의 판단도 순전한 우연보다 낫지 않다는 극단적인 상대주의 입장을 받아들이는 사람은 거의 없으며, 누군가의 판단이 얼마나 좋은지 평가하는 것은 어렵기 때

5 엘리자베스 놀스 편집, 『옥스퍼드 인용 사전』, 제6판(옥스포드 대학 출판부, 2004), 469쪽.

6 테틀록, 『전문가의 정치적 판단』. 테틀록의 아이디어를 최근 확장 적용한 사례인 네이트 실버, 『신호와 소음(The Signal and the Noise: Why So Many Predictions Fail? But Some Don't)』(펭귄, 2012)[한국어판은 이경식 옮김(더퀘스트, 2021)]; 댄 가드너, 『미래의 소란(Future Babble: Why Expert Predictions Fail and Why We Believe Them Anyway)』(맥클렐랜드&스튜어트 출판사, 2010)과 비교하시오.

문에 무엇이 좋은 판단을 가능하게 하는지 묻는 편이 합리적이다. 일상생활에서도 우리는 어려운 결정을 내릴 때 경험이 보다 많은 사람에게 의지하고, 경험을 축적하는 것은 종종 노력할 가치가 있는 것으로 여긴다. 물론 경험만으로 충분하지 않으며, 판단력이 좋은 이들이 그들의 경험으로부터 무엇을 배웠는지, 비슷한 경험을 가진 다른 이들은 왜 배우지 못했는지 의문을 가질 수 있다.

모든 판단이 예측을 수반하는 것은 아니지만(도덕적 질문은 전혀 다른 것을 포함할 수 있으므로), 많은 실용적인 질문은 가능한 결과에 대한 지능적 추측(intelligent guessing)을 수반한다. 따라서 실용적 질문의 범주에서는 판단력을 평가하는 것이 비교적 용이할 것이라고 생각할 수 있다. 환언하면 이 예측치가 옳은가, 그른가?

실제로 문제는 그렇게 간단하지 않다. 사람의 명성이 걸린 문제라면 아무리 자주 실수를 저질러도 실수를 인정하는 경우는 거의 없다. 모든 사람이 노벨 경제학상을 수상한 저명한 ≪뉴욕타임스≫ 칼럼니스트 폴 크루그먼 같지는 않다. 그는 "나(와 같은 생각을 가진 사람들)는 모든 사항에 대해 옳았다"고 썼고, 자신과 다른 의견을 가진 사람들을 "악당과 저능아들"로 묘사하는 것에 불평한 사람들에게 다음과 같이 선언했다.

> 어쩌면 내가 실제로 옳을 수도 있고 다른 쪽에는 실제로 놀라운 수의 악당과 저능아들이 있을 수도 있다 (…) 결과를 보면 반대편 사람들은 계속해서 잘못된 논리, 잘못된 데이터, 잘못된 역사적 유추, 또는 지금까지 열거한 모든 것을 한꺼번에 활용했음이 증명된다. 나는 무적의 크루그트론[1980년 SF소설의 슈퍼 히어로인 볼트론(Voltron)과 크루그먼의 합성어—옮긴이주]이다![7]

물론 비평가들에게 크루그먼(또는 사실상 모든 경제학자들)의 2011년 유로화가 붕괴할 것이라는 반복적인 주장("이것이 유로화의 종말이다")이나 다음과 같은 그의 권고처럼 명백하게 틀린 예측을 한 사례를 지적하기는 어렵지 않다. 크루그먼은 2002년 당시 미국 연방준비제도 의장이었던 앨런 그린스펀에게 우리는 "주택 버블"이 필요하다고 주장했다. 또한 비판자들은 그가 이전에 주장했던 것을 그대로 주장한 사람들을 저능아라고 불렀던 사례를 지적했다.

1968년 자신의 베스트셀러였던 『인구 폭탄(The Population Bomb)』에서 미국 상원 의원 청문회에서의 증언을 통해, 그리고 텔레비전 및 기타 여러 방송에 출연하여 인구과잉으로 인해 10년 이내에 10억 명이 굶어 죽을 것이라고 단호하게 주장한 폴 에얼릭(Paul Erlich)의 사례를 들어보자.[8] 그는 자신의 예측이 과학적으로 입증된 것이라고 간주했는데, 그 근거는 자신의 전문 분야인 나비의 개체군 연구였다. 에얼릭은 『인구 증가 제로』, 『로마 클럽』, 『성장의 한계』[9] 등의 저서를 통해 인구가 자원을 고갈시키고 있기 때문에 이미 재앙을 피할 수 없는 지경에 이르렀다고 주장했다. ≪뉴리퍼블릭≫은 그의 주장을 받아들여 "세계 인구가 식량 공급을 초과했다. 기근은 시작되었다"라는 기사를 게재했다.[10]

---

7 니얼 퍼거슨, "왜 폴 크루그먼을 다시 진지하게 다루면 안되는가", 스펙테이터, 2013. 10.13, http://blogs.spectator.co.uk/coffeehouse/2013/10/niall-ferguson-paul-krugman-gets-it-wrong-again-and-again-and-again-why-does-anyone-still-listen-to-him/

8 에얼릭에 대해서는 『멋진 미래?』의 도입부에서 자세히 설명할 것이다.

9 도넬라 H. 메도우스·데니스 L. 메도우스·요르겐 랜더스·윌리엄 W.베렌스 3세, 『성장의 한계: 인류의 곤경에 대한 로마 클럽 프로젝트 보고서』(맥밀런 출판사, 1979).

10 폴 사빈, 『내기: 폴 에얼릭, 줄리언 사이먼, 지구의 미래에 대한 우리의 도박』(예일 대학교 출판부, 2013), 23쪽에서 인용.

물론 결과는 정반대였다. 대량 기아는 발생하지 않았고 "녹색 혁명"으로 인해 식량 생산량이 급격히 증가했다. 기근은 곧 북한과 소말리아 같은 지역으로 국한되었고, 그 원인은 자원 부족이 아니라 정치 문제였다. 이에 대해 에얼릭과 그의 아내 앤은 오류를 인정하지 않고 오히려 그들의 주장을 더욱 증폭시켰다. 1990년 저서 『인구 폭발(The Population Explosion)』에서 그들은 "그때는 도화선에 불이 붙은 상태였지만, 지금은 인구 폭탄이 터졌다"라고 썼다.[11] 인류 "스스로를 궁지에 몰아넣고 있다"고 주장하기도 했다. 에얼릭 부부는 자신들의 예측이 얼마나 자주 틀렸는지, 즉 '필연적'이라고 주장했던 일이 실제로 일어나지 않았다는 사실은 외면한 채 오류 자체를 인정한 적이 없다. 그리고 그들에게는 추종자들이 있었다. 심지어 에얼릭은 권위 있는 상을 계속 수상했다.[12]

명백한 반증이 존재함에도 불구하고 이러한 불침투성(imperviousness)의 태도에 어리둥절하여 경제학자 줄리언 사이먼은 "예언자가 얼마나 자주 틀려야 진정한 예언자가 아니라고 깨닫게 될까?"라고 물었다.[13] 사이먼은 에얼릭에게 향후 10년 동안 점점 더 희소해질 것으로 예상되는 금속

---

11 사빈, 197쪽.

12 댄 가드너는 세계자연기금 국제 본부의 금메달, 시에라 클럽의 존 뮤어상, 볼보 환경상, 아사히 유리 재단의 블루 플래닛상, 하인즈상, 유엔의 사사카와상, 맥아더 천재상, 스웨덴 과학아카데미의 크라푸르트상(환경 분야의 노벨상) 등을 열거한다. 그는 이러한 영예 중 일부는 생물학자로서 에얼릭의 연구에서 비롯되었지만 『인구 폭탄』과 같은 연구로 인해 수여된 경우가 많다고 지적한다. 크라푸르트상 표창장에는 이러한 연구가 구체적으로 언급되어 있다. 2009년 케임브리지 대학의 지속가능한 리더십 프로그램에서는 "전 세계 2천 명 이상의 고위 지도자"로 구성된 동문 네트워크를 대상으로 지속가능성에 관한 최고의 책을 선정해달라고 요청했고, 그 결과 50권의 책 리스트에서 『인구 폭탄』은 여전히 4위를 유지했다. 가드너의 『미래의 소란』, 174~175쪽을 참고하기 바란다.

13 사빈, 134쪽.

다섯 가지를 선정하는 내기를 공개적으로 제안했다. 자원이 고갈되면 해당 금속 가격은 오를 것이고, 사이먼은 에얼릭에게 해당 금속의 실제 구매 가격을 지불할 것이다. 반대로 가격이 하락하면 에얼릭이 사이먼에게 1천 달러를 지불한다. 이 내기는 에얼릭이 금속을 선택할 수 있고, 가격 상승에 따라 사이먼의 손실은 무한대로 커질 수 있는 반면 에얼릭의 손실은 제한적이라는 점에서 에얼릭에게 유리하다. 물론 에얼릭은 서둘러 내기에 동의했다. 명시된 마감 날짜까지 다섯 가지 금속 모두 가격이 하락했고, 에얼릭은 돈을 지불했지만 자신이 틀렸다는 사실은 인정하지 않았다. 그는 자신이 시간 계산을 틀렸을 뿐—시간표(타임라인)를 오산했을 뿐이며— 가격이 급격히 상승하는 데는 시간이 조금 더 걸릴 뿐이라고 주장했다. 에얼릭은 반대자들을 '바보'와 '멍청이'라고 부르며 "20까지 세려고 신발을 벗는 사람들"로 비유했다.[14] 반박 증거가 쌓일수록 반대자들은 더 멍청해진다. 그러한 확신은 어디에서 오는 것일까?

톨스토이도 비슷한 현상에 주목한다. 아우스터리츠 전투는 군사 과학의 대표적 신봉자인 퓔 장군[Ernst Heinrich Adolf von Pfuel, 1779~1866년, 프로이센의 장군이자 군사 이론가. 톨스토이는 『전쟁과 평화 3』, 제1부(한국어판)에서 나라별 장군들의 성향을 분석하는데 이 장군의 이름을 러시아 음가 'Pful'로 표기했다.—옮긴이주]이 스스로를 재평가할 기회가 되지 못했다. "그 전쟁이 끝날 무렵에도 그는 자기 이론이 틀렸다는 증거를 전혀 발견하지 못했다. 오히려 그가 내린 판단에 따르면 그의 이론대로 하지 않은 점이 모든 실패의 유일한 원인이었"[15]다. 그가 승리할 때는 과학의 정당함을 입증하는 것이 되고, 패배했을 때는 그의 명령이 완벽하게 수

---

14 같은 책, 176쪽, 207쪽.

15 톨스토이, 771쪽(한국어판 『전쟁과 평화 3』, 제1부, 98쪽).

행되지 않았기 때문이며, 명령이 그처럼 복잡한 경우에는 수행되기 어렵기 때문이다.

테틀록에 의하면, 여전히 자신의 오류를 인정할 수 없었던 에얼릭은 사이먼을 엠파이어 스테이트 빌딩에서 뛰어내리면서 50층에 있는 구경꾼들에게 "아직까지는 괜찮아요"라고 외치면서 떨어지는 사람에 비유했다. 이와 같은 변명이 허용된다면 필 장군의 사례와 같이 어떤 예측도, 그리고 그 예측이 불명료하든 검증되지 않았든 간에, 또한 그 예측이 증거와 모순된다 할지라도 틀렸다는 것은 증명될 수 없다. 그것은 어떤 오류에 대해서도 자유로울 것이다.

사실 테틀록이 지적했듯이 변명거리는 넘쳐난다. 추진된 정책이 계획대로 상황을 개선하지 못하면, 그 정책이 없었더라면, 상황은 더 나빠졌을 것이라고 말할 수 있다. 그에 반대되는 정책이 성공한 것으로 판명되다면 그 정책은 우리가 감당할 수 없는 파국적인 위험을 내포하고 있고 사실 그 위험은 발생 가능성이 높다고 언제든지 폄하할 수 있다. 예측된 사건이 실현되지 않는다면 거의 실현될 뻔했거나 사람들이 예측에 주의를 기울였고 그 예측이 발생하지 않도록 행동했기 때문에 실현되지 않았다고 말할 수 있다. 그리고 때로는 낮은 확률의 사건이 발생하고 때로는 높은 확률의 사건이 발생하지 않는 것도 사실이다. 지금까지의 예시에서 알 수 있듯 예측은 일반적으로 일어나지 않았지만 일어날 수도 있었던 일과 같은 반사실조건문(counterfactuals)을 포함하며, 일어나지 않은 사건에 대한 증거를 확보하기란 불가능하다.

다수의 복합적인 상황으로 인해 예측을 평가하기 어려울 수도 있다. 예측 없이 설명이 가능하기도 하고, 예측은 가능하나 설명이 불가능할 수도 있다. 선행 조건에 대한 지식 없이도 탄탄한 이론은 가능하다. 온도가 화씨 32도 이하로 내려가면 라디에이터가 얼어붙는다는 이론은 맞을 수도 있지만 전체 대기조건에 관해서는 무지할 수도 있다. 역으로, 현대의 우리 눈에는 천체에 대해 터무니없는 이론으로 간주되는 것을 견지했던 고대 천문학자들이 종종 구체적인 예측에는 능했다. 테틀록은 "예측 없이도 설명은 가능하다는 논리는 우리의 영웅들이 바보스러운 실수를 할 때 인기가 급상승하는 것같이, 설명 없이도 예측이 가능하다는 논리는 우리의 적이 이미 예견된 승리에 대해 시끄럽게 자축하는 상황일 때 설득력을 얻는다"[16]라고 말했다. 마찬가지로 자신이 옳았던 것은 순전히 운이었다거나, 상대방이 틀렸지만 거의 맞았다고 말하는 사람도 없다.

테틀록은 어떤 자질이 좋은 정치적 판단을 가능하게 하는지 조사하기 시작하면서 이러한 반대 논리에 대응할 방도가 필요했다. 신념의 내적 일관성을 평가하는 것은 비교적 쉽지만, 소련이 향후 10년 내에 해체될 확률이 60%라는 예측에 점수를 매기는 것은 훨씬 더 어렵다. 복잡하고 미묘한 그의 주장을 단순화하는 위험을 감수하는 것이기는 하지만 간략하게 보자면 테틀록의 방법의 핵심은 대수의 법칙(the law of large numbers)에 의존하는 것이다. 어떤 사건이 일어날 가능성이 높다고 일관되게 예측하지만 90% 가까이 그 예측이 틀린다면, 운이 나쁘거나 모든 경우에서 거의 맞았다고 말할 수는 없다.[17]

테틀록의 경험적 연구는 놀랍고도 중요한 결론을 이끌어냈다. 더 나은 예측과 판단은 사이먼과 같은 낙관주의자인지 에얼릭과 같은 비관주의자

---

16 테틀록, 15쪽.

17 테틀록의 방법론적 기법, 특히 예측 점수를 매기는 방법에 대한 자세한 내용은 11~13쪽을 참고하기 바란다.

인지에 따라 달라지지 않는다는 것이 밝혀졌다. 자신의 위치도 마찬가지이다. 정치적 스펙트럼에서 자신의 위치는 중요치 않은 것처럼 보인다. 직업적 배경이나 지위도 큰 차이를 만들지 못했다. 중요하게 입증된 것은 사고방식이었다. "여우형"이 "고슴도치형"을 지속적으로 앞섰다.

테틀록은 앞서 언급한 이사야 벌린의 저서 『고슴도치와 여우』[18]에서 이 용어를 차용했다. 고대 그리스 시인 아르킬로코스는 "여우는 많은 것을 알지만, 고슴도치는 한 가지 큰 것을 안다"(벌린, 1쪽)고 썼다. 이 격언이 원래 무엇을 의미하든, 벌린은 이를 "작가와 사상가, 나아가 인간 일반을 갈라놓는 가장 깊은 차이 중 하나"를 가리키는 것으로 받아들인다. 위대한 체계론자와 회의론자, 일원론자와 다원론자 사이에는 틈이 존재한다. 한편으로 고슴도치들은 "모든 것을 하나의 중심적인 비전, 다소 일관되고 명료한 하나의 체계, 즉 자신이 이해하고 생각하고 느끼는 모든 것이 의미를 갖는 하나의 보편적이고 조직적인 원리와 연관시킨다". 반면에 여우는 "많은 목적을 추구"하고 "구심적이기보다는 원심적인 생각을 즐기며, (그들의) 생각은 흩어지고 확산되어 여러 단계로 움직이며, 다양한 경험과 대상의 본질을 그 자체로 파악하지 않고. 그것들을 변하지 않고 모든 것을 포용하는 하나의 광신적이고 단일한 내적 비전은 배제한다"(벌린, 2쪽)고 설명한다.

고슴도치는 다양한 현상들을 마주할 때 겉으로 보이는 모든 다양성 아

18 이사야 벌린, 『고슴도치와 여우』. 이 에세이는 1951년에 『레프 톨스토이의 역사 회의론』이라는 제목으로 처음 출간되었고, 1953년에 현재의 제목으로 재출간되었다. 벌린에게서 영감을 받은 최근 작품으로는 스티븐 제이 굴드, 『고슴도치, 여우, 매지스터의 두창』을 참고하기 바란다..

래 어딘가에 숨겨진 단순한 규칙이 있다고 가정하는데, 그것은 뉴턴의 법칙이 행성의 놀랍도록 복잡한 운동의 근간이 되는 것과 같다. 반면 여우는 하나의 포괄적인 시각을 망상 장애라고 생각한다. 고슴도치는 복잡성이 근본적인 단순성을 감추고 있는 착각이라 생각하지만, 여우는 정반대의 시각을 가지고 있다.

플라톤은 전형적인 고슴도치, 아리스토텔레스는 완벽한 여우를 상징한다. 플라톤이 수학의 세계에 눈을 돌렸다면, 아리스토텔레스는 생물학적 유기체의 놀라운 다양성과 복잡성에 매료되었다. 플라톤은 최초의 유토피아를 구상했고, 아리스토텔레스는 기존의 법률을 조사하고 실제로 어떻게 작동하는지 조사했다. 단테, 라이프니츠, 헤겔, 마르크스, 프로이트, 벤담, 아인슈타인, 스키너는 고슴도치주의(hedgehogism)에 속하고, 몽테뉴, 에라스무스, 셰익스피어, 흄, 다윈, 조지 엘리엇, 윌리엄 제임스, 헨리 제임스, 비트겐슈타인은 여우주의(foxiness)로 예를 들 수 있다. 고슴도치들은 라이프니츠처럼 말한다. "신은 질서 정연하지 않은 것은 아무것도 하지 않으며, 규칙적이지 않은 사건은 생각할 수도 없다."[19] 비트겐슈타인은 여우들의 입장을 대변한다. "반드시 그래야 한다고 말하지 말고", "보고 보라"고 말이다.[20]

고슴도치에게 진리는 하나이며 변하지 않기 때문에 다음의 일반론은 유명하다. "자연은 인류를 **고통**과 **기쁨**이라는 두 주권자의 통치 아래 두었

19 고트프리트 빌헬름 라이프니츠, 『형이상학에 관한 담론, 아르눌트와의 서신 및 모나드학』, 조지 몽고메리 옮김(오픈 코트 출판, 1989), 10쪽.

20 루드비히 비트겐슈타인, 『철학적 탐구』, 제3판, G. E. M. 앤스콤 옮김(맥밀런 출판, 1958), 36e쪽.

다. 우리가 해야 할 일을 지적하고 결정하는 것은 그들만이 우리를 다스리는 것이다. 우리가 하는 모든 일, 우리가 말하는 모든 것, 우리가 생각하는 모든 것, 우리가 종속을 벗어나기 위해 기울이는 모든 노력은 그것을 입증하고 확인하는 데 기여할 뿐이다."[21]

"지금까지 존재하는 모든 사회의 역사는 계급투쟁의 역사이다."[22] 그들의 언어는 수학의 명제처럼 예외를 인정하지 않는다. 아리스토텔레스는 정치와 윤리에 대한 자신의 발언을 "대체로 그리고 대부분(on the whole and for the most part)"이라는 문구로 한정 짓기를 좋아했지만, 아무도 다음과 같이 말하지는 않는다. "대체로 그리고 대부분 삼각형의 내각의 합은 총 180도이다." 고슴도치에게는 이러한 형태의 수학적 확실성이야말로 진리이다.

여우에게 그러한 확신은 자기기만의 표시이다. 어떤 교묘한 수완으로 반증 가능성을 배제했거나 반증할 수 없는 것으로 만들어버렸을 수도 있다. 여우의 격언들은 궁극적인 불가지론, 복잡성, 판단의 임시 방편성, 그리고 끝없는 수정의 필요성을 강조한다. "선과 악의 원인은 (…) 너무나 다양하고 불확실하며, 서로 얽혀 있고, 여러 가지 관계로 얽혀 있으며, 예측할 수 없는 우연에 의해 좌우되기 때문에, 반박할 수 없는 선호의 이유로 자신의 상태를 고치려는 사람은 결국 탐구하고 숙고하면서 살다가 죽을 수밖에 없다."[23] "선과 악, 행복과 불행, 지혜와 어리석음, 미덕과 악은

---

21 제러미 벤담, 『도덕과 입법의 원칙에 대한 서론(An Introduction to the Principles of Morals and Legislation)』(맥밀런 출판, 1984), 1쪽.

22 칼 마르크스·프리드리히 엥겔스, 『공산당 선언』; 『정치와 철학에 관한 기본 저술』, 루이스 S. 포이어 편집(더블데이 출판사, 1959), 7쪽.

23 사뮤엘 존슨, 『라셀라스, 시와 엄선된 산문』, 버틀랜드 H. 브론슨 편집(홀트, 라인하트

보편적으로 섞여 있고 혼동되어 있다. 순수하고 온전한 것은 없다(…). 시인이 표현했듯, 삶이란 술은 항상 제우스가 양손에 든 두 컵에 의해 뒤섞인다."[24]

왜 여우가 대부분 고슴도치를 능가할까? 한 가지 단서는 장기적으로 여우의 이점이 더 크다는 것이다. 테틀록은 "여우의 자기비판적인 대위법적 사고방식은 고슴도치, 특히 정보가 많은 고슴도치가 자신의 예측에 대해 보이는 과도한 열정을 쌓지 못하게 한다"고 추측한다.[25] 반증에 직면했을 때 수정하려는 여우의 의지 또한 도움이 되며, 테틀록이 더 나은 판단을 위한 유리한 핵심 능력으로 꼽은 '자기 엿듣기의 기술'도 도움이 되는 것으로 판명되었다. 훌륭한 판사는 어떤 판단을 내릴지 결정할 때 그들 스스로와 나누는 정신적 대화를 엿들어야 한다.[26] 그들은 습관적으로 일종의 사고실험인 '180도 방향 전환 테스트(turnabout test)'를 수행한다. 상대방이 지금처럼 반증에 대처한다면 어떻게 반응할까? 다른 사람에게 적용하는 것과 동일한 논리적 일관성 기준을 자신에게 적용하는가? 반론이 제시될 때 자신이 믿는 것이 사실인지 아닌지가 아니라 어떻게 반박할 수 있는지를 묻게 되는가?

그럼에도 불구하고 여우에게는 약점이 있다. 고슴도치가 자만심에 빠지기 쉽다면 여우는 때때로 너무 임시방편적인 처사를 보일 때가 있다. 또는 너무 많은 시나리오에 너무 많은 가능성을 부여할 수도 있다. "사건

앤 윈스턴 출판, 1971), 642쪽.

24 데이비드 흄, 「종교의 자연사」, J. C. A. 개스킨 편집, 『자연 종교에 대한 대화 및 종교의 자연사를 포함한 종교에 관한 주요 저술』(옥스포드 대학 출판부, 1993), 183쪽.

25 테틀록, 21쪽.

26 같은 책, 23쪽.

A의 확률이 사건 A와 B의 합산 확률보다 적다거나, X는 필연적으로 발생하지만, X의 대안점 또한 가능하다는 데 동의하는 것은 감탄할 만큼 개방적인 태도"이며, 여우는 고슴도치보다 이러한 혼란에 더 취약하다.[27]

테틀록은 한 걸음 더 나아갈 수도 있었을 것이다. 그가 실험을 설정한 방식이 여우에게 유리하게끔 판을 짠 것이 되었기 때문이다. 고슴도치에게 유리한 영역은 실증과학이 큰 성공을 거둔 영역이다. 그러나 바로 이 영역은 애시당초 판단력이 요구되는 영역이 아니기 때문에 테틀록의 실험에서는 고려되지 않는다. 사회 영역의 고슴도치는 일반적으로 학문을 마침내 과학적 토대 위에 올려놓았다고 주장하는 사람들인데, 이러한 주장은 여전히 고슴도치와 그 제자들에게만 통용될 수밖에 없기는 하다. 기껏해야 주류 경제학처럼 해당 분야와 인접 분야에서는 받아들여질지 몰라도 외부인에게는 받아들여지지 않을 수 있다. 테틀록은 여우와 고슴도치 모두 여우 같은 상황에 노출시켰다.

고슴도치는 자신의 분야에서 통하는 이론을 전혀 다른 분야에 적용할 때 가장 많은 오류를 범한다. 폴 에얼릭을 다시 한 번 생각해보라. 증거가 무엇을 보여주든 상관없이 자신이 옳아야 한다는 그의 확신은 아마도 그가 처음 결론에 도달하게 된 추론 과정을 반영하는 것일 수도 있다. 그는 나비 개체군에 어떤 일이 일어나는지 관찰하고 그 모형을 인간 행동에 적용했다. 따라서 사람들이 '번식'한다는 표현을 사용했다. 결국 그는 물리학 법칙이 인간 국경을 존중하지 않는 것처럼 과학적 접근 방식도 인류의 경계에서 멈추지 않는다고 생각했던 듯하다. 에얼릭은 자신의 반대자들

27 같은 책, 23쪽.

을 '자연의 법칙으로부터 예외를 만들고자 하는 사람들'로 규정했다. 물론 그의 반대자들은 엔트로피와 에너지 보전에 관한 열역학의 기본 법칙을 이해하지 못했다. 또한 기하급수적 성장에 관한 단순한 수학도 이해하지 못했다.[28]

에얼릭은 경제문제를 다루면서도 경제학자들의 통찰은 무시했다. 경제학자들이 자연과 수학의 법칙을 이해하지 못한다면 그들의 주장이 옳을 수 없다는 것이다. 사이먼은 표준 경제 이론에 따르면 사람들은 나비와 달리 가격이 오르면 한 자원을 다른 자원으로 대체할 것이라고 지적했다. 또한 인간은 나비와는 다르게 새로운 기술을 개발하기도 한다. 그는 "궁극적인 자원"은 금속이나 곡물이 아니라 인간의 독창성이라고 주장했다. 경제학자 윌리엄 노드하우스도 같은 맥락에서 에얼릭이 의존한 모형에서는 "기술 발전도, 자원의 새로운 발견도, 대체 물질을 발명할 방법도, 부족한 자원을 풍부한 자원으로 대체하도록 유도할 가격체계도 없다"고 불평했다.[29] 더욱이 로런스 서머스는 에얼릭과 그의 동료들이 의존하는 컴퓨터 모형은 단순히 그 모형을 구성한 가정을 반영한 것일 뿐이라고 주장했다. 컴퓨터 모형이 모호한 가정에 근거 없는 권위를 부여할 수 있다는 반론은 여우들이 자주 제기하는 문제이다.

물론 역설적인 점은 경제학자들 스스로가 경제학이 적용되는 모든 곳에서 경제학이 오류가 없어야 한다는 장(field) 개념의 제국주의의 일종으로 비난을 받아왔다는 것이다. 다음 장에서 그러한 사고의 예를 살펴볼 것이다.

---

28 사빈, 205쪽에서 인용.

29 같은 책, 90쪽에서 인용.

고슴도치 이론이 많은 사람들에게 설득력 있게 느껴지는 이유는 중요한 영역을 마침내 정복하고 싶은 인간의 욕망에 호소하기 때문이다. 천문학이 몇 가지 기본 법칙을 따르는 것으로 밝혀졌다면 경제, 정치, 역사도 마찬가지일까? 엘리 할레비(Elie Halevy)는 이러한 사고방식을 "도덕적 뉴턴주의"라고 불렀다.[30] 자연의 법칙에서 벗어날 수 있는 것은 아무것도 없는 것이다! 오직 종교의 유산만이 다른 모든 것을 지배하는 법칙에서 면제된다고 사람들이 상상하게 만들 수 있다.

고슴도치 이론은 또한 허영심, 덜 깨달은 사람들이 모르는 것을 아는 즐거움에 호소한다. 그리고 고슴도치 이론은 대중의 관심과 자원을 차지하기 위한 경쟁에서 승리한다.[31] 특정 지역 문제에 잠정적으로 적용할 수 있는 통찰력보다 뉴턴의 법칙에 대한 혁명적 돌파구에 흥분한 언론과 정부 기관을 끌어들이는 것이 더 쉽다. 고슴도치는 베스트셀러를 쓰고 여우는 서평으로 응답한다.

아마도 이것이 시간이 지남에 따라 가장 위대한 여우도 고슴도치가 된 이유일 것이다. 다윈보다 더 여우 같은 사람은 없었지만, 그에 대한 일반적인 기록을 읽어보면 그는 고슴도치처럼 보인다. 앞서 지적했듯 애덤 스미스의 추종자들도 마찬가지이다. 그의 제자들은 종종 매우 중요하다고 인정되는 하나의 핵심 아이디어를 전체에 적용하고, 그 사상가는 사후에 마치 그 아이디어만을 모든 문제에 적용한 것처럼 특징지어진다. 원전 대신 읽는 교과서는 이 과정을 돕는다.

30 엘리 할레비, 『철학적 급진주의의 성장』, 메리 모리스 옮김(비컨 출판, 1955), 6쪽.

31 가드너의 『미래의 소란』 중 「누구나 고슴도치를 사랑한다」 장(144~194쪽)을 참고하기 바란다.

벌린의 에세이는 톨스토이를 고슴도치가 되고 싶어 하는 타고난 여우로 묘사하기 위해 고슴도치와 여우라는 이분법을 설정했는데, 톨스토이가 어떤 종합적인 체계에 도달할 때마다 톨스토이 자신의 여우로서의 회의론이 결국 그것을 불신하게 만드는 것으로 묘사했다. 우리는 우리 자신을 비슷한 시각으로 바라본다. 우리는 성향상 여우이지만 고슴도치 이론에서 많은 통찰력을 발견하는 경향이 있다. 이 책에서는 두 가지 유형의 사고방식을 모두 고려하고 있으며, 고슴도치에 대한 우리의 접근 방식이 충분히 관대한 것으로 비추길 바란다. 확실히 그들의 논리가 부족한 부분을 지적하는 것이 중요하다. 하지만 단순히 부족함을 지적하는 데 그치는 것은 너무 상투적이다. 보편적으로 적용될 수는 없겠지만, 우리가 고려하는 아이디어는 매우 생산적이다. 우리의 아이디어가 영감을 받은 영역을 넘어 (문자 그대로) 적용될 수 없더라도, 그 아이디어가 여전히 (광범위한 영역에서) 통찰을 줄 수 있는지 살펴보는 것은 유의미하다.

문학은 본질적으로 여우 같은 존재이다. 체계적인 이론으로 의역할 수 있는 모든 문학작품은 형편없을 것이다. 사물의 복잡성에 대한 감각이 필요할 때 벤담이나 마르크스가 아니라 셰익스피어나 톨스토이를 찾게 된다. 문학이 인문학의 핵심이라는 전제하에 경제학과 인문학의 대화를 통해 우리는 전통 경제학의 고슴도치주의를 위대한 소설가들의 여우 같은 기발함으로 완화할 것을 제안한다. 이를 통해 경제학과 인문학의 가치, 그리고 그 둘 사이의 대화의 더 큰 가치를 보여주고자 한다.

마지막으로 예측에 관한 몇 가지 말로 이 장을 마무리하려 한다. 거의 40년 전, 샤피로는 경제 동향을 예측하는 모형을 개발한 공로로 1980년 노벨 경제학상을 수상한 로런스 클라인 교수와 함께 계량경제학 예측을 공부했다. 어느 수업 시간에 클라인 교수는 성공적인 예측의 비결은 내일이 오늘과 매우 비슷할 것이라고 가정하고 아주 단기간을 예측하거나 잘못된 예측이 현실이 되었을 때는 예측자 자신이 먼 기억의 파편으로 남을 만큼 충분히 먼 미래를 내다보는 것이라고 농담을 던졌다.

이 장에서는 몇 가지 추가 조언을 제공한다. 경제학이 고슴도치를 키우는 경향이 있더라도 여우가 되기를 바란다. 경험적 증거에 따르면 여우가 예측 정확도에서 더 나은 성과를 내는 것으로 나타났다. 다른 모든 것을 무시하고 세상에 대한 단일한 시각을 고수하는 것이 위안이 될 수도 있지만, 미래를 예측하는 데는 도움이 되지 않는다. 다른 분야에서 배우는 데 열린 자세로 임하고, 근거 없는 가정의 타당성에 의문을 제기할 준비를 하고, 무엇보다도 겸손해야 한다. 핸디캡이 40인 골퍼처럼 스윙을 충분히 하면 샷(또는 예측) 중 하나는 실수로 똑바로 날아갈 수도 있다(또는 맞는 것으로 판명될 수 있다). 하지만 그렇다고 해서 모든 것을 알아냈다는 의미는 아니다!

03

경제적 접근법의 힘과 한계

사례 연구 1—미국 고등교육을 어떻게 개선할 것인가?

미국의 고등교육은 거의 5천 개의 '기업'(즉, 공립 및 사립, 2년제 또는 4년제, 영리, 비영리 등의 학부 중심 대학 또는 종합대학)과 2,100만 개의 '고객'(학부, 대학원생 및 경영, 법학, 의학 전문대학원 학생)을 보유한 매우 큰 사업이다. 총수입이 약 5천억 달러로 미국 국내총생산의 거의 3%를 차지하는 일종의 '영리사업'이다.

그러나 여느 문명국가의 '고등교육'이 그러하듯이 미국의 '고등교육'은 단순한 사업의 범주를 넘어 국가의 가장 고상한 이상을 반영하거나 반영해야 하는 '도덕적 의무'가 있다. 대학 총장이나 저명한 '스타' 교수들이 공적인 일에 관해 논평할 때, 그들은 나라를 대표하는 지성이자 도덕적인 나침반으로 간주된다.

대학을 단지 또 다른 산업으로만 간주하는 것은 곤란하다. 고등교육정책 및 제도적 조치에 관해 경제 분석을 적용할 때는 이를 염두에 두는 것이 특히 중요하다.

우리는 몇 가지 이슈들을 고려하고자 하는데, 그중 대부분은 일부 소수를 제외하고는 일반 대중이 인지하기 어려운 주제들이다.[1] 교육 분야 밖의 극소수만이 앞으로 우리가 논할 이슈에 관해 전반적으로 인지하고 있고, 심지어 대다수의 교육 분야 내부자조차도 '불투명한' —즉, 무지와 오해의 경계선에 있는— 입장을 취하고 있다. 여기서 우리는 크게 세 가지 이슈에 관해 논할 것이다. 먼저 학교의 최초 입학 등록 학생 수 목표를 달성하기 위해 미국에서 활용되는 '학자금 지원 프로그램(fiancial aid discounts)', 소위 '**입학 등록자 관리 프로그램(enrollment management)**'에 관해 논의를 시작하고자 한다. 다음 주제로는 학부 교육에서 지속적으로 확대되고 있는 비테뉴어(tenure) 트랙(계약직) 신분 교수진의 역할에 관해 논의한다. 그다음으로, 자주 회자되는 이슈는 아니지만, 다른 모든 현안에 영향을 미칠 수 있는, '적절한' 자료 공개(data reporting)의 문제에 관해 논의를 이어간다. 최종적으로 주별 공립 학부 전문 및 종합 대학에 관한 운영 보조금 배분에서 벌어지는 정부 정책 딜레마 등을 여러 가지 예를 들어 논의하고자 한다. 이러한 운영 보조금 배분의 결과는 대학 진학률과 수료율을 동시에 높이려는 연방 정부의 열망을 충족시키는 동시에, 학생들의 재능과 선호에 맞게 대학을 매치시키는 데 영향을 미친다. 물론 지금까지 언급된 이슈들은 모두 전적으로 경제(학)적으로 분석되고 고려될 수 있지만, 우리가 보여주려 하듯이 경제학적이면서 인문학적인 접근을 동시에 고려한다면

---

1 주제 중 일부는 마이클 맥퍼슨·모턴 오웬 샤피로, 「도덕적 추론과 고등교육정책」, ≪포럼 퓨처스 2010≫, 미래의 고등교육을 위한 포럼, 39~45쪽에서 짧게 논의되었다. 이전 버전의 마이클 맥퍼슨·모턴 오웬 샤피로, 「도덕적 추론과 고등교육정책」, ≪크로니클 리뷰≫, 2007년 9월 7일, B10~B11쪽을 참고하시오.

보다 효과적으로 이해될 수 있다. 이 장에서 우리는 경제학이 광범위한 고등교육 문제에 대해 할 말이 많다는 것은 알고 있지만, 경제학만으로는 해결할 수 없는 딜레마와 잘못된 정책을 초래한다는 것을 보여주려고 한다. 경제학 자체의 기준, 즉 최적의 해결책 도달이라는 기준에서도 경제학만으로는 실패하기 쉽다. "무엇을 위한 최적인가?"라는 질문조차도 전적으로 경제적 근거에 따라 결정되지 않을 수 있다. 또한 올바른 판단과 인문학에서 불어넣을 수 있는 지혜가 필요하다.

등록 관리

오, 필요를 논하지 마라! —셰익스피어, 『리어왕』

입학사정관과 장학금 담당자들이 함께 협의할 일 자체가 없어진 작금의 상황이 그렇게 오래되지는 않았다. 그럼에도 불구하고, 마치 신문사들이 자사는 다른 신문사와 달리 '광고'와 '보도'를 엄격히 구분하는 윤리관을 가졌으며 광고성 신문 기사는 오래전에 사라졌다고 새삼스럽게 자랑하는 것처럼, 대학들은 '입학 사정'과 '장학금 지원'은 별개의 문제이며, 그러한 '구분'을 보다 윤리적인 것으로 자랑해왔다. 한때 대학의 입학처에서 그들이 원하는 최고의 학생을 선발하고, 학생의 경제적 환경에 따라 장학금 면제 및 일부 지원 등도 결정하던 시대가 있었다. 물론 그런 시대는 학부 중심 대학, 종합대학 등 공히 미국에서 오래전에 종말을 고했다.

정부의 관리들, 교육 재단의 이사진, 그리고 일반 여론 등이 모두 짐작하건대 학부 중심 대학 및 종합대학 모두 보다 '효율적'[2]이 되기 위한 노력의 일환으로 '보다 기업처럼 행동하라'고 거의 간청할 정도였다. 그러나 그들 모두 "과연 어느 지점에서 효율적인가"라는 보다 근본적인 질문에 관해서는 —마치 모든 해답이 이미 갖추어 있는 양— 결코 되묻지 않는다. 만일 대학의 목표가 배움 자체에 대한 사랑을 주입하고, 호기심을 점화시키며, 다양한 관점을 존중하고, 타자의 감수성을 이해하는 것이라면, '효율성'이라는 기준은 대학의 목표가 졸업 후 수익성을 극대화하고, (미국 헌법 전문의 한 구절처럼 엄숙하게) '공동방위(the common defense)'를 제공하거나, 사회정의—어떻게 정의되든 간에—를 창출하는 것과는 사뭇 다를 것이다. 1달러 지출당 최대한의 학생을 졸업시키는 것이 대학의 목표라면, 소규모 강의들은 매우 '비효율적'일 것이다. 반면 어떤 목표하에서는 소규모 강의가 대형 강의보다 훨씬 '효율적'일 것이다. 바이올린 연주나 외국어 습득을 대형 강의를 통해 효과적으로 가르치는 것은 거의 불가능하다. 대형 강의가 어떤 특정한 주제에 관해 전반적인 흥미를 불러일으킬 수 있을지는 몰라도, 효과적인 논증 토의에 관한 연습이나 즉흥적인 대중 연설의 기회를 제공하는 것은 불가능하다. 간단히 말해서, 특정한 무언가를 성취하는 데 있어 '효율적'이라는 것이 무엇인지 정의하지 않고서는 효율성을 말하는 것은 말이 되지 않는다.

물론 지금까지의 '효율성'에 관한 반론을, 합리적으로 보이는 기준을 들어 단순히 '순전한 자원 낭비'의 여부와 같은 이해타산의 논리 중심으로 —다소 가식적인 분석임을 양심상 인정할 수밖에 없지만— 제기할 수 없는 것은 아니다. 그러나 그렇게 분석한다고 해서, 또한 더 나아가 그런 식으로 근사한 답을 구했다고 한들, 앞서 제기된 의문이 모든 면에서 덜 중요한 문제

---

2 이러한 추세에 대한 최근의 통렬한 비판은 데이비드 L. 커프, 「돈이 문제다」, ≪어메리칸 프로스펙트≫, 봄호(2015), 119~121쪽을 참고하기 바란다.

로 환원되지는 않는다.

그렇다면, 소위 '입학 등록자 관리 프로그램'이 어떤 종류의 '효율성'과 윤리적인 이슈를 제기할까? 먼저 미국에서 놀랍게도 대략 350개 정도의 대학 기관만이 경쟁적인 입시 전형을 ―그것도 여타 선진국에 비해 그리 치열하지 않다― 유지하고 있음을 지적하고자 한다.[3] 350개 기관을 제외한 나머지 학교들은 사실상 지원자 모두 합격시킨다고 봐도 무방하다. 종종 고등교육기관은 시장에서 거래되는 일반적인 상품이나 서비스와는 다르다는 점이 환기되곤 한다. 시장의 상품이나 서비스는 구매력 있는 소비자라면, 언제든지 구매 가능하기 때문이다. 반면 '선택적인 입시 전형' 정의 자체가 사고 싶어 하는 대부분의 소비자를 배제하는 것을 의미한다. 그러한 '배타성'이 사실 대학을 선택적이고 저명하게 만드는 것이다. 이로 인한 '선별적'(즉, 최상위권) 학교의 희귀성은 우리가 일상에서 상상하는 일상적 산업 ―경쟁, 경합이 존재해서 소비자의 선택 권리를 보다 확장하는― 그 이상의 무엇인가를 상상하게 한다.

미국의 소위 선별적인 고등 기관들은 그들의 우수 입학자 모집 목표를 달성하기 위해 일종의 '가격 할인'(등록금 할인) 정책을 광범위하게 적용하고 있다. 기부금 수혜 상위 대학들―물론 하버드, 예일, 프린스턴, 스탠퍼드, 소위 빅4(the Big Four)가 그 최상위를 주도한다―은 역시 상당한 기부금을 적립하고 있는 여타 유명 대학의 장학금 지원 이상으로 과도하게 장학금을 지급함으로써 (가정 형편 등에 따른 장학금 지급의) "필요"라는 개념 자체를 재정의하고 있다. 따라서 "필요"에 의한 장학금은 전적으로 학교의 활용 가

3 그리고 350개 중 약 150개만이 '국립'대학 또는 단과대학, 즉 특정 지역이나 전국에서 오는 학생들을 유치하는 학교로 간주된다.

능한 기부금의 규모, 특히 재정 지원이라는 항목의 기부금 규모에 따라 결정되는 것처럼 보인다.[4] 이런 이유로 "학생의 형편이라는 필요에 부합하는"이라는 미국 대학의 구호들은 불필요한 오해를 불러일으킨다.

상기한 '빅4'를 제외한 나머지 최상위 학교들은 일반적으로 가정의 지불 능력을 고려하여 재정 지원을 결정하는 각자만의 공식에 의존한다. 덧붙여, 일부 대학은 가정 형편을 고려해서 공식에 의해 계산된 학비보다 더 낮은 '가격'으로 할인하는 방식으로 수월성에 근거한 우수 장학금을 '과감하게' 제공한다.

그렇다면 통상적으로 경제학자는 학교가 '우수' 입학자 유치 목표(추가 정원 모집, 학업 우수성 증진, 다양한 학생 단체 등록 지원, 동문 및 기부자의 '고객 만족도' 관리 포함)를 달성하기 위해 가격 할인을 제공하는 문제를 어떤 방식으로 접근할까? 경제학자들이 "가격 차별(price discrimination)"이라고 부르는 것의 핵심은 소비자가 지불할 의향을 파악하는 데 있다. 만약 누군가가 BMW 자동차 대리점에 BMW를 몰고 가서 판매원에게 BMW 외에 다른 어떤 자동차 브랜드도 운전할 마음이 없다고 말한다면, 정찰 가격으로부터 기대했던 잠재적 할인이 순식간에 어떻게 사라질지 어렵지 않게 상상할 수 있을 것이다. 반면 메르세데스(벤츠)를 타고 BMW 대리점에 가서 판매원에게 나는 브랜드 충성도가 높은 편이라 함부로 브랜드를 바꾸는 것을 꺼려, BMW에 관심이 거의 없지만 그럼에도 '괜찮은' 가격을 받을 수 있는지 알고 싶다고 말한다면, 오히려 (예기치 못한) 큰 할인을 만끽할

---

4 학교의 기부금 수익금이 기존 공식에 따라 정의된 학생의 총 '필요도'를 초과하는 학부생 지원금으로 제한되어 있다면, 그 공식을 변경하여 학생들을 '필요성이 증가된' 상태로 만드는 것은 어떨까? 그것이 기부의 취지에 부합하는 방법이다.

수 있을지도 모른다. 상거래의 세계에서는 자신의 속내를 넌지시 드러내는 구매자를 사랑하기 마련이다.

고등교육의 세계에서도 장사의 세계에서와 같이 종종 '가격 차별'과 유사한 상황이 발생한다. 그러나 그렇다고 해서 사람들이 보통 차를 살 때처럼 날카롭게 인식하고 있는 '가격 차별'의 상황을, 대학을 선택할 때는 종종 자각하지 못하곤 한다.

미국의 최상위권 학부대학 및 종합대학이 임의의 대학 지원자가 입학 허가서를 받은 후, 그 입학 허가서의 '가치' 또는 '가격'을 매겨 최종 입학 여부를 결정하는 경향을 예측하기는 그다지 어렵지 않다. 사실 대학 지원자나 그들의 가족은 BMW 운전자처럼 ―비록 부지불식간이기는 하지만― 대학이 '추가 요금'을 부여하는 데 활용될 수 있는 정보를 기꺼이 드러내곤 한다.

이제 샤피로와 공동 집필한 연구 보고서를 활용하여 예를 통해 이를 알아보자. 이 보고서는 미국에서 가장 입학하기 까다로운 대학 중 하나인, 윌리엄스 칼리지(Williams College)에 합격한 학생들의 최종 입학 결정에 관한 계량경제학적인 분석을 담고 있다.[5] 그 분석은 윌리엄스 칼리지 2008~2012년 졸업 학번의 데이터를 활용하여 개별 입학 지원자에 대해

---

5 피터 뉘른베르크·모턴 샤피로·데이비드 짐머만, 「대학을 선택하는 학생들: 톱 사립교육기관의 입학 결정에 대한 이해」, ≪교육 경제학 리뷰≫, 2012년 2월, 1~8쪽. 샤피로가 등록 관리 문헌에 기여한 바는 이것이 처음이 아니다. 사실 그는 오랜 공동 저자인 마이클 맥퍼슨과 함께 이 주제를 초기에 발전시키는 데 많은 기여를 했다. 특히 마이클 맥퍼슨·모턴 샤피로, 『학생 지원 게임: 미국 고등교육에서 인재의 필요를 충족하고 보람을 주는 방법』(프린스턴 대학 출판부, 1998)의 제9장 「경쟁력 있는 무기로서의 학생 지원」을 참고하시오. 이어지는 논의를 고려할 때 이 분야를 형성하는 데 있어 우리의 역할에 대해 여러 가지 생각이 드는 것은 어쩔 수 없다.

등록 확률을 부여하는 모형, 일종의 '수익 모형'을 추정하는 것이다.

학교 입장에서는 합격률을 예측하는 데 도움이 되는 정보를 굳이 애써서 찾을 필요가 없다. 지원자들은 입학 지원서, 재정 지원 서류, 또는 자신들의 행동을 통해 공짜로 수익과 관련된 정보를 흘린다. 또 다른 부가적인 정보를 수집함으로써 모형의 예측 정확도를 상당히 향상될 수 있음을 부인할 수 없을 것이다. 그럼에도 입학 결정 당시 학교가 활용할 수 있는 정보만을 기반으로 해도 수익 예측 모형은 꽤 잘 작동한다.

이러한 데이터는 학업 성취도, 인종, 성별, 출신 지역, 고등학교 학업 수준 편차 및 유형(종교, 일반 계열 및 사립·공립), 과외활동 및 교과목 외 관심사, 운동 특기자 여부, 가족 및 해당 학교와의 기타 커넥션, 학업 관심사와 같은 광범위한 주제를 담고 있다. 윌리엄스를 포함한 많은 명문 학교들은 또한 학생들의 SAT·ACT·AP 점수, 고등학교 성적과 석차, 에세이, 엄격한 고등학교 학업 프로그램의 확보 여부, 교사 추천 등을 기반으로 전반적인 학업 등급을 매긴다. 이에 더해 교과목 외 활동 실적을 바탕으로 비학업 등급을 계산한 후, 이 두 영역의 등급을 종합하여 최종 점수를 확정한다. 마지막으로, 학교는 지원자와 학교 간의 '접촉 사항'(지원자가 캠퍼스를 방문했는지, 캠퍼스 투어 전에 입학처에 등록했는지, 학생의 고등학교 입학 담당자를 만났는지 등), 재정 지원 상태, 그리고 경우에 따라서 추천서나 에세이에서 드러나지만 계량적으로는 추정하기 어려운, 대학의 바람직한 지원자 자질을 포착하기 위해 설계된 주관적 변수도 꼼꼼히 기록한다. 대학들이 '소비자'의 관심사와 행동에 대한 특이한 통찰력을 보여주는 광범위하고 심도 깊은 정보를 비밀리에 파악하고 있음을 안다면, 다른 산업의 기업들은 분명히 질투할 수밖에 없을 것이다.

그렇다면 수익 모형을 추정한 결과 우리는 무엇을 발견했을까? 학생이 입학 등록을 할 가능성은 학생의 학력 등급과는 음의 관계가 있는 것으로 밝혀졌는데, 즉 학생의 학력 평가 점수와 고등학교 내신 성적이 좋을수록 입학 등록 확률은 낮아진다. 이것은 학생의 학업 프로필이 강할수록, 학생에게 열려 있는 좋은 대안의 선택지가 더 넓어진다는 것을 고려할 때 쉽게 예상되는 결과인 것처럼 보인다. 학생이 직면한 순비용이 높을수록(학비에서 국가 장학금과 같은 제도적 지원 및 기타 재정적 지원을 뺀 비용), 학생의 예상 (미래) 수익은 낮아진다는 것 또한 쉽사리 예상될 것이다. 다시 말하지만, (우)하향 수요곡선은 경제학의 중추와도 같다—가격(학비)이 높을수록 수요량(등록할 의사)은 줄어든다. 물론 입학 등록의 경우 가격 반응성은 다른 여타 산업의 수요 가격 반응 추정 계수의 크기에 비해 상당히 작은 것으로 밝혀졌다. 아마도 비슷한 수준의 학교군 간 순가격(비용) 격차 범위가 매우 작다는 사실에서 비롯되는 것으로 추정된다.

(학교의) '수익 예측'은 지원자의 인종(특히 타 일류 학교에서 합격할 기회가 상대적으로 큰, 따라서 모든 조건이 동일하다는 가정하에서는 차순위 학교에 입학할 가능성이 낮은 과소 대표되는 인종 그룹의 구성원일수록)과 출신 지역(학생들은 일반적으로 집에서 가까운 학교를 선호함), 그리고 개별 학생의 예술, 운동 및 학문에 관한 관심사에 따라 달라진다는 사실을 아는 것은 놀랍지 않다. 마지막으로, 가장 중요한 (학교) 수익 예측 변수 중 하나는 학생이 캠퍼스 투어를 갔는지 여부인 것으로 밝혀졌다. 예측 모형에 의하면 만약 당신이 투어에 참가한 후 합격 통보를 받는다면, 당신은 높은 확률로 입학 등록에 응할 것이다. 이것이 인과관계에 의한 것인지 정확히 알 수는 없다. 아마도 캠퍼스 방문자들이 캠퍼스의 매력에 매료되었다는 사실이(또는 투어 가이드의 매력에 반했다는 사실이) 입학 제의를 수락할 확률을 상당히 높였다고 짐작할 수 있다. 또는 역으로 학생들이 학교를 방문하는 것을 귀찮아한다

는 사실이 해당 학교에 관한 (부정적) 선호를 넌지시 드러낸 것으로 짐작할 수 있다. 이 분석의 목적상, 어떤 방식의 인과관계가 존재하는지는 그리 중요하지 않다. 우리가 정말로 알고 싶어 하는 것은 실제 누가 입학 제의를 받아들일 것인가에 관한 것이고, 캠퍼스를 방문한다는 것은 그 목적을 위한 좋은 지표이다. 대학이 선호하는 학생이 대학 입학처 사무실에서 캠퍼스 투어 희망자 서명을 하는 순간, 이것은 학교의 귀중한 정보가 된다.

종합적으로, 이 변수들의 조합은 학생이 윌리엄스 칼리지에 입학할 것인지 아닌지에 대한 강력한 예측 지표임이 판명되었고, 앞서 서술한 유사한 분석을 다른 학교에도 적용할 수 있을 것이다(그리고 이미 많은 경우에 적용되고 있으리라 믿는다). 여기서 예측 방정식을 활용한 두 가지 예를 제시하고자 한다. 첫 번째 지원자 유형은 캠퍼스에서 멀리 떨어진 도시에 거주하는 아프리카계 미국인 남성으로 학업 성적은 우수하나 학교를 방문한 적이 없다. 이런 경우 그의 예상 등록률은 6%에 불과하다. 두 번째 지원자 유형은 백인 여성으로 캠퍼스에서 멀지 않은 전통적으로 다수의 합격자를 배출하는 지역 명문 고등학교(feeder school)에 재학 중이며, 첫 번째 지원자 유형보다는 학업 성적이 낮고, 이 대학 동문인 부모가 있고, 캠퍼스 투어를 다녀온 경험이 있다. 이런 경우 그녀의 예상 등록률은 무려 98%이다.

학교가 이러한 분석을 하는 데는 몇 가지 분명한 이유가 있고, 분석의 대부분은 특별한 윤리적 문제를 일으키지도 않는다. 비록 학교가 학력 위주의 입학 기준(즉, 재정적인 필요에 상관없이 학생들의 수월성을 기준으로 입학시키는)을 가지고 있고, 모든 입학생의 재정적 필요를 완전히 해결해줄 수 있는 능력이 있는 극소수의 학교들 중 하나일지라도, 학교의 등록 수익 공식은 학교로 하여금 (기계적으로) 순 등록금 총수입을 예측하게 한다. 이로써 회기의 총수익 현황이 예상 가능해진다. 사실 예산 책정의 목적을 위해서라도 이러한 수익 공식을 활용하는 것은 중요하며 의외로 활용하기도 쉽다. 예를 들어 단순히 입학생 풀에 있는 각 지원자에 관한 예상 입학 확률을 계산하고 (기대 총 등록금 수입을 계산하기 위해) 모든 입학 확률을 '합산한다'. 첫 번째 학생이 입학 제의를 받아들일 가능성이 75%, 두 번째 학생이 20%, 그리고 세 번째 학생은 5%로 예측된다고 가정하자. 그렇다면 평균적으로 합격자 3명 중 1명 정도가 등록할 것이라고 기대할 수 있다. 이러한 확률 계산을 재정 지원 필요도와 연결시킴으로써, 학교는 신입생의 규모와 평균적인 학생들이 지불할 학비(소비자 가격)가 차지하는 학교 재정수입의 몫에 관해서도 상당 정도를 파악할 수 있다.

앞의 맥락에서 명심해야 할 두 가지 사항이 있다. 등록금 의존도가 높은 다수의 학교들에 있어 미등록 사태는 재앙이며, 재정 지원 예산이 예산 계획을 초과할 정도로 가정 형편이 어려운 학생들을 등록시키는 것도 재앙이다. 그렇다면 가장 입학 경쟁이 치열하고 대규모 기부금을 유치하는 명문 대학들은 어떨까? 긴 대기자 명단이라는 여유를 가진 명문 대학들에게 미등록 사태는 존재할 수 없다. 반면에 기숙사 1인실이 2인실로, 2인실은 3인실로 변경해야할 정도로 과등록 사태가 일어난다면 그것 또한 학교에게는 악몽이 될 수 있다—신입생들과 그들의 학부모를 환영하는 멋진 방식은 아니기 때문이다.

그러나 여기서 우리의 주된 초점은 '가격 할인', 즉 학비 보조금의 할당 문제에 있다. 만일 합격 통지를 받은 학생이 입학할 가능성이 매우 높은 경우, 대학 기관의 입장에서 학생의 가정 형편을 기준으로 입학 허가서를 발송할지, 아니면 수월성 기준으로 발송할지 또는 두 가지 유형의 입학 허가서를 발송할 경우 최적의 조합비는 무엇일까라는 '최적 배분' 문제에 관해 '가격 할인'은 어떤 의미일까? 이것이 바로 경제학과 윤리학이 쉽게 충돌할 수 있는 지점이다.

그럼에도 불구하고, 학교의 학비 보조금 예산을 "지렛대"로 활용하여, 앞서 설명한 것과 유사한 유형의 '등록 수익 공식'을 적용해보는 것은 어떨까?[6] 즉, 한 학생을 등록시키는 데 얼마나 많은 재정 지원이 필요한지에 관한 지식을 활용하여 필요한 최소한의 '가격 할인'(학비 보조금)을 제공한다고 가정해보자. 그렇게 함으로써 저축한 돈을 평균 학급 규모를 축소하여 교육 프로그램을 개선하거나, 도움이 필요한 학생들이 취업 가능성을 높이도록 무급 인턴십 기회를 제공하거나, 교원과 교직원들에게 더 많은 경제적 보상을 하는 등, 여러 가치 있는 지출 항목들에 투자할 수 있다. 이런 까닭으로 절약된 돈은 단지 누군가의 주머니를 채우는 것이 아니라 다양한 방식으로 도움이 될 수 있다. 같은 맥락에서 등록할 확률이 6%인 첫

---

6 또는 학교에 대한 특정 학생의 관심을 나타내는 더 간단한 지표를 찾을 수도 있다. 예를 들어 마이클 스트랫포드, 「교육부, 대학에 학생의 선택에 대한 정보 제공 중단」, ≪고등교육 내부통신≫, 2015년 8월 14일 자를 참고하시오. 이 기사는 일부 학교가 지원자의 연방 학자금 지원 양식에 제공된 정보를 의도하지 않은 목적으로 사용했다고 쓰고 있다. 특히 연방 교육부는 학생이 FAFSA 양식을 작성할 때 제출하는 전체 교육기관 리스트를 대학에 제공해왔다. 학교는 학생이 대학을 기재하는 순서가 등록에 대한 상대적 관심도를 나타낸다는 사실을 파악했다. 순위가 높을수록 해당 대학에 대한 관심도가 높고, 학교가 제공하는 지원 패키지가 더 인색하다는 사실을 의미한다. 교육부 대변인은 "누군가는 이 정보를 이용해 학자금 지원 여부와 금액을 결정하는데, 어차피 우리 학교에 올 가능성이 높은 학생이라면 굳이 돈을 쓸 필요가 없지 않겠나"라고 말했다. 그 결과 교육부는 2015~2016년부터 전체 교육기관 리스트가 더 이상 학교에 제공되지 않을 것이라고 발표했다. 하지만 빅데이터 분석가들이 학교에서 학생의 행동을 예측할 만한 다른 방법을 찾지 못했다고 생각한다면 오판이다. 에릭 후버, 「지원자의 마음속으로 들어가기: 데이터 마이닝은 학생들을 위한 오래된 경쟁에 첨단 기술을 적용한다」, ≪고등교육연감≫, 2015년 9월 28일 자를 참고하시오.

번째 지원자 유형에게는 과감한 재정 지원 패키지를 제공하고, 비록 첫 번째 지원자 유형과 가정 형편이 동일하더라도 등록할 확률이 98%인 두 번째 지원자 유형에게는 '소비자 정찰 가격'(전액 학비)을 청구하면 된다.

사람들은 수월성 기준의 재정 지원은 의문의 여지 없이 합리적 접근이라고 생각하는 경향이 있다. 정의대로 따르자면 수월성 기준 학비 할인(merit discounts)은 해당 학생의 가족이 "부담할 수 있는" 학비 수준보다 낮은 가격을 제시함으로써 학생 등록을 늘리는 것을 목표로 한다. 학생(또는 학부모)이 낮은 순가격(학비)을 고려하여 보다 "명문"인 학교 대신 우리 학교를 선택함으로써 "보다 우수한" 학생들을 유치할 수 있을 것이라는 기대로부터 나온 생각이다. 두 번째 지원자 유형은 합격하면 거의 틀림없이 올 것이고, 만일 덧붙여 부유한 가정 출신이라면, 왜 지원자가 기꺼이 지불할 수 있는 금액보다 적고 지원자 가족이 제공할 수 있는 필수 자금보다 적은 금액을 청구해야 할까?

그러나 재고해보면 앞의 추론은 몇 가지 도덕적 문제를 제기한다. 재정 지원금을 굳이 '수월성 기준 학자 지원금'이라고 한다면, 학업 성취도가 상대적으로 낮고 재정 지원이 없으면 입학 제의를 받아들일 가능성이 낮은 지원자들보다는 지원자들 중에서 가장 학업 성취도가 탁월한 학생에게 지원금이 지급되어야 하지 않을까? 사실 수월성 기준, 즉 학업 우수 장학금은 수월성에 비례해야 한다는 비례성 원칙을 의례적으로 받아들이지 않았는가? 학생들에게 더 열심히 공부하라고 말해도, 그 학생이 입학 등록을 할 가능성이 크지 않다는 것을 넌지시 드러내어 학업 우수 장학금을 오히려 '수여할 만한' 학생인 것처럼 보이기 위해 투어 방명록에서 방명자 기록을 하지 말라고 하지는 않을테니까.

그리고 투명성 또는 반대로 투명성의 결여가 옳고 그름을 결정하는 데에 중요하지 않을까? 부연하자면, 공개적으로 어떤 일을 도모하는 것과 도모하고 있는 일과는 다른 일을 하고 있다고 사람들이 생각하도록 하는 것은 전적으로 별개의 문제이다. 외부자로 하여금 학업 수월성을 보상하기 위한 문자 그대로의 '학업 우수 장학금'이라고 믿게 해놓고, 좋은 학생들을 값싸게 유치하기 위해서 '학업 우수 장학금'이라는 용어를 남용한다고 상상해보자. 우리는 일상생활에서 그러한 행동을 위선이라 부른다. 특히 대학이 도덕적 양심의 보루임을 공공연히 선언하는 상황을 감안할 때, 문학에서 수없이 나타나는 '경건한 위선자(pious hypocrites)'들을 연상케 한다.

이해를 돕기 위해 다음과 같은 '사고실험'을 고려해보자. 만일 특별히 재능 있는 학생이 무엇보다 학생의 아버지가 동문이고, 순진하게 캠퍼스 투어에 참가했다는 이유로 더 많은 학비를 지불해야 한다는 것이 공개적으로 알려진다면 어떨까? 아마도 이로 인해 동문 전체가 분노하는 여론이 일거나, 캠퍼스 투어 가이드들이 실직의 공포에 휘말리는 사태를 어렵지 않게 상상할 수 있을 것이다.

그리고 인문학자라면 아마도 "만일 공개적으로 무언가를 할 수 없다면 그것을 꼭 해야만 하는가?"라고 묻고 싶을 것이다. 어느 누구든 도덕적 권위의 입장에서 이야기해야 한다면 인문학자의 이 질문은 특히 긴급히 다루어져야 할 문제일 수밖에 없다. 자동차 판매를 위해 몰래 수집된 정보를 활용하는 것은 전적으로 별개의 문제이다—그런 행위는 사람들의 기대에 크게 벗어나지 않을뿐더러, 자동차 판매원이 공공 도덕을 대변하는 사회의 수호자라고 기대하지도 않는다. 그들은 공공재를 공급한 대가로 세금 우대 혜택을 받는 판매자가 아니다! 반면 학부 중심 대학 또는 종합대학은 실제 공공재 공급자로서 세금 감면 조치를 받을 뿐만 아니라, 대학의 고객들은 그러한 세금 혜택을 인식하여 대학이 공공 도덕을 대변하는 사회의 소금으로 행동하기를 기대한다.

학업 성취도에 기반한 학비 지원의 경우, 성취도 기준에 따른 학비 할인에 배정된 예산이 그 학비 지원이 목표로 한 '수월성'를 극대화하기 위해 잘 배분되는 방식으로 사용되고 있으리라 암묵적인 가정을 하는 경향이 있다. 학업 성취도에 의한 학비 지원은 사실 다양한 방식으로 채택되고 있으나, 모든 가능성을 미쳐 살피지 못한 일반 대중의 단견에서 기인하는 경향으로 볼 수도 있다. 여하튼 이 가정이 의미하는 바는 한 가지 유형의 효율성, 즉 달러 지출당 '수월성'을 어떻게 극대화할 것인가의 효율성을 뜻한다. 실제로 대학들은 약간 다른 기준의 효율성, 환언하면 비록 동일한 '수월성'을 불평등하게 보상하고 그로 인해 불가피하게 사람들을 속이더라도, 적정 수준 이상의 학업 성취도를 가진 학생을 모집할 경우에 파생되는 (재정 지원) 비용을 최소화하는 방식의 효율성을 채택한다. 다시 말하지만 우리가 "어떤 지점에서 효율적인가?" 그리고 "어떤 유형의 효율성을 달성하기 위해 노력하는 방식이 다른 유형의 효율성, 좀 더 중요한 유형의 효율성 기준의 가치를 훼손할 수밖에 없다면?" 등으로 질문하는 순간에 효율성에 관한 명백한 경제적 기준은 도덕적 의문을 불러일으킬 수밖에 없다.

재정 지원 서류나 입학 지원서를 통해 요청된 대부분의 정보는 누가 가장 수월성 기준에 부합하고 누가 가장 우선적으로 재정 지원의 대상이 되어야 하는지를 결정해야 하는 명백한 목적 아래 수집된 것이다. 대부분 사람들은 그 목적을 당연하다고 받아들이기에 요청된 정보를 제공한다. 그럼에도 불구하고 상당히 다른, 숨겨진 목적을 위해, 그 정보를 활용함으로써 결국은 사람들이 자발적으로 정보를 제공할 만큼 원했던 목표를 좌

절시키는 결과를 초래한다면 윤리적인 문제를 피할 수 없지 않을까?

물론 앞서 언급한 바와 같이 이러한 오해의 소지가 있는 학교의 행동에 대해 한 가지 해명하자면, 이로서 학교로 하여금 졸업생들이 좋은 직업을 얻도록 돕는 진로 센터와 같은 보다 수월성 기준 목적에 부합하도록 더 많은 돈을 투자하게 된다는 것이다. 그러나 이런 해명이 학교의 행동을 정당화할 수 있을까? 입학하는 학생들의 학력 성취도 기준 학비 보조 예산을 최소화하기 위해 접근 가능한 모든 정보를 활용하지 않는 것은 부도덕하다는 비판을 피할 수 없다!

여기서 제기된 윤리적인 질문들은 사실 명확한 답을 가지고 있지는 않으며, 그 점이 바로 우리가 강조하고 싶은 지점이다. 경제적인 관점에서는 별 문제가 아닌 것이 인문학자의 통상적인 윤리적 관점에서는 확실히 큰 문제가 될 수 있다.[7]

한 걸음 더 나아가 사고실험으로 돌아가서, 이러한 유형의 경제 분석이 필요 기반 지원 할당에 적용되었을 때 발생하는 분노를 상상해보라. 그것은 당연히 더 클 것이다. 필요에 기반한 지원은 부모가 감당할 수 있는 능

---

7 (철학적으로 이해되는) 윤리와 경제 문제 사이의 연관성을 연구한 경제학자의 예로는 노벨상 수상자인 아마르티아 센의 저서들 『정의의 아이디어』(펭귄, 2010)[한국어판은 이규원 옮김(지식의 날개, 2021)]; 『윤리학과 경제학』(바질 블랙웰, 1987)[한국어판은 박순성 옮김(한울아카데미, 2006)]; 『자원, 가치, 계발』(하버드 대학 출판부, 1984), 『빈곤과 기근: 자격과 박탈에 대한 에세이』(옥스포드 대학 출판부, 1982)를 들 수 있다. 토마 피케티의 저서 『21세기 자본』(하버드 대학 출판부, 2013)[한국어판은 장경덕 옮김(글항아리, 2014)]의 대중적인 성공이 시사하듯, 일반 대중은 경제 현실의 윤리적 함의에 대해 많은 관심을 가지고 있는 듯하다. 마이클 J. 샌델, 『돈으로 살 수 없는 것들: 시장의 도덕적 한계』(파라, 스트로스 앤 지루, 2012)[한국어판은 안기순 옮김(와이즈베리, 2012)]는 이후에 다시 논의할 것이다.

력에 따라 결정되는 것으로 추정된다. 만약 지원자 2명이 저소득 가정 출신이었다면, 그녀의 등록 희망 정도에 근거하여 그녀에게 더 많은 요금을 부과한다면 엄청난 도덕적 비난이 쏟아질 것이다. 물론 그렇게 하는 것은 대학들이 다른 좋은 목적을 위해 쓸 추가 재원이 발생하겠지만, 이는 이 학생들에게 원 공식이 제시하는 것보다 더 많은 빚을 지도록 하기 때문에 신중해야 한다. 그럼에도 불구하고 저소득층과 소수민족 학생들의 등록을 늘리려는 대학은 도덕적인 목표로 여겨지는 것을 위해 그러한 기술을 사용하고 싶은 유혹을 받을 수 있다.

요컨대 이러한 유형의 정보를 활용하여 수월성 기반과 필요 기반 장학금을 할당하는 자체가 윤리적 문제를 야기할 수 있다. 필요 기반 장학금 지원의 경우 보다 강한 윤리적 반대에 직면할 수 있다. 왜 그럴까? 사실 두 가지 경우 모두 위선에 대한 우리의 본능적 반응이 적어도 그러한 도덕적 반대의 일부분을 차지하기 때문이다. 그러나 필요에 기반한 재정 지원을 주장하는 것이 수월성에 기반한 재정 지원보다 훨씬 더 도덕적으로 우위에 있다고 생각하는 경향이 있다. 굳이 윤리적으로 말하자면, 수월성(능력주의)을 기준으로 더 많은 보상을 하기보다 가난한 사람을 돕는 편이 더 큰 도덕적으로 보이는 게 사실이다. 물론 꼭 그럴 필요는 없으며, 아마도 그러한 윤리적 감수성은 오랜 세월 세속화되어온 기관들 사이에서조차도 여전히 존속하고 있는 종교적 전통의 산물이라고 볼 수 있겠다. 그러나 바로 이러한 전통 자체가 자기기만적인 도덕적 우월성에 빠질 위험을 시사한다. 누군가 도덕적 우위를 점하면 점할수록 그가 보여주는 위선적인 행동에 대해 보다 큰 비난을 살 수 있다. 사무직 근로자가 사무용품을 훔치는 것과 목사가 가난한 자선냄비에서 도둑질하는 것은 전혀 다른 차원의 도덕적 비난을 불러온다.

경제 기법이 등록 관리의 도구로 얼마나 자주 활용되는지 알기는 어렵다. 하지만 기본적인 경제 원리를 현실 세계에 적용하는 것이 적절하지 않을 수 있는 사례를 찾고 있다면 바로 이런 경우가 해당될 수 있다. 순진한 자동차 구매자를 위해 가격 할인을 거부함으로써 판매자의 수익을 늘리는 것은 대학이 등록금을 감당할 수 없는 학생의 등록금을 인상하는 것과는 매우 다르다. 이러한 맥락을 무시하는 것은 경제학의 이론적·실증적 힘을 오용하는 것이므로 좋은 경제학이라고 할 수 없다. 설사 경제적인 문제라도 올바른 결정을 내리기 위해서는 때때로 경제학 이상의 그 무엇인가가 필요하다.

여기서 우리는 이야기가 도움이 될 것이라고 믿어야 한다. 등록 관리 전문가가 실제로 대학에 입학하기를 간절히 원하는 재능 있고 성실한 학생들과 대화를 나눈다면, 그들이 가격 할인을 최소화하기 위해 그러한 관심을 악용할 가능성이 있을까? 과도한 대출 부담에 시달리는 학생들을 파악하고도 재정 지원 패키지에서 장학금을 대출로 교묘하게 대체한 것을 자랑스러워할 수 있을까? 물론 그들 안의 보다 이타적인 다른 자아를 과감히 괄호로 묶어버린 채 자신들이 봉직하는 '수익 사업'의 관점만을 고수할 수도 있다. 설사 그렇게 할 수 있더라도 교수진, 직원, 졸업생, 행정가 등 다른 이해관계자들은 양심의 거리낌 없이 숙면을 취할 수 있을까? 쉽지 않을 것이다.

자신의 윤리적 자질을 무대 밖에서 어떻게든 숨기는 스스로 괄호 치기(self-bracketing)는 실제로 유용한 기술일 수 있다. 어떤 경우에는 윤리적일 수도 있다. 외과의가 생명을 구할 수 있는 유일한 방법이 자신의 환자에 관한 생각을 멈추는 것이라면 수술이 진행되는 동안 차분하게 의사 결정을 내릴 수 있도록 하기 위해서라도 스스로 괄호 치기는 반드시 개발해야 할 기술이다. 그러나 이 기술은 윤리적 문제를 무시해서는 안 될 때 무시할 수 있는 기술로 남용될 수 있는 것이다. 이러한 형태의 비도덕주의는 표면상으로는 직업적 양심의 가책 문제로 정당화되어 쉽게 관습화될 수 있다. 소설가들은 이렇게 의심스러운 스스로 괄호 치기가 어떻게 일어나는지 파헤쳐보는 것을 좋아한다.[8]

다른 이야기를 해보자. 등록 관리 전문가 중 한 명에게 대학에 지원하는 자녀가 있다면 어떨까? 그 사람이 자녀에게 등록 시스템의 허점을 이용하도록 조언하는 것을 편안하게 생각할까? 그렇다면 이 등록 시스템 자체가 도덕적으로 잘못된 교육을 조장하지 않을까? 만일 편안하지 않다면 지원자의 입장에서 잘못이라고 여길 수 있는 것을 왜 무엇인가의 강점으로 만드는 것일까? 또는 다음과 같이 질문해보자. 등록 관리 전문가가 자신이 저지른 교묘한 속임수를 그의 자녀에게 말해도 여전히 편안할 수 있을까? 이런 류의 도덕적으로 결함이 있는 교육은 교육 자체의 목적이나 적어도 중요한 목적에 반하는 것이 아닐까? 마지막으로 이러한 유형의 분석 응용 사례들은 도덕적으로 문제가 많다. 대다수의 학교는 외부에서 볼 때 변별력을 높이는 것이 학생의 질을 담보한다는 전제하에 입학률(admit rate), 즉 전체 지원자 중 합격자 비율을 최소화하려고 노력한다. 입학률이 20% 또는 10% 미만으로 발표되면 잠재적 지원자들이 기피할 것이라고

8 디킨스는 직업이 본연의 목적을 잊어버리는 이런 종류의 습관화를 작품들의 일반적인 주제로 삼았다. 『황폐한 집』에서는 법원 풍자가 소설의 주제가 되고, 『위대한 유산(Great Expectations)』에서 웸믹은 법률 사무소에서 일하며 비도덕적인 직업적 페르소나를 보여주는 인물이고, 핍은 이를 그의 실제 모습이라고 생각한다. 하지만 웸믹은 자신이 했던 법적 조언을 뒤집으면서 이 페르소나를 완전히 벗어던지고 가장 따뜻한 인간으로 변모해서 핍이 기뻐하게 된다.

생각할 수 있지만, 실제로는 그 반대의 효과가 있는 것으로 보인다. 학생들은 일반적으로 입학하기 가장 어려운 학교에 매력을 느끼는데, 이는 잠재적 동료들의 수준이나 자신(또는 부모님)의 자동차에 붙은 범퍼 스티커의 명성, 또는 그러한 명성에 대한 인식 등을 고려하기 때문이다.

이러한 종류의 공식을 사용하면 학교의 입학률을 최소화할 수 있는 좋은 방법이 된다. 수익률 높은 학생(예: 입학 제의를 수락할 확률이 98%인 학생)은 입학시키는 데 집중하고, 확률이 낮은 학생(6%인 학생)은 입학 제의를 거절하거나 대기자 명단에 올리면 된다. 등록할 가능성이 높은 학생으로 입학 제안을 한정하면 수업을 채우기 위해 많은 학생을 입학시킬 필요가 없다.

이러한 유형의 수익을 유지하려는 활동은 심각한 도덕적 문제를 야기한다. 학교는 능력에 따라 입학 허가를 해야 하지 않을까? 입학할 가능성은 낮으나 우수한 학생보다 입학할 가능성이 높은 열등한 학생을 데려가는 것을 어떻게 정당화할 수 있을까? 반복하는데 이러한 관행이 공개될 경우 얼마나 많은 사람들이 분노할지 상상해볼 수 있다. 그리고 여기에는 또 다른 윤리적 문제가 있다: 입학률과 같은 통계를 조작하면 해당 정보에 의존하는 사람들에게 오해를 불러일으킬 수 있다. 이는 곧 정직하지 않다는 것을 의미한다.[9]

그러나 지난 수십 년 동안 학교가 해당 학교에 비해 "너무 좋은" 학생, 즉 입학시켜도 오지 않을 학생은 거부하거나 예비자 명단에 올리는 일이 점점 더 일반화되고 있는 듯하다. 등록 관리 전문관이 입학 관리 업무를

---

9 이 내용에 오해의 소지가 있다고 생각하면 이 장에서 ≪US 뉴스≫ 데이터 제공을 다루는 섹션까지 기다리시오.

담당하기 전에 보험성(안전) 학교 개념은 단순했다. '도달 가능한' 학교에 지원하듯, 입학 가능성이 높은 다른 학교를 찾으면 되었다. 오늘날에는 상황이 다르다. 지나치게 낮춰서 원서를 쓰면 학교 측의 산출 분석 결과 수락할 확률이 낮다는 이유로 지원자 자격에 상관없이 탈락시킬 것이다.

따라서 입학 포트폴리오를 솔직하게 제출한 지원자는 그의 실력과는 거리가 먼 학교를 만나게 되는 것이다. 심지어 지원자는 입학할 학교가 없을 수도 있고, 입학 가능한 학교가 있더라도 엉뚱한 학교로 가게 된다.

학교가 자신들의 업무를 공개한다면 적어도 속임수를 부린다는 혐의는 사라질 것이다. 그러나 다른 도덕적 문제는 여전히 남아 있다. 가장 가고 싶은 학교에 합격하기 위해 학생들이 수학이나 역사를 더 많이 공부하는 것이 아니라, 학교의 복잡한 선별적 입학 시스템의 허점을 노리는 기술을 파헤치는 데 더 노력할 것이기 때문이다. 이것이 우리가 학생들에게 기대하는 교과목 이외의 활동일까?

우리 중 한 명(샤피로)은 약 15년 전 이 새로운 현실에 익숙해지는 사건을 경험했다. 윌리엄스 칼리지 학생 중 한 명의 여동생이 윌리엄스 칼리지에 관심이 있었고, 이 학교와 비슷한 레벨의 최상위 대학에도 관심을 가지고 있었다. 그녀의 입시 컨설팅 담당자는 학생의 성적보다 훨씬 낮은 여러 보험성 학교를 추천했다. 그녀는 대부분의 보험성 대학에서 예비 번호를 받거나 불합격 통보를 받고서는 충격을 받았다. 그녀의 매우 높은 시험 점수와 고등학교 성적, 그녀의 자매가 이미 윌리엄스 칼리지에 재학 중이라는 사실(그보다 낮은 대학들이 그녀를 뽑아주어도 오지 않으리라 짐작하는 것) 등이 그녀에게 불리하게 작용한 듯했다. 하지만 그녀는 윌리엄스뿐만 아니라 MIT에서도 입학 통지를 받고 MIT에 최종 등록을 했기 때문에 이 상의 경험은 큰 문제가 되지 않았다. 하지만 만약 그렇지 않았다면 어땠을까? 이제 노스웨스턴에서 강의를 진행하며 입학 관리에 대해 토의할 때 학생들에게 '보험성 학교' 중 한곳이라도 불합격한 적이 있는지 물어보았다. 많은 학생들이 손을 들었다. 고등교육은 열심히 공부하고 성적이 좋으면 더 많은 교육 기회를 얻을 수 있어야 한다. 그러나 경제 이론과 경험에 입각한 정교한 실무자들에 비해 순진한 학생들의 선택의 폭은 좁아지고 비싼 등록금을 감당해야 하게 되는 것이다. 이 사례가 가르쳐주는 바는 '열심히 일하는 척하되 시스템이 실제로 작용하는 방식을 터득해서 시스템 속에서 승리할 것'이 아닐까?

여기서의 교훈은 경제적 도구의 활용이 윤리적인 뜨거운 쟁점을 건드릴 경우, 이를 활용할 때 신중하게 고려해야 한다는 것이다. 여러 가지 사연이 있는 이야기들을 공유함으로써 이 점을 명확히 하는 데 도움을 줄 수 있다—물론 이것이 사연 있는 이야기가 가지고 있는 이용 가치의 전부는 아니다. 이러한 이야기를 공유함으로써 경제학적 도구를 어떻게 재구성할 수 있는지에 관한 문제에 직접적인 영향을 미칠 수도 있다. 등록할 확률이 98%로 예상되는 지원자와 6%로 예상되는 지원자의 예를 다시 기억해보자. 매우 높은 합격률을 예상한 학생이 모두 실제로 입학하는 것은 아니며, 매우 낮은 합격률을 예상한 학생이 캠퍼스에 나타나 우리를 놀라게 하는 경우도 있다.

여러 학문 분야에서 기본 모형을 수립하기 위한 정보 수집의 목적으로 해당 학생을 인터뷰하는 것은 자연스러운 일일 것이다. 하지만 경제학에서는 그런 경우가 거의 없다. 등록률을 90% 이상 예측했음에도 불구하고 등록하지 않은 모든 학생을 추적해서 연락해보면 어떨까? 그러면 모형이 놓친 것이 무엇인지 파악할 수 있을 것이다. 캠퍼스 투어 때 날씨가 좋지 않았나? 대학 박람회에서 학교 담당자의 설명이 지루했었나? 이런 이유가 아니라도 정량화해서 등록률 분석에 포함시킬 수 있는 주요 변수가 따로 있을 수도 있다. 등록률이 10% 이하로 예측되었지만 입학해서 지금 캠퍼스에 있는 학생을 인터뷰해보는 것은 어떨까? 그들은 이미 기숙사에 와 있기 때문에 추적할 필요도 없다. 그들은 왜 이 학교에 왔을까? 우리가 무시한 지점은 무엇일까? 그들의 이야기에 귀를 기울이는 일이 경제학계에서 일반적으로 경멸하는 데이터의 이름을 아는 것을 의미하더라도(즉, 익명성이 보장되지 않는 데이터는 확률적 무작위성의 원칙에 벗어난다. 따라서 확률 통계의 방법을 적용할 수 없다. 이를 중의적으로 표현한 것이다. – 옮긴이주), 이는 모형을 구체화할 수 있는 상식적인 방법이다.

누가 학부생을 가르치는가?

미국 고등교육에서 테뉴어의 역할은 최근 수십 년 동안 급격히 축소되었다.[10] 1975년에는 전체 교수의 57%(대학원생 제외)가 테뉴어 교수 체제였으나 2011년에는 그 비율이 29%, 거의 절반으로 줄어들었다. 일부 관측에 의하면 테뉴어 트랙의 비율이 15~20%로 줄어들고, 테뉴어직은 주로 명문 공립 및 사립 연구 대학과 부유한 인문 대학에 국한될 것이라고 예측한다. 이 예측은 테뉴어의 비율이 결국 약 10%로 바닥을 칠 것으로 보이기 때문에 지나치게 낙관적인 듯하다.[11]

---

10 이 섹션은 데이비드 N. 필리오·모턴 샤피로·케빈 B. 소터, 「테뉴어 트랙 교수가 더 나은 교사인가?」를 바탕으로 작성되었다. ≪경제학 및 통계학 리뷰≫, 2015년 10월, 715~724쪽.

11 게리 솔 모슨·모턴 샤피로, 『멋진 미래?』의 제10장인 「미국(과 세계) 고등교육의 미래」.

이러한 추세가 연방법에 의해 교직원의 의무 퇴직이 폐지된 1994년 1월 1일 이후 가속화되었다는 증거가 있다. 물론 정년 상한선이 폐지되면서 대학에서 교수 임용 비용이 훨씬 증가했고, 동시에 교수 채용 자리도 줄어들었기 때문에 이는 놀라운 일이 아니었다. 에렌버그에 따르면 1995년부터 2007년 사이에 거의 모든 유형의 교육기관에서 비전임 교원의 비중이 증가한 반면, 전임 교원의 경우 테뉴어에서 벗어나는 움직임이 빨라졌다.[12] 특히 주목할 만한 점은 박사 학위를 수여하는 대학에서 전임 계약직(full-time contingent) 교수진의 증가이다. 전체 전임 교원에서 이들이 차지하는 비중은 공립 박사 학위 수여 기관의 경우 24%에서 35%로, 사립 비영리 박사 학위 수여 기관의 경우 18%에서 46%로 증가했다.

이러한 추세로 인해 일부에서는 테뉴어 감소로 인한 학문의 자유에 대한 잠재적 타격을 한탄하고, 많은 계약직 교원이 근무하는 어려운 고용 관경에 초점을 맞추고 있다. 맥퍼슨과 샤피로는 교육기관과 장기적인 관계에 있는 교원은 교육기관의 전반적인 복지에 대해 장기적인 시각에서 그 목표를 위해 노력할 가능성이 있기 때문에, 종신 재직으로 인한 효율성을 지적한다.[13]

간단히 말해 종신 재직에는 여러 가지 잠재적 이점이 있다. 첫째, 학문의 자유, 즉 많은 사람들이 반대하는 정치적 견해를 옹호하는 교수의 학문의 자유를 보장한다. 둘째, 교수들은 연구물 출판 및 연구비 수주로 성과

12 로널드 G. 에렌버그, 「전환기의 미국 고등교육」, ≪경제시각저널≫, 26, 제1호(2012 겨울), 647~659쪽.

13 마이클 S. 맥퍼슨·모턴 샤피로, 「고등교육의 테뉴어 문제」, ≪경제시각저널≫, 13, 제1호(1999 겨울), 85~98쪽.

내기 어려운 위험한 연구 분야에 도전할 수 있도록 비용을 절감해주는 가능성이 있다. 셋째, 교수들은 교육기관의 지속적인 기능에 필요한 방식으로 기꺼이 행동하도록 충성심을 가질 수 있다. 비록 이 행위에서 직접 보수를 받지 않더라도 말이다. 마지막으로 교육의 질을 향상시킬 수 있다.

이러한 모든 고려 사항은 종신제 붕괴의 가속화에 따른 영향을 평가하는 데 분명 관련성이 있지만, 여기서는 마지막 사항에 초점을 맞춘다. 직접적으로 측정할 수 있는 교육적 성과가 있기 때문이다. 계약직 교원으로부터 배운 학부생이 테뉴어(종신) 트랙·종신 보장 교원으로부터 배운 학생들만큼 많이 배웠을까?

테뉴어(종신) 트랙·종신 보장 교수와 계약직 교수의 상대적 성과에 대한 기존의 데이터가 제한적이기 때문에 대학 의사 결정권자는 최적의 강의실 인력 배치를 결정하기 어렵다. 이는 최첨단 연구 성과와 우수한 학부생 교육 제공이라는 목적 함수(일련의 목표)를 극대화해야 하는 멀티태스킹 문제에 직면한 연구 중심 대학과 특히 연관이 있다.

샤피로가 공동 집필했던 연구는 다양한 유형의 교원이 학부생에게 미치는 학습 효과에 관한 연구 중심 대학 환경 내의 최초의 증거를 제공한다.[14] 구체적으로 노스웨스턴의 8개 학부생 집단군에서 1학년 신입생이 처음 수강한 수업을 조사했다. 노스웨스턴의 계약직 교원은 대학과 안정적이고 장기적인 관계를 맺는 경향이 있으며 상당수가 전임직이다. 따라서 숙련된 교수진이 전임 및 비전임 교원으로 활동하는 주요 연구 중심 대학에서 계약직 교원의 효과를 연구할 수 있었다.

---

14 필리오·샤피로·소터(2015)는 2001년 가을부터 2008년 가을 사이에 입학한 노스웨스턴 대학 신입생 총 1만 5,662명의 데이터를 분석했다.

우리의 실증적 전략은 노스웨스턴에서 첫 학기 동안 테뉴어 트랙 교원에게 경제학 입문 수업을 듣는 학생과, 계약직 교원에게서 정치학 입문 수업을 듣는 학생이 ① 다른 경제학 수업보다 다른 정치학 수업을 들을 가능성이 상대적으로 높은지, ② 두 과목에서 더 많은 수업을 듣는다는 조건하에, 경제학 수업보다 정치학 수업에서 예상외로 좋은 성적을 거둘 가능성이 더 높은지 관찰하는 것이다. 두 질문에 대한 답은 모두 압도적으로 '그렇다'는 것이었다.

이 결과는 매우 놀라웠다. 전임 및 비전임 계약직 교원 모두 1학기 강의에서 테뉴어 트랙 교원보다 더 높은 성과를 냈다. 전임 계약직 교수의 추정 효과는 비전임 계약직 교원의 추정 효과보다 약간 높지만, 이 두 그룹 간의 차이는 통계적으로 영(零)과 다르지 않다. 노스웨스턴의 비전임 계약직 교원의 압도적 다수는 여전히 대학과 장기적인 관계를 유지하고 있으므로 이 학교의 비전임 교원을 '일회성' 겸임 강사, 즉 여러 대학에서 겸직하고 어느 대학과도 안정적인 관계가 없는 교원과 동일시하지 않는다는 점에 유의하는 것이 중요하다. 오히려 비전임 계약직 교원의 상당수는 정규 전문직 경력 외에 노스웨스턴에서 한두 과목을 가르치는 반면, 일시적인 공석을 채우기 위해 고용된 겸임 교원은 교육기관과 학생에 대한 헌신적인 의식을 갖기 힘들다.[15]

---

15 이것이 연구의 중요한 자격 요건이다. 다른 기관에서 가르치는 것과 함께 가끔씩 수업을 가르치는 계약직 교원이 많은 학교는 교육 효과가 매우 다를 수 있다. 샤피로가 서던 캘리포니아 대학에서 근무할 때, 우리는 겸임 교원을 하루에 여러 학교로 출퇴근하는 '고속도로 전단지(freeway fliers)'라고 부르곤 했다. 노스웨스턴에서는 이러한 겸임 교원이 드물기 때문에 더 넓은 교육적 맥락에서 학생의 학습에 미치는 영향을 평가하는 것이 불가능했다.

성적 기준이나 해당 과목 수강생의 자격에 관계없이 계약직 교원의 강력하고 유의미한 영향은 모든 과목에 대한 학습에 나타났다. 계약직 교원의 수업을 들음으로써 얻을 수 있는 명백한 이점은 학점을 받기 어려운 과목들과 가장 우수한 학생들이 몰리는 과목에서 특히 강했으며, 실력이 우수한 학습 능력이 낮은 학생이 더 많은 혜택을 누렸다. 즉, 계약직 교원의 수업을 들음으로써 얻을 수 있는 가장 큰 이점은 상대적으로 학습 능력이 낮은 학생이 학점 받기 어려운 과목을 들을 때 더 큰 혜택을 누렸다는 점이다.

그렇다면 이 연구 결과를 어떻게 활용할 수 있을까? 아마도 여기에서 중요한 정책적 시사점을 발견할 수 있을 것이다.

계약직 교원에 대한 처우 개선은 어떨까? 경험에 비추어 볼 때, 많은 연구 중심 대학에서 전임 계약직 교원의 강의 시수는 테뉴어 트랙 교원의 2배 이상이며, 이는 테뉴어 트랙 교원이 3~4개 수업을 담당하는 데 비해 8~9개 수업을 담당하고 있다. 물론 그 이유는 종신 보장 교원들은 일반적으로 강의 외에도 연구를 수행하는 급여를 받는 반면, 계약직 교원은 그렇지 못하기 때문이다. 또한 계약직 교원은 안식년, 출장비 등 종신 보장 및 테뉴어 트랙 동료에게 제공되는 여러 가지 혜택을 거의 이용할 수 없다. 그리고 아마도 가장 큰 논쟁의 원인은 종신 보장·테뉴어 트랙 교원의 급여가 비슷한 근속 연수를 가진 계약직 교원의 급여보다 2배 이상 높다는 사실이다.

좁은 의미에서 경제적인 답을 찾자면 이 방식은 효과가 있어 보이는데 바꿀 필요가 있느냐고 반문할 수도 있다. 계약직 교원은 기꺼이 가르칠 것이고, 전임직이라는것은 취업 성공률을 뛰어넘는 큰 성취이다. 그리고 학생들은 자신이 좋아하는 교수가 테뉴어 트랙인지 아닌지 잘 모르는 경우가 많다(학생들은 학벌의 차이도 거의 인식하지 못하는 듯하다. 모두가 그저 "교수님"일 뿐이다).

하지만 현재의 시스템이 그렇게 훌륭하다면 왜 대학들은 입학 안내서나 캠퍼스 투어에서 전문 교사들의 장점을 칭찬하지 않을까? 이 장의 앞부분—등록 관리 부분에서 다루었던 것처럼 투명성의 문제가 있기 때문이다. 대학은 교원 대 학생 비율을 광고하지만 대학 홈페이지 어디에도 계약직 교원이 가르치는 학부 과정의 비율은 명시되어 있지 않다. 실증 분석에 따르면 계약직 교원은 종종 보이지 않는 곳에서 최고의 교육을 제공하고 있는 것으로 드러났다.

계약직 교원과 그 교원들을 아끼는 학생들의 이야기를 들어보면 어떨까? 학과장, 학장, 부총장, 총장은 학습 커뮤니티의 소중한 구성원들이 어떻게 대우 받는지를 알게 된다면 현 상황에 만족할 수 있을까?

결론은 모두에게 이익이 되는 것처럼 보이는 노동 상황에도 불구하고 급여, 직급, 근무 조건을 여전히 조정해야 한다는 것이다. 경제학자들은 유형적 보상을 먼저 생각하겠지만 '정신적 보상(psychodollars)'도 때때로 중요하다. 강사, 겸임 교수, 초빙 교수보다는 학교와의 장기적인 관계를 더 잘 전달할 수 있는 '강의 중점 교수(professor of instruction)'와 같은 직책명은 어떨까?[16] 급여 인상과 함께 해당 분야 학술회의에 참석할 수 있는 출장비 수령 자격도 주어져야 할 것이다. 학회 참석에 대한 지원은 금액 가치 이상의 상징적 가치를 지니고 있다. 테뉴어 트랙 교원은 교육뿐만 아니라 연구도 수행하기 위해 고용되기 때문에, 교육만을 위해 고용된 계

16 관리자가 학교에서 10년 넘게 전임으로 강의하고 있는 '초빙 교수'와 이야기를 나눠본다면 이 직책에 대해 듣게 될 내용이 마음에 들지 않을 수도 있을 것이다.

약직 교원에게는 일반적으로 연구 지원을 위한 출장비가 제공되지 않는다. 따라서 이러한 기금은 명성을 알리고 가치 있는 존재라는 느낌을 주며 교수의 미래 경력이 기관에 중요하다는 것을 반영하고 2등 시민이라는 느낌을 감소시킬 수 있다. 단 몇 달러로 얻을 수 있는 이득이 참 많다. 또한 옛 속담이 생각나는데 "연구와 강의와의 관계는 죄와 고백성사의 관계와 같다. 전자에 적극적으로 임하지 않으면 후자에서 할 말이 없게 된다". 이 말처럼 학회에 참석하여 최신 연구 결과를 듣는 것은 개인적으로 연구 참여가 제한된 사람에게도 교육 효과를 향상시킬 수 있다. 다시 한 번 강조하자면, 공정성이 효율성 추구와 상충할 때는 순수한 경제적 접근 방식이 '최선의' 결과를 이끌어내지 못할 수도 있다.[17]

외부인이라면 —예로 등록금과 관련된 주의회 의원— 다음과 같은 질문을 할지도 모른다. 즉, 계약직 교원이 테뉴어 트랙 교원과 동일한 수준, 또는 더 잘 가르친다면 다른 사람을 고용할 이유가 있을까? 이에 대해 두 가지 답이 있다. 가장 분명한 답은 대학은 교육뿐만 아니라 연구를 통해 사회에 기여하며, 이것이 바로 테뉴어 트랙 교원의 역할이라는 것이다.[18] 첫

---

17 노스웨스턴 대학이 장기 계약직 교원의 우수한 서비스를 인정하고 보상하기 위해 몇 가지 조치를 취했다는 점을 말하고 싶다. 2015년 8월 12일 자 ≪고등교육 내부통신≫에 게재된 콜린 플래허티의 「노스웨스턴 대학의 예술 및 과학 대학, 교수진의 직급을 업데이트하고 승진 경로를 제공하다」에서 알 수 있듯이, 다양한 직급의 강사가 조교수, 부교수 및 정교수 직급을 가진 강의 중점 교수로 대체되었으며, 강의 전담 교원을 위한 장기 계약이 제공되었다. 이 기사에서는 새로운 직급과 관련해서 즉각적인 임금 인상은 없었다고 보도하고 있지만, 실제로 이러한 인식 개선에는 이미 다수의 계약직 교원에 대한 재정적 보상이 포함되어 있다.

18 대학이 일류 연구 교수진을 유치하려면 종신 교수직을 제공해야 하는 이유에 대해 여전히 의문을 제기할 수도 있다. 실제로 이 질문은 앞으로 더 많이 제기될 것으로 예상된다.

번째 답보다는 덜 확증적이지만 두 번째 답은 고급 수준의 학부 교육은 물론 대학원 수준의 교육에서는 테뉴어 트랙·종신 보장 교원이 테뉴어 제도 밖에 있는 교원보다 더 바람직할 수 있다는 것이다.[19] 이 가설이 참이라면, 테뉴어 트랙 교원이 더 많은 것을 알고 첨단 연구에 더 익숙하기 때문일 수도 있고, 인문학에서 강의 자체가 일종의 성과라는 점을 강조할 수 있기 때문이다. 교육은 단순한 정보 전달이 아니라 사고하는 방식을 모델링하는 것이다. 전문가가 어떻게 증거를 고려하고 새로운 문제와 씨름하고 새롭고 중요한 질문을 찾아내는지 그 과정을 보여주는 것이다. 아마도 노련한 종신 보장 교수들에게는 특별한 무언가가 있을지도 모르겠다. 아니면 종신 보장 교수 신분을 가진 우리 둘이 그렇게 생각하고 싶은 것일 수도.

자료 공개(Data Reporting)

모든 학교가 싫어하는 ≪US 뉴스 앤 월드 리포트≫의 연례 순위는 고등 교육 환경에서 큰 영향력을 발휘한다. 누구나 알고 있고, 대학에 지원하는 학생들은 이 순위를 참고하며, 일반 대중은 이 순위를 교육의 우수성을 나타내는 중요한 지표로 받아들인다. 따라서 매년 한두 개의 학교가 허위 데이터를 제공한 혐의로 적발되는 것은 그리 놀랍지 않다. 예를 들어, 입학생의 평균 SAT·ACT 점수를 제공하라는 요청에 합격생의 평균 SAT·ACT 점수를 대신 제출한다는 생각은 얼마나 유혹적일까! 입학하는 학생

---

19 이러한 가정을 테스트해보는 것은 가장 가치 있는 실증적 실험이 될 것이다.

의 점수뿐만 아니라 합격 통보를 준 모든 학생들의 점수를 주는 것 말이다. 실수로 잘못된 파일을 보내는 척할까? 합격 통보를 준 학생의 점수가 실제 등록한 학생들보다 훨씬 뛰어나다는 사실을 고려한다면 이는 얼마나 편리한 변명인가? 판매자가 계산을 잘못한 결과가 나에게 유리하다면 그것을 단순한 실수로 받아들이는 데 문제가 없겠지만, 반대로 판매자에게 유리한 실수를 한다면 그때는 단순한 실수로 보이지 않을 것이다. 노골적인 거짓말 때문에 언론의 주목을 받는 학교가 있겠지만, 결과 수치가 무의미할 정도로 은밀히 데이터를 조작하는 방법은 아주 많다.[20] 이러한 관행이 얼마나 보편화되어 있는지 누가 알 수 있을까? 학교가 제공하는 데이터의 정확성을 검증하는 기관이 없다면 우리로서는 알 방법이 없다.

그래서 우리는 묻는다. 라이벌 학교가 데이터 양식에 포함된 숫자로 명백하게 '창조적인' 행위를 하고 있다면 다른 학교의 관리자인 당신은 더 높은 윤리적 기준을 사수해야 할까?

데이터 창의성에 대한 짧은 수업을 해보겠다. 앞서 학교의 선택성을 측정하는 가장 중요한 척도인 합격률(admit rate)에 대해 설명했다. 합격자 수를 지원자 수로 나누면 되기 때문에 아주 간단해 보인다. 하지만 분모부터 살펴보자. 실제로 얼마나 많은 학생이 지원했을까? 이는 지원자 수

---

20 이렇게 곤란한 상황에 처한 학교의 목록이 계속 늘어가고 있다. 그리고 이러한 학교들의 행위는 학부 데이터를 허위로 표시하는 데만 국한되지 않는다. 최근 사례는 위스콘신 대학 매디슨 캠퍼스의 엔지니어링 대학원 프로그램과 관련이 있었다. 이 대학은 합격률이 8.9%(지원자 9,338명 중 합격자는 833명)에 불과하다고 ≪US 뉴스≫에 보고했지만, 실제 합격률이 18.7%(지원자 6,172명 중 합격자는 1,154명)였다고 나중에 인정했다. 스콧 야쉭, 「위스콘신 대학교, 허위 데이터 제출」, ≪고등교육 내부통신≫, 2016년 3월 31일자를 참고하기 바란다.

를 어떻게 정의하느냐에 따라 달라진다. 많은 학교는 두 부분으로 구성된 지원서를 가지고 있다. 두 번째 부분에는 에세이, 추천서 등이 포함되지만 첫 번째 부분은 관심을 표명하는 엽서나 이메일에 지나지 않는다. 실제로 많은 고등학교 3학년 학생들은 이름과 주소가 이미 입력되어 있는 이른바 "빠른 지원서(fast apps)"의 폭탄을 받고 있다. 그들이 '지원하'려면 지원비도, 고등학교별 입학 정보도 없이 그저 이 지원서를 다시 반송하기만 하면 된다. 학교가 왜 이런 식으로 하는 것일까? 엽서나 이메일을 보내는 모든 사람을 지원자로 간주하기 위해서일까?

실제로 일부 학교는 총 지원자 수에 첫 번째 부문의 지원서를 제출한 학생만 지원자로 간주한다는 점에는 의심의 여지가 없다. 하지만 애초에 두 부분으로 나뉜 지원서를 받는 이유가 지원자 풀의 규모를 왜곡하기 위해서인지 누가 알 수 있을까? 이러한 학교에서는 초기의 관심 표명이 후속 조치로 이어지고 학생들이 최종 지원하도록 유도할 수 있다고 말하는 경우가 많기 때문에, 반드시 왜곡으로 의심할 필요는 없다. 하지만 통계적 목적을 위한 관심 표명을 굳이 '지원'이라 부르지 않고도 실제 지원자만 충분히 추계할 수 있다.

러시아 철학자 미하일 바흐친은 우리가 도덕적으로 책임질 수 있는 행동으로서의 발화(utterances)는 종이 위에 쓰인 단어가 아니라 화자와 청자, 작가와 독자 간의 주고받음으로써 이루어진다고 주장한다. 단어는 발화를 구성하는 재료이지만 발화는 단어 그 이상으로 형성된다. 발화는 대화이며 "두 개의 의식, 두 개의 주체의 경계에서" 살아 움직인다.[21] 발화로

21 M. M. 바흐친, 「언어학, 어문학 그리고 다른 인문학에서 텍스트의 문제: 철학적 분석의 시도」, 베른 맥기 옮김, 캐릴 에머슨·마이클 홀퀴스트 편집, 『담화 장르 및 기타 후기 에

인해 예상되는 반응은 발화에 필수적인 부분이 되며 따라서 우리는 도덕적 의미에서도 발화에 대해 책임을 져야 한다.

이 논리에 따르면, 정직함을 판단하기 위해서는 페이지 위의 말과 그것이 기술하는 현실 사이의 기술적 일치를 따지지 않을 것이다.그들이 행하는 대화를 보아야 한다. "이것은 정직, 진실, 선함, 아름다움, 역사와 관련된 측면이다."[22] 결국 문제는 말 자체가 속이는지, 속이려고 의도된 것인가에 대한 것이다.

표절에 대한 질문을 생각해보자. 페이지 위의 말(또는 텍스트)을 기준으로 생각하는 사람들은 일반적으로 한 사람의 텍스트가 다른 사람의 텍스트와 얼마나 유사해야 표절을 의문 삼을 것인가? 50%? 90%? 하지만 잠시만 생각해보면 이러한 접근 방식에 문제가 있음을 알 수 있다. 패러디는 텍스트 속 말들을 그대로 복사하지만 표절은 아니다. 다른 사람의 작품을 복사하고 인용 부호를 붙여서 다른 사람의 글이라는 것을 표시했다면, 그 사람은 독창성이 없다고 공격 당할 수는 있어도 표절이라고는 할 수 없다. 인용 구절이 길어지면 저작권 침해라고 비난은 받겠지만 그 역시 표절은 아니다. 표절에는 속이려는 의도가 포함되어야 한다.

세이』(텍사스 대학 출판부, 1987), 106쪽. 텍스트의 문장이 아니라 대화하는 사람들 사이의 발화로서의 언어에 대한 개념은 바흐친의 『도스토옙스키 시학의 제문제』에서 자세히 논의된다. 그리고 바흐친, 「소설 속의 담론」, 마이클 홀퀴스트 옮김, 캐릴 에머슨·마이클 홀퀴스트 편집, 『대화적 상상력: 네 개의 에세이』(텍사스 대학 출판부, 1981), 259~422쪽; 언어에 대한 이러한 접근 방식은 게리 솔 모슨·캐릴 에머슨, 『미하일 바흐친: 산문론의 창조』(스탠퍼드 대학 출판부, 1990)[한국어판은 『바흐친의 산문학』, 오문석·차승기·이진형 옮김(앨피출판사, 2020)], 제4장, 123~171쪽을 참고하기 바란다.

22 바흐친, 「언어학, 어문학 그리고 다른 인문학에서 텍스트의 문제: 철학적 분석의 시도」, 105쪽.

지난 75년 동안 문학 이론의 정설은 저자의 의도는 중요하지 않으며 대신 텍스트에 대해 이야기해야 한다고 주장했기 때문에 위의 명백한 지점이 간과되어왔다. 원래 이 신조는 '의미'와 같이 모호한 것이 아니라 텍스트와 같은 객관적인 것에 집중함으로써 문학 연구를 과학화하려는 열망을 반영한 것이었다. '디지털 인문학'과 같은 최근의 '문예학'에 대한 시도도 같은 이유로 같은 함정에 빠지는 경우가 많았다. 그러나 정직성의 문제는 이러한 접근 방식의 문제점을 잘 보여준다. 정직은 단어와 단어의 상응이 아니라 사람과 사람 사이의 관계를 포함한다. 이것은 단어의 수를 세는 문제가 아니다.

지원서의 일부에 엽서 발송 관행이 포함되어 있으므로 대학 당국은 정확한 지원자 수를 공개하는 것이라고 주장함으로써 —엽서 자체는 여전히 불완전한 지원서이지만 그럼에도 지원서로 간주되는 것이다— 거짓말 혐의에 대해 자신을 방어하곤 한다. 그러나 그들의 대답은 '속일 의도가 있었다'여야 한다. 기술적인 정확성과 상관없이 이것은 일종의 거짓말이다. '지원서'라는 단어를 듣고 사람들은 엽서가 아니라 에세이, 시험 점수, 성적표, 추천서를 떠올린다. 그리고 직원이 엽서를 지원서의 일부라고 했다면 그들은 오해를 불러일으킬 수밖에 없는 상황을 구성한 것이며, 이는 기만 행위가 계획적으로 이루어졌음을 의미한다.

따라서 불완전한 지원서를 합격률 계산의 분모에 포함시키는 것은 거짓말에 불과하다. 이 나라에서 '불합격'한 학생의 수가 대학에 실제로 지원한 학생 수보다 훨씬 많다는 농담은 쉽게 할 수 있지만, 특정 학교에 입학할 확률을 정확하게 나타내는 합격률을 보도하는 ≪US 뉴스≫ 및 기타 미디어(심지어 대학 웹사이트)에 의존하는 사람들에게는 그런 농담이 통하지 않는다.

그렇다면 분자는 어떨까? 입학한 학생 수는 쉽게 계산할 수 있어 보이지만 그렇게 단순하지는 않다. 일부 학교에서는 입학을 연기한 지원자를 다른 신입생들과 함께 입학시키는 대신 봄 학기나 심지어 다음 학년에 입학시키는 경우도 있다. 좋은 의도에서라도 '입학생'이라는 용어를 가을 정기 입학식에 올 수 있는 학생으로 정의하고, 입학 허가서를 받은 다른 학생은 입학식에 기술적으로는 초대 받지 않았다고 해서 불합격자로 간주할 수 있을까? 그게 왜 안 돼?라고 일부 학교는 말할 수 있다. 우리는 그 학생들의 가을 학기 입학을 거부한 거고, 그게 다인걸이라고 말이다.

마지막으로 필사적으로 합격률을 최소화하기 위해 입학 통지서를 발송한 직후와 전국적인 지원 마감일인 5월 1일 훨씬 이전에 대기자 명단으로 올려버리는 최상위권 학교들은 어떠한가? 잠깐, 대기자 명단은 학교가 미달되었을 때 사용하는 것이 아닌가? 이 상황은 간단하다. 입학처 직원이 등록할 것 같지 않았던 지원자의 입학을 거부함으로써 합격률을 보호하는, 앞서 설명했던 유혹을 떠올려보라. 이러한 학생을 대기자 명단에 올리면, 특히 다른 좋은 학교에 입학한 후에는 다시 연락 받을 가능성은 매우 희박해진다. 하지만 4월 초나 다른 학교의 합격 통지가 발송될 때마다 그중 한 학생에게 전화를 걸어 지금 당장 입학 수락을 해야만 입학이 가능하다고 말한다면 어떤 일이 생길지 모른다. 만약 그 학생이 망설인다면 다시 연락하겠다고 말하라(마지막 기회라고는 하지 말고). 하지만 학생이 '네'라고 말해 당신을 놀라게 한다면 그 학생은 이미 입학한 것이다. 대기자 명단의 합격률이 높은 것은 당연하다. 학생이 동의하지 않았다면 입학 제의 자체가 없었던 것이니까. 그러나 이것은 통계를 사용하는 사람들이 대기자 명단의 특징에 대해 오해하는 이유이다. 많은 명문 대학들, 심지어 5월, 6월까지 기다렸다가 전화를 돌리는 대다수의 대학에서도 관행적으로 행하는 일이다.

요컨대 초기 입학 제안을 수락한 학생 수를 결정한 **다음** 대기자 명단으로 넘기면 압박 전술을 써서 좀 그렇지만 그렇게 나쁘지는 않다. 하지만 총 입학 인원 수도 잘 모르는 4월 초에 이 전술을 쓴다면 합격률을 낮추어 실제보다 더 까다롭게 선발하는 듯 보이려고 사람들에게 뻔히 보이는 속임수를 쓰는 거라고 볼 수 있다.

합격률은 대중의 많은 관심을 받고 있으며 시험 점수 역시 마찬가지이다. 학교는 표준화된 시험 점수(시험 등의 평균 점수이거나 백분위 점수 25/75)에 대한 정보를 기꺼이 제공한다. 소비자는 이 정보를 사용하여 입학 가능성과 잠재 지원자의 자질을 모두 측정한다. 하지만 학교가 이러한 수치를 계산하는 데 사용하는 데이터에 모든 학부생이 포함되는 것일까? 일부 학교는 외국인 학생, 특히 영어가 아닌 다른 언어로 교육을 받은 학생들을 무시한다. 학교의 전체 계산에서 수학 점수는 놔두고 구두 및 작문 점수만 빼버리는 경우를 제외한다면 공정한 듯 보인다. 어찌된 일인지 580점의 언어 점수는 무시할 수 있지만 780점의 수학 점수는 무시하기 어려운 듯하다. 얼마나 편리한 논리인가! 체육 특기자, 레거시(부모, 조부모가 같은 학교 졸업생인 경우), 또는 기부 입학(development case)(학교에 기여도를 기준으로 입학시키는 것-옮긴이주)[23]과 같은 '특별' 입학생은 어떠한가? 또한 대기자 명단이나 지연 입학을 통해 입학한 학생은 어떠한가? 대중이 전체 학생들의 실력을 알기 원한다면 당연히 모든 학생을 포함해야 한다. 하지만 평균 시험 점수를 부풀리려는 학교는 그럴 수가 없다. 범죄율이 낮다고 광고하는

---

23 물론 특별 입학이라는 일반 주제에 대한 중요한 경제학, 윤리적 질문은 존재한다. 이 주제는 은퇴 후에 집필할 책을 위해 남겨두겠다.

도시에서 피해자가 타 지역 출신이거나, 가해자가 실제로 총을 쏘지 않았거나, 100달러 미만의 재산을 훔친 경우에는 범죄라고 집계되지 않는 것과 마찬가지이다.

마지막으로 아직도 공개되는 입학시험 점수가 실제 입학생의 질에 대해 말해준다고 생각된다면, 무시험 수시 제도(test-optional)를 운영하고 있는 다수의 학교들이 자랑스럽게 평균 시험 점수를 계산하고 있으며, ≪US 뉴스≫도 마찬가지로 이를 출판하여 순위 공식에 포함시킨다는 점을 고려해보자. 분명 학생이 시험 점수를 제출할지 여부를 선택할 수 있다면, 성적이 좋지 않은 학생보다는 성적이 좋은 학생이 제출할 가능성이 훨씬 높을 것이다. 샤피로가 윌리엄스 칼리지의 총장이었을 때 그는 동문 행사에서 경쟁 학교는 SAT 1,600점 만점에 평균이 1,475점인데 왜 윌리엄스의 평균은 '고작' 1,450점에 불과한지 질문을 받았다. 정답은 1,450점에는 신입생 전원이 포함된 반면, 무시험 수시 제도를 운영하는 경쟁 학교는 1,450점을 받은 학생과 1,500점을 받은 학생 2명만 있었을 수 있다는 것이었다. 나머지 신입생은 누가 알겠는가? 하지만 누군가 그런 질문을 했다는 사실 자체가 허위 표현이 효과적일 수 있음을 보여주는 것이다.

≪US 뉴스≫ 등에 따르면 학교 순위를 계산할 때 평판 순위가 큰 비중을 차지하는 것으로 보인다. 이러한 순위는 어떻게 결정될까? 일반적인 방법은 교육기관 간에 동료 평가를 하는 것이다. 학교의 총장, 최고 학술 책임자(대개 부총장 또는 학장), 학부 입학처장이 각 학교의 학부 프로그램의 질을 평가하여 해당 학교가 속한 카테고리의 순위를 매기는 간단한 질문에 답하면 된다. 인문대 학장들 사이에서 이 순위 평가 양식을 거부하려는 시도가 있었지만, 상당수의 학장들이 매년 이 평가서를 제출하고 있다. 학교의 순위 상승을 위해 이러한 투표를 조작하고 싶은 유혹이 생길

가능성은 짐작할 수 있다. 투표자 3명과 친구들 사이에서 조율하여 자신의 학교는 가장 높은 순위를, 경쟁 학교는 가장 낮은 순위를 주도록 하자. 한 대학 총장은 이 순위를 이용하여 친구들에게는 상을 주고 적에게는 벌을 준다고 자랑스럽게 말하며 자신이 바로 이런 일을 한다고 공표했다. 이는 평판 순위의 정당성을 고려할 때 대중이 생각하는 것과는 다르다.[24]

외부인이 볼 때 다른 사람과 공모하는 것은 셔먼 반독점법(Sherman Antitrust Act)에 해당하는 위반이라고 생각할 수 있다. 이는 확실히 대학 순위가 원래 의도된 바를 보여주듯이 대학들이 상대 대학들을 어떻게 평가하는지에 대한 정직한 결과라고 믿도록 대중을 기만하는 행위와 연관되어 있다. 제품을 허위로 표시하는 기업은 몇 가지 법적 위반에 대한 비난을 받기 마련이지만, 대학은 단순한 기업이 아닌 도덕적 지표로서의 위치를 이용하여 이득을 취한다. 이는 단순한 기업보다 더 높은 기준이 적용됨을 의미한다. 따라서 외부인은 대학이 정직하지 못한 사업가들에게서 기대할 수 있는 종류의 속임수를 쓰지 않는다고 가정한다. 하지만 바로 이 가정이 그들이 더욱 효과적으로 거짓말을 할 수 있게 하는 것으로 밝혀졌다.

앞서 자신의 투표를 거리낌 없이 자랑스러워한 대학 총장을 떠올려보자. 대학 이사회는 그러한 발언이 대학의 존재 이유 자체를 부정하는 것

---

24 평판 평가 조작은 미국 내 대학에만 국한된 문제가 아니다. 최근 한 보고서에 따르면 아일랜드의 더블린 트리니티 칼리지(아일랜드의 톱 교육기관)가 가장 잘 알려진 국제 고등교육 순위 중 하나에 영향을 미치려 한 시도에 대해 설명했다. 이 대학의 부총장은 학계와 다른 사람들에게 평판도 조사에 투표할 것을 권유하는 서한을 보내면서 순위 평가 기관이 정한 규칙을 위반했다. 스콧 야쉭, 「더블린 트리니티 칼리지의 순위에 대한 편지가 눈살을 찌푸리게 한다」, ≪고등교육 내부통신≫, 2016년 3월 21일 자를 참고하기 바란다.

이라고 깨달아야 하지 않을까? 병원 관리자가 예방할 수 있었던 실수로 환자가 사망했을 때 이를 잘 보이지 않게 수치를 조작하고, 그 결과 수치를 더 그럴듯하게 만들기 위해 인근 병원들과 공모했다고 자랑한다면 우리는 무엇을 기대할 수 있을까?

다음으로 학교의 졸업률에 대해 생각해보자. 이 역시 매우 명확해 보이지만 실은 전혀 그렇지 않다. 분자는 졸업하는 학생의 수인데, 이는 그다지 중요하지 않다. 그러나 분모는 '초기' 학생 집단군의 규모이며, 이는 쉽게 조작 가능하다.[25] 캠퍼스 입소일 당일에 수입에 출석하는 학생 수? 대학에서 최소 일주일 이상 버틴 학생 수? 첫 학기 동안 중도 탈락·추가를 통과한 학생 수? 첫 학기를 수료한 학생 수? 분명히 집단군의 기준 시점을 늦출수록 졸업률은 올라간다. 분모를 4학년 기말고사를 통과한 학생으로 제한하는 것은 어떨까? 그럼 졸업률이 100%가 되는군! 다시 한 번 강조하지만, 대중은 발표된 졸업률을 보고 그 수치가 진실을 나타낸다고 믿는다. 그러나 반드시 그렇게 확신해서는 안 된다.

---

25 최근 이러한 시도 중 하나가 언론의 많은 관심을 끌었다. 2016년 1월 20일 자 ≪고등교육 내부통신≫에 실린 스콧 야쉭의 「분노한 마운트 세인트 메리 대학의 학생 선별 도태 계획」 기사는 "선별 도태 위험에 처한 학생들이 초기 몇 주 안에 자퇴하도록 유도하여 미국 교육부 등에 보고되는 전체 학생 수에 포함되지 않도록 하는 것이 대학의 재학률을 향상시키는 정당한 전략일까?"라는 질문을 던진다. 이 기사는 메릴랜드에 있는 마운트 세인트 메리 대학의 (현재는 전) 총장이 어려움을 겪고 있는 학생들에 대한 초기 개입 계획을 실행하려고 노력하고 있다고 말했지만, 교직원들은 실제 목표는 학교의 공시된 유지율을 높이기 위해 9월 말까지 수십 명의 학생이 학교를 떠나게 만들어 초기 학생 수에서 제외하는 것이라고 말했다고 한다. 한 기록(수잔 스브루가, 「대학 총장이 고군분투하는 신입생은 익사시켜야 할 토끼라고 주장」, ≪워싱턴 포스트≫, 2016년 1월 19일)에 의하면 총장은 일부 교수진에게 "학생들을 귀여운 토끼로 생각하면 힘들겠지만 토끼들을 익사시키고 (…) 머리에 권총을 겨눠야 합니다"라고 말했다.

마지막으로 동문의 기부는 어떨까? 학교는 성공한 졸업생 중 상당수가 매년 기부를 하고 있다는 사실을 자랑스럽게 홍보하며, 기부 비율이 높다는 것은 학교에서의 생활이 행복했었다는 것을 의미한다고 생각한다. 하지만 '기부'는 실제로 무엇을 의미하는가? 그리고 누가 학부 졸업생으로 집계될까? 분자는 개인 기부자의 수가 되어야 하지만, 지역 동창회로부터 수표 한 장을 받았다면 어떻게 될까? 한 동창회에서 골프 토너먼트를 개회하여 학교에 2만 달러의 수표가 들어왔다고 가정해보자. 편의상 해당 지역에 2만 명의 학부 동문이 거주하고 있다고 가정해보자. 1달러짜리 기부가 2만 개라고 기록하고 싶은 유혹은 짐작할 수 있다. 그렇다면 이는 동문 기부 비율 부풀리기에 얼마나 '영리한' 방법일까? 여러분이 알고 있는 모든 것이 사실일 수도 있고, 너무 오해의 소지가 많다.

하지만 거짓말은 거짓임을 알고 있으면서 말하는 것과 같은 것일까, 아니면 쉽게 확인할 수 있는데도 확인하지 않는 것도 포함되는 것일까? 톨스토이의 안나 카레니나의 오빠 스티바 오블론스키는 자신이 의식적으로 거짓을 말하지 않는다면 진실한 것이라고 편리하게 생각한다. 그는 자신이 '진실한 사람'이라고 생각하지만 사실 톨스토이의 관점에서 그는 부정직하다. 저자의 요점은 누군가가 쉽게 구할 수 있는 출처를 확인하거나 자신의 기억을 확인하는 등의 방법으로 자신이 말하는 것이 사실인지 쉽게 알 수 있음에도 불구하고 이를 확인하지 않는다면, 그 실패의 경우에 거짓의 혐의에서 벗어날 수 없다는 것이다. 사실 이러한 행위는 이미 알고 있는 불편한 진실을 피하기 위한 고의적인 것이므로 그 자체로 부정직하다. 물론 1달러짜리 선물이 2만 개나 있다는 것이 사실일 수도 있지만 그럴 가능성은 거의 없으며, 단순히 사실을 확인하지 않았다고 해서 가장 편리한 답을 주장할 수 있는 자격이 주어지지는 않는다.

상황은 더 심각해질 수 있다. 심지어 한 학교에서는 졸업생들에게 10달러 지폐를 보내면서 '기부자'에게 우편물에 동봉된 주소와 우표가 찍힌 봉투에 그 금액 이상을 반송해달라는 총장 명의의 편지를 보내는 실험을 한 것으로 알려져 있다. 물론 동문들이 그 액수 이상을 보내주기를 바랐을 것이다. 단지 학교가 보낸 돈을 반송하는 것이라 할지라도 학교가 동문의 기부율을 높이려는 의도에 대해 냉소적일 수밖에 없다.

냉소적인 얘기가 나와서 말인데, 우리가 가장 좋아하는 유형의 조작 사례가 미국의 가장 명망 있는 학교 중 한 곳에서 발생했다. 이 학교의 졸업생 기부율은 어느 해에는 다른 학교보다 낮았지만 다음 해에는 훨씬 앞섰다. 무슨 일이 있었을까? 동창회 조직에 효과적인 참여 방법을 찾아내서 훨씬 더 많은 동문들이 수표를 보낸 것일까? 아니, 그들은 동문들의 기부 기록을 검토하여 10년 이상 기부하지 않은 수천 명의 졸업생을 찾아내어 마치 그들이 더 이상 존재하지 않는 것처럼 분모에서 제거했다는 주장이 있다. 그들은 그 사람들이 죽기를 바랐을지 모르지만 죽었다고 공표하는 것은 별개의 문제이다.

더 설명할 수도 있겠지만 독자들은 상황을 파악할 수 있을 것이다. 대중이 공인된 사실로 간주하는 것이 실제로는 그렇지 않은 경우가 많다. 많은 사람들이 진실로 믿고 있는 통계의 정확성을 인증하는 '데이터 보안관' 같은 연방거래위원회나 기타 기관은 존재하지 않는다.[26] 수치를 조작

---

26 대학 점수표(백악관이 학생과 학부모에게 대학들을 비교할 수 있는 방법을 제공한다는 과장된 시도)는 완벽하지 않지만, 학교의 학자금 부채, 대출 상환 및 졸업생의 소득에 대한, 이전에는 알기 어려웠던 몇 가지 데이터를 제공한다. 앤디 토머슨, 「백악관의 새로운 대학 점수표 데이터를 기반으로 한 다섯 가지 대학 순위」, ≪고등교육연감≫, 2015년 9월 14일 자를 참고하기 바란다. 토머슨은 "백악관이 대학 순위 선정 업계에 미래의 1위

했다고 적발된 학교의 충격적인 사실은 수치를 '만들어낼' 필요가 없었다는 점이다. 데이터를 '영리하게' 조작하기만 하면 되었기 때문이다.

하지만 잠깐 생각해보자! 이러한 데이터가 ≪US 뉴스≫에서 보도되는 내용이라면 그 정확성을 확인해야 하지 않을까? 그들은 각 수치를 계산하는 방법에 대한 규칙을 제시하지만 학교가 제공하는 대부분의 정보를 사실로 받아들인다. 그들과 다른 평가 기관이 이러한 속임수를 모르는 것은 아니다. 우리 둘은 실제로 ≪US 뉴스≫ 순위 담당자에게 바로 이 질문을 했었다. 우리가 받은 대답은 대학 순위가 상업적으로 큰 성공이었기 때문에 굳이 순위를 변경할 유인이 있겠느냐였다. 그들이 의도한 보다 정중한 답은 학부 및 종합 대학들이 스스로 높은 기준을 세워 노력하는 의무감을 가져야 한다고 주문한 것일지 모른다. 그렇지 않다면 그것은 순전히 대학들의 문제이다. 어쨌든 ≪US 뉴스≫(및 기타 출판물)가 데이터 보안관 역할을 할 것이라고는 기대하지 마라. 우리가 들었다시피 그들은 이윤을 추구하는 기업이다. 대중에게 정확한 정보를 제공하는 진정한 서비스를 제공한다면 좋겠지만, 그렇지 않더라도 그들은 양심에 가책 없이 큰돈을 번 것을 희희낙락하며 즐길 것이다.

그러나 신뢰할 수 없는 것으로 밝혀진 수치를 마치 신뢰할 수 있는 것처럼 마케팅하는 일은, 특히 사람들이 자신의 삶을 결정하고 그에 따라 상당한 돈을 지출하는 상황에서, 윤리적으로 의문을 제기할 수밖에 없다. 이는 모든 신용 평가 기관이 마찬가지이다. 신용 평가 기관이 실수를 저지르거나 고의로 허위 정보를 제공하여 사람들의 신용 등급에 영향을 미

순위라는 근거가 될, 연방 정부가 검증한 데이터를 제공한 셈"이라고 썼다. 아마도 이것이 대학이 생산하는 모든 데이터 검증의 시작일 것이다.

치게 두면 안 되며, 오류가 발견되면 이를 바로잡아야 할 의무가 있다. 대학 순위는 왜 그렇지 않을까? 대학에서 정직은 간단한 문제가 아니다. 무슨 일이 있어도 거짓말은 안 된다. 수치를 정직하게 보고하면 된다. 하지만 그렇게 간단하지 않다.

다른 사람들이 모두 자신의 수치를 과장하는데 자신은 그렇지 않다고 해서 정직하다고 할 수 있을까? 결국 이러한 데이터의 핵심은 비교 가능성이다. 즉, 비교 대상인 다른 대학보다 자신의 학교 동문 기부율이 낮다고 보고했는데 실제로 동일한 과장의 관례를 적용했을 때 기부율이 더 높다면 이 또한 오도한 것이 아닌가? 오해를 불러일으키는 데는 여러 가지 방법이 있을 수 있다. 전적으로 자신의 결정에 따라 수치를 제시하는 방식과 나의 결정과 무관하게 다른 사람들에게 자신을 비교해보도록 허용하는 방식이다. 그러나 이러한 추론은 그 자체로 양심을 속이는 행위가 될 수 있다. 톨스토이의 『안나 카레니나』, 디킨스의 『위대한 유산』, 앤서니 트롤롭의 『그녀를 용서할 수 있나요?』, 조지 엘리엇의 『로몰라』 등 위대한 사실주의 소설을 아는 사람이라면 누구나 거짓말의 정당성에 대해 의심하게 될 것이다. 사실주의 소설가들이 동의하는 한 가지 심리적 사실이 있다면, 사람들은 자신의 이익에 부합하는 도덕적 정당성을 찾는 데 놀라운 능력을 가지고 있다는 것이다. 양심을 지키기 위한 추론의 과정이라면 특히 의심해봐야 한다.

데이터 양이 너무 적으면 현실이 왜곡되어 반영되고, 너무 많아도 왜곡은 마찬가지인 것처럼 특정 양의 데이터 '과장'을 정당화하기는 너무 쉽다. 그렇다면 '최적의' 양은 거짓말을 하지 않게 될까? 다시 한 번 말하지만 위대한 문학작품이 우리에게 가르쳐주는 것처럼 윤리적 질문은 윤리적으로 행동할지 여부를 결정하는 질문이 아니다. 윤리적인 행동 방식이 무엇인지 불분명하다는 것에 대한 질문이다. 부정직이 일상화된 상황에서는 가장 윤리적인 행동 방침을 정하기가 결코 쉽지 않다. 그렇다면 대학이 공공 이익을 증진하고 국가의 최고 가치를 구현하기 위해 행동한다는 개념은 어떻게 되느냐고? 좋은 질문이다.

주정부 운영 보조금 나눠 먹기

최근 몇 년은 공립 고등교육에 있어서 어려운 시기였다.[27] 가장 명망 있는 주립 대학의 선도자들은 학교 운영예산에 국가 지원이 점차 줄어들었기 때문에 학교가 민영화되었다고 말한다. 그러나 적어도 그들은 기부금, 재단 교부금(endowment payouts), 연방 정부 연구 지원, 타 주 출신 학생의 등록금 등으로 이 격차를 메울 수 있다는 희망을 가지고 있다. 반면에 여타 주립 대학들은 주정부 지원금과 제한된 등록금 수입 이외에는 의존할 수 있는 것이 거의 없다.

이 상황은 더 악화될 가능성이 높다. 공립 고등교육은 한때 7% 정도의 안정적인 주정부 지출 비중을 차지했지만, 현재는 5% 정도로 감소했다. 이 2%의 손실은 연간 약 300억 달러, 현재 주정부 고등교육 지원금의 1/3이 넘는 금액이다. 이 돈은 현재 어디로 갔고, 다시 돌아올 수 있을까? 이의 대부분의 자금이 의료 서비스, 특히 메디케이드(Medicaid)에 투입되었다. 우리가 가장 바라는 것은 1990년대의 상황이 반복되는 것으로, 주정부 예산이 고등교육 비중이 감소하는 것보다 더 빠르게 증가하는 것이다.

---

27 다시 한 번 자세한 내용은 『멋진 미래?』의 제10장을 참고하기 바란다.

하지만 그렇게 되기 위해서는 강력한 경제성장과 함께 의료비 지출뿐만 아니라 주정부의 연금 충당 부채도 고삐를 죄어야 한다. 주정부에게 행운을 빈다!

여기에서 고려되어야 할 것은 주정부가 어떤 주립 대학이 가장 많은 지원을 받을 자격이 있는지를 결정하는 가장 좋은 방법은 무엇인가이다. 경제학의 기본 원칙은 결국 희소한 자원 배분에 관한 것이다. 하지만 경제적 기준만으로는 선택에 도움은 될지 몰라도 충분하지 않다면 어떻게 해야 할까?

많은 주 고등교육 시스템은 여러 등급으로 나뉜다. 캘리포니아 버클리 캠퍼스, UCLA, 미시간 대학 앤아버 캠퍼스, 위스콘신 대학 매디슨 캠퍼스, 노스캐롤라이나 대학 채플힐 캠퍼스 등 국제적인 명성을 얻고 있는 주요 연구 대학이 '플래그십' 교육기관으로 분류된다. 스펙트럼의 반대쪽 끝에는 가정 형편이 어렵고 일반적으로 학업 준비가 가장 덜 된 학생들을 대상으로 준학사 학위를 제공하는 커뮤니티 칼리지가 있다. 그리고 그 중간에는 센트럴 미시간 대학과 위스콘신-화이트워터 대학 같은 지방 4년제 단과대학들과 종합대학들이 위치한다. 자원이 삭감되면 어떤 학교 그룹이 가장 많은 부담을 지게 될까?

한 가지 방법은 대학 등록자 수를 극대화하기 위해 자금을 제공하는 것이다. 효율성이라는 척도를 따르자면 결론은 간단하다. 등록금 인상에 가장 민감한 학생들이 있는 커뮤니티 칼리지에 가장 넉넉하게 지원하는 것이다. 주정부 지원금 삭감으로 인해 주립 대학의 순등록금 가격(보조금 할인을 뺀 명목가)이 인상되더라도 대부분의 학생들은 여전히 그 비용을 지불할 방법을 찾거나 다른 저렴한 교육 옵션을 택할 수 있을 것이다. 그러나 커뮤니티 칼리지의 가격이 올라가면 많은 학생들이 이 고등교육을 영원

히 떠날 것이다.[28]

저소득층 학생의 경우 순등록금 인상에 대한 가격 민감도가 상당히 높으며, 이러한 학생은 공립 고등교육 시스템의 중하위권 대학에서 불균형적으로 발견될 수 있다는 사실을 입증한 수많은 경제학 연구를 참고할 수는 있다. 그러나 이것이 반드시 최적의 정책을 의미하지는 않는다.

우리가 어느 분야에 효율성을 추구하는가라는 질문을 다시 던져야 하는 시점이다. 교육기관은 효율성 이상의 목표를 가지고 있다. 등록률도 중요하지만 교육의 우수성도 중요하다. 자금을 광범위하게 배분한다는 목적으로 플래그십 대학들을 지속적으로 지원을 축소한다면 '최고의' 대학의 광휘를 회복 불가능할 정도로 빼앗는 결과를 야기할 것이다.

플래그십이라는 정의에 따라 각 주에는 적어도 한 곳의 대표 대학이 있으며, 이 대학은 해당 주를 대표한다. 그러나 미국에는 34개의 공립대학(이 수치는 원저자가 이 책을 집필했던 2017년 기준이며 2024년 2월까지 추가로 가입된 학교들이 있어서 공립대학은 총 39개가 가입되어 있다.–옮긴이주)만이 연구 우수성을 담보하는 미국대학협회(Association of American Universities: AAU)(캐나다 2개 공립대학과 미국 26개 사립대학이 포함된다.–지은이주; 2024년 2월까지 추가된 학교를 포함하면 총 32개의 사립학교가 가입되어 있다.–옮긴이주)의 회원으로 가입되어 있다. 일부 주에는 2개 이상의 대표 대학(예를 들어 미시간주에는 미시간 대학 앤아버 캠퍼스와 미시간 주립 대학이 있고, 캘리포니아에는 버클리, UCLA, UC-데이비스, UC-어바인, UC-산타바바라, UC-샌디에이고 등 무려 6개 대학이 이 협회에 가입되어 있다.–

---

28 데이터에 의하면 이들 중 일부는 실제로 커뮤니티 칼리지에 등록했다가 실패할 운명이었다는 것을 보여주며, 이 경우 공공 정책의 영향은 처음 예상보다 크지 않다. 그러나 다른 많은 학생들에게도 기회가 주어진다면 성공할 수 있을 것이므로 이들을 시장에서 배제한다면 형평성과 효율성 측면에서 매우 문제가 될 수 있다.

지은이주; 2024년 2월 UC-산타크루즈, UC-리버사이드가 추가로 가입되어 캘리포니아주는 총 8개의 공립대학이 회원으로 가입되어 있다.–옮긴이주)이 있지만, 대표 대학이 없는 곳도 많다.

이들이 주정부 고등교육 보조금 배분과 관련하여 중요한가? 우리는 그렇다고 생각한다. 한 주에서 가장 명문일 뿐만 아니라 AAU 회원으로 미국 내에서도 '최고'에 속하는 (그리고 미국 고등교육 위상으로 고려할 때 전 세계에서 가장 유명한) 플래그십 대학은 가볍게 볼 수 없다. 이 학교들의 연구는 인간 조건을 개선하고, 그 교육은 지도자들에게 영감을 주며, 그 명성은 전 세계에서 학부생, 대학원생, 전문직 학생, 박사 후 과정생들을 끌어모으고 있기 때문이다. 누가 이것을 포기하겠는가?

한 가지 비유를 들어보자. 1990년 예일 대학은 교내 대표 문예지 ≪예일 리뷰≫를 폐간하겠다고 발표했다. 유지관리가 지연되는 등의 여러 문제들을 처리하기 위해 자원을 조절하는 과정에서, 한 독자당 고비용을 감당하면서 상대적으로 적은 독자들을 유지하는 것보다는 다른 곳에 돈을 투자하는 것이 훨씬 더 나아 보였기 때문이다.[29] 예일 대학 총장 벤노 슈미트는 "시인이나 소설가를 한 명 더 상주시키는 것이 인문학에 더 도움이 될 수 있습니다"라고 말했다.[30] 슈미트는 또 "예일대 교수진의 글쓰기를 위해 ≪리뷰≫가 효과적인 역할을 하지 못합니다"라는 일부 교수진의

---

29 발행 부수는 꾸준히 감소하고 있었고, 광고 수익은 부족했기 때문에 대학 보조금 투입이 꾸준히 증가하고 있었다. 알렉스 S. 존스, 「예일대 총장이 리뷰 폐간을 명령하다」, ≪뉴욕타임스≫, 1990년 6월 29일(http://www.nytimes.com/1990/06/29/arts/yale-s-president-orders-the-closing-of-its-review.html). 알렉스 S.존스, 「예일 리뷰가 유예를 얻다: 새로운 삶」, ≪뉴욕타임스≫, 1991년 8월 5일(http://www.nytimes.com/1991/08/05/arts/the-yale-review- wins-a-reprieve-a-new-life.html).

30 존스의 기사글, 1990년.

우려를 인용함으로써 좋은 글을 출판하기 또는 예일 대학 교수진의 출판을 돕기라는 잡지 존재의 목적 자체에 대한 의견 대립이 존재함을 드러냈다. 이 두 상충되는 목표로 대학 출판사 또한 어려움을 겪기도 했다. 희소한 자원의 효율적 배분에 대해 이야기할 때 어떤 목표를 효율적으로 달성하려 하는지에 대한 질문이 다시 제기될 것이다.

≪리뷰≫를 살리기 위해 구성된 위원회는 흥미로운 시간적 비대칭이 발생한다고 주장했다. 오래된 저널을 폐간하기는 쉽지만 오래된 저널을 창간할 수는 없다는 것이다. 상주 시인을 한 학기 동안 초빙하는 것은 언제든지 가능하지만 미래의 예일 대학이 문예지를 갖고자 한다면 예전에 가졌던 것을 재창간하는 일은 불가능하다는 것이다. 그때 할 수 있는 것은 새로운 잡지를 시작하는 일이고 거기에는 당연히 폐간지가 갖는 전통과 정신을 기대할 수 없다는 것이다. ≪예일 리뷰≫는 미국의 가장 오래된 문예 계간지로서 1819년까지 출발을 거슬러 올라갈 수 있고, 현재의 문예지 형식으로는 1911년부터 출판되어왔다. 헨리 애덤스, 토머스 만, H. G. 웰스, 레온 트로츠키, 버지니아 울프, H. L. 맥켄, 월러스 스티븐스, 윌리엄 버틀러 예이츠, 로버트 프로스트, 유도라 웰티 등 저명한 작가들의 작품을 실어왔다. 이를 폐간한다면 그 역사를 잃어버리는 것이다. 차라리 복원이 쉬운 것을 처분하는 편이 낫지 않을까? 역사적인 건물을 무너뜨리고 나서 미래에 그 자리에 다시 짓기로 결정하기는 어려울 것이다.

톨스토이의 『안나 카레니나』에서는 주인공 레빈에게 한 지주가 찾아와 자기 이웃이 자신의 오래된 보리수 나무들을 베어버리고 자본의 수익성을 높이라고 조언했다고 말해준다. 하지만 이 지주와 레빈은 오래된 나무는 쉽게 베어낼 수 있지만 한 번 베어버린 나무를 다시 만들어낼 수는 없다는 데 뜻을 함께한다. 방문한 이웃이 경제적 이익 추구를 거부하는 이유를 묻자 지주는 “땅에 대한 의무감”, 즉 전통에 대한 도덕적 의무감이라 고밖에 말할 수 없다고 한다.[31] 이 문구가 암시하듯, 이 논증은 환경문제에서도 자주 사용되는 것이다. 벚꽃 동산을 베어내고 수익성 있는 여름 별장 지구를 만들 수는 있겠지만 그 동산이나 그 동산이 유지했던 삶의 형태는 쉽게 복원하기 어렵다. 이것이 안톤 체호프의 희곡 〈벚꽃 동산〉의 주제이다. 환경주의, 전통에 대한 존중, 가역성은 모두 긴밀히 연결되어 있다. 미국에서는 한 번도 존재하지 않았기 때문에 귀족 계급을 옹호하는 사람은 찾기 어렵다. 그러나 톨스토이의 소설에서 레빈이 옹호했던 전통적 주장은 바로 일반적인 의미에서 경제적 효율성을 생각하지 않고, 여러 세대에 걸쳐 더 긴 안목을 가진 사람이 필요하다는 것인데, 자본가 계급은 그럴 의지도, 준비도 되어 있지 않다는 것이다.

이와 유사한 현상이 최고의 플래그십 대학들에서 발생하고 있다. 세계적인 수준의 화학과가 없어지면 다시 만들기는 거의 불가능하고, 대학 전반이 심각하게 수준이 하락하면 훌륭한 단과대학들을 양성하는 문화도 함께 사라진다. 뿌리 깊은 문화를 변화시키거나 창조하려 시도해본 사람이라면 알듯이 이는 거의 불가능한 일이다. 이 추론을 받아들인다면 우리의 논리는 효율성 계산을 넘어서야 한다. 플래그십 대학이 충분히 훌륭하다면 이러한 주장을 할 수 있을 것이다.

그렇다면 주지사와 주의회는 무엇을 해야 할까?[32] 경제학자는 좀 방해

---

31 레프 톨스토이, 『안나 카레니나』, 개정판, 콘스탄스 가넷 옮김, 레오나르드 J. 켄트·니나 버버오바 편집(모던라이브러리, 1965), 686~687쪽(6부 29장)[한국어판은 연진희 옮김(민음사, 2019), 1219쪽].

32 주정부 지원금이 급격히 감소할 때 지방 대학에서 어떤 일이 일어나는지에 대한 예시는 켈리 우드하우스, 「위스콘신대 오 클레어 캠퍼스, 주정부 지원금 대규모 삭감에 대응하

가 될 수도 있다. 명성이 낮은 학교일수록 주정부 지원금 감소로 인해 등록금 인상에 취약한 학생들로 채워질 가능성이 높다. 그러나 학교의 명성이 높을수록 평판의 우수성 측면에서 더 많은 것을 잃을 수 있다. 플래그십 대학이 세계 무대 수준에서, 말하자면 AAU 일원으로서 운영되지 않고 있다면 입학 등록의 문제에 대한 고려가 더 중요해진다. 그러나 만약 세계 수준의 무대를 고려하고 있다면, 해당 학교의 학생들이 해당 주의 여타 공립대학에 다니는 학생들에 비해 훨씬 더 많은 혜택을 받을 게 거의 확실하다는 사실과는 관계없이 이 학교를 계속 발전시켜야 할 이유가 훨씬 더 많다.

따라서 우리에게는 한 가지 이상의 당위성이 있다. 이것은 어떤 공식으로도 해결할 수 없는, 판단이 필요한 문제이다. 가능한 한 많은 학생을 대학에 진학시키고자 한다면 커뮤니티 칼리지를 지원해야 한다. 마찬가지로 가난한 사람들을 돕는 것이 최고의 목표라면 —지원을 많이 받는 주요 대학의 연구 결과가 빈곤 퇴치에 중요한 역할을 하지 않는 한— 같은 결론에 도달하게 된다. 그러나 세계적 수준의 대학에서 가장 큰 혜택을 받을 수 있고, 경제적으로 다소 나은 위치에 있을 수 있는 사람들은 숫자 이상으로 더 중요하게 여길 가치가 있는데 다른 방법으로는 얻을 수 없는 기회를 제공하기 때문이다. 사회 전반에서 대학을 최대한 활용할 수 있는 사람들을 교육하고, 커뮤니티 칼리지와 지방 대학에서 수행되지 않는 연구를 후원함으로

다」, ≪고등교육 내부통신≫, 2015년 7월 29일 자를 참고하기 바란다. 이 기사에 따르면 위스콘신주 공립 고등교육 시스템에 대한 주정부의 전체 지원금이 2년간 2억 5천만 달러 삭감되고 등록금이 동결된 결과, 오 클레어 캠퍼스 2015~2016학년도 운영예산 8,220만 달러 중 주정부 지원금이 총 2,210만 달러로 전년도 2,980만 달러에 비해 감소했다. 이에 대학은 지출을 감축하기 위해 교직원 11% 이상을 감축할 계획을 발표했다.

써 더 많은 혜택을 얻을 수 있다. ≪예일 리뷰≫나 지주의 보리수나무 에피소드에서 알 수 있듯이 가역성 여부가 중요하다. 커뮤니티 칼리지나 중위권 대학의 재정 감소는 자금이 확보되면 쉽게 회복할 수 있지만, 명문대학은 그렇게 쉽게 재건될 수 없다. 경제적 측면을 고려하는 것은 중요하지만 그것만으로는 충분치 않다. 또한 미리 특정하기 어렵거나 불가능한 여러 상황에서는 현명한 판단에 따라 다양한 답이 나올 수 있을 것이다.

한 가지만 더 생각해보면서 이 논의를 마무리할 것이다. 주정부가 명문대학에 대한 지원금을 삭감하면 많은 교육기관들은 타 주 출신 학부생 비율을 높여서 손실을 만회하려 한다. 학교 입장에서는 당연하지만 타 주 출신 학생들은 일반적으로 주거주자보다 훨씬 비싼 등록금을 내야 한다. 하지만 여기에서 문제는 모든 학생이 일반적으로 보조금을 받기 때문에 타 주에서 온 등록금 전액 납부 대상 학생도 교육비 전체보다는 적은 금액을 부담하게 된다. 따라서 미시간주 납세자들은 단도직입적으로 말하자면 로스앤젤레스를 떠난 캘리포니아 출신 학생들이 앤아버에서 교육 받으러 올 때 이 캘리포니아 주민들을 보조하는 셈이 되는 것이다. 이는 캘리포니아 주민들이 미시간 주민들에게 배정된 자리를 차지하는 꼴이 되어버린다. 그리고 미시간주를 떠난 학생들 중 일부는 명성이 상대적으로 낮은 주립 대학에 진학하여 또 다른 잠재 학생들의 자리를 차지한다. 그렇다면 미시간 주정부는 더 많은 주민에게 교육을 제공한다는 명분으로 앤아버 캠퍼스의 운영 보조금을 다른 비 명문 학교 그룹으로 재분배하는 것이 정말 더 나을까? 아닐지도 모른다.

여기에 쉬운 답은 없다. 위대한 러시아 소설이 우리의 모든 문제를 해결해준다면 얼마나 좋을까! 하지만 이 소설들에서 얻을 수 있는 것은 해답이 아니라 질문에 대한 더 깊은 이해이다. 우리에게는 여전히 경제학적 논증과 데이터, 그리고 경제학자들을 그들의 안전지대에서 벗어나게 하는 공정성이라는 문제가 남아 있다.

등록, 수료 및 매칭에 대한 연방 정부의 관심

대학 등록과 수료의 문제가 미국 연방 의제에서 큰 위치를 차지한다는 것은 놀라운 일이 아니다. 대학 학위를 통한 경제적 수익은 기록적인 또는 그에 근접한 수준이지만, 대학 진학률은 다른 선진국에 비해 크게 뒤처지고 있다.[33]

앞서 언급했듯이 경제학자들은 순가격 변화에 따른 등록의 증감 반응에 대해 잘 알고 있다. 저소득층 학생의 경우 수요의 가격탄력성이 높지만, 소득이 증가하면 그 반응이 급격히 떨어진다. 이는 놀라운 일은 아니다. 고등교육투자로 인한 잠재적 수익률이 높은 재능이 뛰어난 학생이라 할지라도 가정 형편이 넉넉하지 않다면, 자본시장의 불완전성이라는 고전적인 문제에서 비롯된 어려움에 직면한다. 학사 학위를 취득하면 상당한 재정적 수익을 얻을 수 있지만, 초기 투자를 위해 돈을 빌릴 수 있는 여력이 없다는 것이다. 따라서 연방, 주, 기관의 재정 지원을 늘려 가난한 학생들이 부담해야 하는 학비를 낮추는 데 초점을 맞추는 경향이 있는 것은 놀랍지 않다.

그러나 가격만이 중요한 것은 아니다. 최근 몇 년 동안 우리는 학생들이 대학에 진학할지, 진학한다면 어떤 대학을 선택할지에 영향을 미치는

33 이 두 가지 사항은 『멋진 미래?』의 제10장에서 설명된다.

다양한 '비경제적' 요인에 대해 알게 되었다. 그리고 경제학자들이 수행하는 전통 분석뿐만 아니라 다른 유형의 연구를 통해서도 이러한 사실을 알게 되었다. 이 사례는 경제학자의 모형과 실증적 기법에 질적 조사와 문헌이 제시하는 통찰력을 더해서 효과적인 정책을 개발할 수 있다는 것을 보여준다.

사례 연구의 하나로 시카고의 공립 고등학교 학생들에게 초점을 맞춰 보겠다. 멜리사 로더릭과 제니 나가오카의 훌륭한 논문은 이와 관련하여 매우 유익한 정보를 제공한다.[34] 로더릭과 나가오카는 시카고 공립 고등학교(CPS) 졸업생의 83%가 4년제 대학 이상의 학위를 취득하고 싶다고 응답한 반면, 저자들의 시뮬레이션에 따르면 15%만이 최종적으로 학위를 취득하리라 예상한다는 충격적인 사실로 시작한다. 더욱 놀라운 것은 아프리카계 미국인 남성의 경우 87%가 학위를 원하지만 9%만이 학위를 취득한다는 점이다. 여기에는 경제성보다 더 많은 요인이 작용하고 있을 것이다.

저자들이 고등학교 성적을 조사한 결과, 이 퍼즐의 일부를 풀 수 있었다. CPS 졸업생의 35%는 필수과목에서 2.0 미만의 학점(GPA)을 받고 고등학교를 졸업하고, 나머지 24%는 2.0~2.5 사이의 학점을 받는다. 따라서 CPS 졸업생의 59%는 고등학교 성적이 매우 취약하여 대학에서의 성공은 머나먼 꿈일 수밖에 없다. 실제로 모든 CPS 졸업생의 필수과목 평균은 2.33에 불과하다. 아프리카계 미국인 남성의 경우, 꿈과 현실 사이의 괴리

---

34 멜리사 로더릭·제니 나가오카, 「시카고 공립 고등학교 졸업생의 대학 진학률 및 졸업률 증가」, 마이클 S. 맥퍼슨·모턴 샤피로 편집, 『대학 성공: 대학 성공의 의미와 실현 방법』(칼리지 보드, 2008), 19~66쪽.

는 더욱 명확해져서 56%는 2.0 미만의 학점으로 졸업하고 24%는 2.0~2.5 사이의 학점으로 졸업한다. 총 아프리카계 미국인 남성 CPS 졸업생의 필수과목 평균 학점은 1.97이다.[35]

공인 시험 점수, 인종, 소득 간의 밀접한 관계를 고려할 때 고등학교 성적이 낮은 학생들이 대학 입학에 어려움을 겪는 이유는 낮은 ACT 점수로 인해 악화되었기 때문이다. CPS 졸업생의 65%(아프리카계 미국인 남성의 75%)가 ACT에서 18점 이하(SAT 1,600점 만점 중 870점에 해당)를 받았다.[36]

여기에서 문제는 단순히 많은 CPS 졸업생이 대학에서 치러야 하는 비용뿐만 아니라 많은 졸업생이 학업적으로 진학할 준비가 되어 있지 않다는 사실이다. 커뮤니티 칼리지는 여전히 가능한 선택지(고등학교 교육의 보정이 큰 부분을 차지하는)이지만, 명문 대학이나 여타 비명문 4년제 교육기관은 그 선택지가 되지 못한다.

그렇다면 이 졸업생들 중 가장 뛰어난 성적을 거둔 학생들은 누구일까? 이 이야기는 이제부터 흥미로운 방식으로 펼쳐진다. 저자들은 표준 계량경제학을 분석함으로써 필수과목에서 평점 3.5~4.0을 받은 CPS 졸업생의 대학 진학 확률이 81%에 달한다는 사실을 발견했다. 하지만 이들이 명문 대학 또는 톱 대학에 진학할까, 아니면 고등교육정책 용어로 '언더 매치(하향 지원 입학)'를 할까?

저자들은 명문·최상위 대학에 진학할 수 있는 학점 평균, ACT 점수, 필

---

35 이는 실제로 고등학교를 졸업하는 학생들 중 9학년 흑인 남성 집단부터 시작하여 절반 정도만 고등학교 학위를 취득하는 수치이다.

36 저자들은 대학 진학 예정자의 전국 평균은 약 21점(SAT 1,600점 만점 중 990점)이라고 보고하고 있다.

수교과를 이수한 CPS 졸업생에게 초점을 맞춘다. 일단 최상위 대학 범주에 초점을 맞춰보자. 전체 CPS 졸업생의 3.6%가 이 자격 요건을 충족한다(아프리카계 미국인 남성의 경우 이 수치는 1%로 떨어진다). 이 소수의 특별한 학생들만이 이 기회를 활용할 수 있을 것으로 보일 것이다.

그러나 아쉽게도 대부분은 그렇지 않다. 이 엘리트 학생들 중 14%는 고등학교 졸업 후 대학에 진학하지 않았고, 31%는 지원 자격에 훨씬 못 미치는 학교에 등록했으며, 22%는 적정 수준보다 다소 낮은 학교에 등록했고, 33%만이 적정 수준에 일치하는 학교에 등록했다. 이 점을 더 강조할 필요가 있다. 사실상 미국의 거의 모든 '훌륭한' 대학에 진학할 수 있는 고등학교 성적과 공인 시험 점수를 가진 CPS 졸업생은 상대적으로 적으며, 이들 중 2/3는 기회를 포기하고 언더 매치하거나, 일부는 아예 대학 진학을 포기한다.

이 논문의 저자들은 이 학생들이 '작은 연못에 사는 큰 물고기'가 되기로 결심하고 더 낮은 학교에 진학해서 편하게 살기를 원하는 게 아닐까 짐작했다. 그러나 그들의 추론은 근거가 없었다. 로더릭과 나가오카는 상위권 학생들이 각기 다른 학교에 진학할 경우의 졸업률을 시뮬레이션했는데, 그 결과는 충격적이었다. 시뮬레이션에 따르면 평점 4.0의 CPS 졸업생이 노스웨스턴 대학(최상위 대학)에서 6년 이내에 졸업할 확률이 97%인 반면, 노스이스턴 일리노이 대학(비선별적·비명문 대학)에 다닐 경우 졸업 가능성 확률은 29%로 예측되었다. 대학 선택이 왜 그렇게 중요한 것일까? 가장 준비가 잘 된 학생이라면 어떤 대학을 선택하든 성공할 수 있어야 하지 않을까? 이 연구는 그러한 생각이 틀렸다는 것을 실증적 기법으로 확인시켜주는 사례이다. 이 저자들은 "학생들의 대학 진학 준비를 개선하는 것은 대학 진학률과 학위 성취율을 높이는 데 필수임이 분명하지만, 학생들이 좋은 대학을 선택하는 데 필요한 지원을 받지 못한다면 이러한 노력의 성과는 무의미해질 수 있다"[37]고 말한다. 그리고 너무 많은 CPS 학생들이 자신의 자격보다 낮은 대학에 등록하기 때문에 실제로는 고등학교에서 더 적게 공부하고도 같은 대학에 진학할 수 있었다는 것을 시사한다.[38] 연구진은 이러한 이유를 설명하면서 고등학생과의 인터뷰를 통해 경제 분석을 매우 유용한 방식으로 보강하는 중요한 통찰력을 제공한 사회학자 제임스 로젠바움의 연구를 인용한다.

로젠바움의 질적 연구는 로더릭과 나가오카가 제기한 여러 가지 질문을 다루고 있다.[39] 여기에서 특히 흥미로운 것은 CPS에서 '최고와 최상위권' 학생들의 언더매칭 문제이다. 로젠바움은 공저자들과 함께 쓴 일련의 논문에서 고등학생들에게 실제로 질문을 함으로써 그들의 생각을 비판적으로 이해한다. 경제학자들은 이런 식으로 데이터를 활용한다는 생각에 몸서리칠지 모르지만, 여기서 인문학자처럼 행동하는 사회학자들은 다른 방식으로 사고한다.

여기에서는 이러한 논문 중 하나를 중심으로 살펴보려고 한다.[40] 저자들은 사회 경제적 지위(SES)가 낮은 학생들이 대학에 진학하기를 열망하는 비율이 실제 진학하는 비율보다 더 많은 이유를 탐구한다. 낮은 학업

37 로더릭·나가오카, 62쪽.

38 같은 글, 63쪽.

39 제임스 로젠바움, 『모두를 위한 대학을 넘어서: 잊혀진 절반을 위한 경력 경로』(러셀 세이지 재단, 2001).

40 제임스 로젠바움·켈리 홀버그·제니퍼 스테판·리스벳 고블·미셸 나프지거, 「상위, 하위권 사회경제적 지위 고등학교들의 대학 지원 절차에 대한 제도적 가정」, 노스웨스턴 대학 정책 연구 연구소.

능력과 재정적 자원 부족이 주요 제약일까, 아니면 다른 이유가 있을까? 그리고 왜 성적이 우수한 저소득층 학생들이 자신보다 훨씬 낮은 평균 학업 특성을 가진 학생들을 입학시키는 대학을 선택하는 경우가 많을까?

인터뷰는 시카고 지역의 두 고등학교, 즉 부유한 교외에 위치한 큰 규모 고등학교와 시카고 시내에 위치한 소규모 고등학교에서 진행되었다. 첫 번째 학교는 백인 비율이 80%에 달하고, 불우한 배경을 가진 학생은 거의 없는 등 그 지역 사회를 반영하는 학생들로 구성되어 있다. 다른 학교는 인종과 민족이 다양하며(학생의 54%가 히스패닉, 18%는 백인, 14%가 아프리카계 미국인, 13%가 아시아계 미국인), 학생의 84%가 무료 또는 보조금 급식을 받는 가난한 가정 출신이었다.

학생들은 고등학교 시절의 경험과 대학 진학에 대한 열망과 실행에 대해 질문을 받았다. 저자들은 SES가 높은 학생들은 대학에 진학하지 않는다는 것 자체를 거의 상상하지 않는다는 사실을 발견했다. 이들에게는 대학이 "개인적·학문적 발전의 필수적인 다음 단계"로 여겨진다.[41] 반면 낮은 SES 배경을 가진 학생들은 대학 진학 및 수료에 대한 희망은 비슷하지만 실제로 대학에 진학할 수 있다는 확신이 훨씬 적고 대학에 대한 투자를 위험한 제안으로 여긴다.

중요한 점은 사회경제적 지위(SES)가 낮은 학생과 높은 학생이 고등교육기관의 서열을 매우 다르게 본다는 것이다. 경제적 배경이 더 좋은 학생들은 대학 선택에 있어 작은 차이를 결정적으로 여겼다. 이들에게 대학 선택의 중요한 기준은 자신이 갈 수 있는 가장 좋은 학교이다. 그러나 SES

---

41 로젠바움 외, 5쪽.

가 낮은 학생들은 모든 대학이 거의 동일하며, 대학은 대학일 뿐이라고 생각한다.[42]

SES가 높은 학생들은 대학 가이드북, 진학 상담사, 친구, 가족으로부터 '도달 가능한' 학교와 '보험용' 학교를 선택할 때 신중하게 정보를 수집한다.[43] 이들은 고등학교의 컴퓨터 프로그램을 사용하여 자신과 시험 점수와 성적이 비슷한 선배들이 어디에 합격·불합격했고 대기자 명단에 올랐는지 알아낸다. 다시 말해 이들은 매우 정교한 소비자이다.

SES가 낮은 학생들은 그렇지 않다. '도달 가능한' 또는 '보험용' 학교에 대한 이야기도 없고, 대학 간 명성의 차이에 대한 이해도 거의 없다. 저자들은 한 학생의 말을 인용해 "똑똑한 학생이라면 어느 대학에 가느냐가 중요하지 않기 때문에 차이가 없다고 생각한다".[44] SES가 낮은 학생들은 정교한 컴퓨터 프로그램을 사용하지 않았을 뿐만 아니라 컨설팅, 친구, 가족으로부터 현명한 조언을 거의 받지 못했다. 한 사례에서는, 한 대학 진학 프로그램은 한 학생에게 고등학교에서의 뛰어난 성적을 바탕으로 톱 대학에 지원하도록 권유했다. 그는 지원하지 않았는데, 그 이유에 대해 "친척을 통해 어떤 대학에 가느냐는 중요하지 않다는 설명을 들었기 때문"이라고 대답했다.[45]

저자들은 SES가 낮은 학생들이 가족을 가장 신뢰하며, 그들의 친척 중

---

42 "더 많은 학생들이 대학에 진학해야 한다"는 전 오바마 대통령의 선언은 칭찬할 만하지만, 대학마다 교육적 성과가 크게 다르다는 사실에 대한 혼란을 야기할 수 있다. 대학은 품질에 따라 차별화되지 않는 재화나 서비스가 아니다.

43 이 과정에 대해서는 이 장의 앞부분의 등록 관리 부분을 읽어보는 것이 좋겠다.

44 로젠바움 외, 12쪽.

45 같은 글, 12쪽.

상당수가 대학 경험이 적고 대학에 다녔던 사람들도 대학에서 성공하지 못했다고 지적한다. 그래서인지 SES가 낮은 많은 학생들이 모든 대학이 똑같다고 생각하며, 명문 대학을 졸업한 믿을 만한 정보원으로부터의 소식도 거의 듣지 못했다는 것이다.

다른 고려 사항도 있다. SES가 높은 학생들은 가까운 대학보다 먼 대학을 선호하는 반면, SES가 낮은 학생들은 가족이나 동네 친구들과 떨어져 지내고 싶지 않다고 답했다. 이들 대부분은 대학을 집에서 다닐 계획을 가지고 있었는데, 돈도 절약하고 가족을 돕기 위해서이다. 저자들은 저소득층 학생들에게 형성되어 있는 지방 대학에 대한 이러한 강한 편견은 여행 기회가 제한적이고 여름방학 때도 가족과 떨어져 생활할 기회가 거의 없었기 때문일 수 있다고 추측한다. 또한 일부는 지역을 떠날 경우 인종차별을 우려하기도 한다고 한다.

저자들은 저소득층 학생의 대학 준비도를 높이기 위한 프로그램과 개혁이 매우 중요하다고 결론지었다. 그러나 그것만으로는 문제를 해결할 수 없으며, 특히 미스 매칭의 경우가 더욱 그렇다. 로더릭과 나가오카의 실증 분석으로 돌아가서, 우수한 CPS 학생 3명 중 1명만이 자신에게 '적합한' 대학에 등록하는 것은 당연한데, 이러한 명문 대학은 일반적으로 이 학생들의 거주 지역 밖에 있어 가족 및 친구들과 떨어져 지내야 하기 때문이다. 모든 대학이 똑같다고 생각한다면 왜 그런 위험을 감수하겠는가?

로더릭과 나가오카의 연구가 당황스러운 질문들을 제시했다면 로젠바움과 그 동료들의 연구는 대답을 도출하는 데 도움이 되었다. 두 연구의 결과를 모두 활용하면 효과적인 정책을 개발할 가능성이 훨씬 높아진다.

캐롤라인 헉스비와 사라 터너라는 두 경제학자의 연구가 바로 그것이다.[46] 그들은 재능 있는 저소득층 고등학생의 미등록 문제는 애초에 좋은 학교에 지원했다면 입학할 수 있었을 것이기 때문에, 입학이나 입학 단계가 아니라 지원 단계에 있다고 판단했다.

이들의 '대학 기회 확대' 프로젝트는 경제 연구보다 의학 분야에서 더 많이 사용되는 분석 방식인 무작위 대조군 실험에 의존한다. 이 프로젝트의 개입 방식은 로젠바움의 연구에서 제안한 것과 정확히 일치하는데, 저소득층 우수 학생에게 대학 지원에 관한 정보, 각 학교의 등록금, 학교별 졸업률과 교육비 지출에 대한 정보 등을 제공했다. 지원비는 면제되고 모든 자료는 개별 학생과 가족의 상황에 맞게 맞춤 지원되었다.

이 결과는 놀라웠다. 이 처방을 받은 그룹은 대조군에 비해 대학 지원 비율이 48% 높았고, 우수한 고등학교 성적을 바탕으로 자신에게 적합한 명문 대학에 지원할 확률이 56% 더 높았다.[47] 또한 설문 조사를 통해 다른 중요한 정보도 발견했다. 이 학생들은 인문계 대학에서 과소 대표되었다는 점이다. 그 이유는 무엇일까? 인문계 대학이 제공하는 혜택에 대한 이해도가 낮았기 때문이다. 인문 대학에 지원하지 않는 이유를 묻는 질문에 학생들은 다음과 같이 대답했다. "저는 인문학적 소양이 없어서요",

---

46 이들의 연구에 대한 요약은 캐롤라인 H. 헉스비·사라 터너, 「학업 성취도가 높은 저소득층 학생들이 대학에 대해 알고 있는 것」, ≪전미경제논평(American Economic Review)≫, 105:5(2015), 514~517쪽을 참고하기 바란다. 특히 학업 성취도가 높은 아프리카계 미국인 및 히스패닉계 학생들의 언더매칭에 관한 문헌이 증가하고 있다. 예를 들어 산드라 E. 블랙·칼레나 E. 코르테스·제인 아널드 링코브, 「학업 성취도가 높은 소수민족 학생의 학업적 언더매칭: 인종 중립적이고 총체적인 입학 정책의 증거」, ≪전미경제논평≫, 105:5(2015), 604~610쪽; 「지원하세요: 대학 지원에 있어 인종적, 민족적 차이」, ≪전미경제조사국 워킹페이퍼≫, 21368(2015년 7월).

47 그러나 이 표본은 학업 성취도가 높은 저소득층 학생으로 제한된다는 점에 유의하라. 나머지 저소득층 학생군을 어떻게 처리할지는 또 다른 문제이다.

"예술·예술 관련 과목을 좋아하지 않아서요", "인문대는 수학을 잘 못하는 사람들이 가는 곳이에요". 그렇다면 이들 중 상당수가 그 주의 플래그십 대학에 지원하지 못한 이유는 무엇일까? 놀랍게도 살던 동네를 떠나기를 망설인다고 말하는 사람은 거의 없었다. 그 대신에 그들은 이 학교들의 학업 외적인 특성에 정이 안 간다고 말했다. "파티는 너무 많고 공부는 안 한다", "이렇게 분위기가 스포츠 위주인 학교에는 다니고 싶지 않다". 저자들은 개별 설문 조사 응답법이 인간 행동을 이해하는 중요한 방법이라는 결론을 내린다.

인문학자라면 이러한 연구 결과가 놀랍지 않을 것이고, 나아가 이러한 사고 과정을 통해 다른 정책을 채택할 것을 제안한다. 인문학자에게 가장 쉽게 와닿는 것은 경제학이 잘 잊어버리는 문화의 중요성이다. 주류 경제학, 행동 경제학, 신경 경제학 등 경제학 모형에서는 정량화할 수 없고, 실험실 실험에서 특정하기 어렵고, 뉴런에서 발견할 수 없다는 이유로 문화를 배제하는 경우가 많다.[48] 그러나 문화는 인간의 본질에 필수적인 요소이다. 7장에서 철학자 존 롤스의 연구에 대해 논의할 때 주장할 예정인데, 문화를 떼어놓고 사람을 생각하는 것은 사람을 전혀 생각하지 않는 것에 다름 아니다. 사람들은 서로 다른 문화에 속할 수 있지만, 모두 특정 언어를 사용하는 것처럼 어떤 문화에 속해 있다. 우리는 생물학적 유기체 이상이다.

따라서 인문학자가 가난한 학생들이 대학에 지원하는 문제를 생각할 때 가장 먼저 떠오른 의문은 소득뿐만 아니라 더 중요한 문화적 차이이다.

---

48 7장에서는 몇 가지 예외 사항에 대해 설명할 것이다.

F. 스콧 피츠제럴드는 "부자들은 우리와 다르다"라고 말했고, 그의 친구 어니스트 헤밍웨이는 "그래, 그들이 돈은 더 많지"라고 대답했다고 한다. 대부분의 인문학자들은 피츠제럴드가 옳고 헤밍웨이는 재치 있는 표현으로 응수했다고 할 것이다. 사실주의 소설의 역사는 부자들은 소득뿐만 아니라 문화도 다르다는 것을 보여준다.

오노레 드 발자크는 프랑스의 무수한 사회계층을 탐구하는 데 많은 소설을 바쳤다. 그는 신분, 지역, 직업, 그리고 끊임없이 변화하는 문화의 무수한 다른 측면의 차이를 구분하는 것이 중요하다고 여겼다. 그는 사람들이 생각하는 방식, 경험하는 감정, 직면한 유혹, 당연하게 받아들이는 도덕 기준이 엄청나게 다양하다는 것을 보여주었다. 사실 사실주의란 이러한 차이들이 만들어내는 차이에 관한 것이다. 이러한 차이는 세상에 대한 경험, 선택, 그리고 삶이 무엇인지에 대한 감각을 형성한다.

따라서 사실주의 소설의 일반적인 줄거리는 디킨스의 핍(Pip)(『위대한 유산』의 주인공—옮긴이주)이나 발자크의 라스티냐(Rastignac)(「고리오 영감」의 주인공—옮긴이주)처럼 지방 출신의 청년이 출세하기 위해 수도로 상경하는 이야기이다. 또는 샬롯 브론테의 여주인공처럼 불우한 배경을 가진 젊은 여성이 문화적으로 다른 부유한 가정의 가정교사나 부유층을 위한 학교의 교사로 근무하는 경우도 있다. 이 남여 주인공들은 서로 다른 문화와 협상해야 한다. 서로 다른 가치관에 당황하고 유혹을 받기도 하고, 중심을 잃거나 나중에 후회할 행동을 저지르기도 하지만, 그 과정에서 성장하고 성숙하며 현명해진다. 헨리 제임스의 경우, 이 줄거리는 미국인과 유럽인 모두에게 해당되며, 미국 전체가 '시골'이 된다. 이 플롯은 발자크와 제임스뿐만 아니라 투르게네프, 도스토옙스키 등 수많은 작가들이 변주하여 사용했으며, 이들은 문화적인 측면에서 인간을 탐구하고 서로 다른 문화들의 상호작용 속에서 문화를 조명했다.

유럽 소설은 가장 잘 알려진 작품인 『위대한 유산』과 『잃어버린 환상(Lost Illusions)』(발자크의 소설—옮긴이주) 두 제목으로 요약할 수 있다는 오래된 속담이 있다. 디킨스가 '큰 기대(great expectations)'라는 용어를 아이러니하게 사용했기 때문에 두 제목은 결국 같은 의미이다. 따라서 문화적으로 불우한 배경을 가진 학생이 아이비리그 같은 학교를 다니는 것을 떠올리면 핍이 런던으로, 라스티냑이 파리로 상경하는 것을 떠올리게 되고, 그들의 망설임과 그들이 겪을 수 있는 어려움을 이해하게 된다.

실제 사례 세 가지를 살펴보자. 하나는 시카고 고등학교를 수석으로 졸업한 아프리카계 미국인 청년의 이야기이다. 그의 가족 중 대학에 진학한 사람은 아무도 없었고, 그가 다니던 학교에는 그와 유사한 선배들을 상담했던 경험이 있는 진학 상담사 자체가 없었다. 그는 우수한 성적과 추진력, 인성으로 명문대 장학금을 받을 수 있었지만, 결국 거액의 학자금 대출을 받아서 훌륭하고 인정 받는 사립 직업학교(trade school)에 진학했고, 이는 자신이 진학했는데, 이 학교는 자신의 실력에 전혀 걸맞지 않은 선택이었다. 그는 직업학교에 진학해서 기술 분야의 학위를 따면 좋은 직장을 얻을 수 있으리라 생각하여 실제로 그렇게 했다. 하지만 이는 자신의 학업 잠재력을 전혀 실현하지 못한 것이다.

두 번째 이야기는 시카고의 노동자 계급 가정 출신의 폴란드계 미국인 젊은 여성에 관한 것이다. 매우 똑똑하고 학업 성취도가 높은 이 여성은 지방 비명문 대학과 톱 아이비 대학으로부터 모두 입학 제의를 받았다. 그녀는 지방 대학을 선택했는데, 아이비 대학에서 모두가 그녀의 악센트와 어휘 사용을 비웃으리라 생각했다고 설명했다. 작문에서 표준어 구사 능력이 뛰어나고 SAT 언어 영역에서 높은 점수를 받았지만 그녀는 동네 사람들과 똑같은 방식으로 말했고, 다른 식으로 말하는 것을 배신이라고 생각했을 것이다. 상대적으로 보수적인 가치관을 가진 그녀는 자신의 신념이 조롱거리가 될까 두려워했다. 그녀는 이미 종교적 신념이 강한 친구가 명문 고등학교에서 조롱 당하는 것을 본 적이 있었다. 자신도 그런 상황에 처해야 할까?

세 번째 사례는 시골 출신의 한 젊은 여성으로, 가족은 그녀가 좋은 성적을 받으면 자신들이 아는 기독교 대학에 진학할 것이라고 예상했다. 이 학생은 자신의 성적으로 훨씬 더 명망 있는 대학에 입학하고 재정 지원을 받을 수 있다는 사실을 알고 있었지만, 그 유명한 대학 캠퍼스를 방문하고 학교 관련 자료를 유심히 읽은 후 자신과 같은 도덕과 신념을 가진 사람과 이 학교는 맞지 않는다는 것을 확신하게 되었다.

이 모든 이야기는 좋은 소설거리가 된다. 작가라면 앞서 벌어진 현실에 반하여 명문 대학에 진학하고 나서 그 학생들이 겪는 외로움을 묘사할 것이다. 대학 생활의 근본 가정들, 즉 어떤 과목을 선택하는지, 기숙사나 사회생활에서 어떤 규범이 적용되는지 등이 그 학생에게는 낯설 것이다. 좋은 소설가라면 동료 학생들이나 교수가 악의는 없으면서도 종교적·전통적 신념을 가진 사람을 모두 멍청하다고 이야기하는 것으로 그릴 수도 있다. 그 학생들이나 교수가 소외 계층에 관심은 표명하지만, 그들의 태도는 부자들이 부를 재생산하는 경제적·문화적·제도적 관행을 반영하며, 타 계층이 자신의 문화와 가치관을 버릴 때만 그 계층을 포용한다는 것을 스스로는 인식하지 못한다는 것을 보여줄 것이다. 의도 없는 지속적인 모욕, 즉 오늘날 우리가 말하는 '미시적 공격(microaggression)'을 경험하지 않은 사람들은 없을 것이다. 이러한 경험이 알려지면 많은 다른 학생들이 '언더 매치'로 남을 것이라는 예측은 그다지 놀랍지 않다.

이 이야기들은 서로 다른 방식으로 문화가 중요하다는 것을 시사한다. 정량화할 수 있는 요인에 대한 분석에서는 포착되지 않지만 '중층 기술된(thick description)[클리포드 기어츠(『문화 해석』), 길버트 라일 등에 의해 인류학에서 등장한 개념으로 인간의 행동뿐만 아니라 그 문맥을 포함하여 설명하는 것-옮긴이주] 내러티브'에서는 무슨 일이 일어나고 있는지에 대한 단서가 나타날 수 있다. 이러한 내러티브는 방정식과는 다른 방식으로 우리를 불편하게 할 수 있다. 훌륭한 소설가라면 누구나 알고 있지만, 사람들이 보통 잊고 있는 사실은, 타인도 자신과 같은 방식으로 사고하리라 가정한다는 것이다. 자신과 다른 사람의 입장이 되어보지 못하기 때문이다. 그들은 가난한 사람들을 위대한 소설 속에서 묘사되는 방식이 아니라, 돈이 없는 부자들 정도로 상상한다.[49] 대학 관계자는 대학 지원자들이 자신들의 대학에 대해 어떤 생각을 하고 있을지 짐작도 하지 못하고 알지도 못하는 것이다.

마찬가지로 자신과 같은 생각을 하는 사람들에 둘러싸여 있는 사람들은 자신과 다른 생각을 하는 지적이고 선의를 가진 사람을 상상하는 데 어려움을 가진다. 그렇다 보니 부지불식간에 자신과 다른 사람들은 사악하거나 어리석다는 메시지를 전달할 우려도 있다. 주요 교육기관이 가르치는 가치의 범위가 좁을수록 일반 대중의 공감을 얻지 못하고, 특정 사회집단이 우위를 유지하기 위한 훈련장으로 전락하게 된다. 스스로는 절대로 그런 일은 하고 싶지 않다고 생각하는 사람들도 휘말리게 된다.

---

49 도스토옙스키의 첫 번째 소설인 『가난한 사람들』의 핵심 아이디어는 가난이 경제적일 뿐만 아니라 문화적, 그리고 무엇보다도 심리적 사실이라는 것이다. 당시와 그 이후의 사회 평론가들은 가난을 순전히 경제적인 측면에서 바라보고 전적으로 경제적인 해결책을 생각하는 경향이 있었지만, 도스토옙스키는 독자들이 가난한 사람들의 마음과 영혼 속으로 들어가 그곳에서 실제로 무슨 일이 일어나는지 볼 수 있게 해주었다.

그렇다면 효과적인 교육정책을 뒷받침해야 하는 표준 경제학적 방법론과 분석은 어디에서 기능해야 할까? 보다 많은 것이 필요하다.

다시 헉스비·터너의 논문으로 돌아가보자. 2명의 경제학자가 지금까지 어떤 정책도 성공하지 못한 방식으로 재능 있는 저소득층 학생들을 지원하기 위해 일련의 개입 정책을 개발하려 한다. 그들이 어떻게 스스로의 연구물을 제시했을까? 연구 참가자의 말을 인용함으로써, 그것도 경제학 학술지에서 말이다! 여기에서 경제학의 힘은 다른 학문의 접근법과 결합하여 목표를 달성할 가능성이 훨씬 더 높은 정부 정책을 만들어냈다. 학문적 편견을 뛰어넘을 때 어떤 일이 일어날 수 있는지 보여주는 훌륭한 사례이다!

04

사랑은 온 세상에 가득하다 … 적어도 오차항에는 있다

사례 연구 2—경제학자가 가족에 관해 가르칠 수 있는 것과 없는 것

진정으로 나는 경제적 접근법이 모든 인간 행동에 적용될 수 있는 포괄적인 접근법이라는 입장에 이르게 되었다. —게리 베커[1]

경제학이 모든 사회과학의 **대표적** 모형을 제공한다는 경제학 '제국주의'를 강력하게 비판하는 이들조차도 앞 장에서 논의한 고등교육의 문제 저변에서 경제학의 메커니즘이 작동한다는 사실에 대해서는 큰 이견이 없을 것이다. 물론 우리의 결론에 의문을 제기할 수도 있고 이와 다른 학문이 최적의 정책을 결정하는 데 있어 우리의 제안보다 훨씬 더 큰 기여를 할 수 있다고 여전히 주장할 수도 있다. 그러나 학생들이 어떻게 대학을 선택하고 정부가 입학자 수를 늘리기 위해 어떻게 교육예산을 더 잘 배분할 것인가와 같은 주제를 이해하는 데 있어 경제학 이론과 실증적 기법을

---

1 게리 S. 베커, 『인간 행동에 대한 경제적 접근』(시카고 대학 출판부, 1976), 8쪽. 이하 『경제적 접근』이라 하겠다. 또한 1981년에 출간된 그의 획기적인 저서 『가족에 관한 논고』를 참고했으며 이 장에서는 『가족에 관한 논고』, 증보판(하버드 대학 출판부, 1991)을 인용했다. 이하 『논고』라 하겠다.

적용하는 것이야말로 경제학 분야가 제공할 수 있는 효율적이면서도 만족스러운 결과를 가져다주는 '최적의 타점(sweet spot)' 범위 내에 대부분 안착해 있다.

이 장에서는 지극히 개인적인 문제를 다루어볼까 한다. 누구와 결혼하고 이혼할 것인가? 자녀는 몇 명이나 낳아야 할까? 경제학이 이러한 선택을 설명할 수 있다면 아마도 세상 모든 것을 설명할 수 있을 것이다!

전 시대를 통틀어 가장 영향력 있는 경제학자 중 한 명인 게리 베커의 관점이 바로 이것이다. 1992년 노벨상 수상 당시 노벨위원회는 "미시경제학 분석의 영역을 비시장적 행동을 포함한 광범위한 인간 행동과 상호작용으로 확장했다"는 점을 수상 이유로 꼽았다. 베커는 인종차별에 관한 중요한 연구부터 범죄에 대한 통찰력, 그리고 그의 가장 중요한 공헌인 가족 경제학에 이르기까지 그 영역을 확장했다.

우리는 베커를 궁극의 '고슴도치'로 읽는다. 그는 '여타 사회과학들은 경제학의 용어로 설명하는 게 이해하기 쉽다'고 말하는 듯하다. 사실 여타 사회과학들의 문제 태반이 겉모습만 다른 경제학의 문제이긴 하다. 수많은 '고슴도치'들이 그렇듯이, 그의 매력의 상당 부분은 이러한 포괄적인 관점이 제공하는 짜릿함에 있다. 그는 다른 모든 학문 분야에 만능 키로 작동 가능한 일종의 '시장 마르크스주의(market marxism)'를 제시한다. 그렇기 때문에 그의 발언들은 통쾌하다. 이전에는 복잡하고 애매했던 것들이 이제는 단순 명료해졌기 때문이다.

베커가 그런 주장을 펼친 유일한 사회사상가는 아니다. 뉴턴이 놀랍도록 복잡한 행성들의 운동을 몇 가지 간단한 법칙으로 설명할 수 있음을 증명했듯이, 많은 사람들이 모든 인간 행동도 그렇게 설명할 수 있다고 믿었다. 그에 상응하는 법칙을 찾기만 하면 되는 문제였다. 따라서 사상사학자 엘리 할레비는 그런 사회사상가들을 "도덕적 뉴턴주의자(moral Newtonians)"라고 불렀다. 이들은 물리학에 기반하여 이론을 모델링하는 경향이 강하며, 이를 표현하기 위해 상당량의 수학을 사용한다. "사회학"이라는 용어를 창안한 오귀스트 콩트는 원래 자신의 새로운 학문을 "사회물리학"이라고 부르려 했다. 현대 경제학의 창시자인 레옹 왈라스(Léon Walras)는 태양계의 안정성을 보장하리라 믿는 물리학의 균형 법칙에 근거하는 경제 균형 법칙을 추구했고, 당대 최고의 수학자 앙리 푸앵카레(Henri Poincaré)에게 물리학에 기반한 그의 경제 이론에 대한 지지를 얻기 위해 편지를 보내기까지 했다. 심지어 그의 마지막 논문의 제목은 「경제학과 역학」이었다.[2] 문화인류학조차도 도덕적 뉴턴주의의 영향력에서 벗어나기 어려웠다. 문화인류학의 현대적 창시자인 브로니슬라프 말리놉스키(Bronislaw Malinowski)는 인류학자란 "우연적이고 우발적인 사건"이라는 개념을 영원히 추방하고 "미래에 대한 예측"을 가능하게 하는 사회 법칙을 발견할 수 있는 역량을 갖춘 연구자로 간주했다.[3] 우리 시대에 보다 가까운 프랑스 인류학자 클로드 레비스트로스(Claude Levi-Strauss)는 구조주의 모형을 따라 "멘델레예프가 현대 화학에 도입한 원소 주기율표와 비교 가능한" 개연성 있는 인간적 요소들에 관한 표를 공식화할 수 있는 사회과학자들의 능력에 감탄을 금치 못했다. 이러한 표를 살펴보면 "사라졌거나 알려지지 않은, 앞으로 도래할 수도 있거나, 단순히 가능할 수 있는 언

---

2 스티븐 툴민, 「존재하지 않았던 물리학」, 『이성으로의 귀환(Return to Reason)』(하버드 대학 출판부, 2001), 58쪽을 참고하기 바란다.

3 브로니슬라프 말리놉스키, 『과학적 문화 이론 및 기타 에세이』(노스캐롤라이나 대학 출판부, 1944), 8쪽.

어의 자리를 발견할 수 있을 것"이다.[4]

사회적 고슴도치는 일반적으로 총체적이고 참신한 언어를 사용한다. 새로운 방법론을 발견한 이는 지적 세계의 콜럼버스와도 같다. 예상치 못한 새로운 세상을 발견해온 셈이다. 프로이트는 "나는 이 과정을 '억압(repression)'이라고 명명했는데, 알고 보니 이는 정신적인 활동에서 이전에는 없었던 일종의 참신함이었다"라고 썼다.[5] 이러한 언어는 마르크스, 벤담, 레닌, 스키너에게서 쉽게 찾아볼 수 있다. 베커는 중요한 전통에서 자신의 자리를 찾은 것처럼 보인다.

> 내 주장의 핵심은 인간 행동은 엄격히 '이분법화'할 수 없다는 것이다. 때로는 극대화에 기반하고 때로는 그렇지 않으며 때로는 안정적인 선호를 바탕으로 동기 부여가 되고 때로는 불안정한 선호에 의해 동기 부여가 되며 때로는 최적으로 정보를 축적하는 모습을 보여주며 때로는 그렇지 않다고 구분할 수 없다는 것이다. 오히려 모든 인간 행동은 안정적인 선호 체계로부터 자신의 효용을 극대화하고 다양한 시장에서 최적의 정보와 기타 투입물을 축적하는 시장 참여자의 행동과 깊이 연관되어 있다. 이 주장이 옳다면, 경제적 접근법은 벤담, 콩트, 마르크스 등이 오랫동안 추구했지만, 그 전모를 파악하기에 곤혹스러워한 인간 행동을 보다 잘 이해할 수 있는 통합적 사고 체계를 제공한다고 볼 수 있다(『경제적 접근』, 14쪽).

---

4 클로드 레비스트로스, 『구조 인류학』, 클레어 제이콥슨·브룩 그룬페스트 숍프 옮김(베이직북스, 1963), 58쪽.

5 데이비드 L. 실스·로버트 K. 머튼 편집, 『맥밀런 사회과학 인용문집』(맥밀런, 1991), 70쪽에 인용된 지그문트 프로이트의 「자전적 탐구」.

베커의 관점에서 보면, 그는 앞의 거인들이 달성했다고 주장했던 것을 실제로 달성했다.

원칙적으로 경제모형은 인간 행동의 모든 것을 설명할 수 있다. 물론, 베커는 경제학적 접근법이 "모든 종류의 인간 행동에 대한 동등한 통찰력과 이해를 제공하지 못했다는 점"을 인정한다. "예를 들어, 전쟁 및 다른 많은 정치적 결정의 결정 요인은 아직 이 접근법(또는 다른 접근법)에 의해 크게 조명되지 않았다"고 덧붙인다. 그러나 이는 "경제적 접근법이 전쟁(이라는 주제)에 체계적으로 적용되지 않았고, 다른 종류의 정치적 행동에 대한 적용 또한 상당히 최근의 일이기 때문"이라고 주장한다(『경제적 접근』, 9쪽). 이것이 바로 1장에서 우리가 언급했던 "젊은 과학"론의 맥락과 궤를 같이한다.

말리놉스키와 다른 도덕적 뉴턴주의자들과 마찬가지로 베커는 "추가적인 체계적 구성 요소에 대한 무지 또는 측정 능력의 부재"가 아닌 "운이나 우연"에 기인한다는 생각 자체에 경멸의 반응을 보인다(『경제적 접근』, 12쪽). 누군가 우연으로 보이는 사건을 인용하면 베커는 아직 설명되지 않았을 뿐이라고 답하곤 한다. 물론 후자의 견해는 반증 자체를 불가능하게 만든다.

베커는 경제학 방정식이 실제 일어나고 있는 일을 설명하지 못할 때조차도 비용이나 여타 경제적 요인을 기본 원칙으로 상정할 경우, 자신의 주장을 "동어반복하는" 것과 다름없는 위험에 노출되어 있음을 인식하고 있지만, 결국 물리학에서도 "(때로는 관찰되지 않는) 에너지 사용의 존재를 상정하면 에너지 시스템을 온전히 파악할 수 있고 에너지 보존 법칙이 성립함을 보일 수 있다"고 말한다(『경제적 접근』, 7쪽). 이런 점에서 베커는 단순히 물리학자들의 관행을 따르고 있는 것일 뿐이다. 이 추론의 문제점은 에너지 보존이 이미 상당히 다른 기반에서 물리적 법칙으로 확립되어 있다는 것이다. 물리학은 이미 예측력을 가진 실증과학으로서의 지위를 공고히 한 반면, 베커는 경제학에서 그러한 지위를 정확히 재현하려는 것에 불과하다. 이미 과학적 지위가 증명된 것을 근거로 과학적 지위를 증명하는 권한까지 베커에게 주어진 것은 아니다. 이런 종류의 동어반복 성향(tautology)은 고습도치의 주요 특징이기도 하다. 사실, 과학적 지위에 근거한 논리가 아무리 느슨하더라도 일반적으로 그 이론이 조명하는 힘이 충분히 강하다면 종종 용서되기는 한다.

베커는 "더 잘 활용한다면 감탄할 만한 독창성"을 가질 역량이 있음에도 "무지와 비합리성, (문화, 사회적) 가치관과 빈번하고 설명할 수 없는 그러한 가치관의 변화, 관습과 전통, 사회적 규범에 의해 어떻게든 유도되는 순응, 자아와 이드"에 의지하여 "사회학, 심리학, 인류학"이 "생각할 수 있는 거의 모든 행동"을 설명할 때 경멸을 표하곤 한다(『경제적 접근』, 13쪽). 그의 견해에 따르면, 편리할 때마다 임시방편적인 설명에 매달리는 이러한 학문의 경솔한 경향은 단일 모형으로 모든 것을 설명하는 경제적 접근방식과 결코 경쟁할 수 없다.

베커의 관점에서 문화(관습과 전통), 특히 사회학적 요인(사회규범)과 개인 심리(자아와 이드)는 따라서 더 이상 필요하지 않은 것처럼 보일 수 있다. 사실상 이러한 요소들은 이제는 이미 다른 것으로 대체되어버렸고 인간 행동을 이해하는 일종의 전근대적 단계라고 볼 수 있다. 하지만 베커는 다른 학문 분야가 어느 정도 역할을 할 수 있다는 것을 인정하기는 한다. "인간 행동을 이해하는 데 수많은 비경제적 변수가 필요한 것처럼 사회학자, 심리학자, 사회생물학자, 역사학자, 인류학자, 정치학자, 법률가 등의 공헌도 필요하다. 나는 비록 경제적 접근법이 모든 인간 행동을 이해하는 데 유용한 틀을 제공한다고 주장하기는 하지만, 다른 사회과학자들의 공헌을 경시하거나 경제학자의 공헌이 보다 중요하다고 주장하려는 것은 아니다"라고 베커는 설명한다(『경제적 접근』, 14쪽). 사실 방금 인용한 이 문장은 베커가 이미 말한 내용과 모순되는 것처럼 보인다. 단순히 가볍게 던진 일종의 양보일까?

정확히 그렇다고 말할 수는 없다. 베커는 서둘러 자신이 의미하는 바를 명확히 설명한다. 바로 이어서 "동시에, 단기적으로 내가 주장하는 것의 수용성을 높이기 위해 내 주장의 과격함을 완화하고 싶지는 않다"고 말한다. 경제적 접근법은 실제로 "**모든** 인간 행동을 이해하는 데 가치 있는 통합된 틀을 제공한다"(『경제적 접근』, 14쪽, '모든'은 원문에서 강조). 그럼에도 불구하고 경제적 결정은 비경제적 요인이 선택의 장이 되는 세상에서 이루어진다. "분명히 수학, 화학, 물리학, 생물학의 법칙은 인간의 선호 체계와 생산 가능 집합을 매개로 인간 행동에 막대한 영향을 미친다. 인체가 노화한다는 것, 인구 증가율이 출생률에 이민율을 더한 값에서 사망률을 뺀 값과 같다는 것, 지능이 높은 부모의 자녀가 지능이 낮은 부모의 자녀보다 더 똑똑한 경향이 있다는 것, 사람이 살기 위해서는 숨을 쉬어야 한다는 것, 조립 생산 라인이 특정한 물리법칙에 따라 작동한다는 것 등, 이 모든 것이 선택 및 사람과 재화의 생산, 그리고 사회의 진화에 영향을 미친다"(『경제적 접근』, 13쪽).

여타 사회과학 또한 베커는 경제학적 접근 방식이 이미 상정하고 있는 사람들의 안정적인 선호 체계가 무엇이며 어떻게 발생했는지 결정하는 데 기여할 수 있다고 인정한다. "예를 들어, 경제적 접근법에서 고려한 안정적이면서 예측 가능한 선호 체계는 사회학자, 심리학자, 그리고 아마도 가장 성공적으로 분석할 가능성이 높은 사회생물학자에 의해서도 분석

가능하다"(『경제적 접근』, 14쪽). 사회생물학은 폴란드인이나 크메르인, 이반이나 레이첼이 아닌 한 종으로서의 인간에 대한 사실을 다루기 때문에, 베커가 문화와 심리학의 가치를 인정하는 순간조차도 문화와 인간의 개별성을 우회해버리는 실증 과학을 즉시 선호한다는 점을 주목하기 바란다. 다른 학문이 성취할 수 있는 최선의 길은 경제적 접근법이 작동하는 기반 밖에서 출발하는 것이다. 그러나 만일 두 학문이 서로 경쟁적인 설명을 제공하는 지점에 이를 때는 보다 압도적인 경제학적 설명이 공식화되기 전까지만 오직 다른 사회과학의 설명력이 생존 가능하다.

그럼에도 불구하고 베커의 주장을 다소 '완화하는' 것이 가능하다. 또는 스티븐 툴민이 '고슴도치'들에게 이 접근법을 설명하듯이, "왜곡을 '탈보편화'함으로써 피한다"(툴민, 60쪽)고 할 수 있다. 이러한 '소프트 베커'의 입장은 인간 행동의 모든 영역에서, 심지어 겉으로 보기에 비경제적인 행동에서도 경제적 접근법을 고려하는 것이 유익하다고 주장한다. 즉, 경제적 접근이 의미 있는 무언가를 추가할 수도 있고 그렇지 않을 수도 있지만 항상 시도해볼 가치가 있다는 것이다. 순전히 문화적·정치적·사회학적 사실처럼 보이는 것도 부분적으로는 간과된 경제적 요인, 즉 경제적 접근으로 가장 잘 이해되는 요인에 의해 형성될 수 있다.

이것이 고슴도치 통찰력을 활용하는 여우의 방식일 것이며, 우리가 선호하는 방식이기도 하다. 이는 고슴도치 특유의 오류, 즉 **보편성**을 **전체성**으로 혼동하는 오류를 피할 수 있다. 어떤 설명은 어느 한 곳 또는 극히 일부에 국한되지 않고 모든 곳에 적용될 수 있다. 그러나 보편성이 적용될 때, 예를 들어 "모든 것은 역사적 차원을 가지고 있다"(정의상 발생하는 모든 일은 역사 속에서 일어나기 때문에)에서 "역사가들이 모든 것의 열쇠를 가지고 있다"로 비약하고 싶은 유혹이 있다. 또는 다른 맥락에서 보면, 표현된 모든 것은 언어로 되어 있고 문학 학자들은 언어와 그 용도를 가장 잘 이해하기 때문에 문학 분석이 모든 분야를 지배해야 한다[많은 학문 분야에서의 소위 언어적 전회(linguistic turn)]. 문제는 다른 많은 분야에서도 인간의 모든 것에 대해 그만큼, 혹은 그 이상으로 많은 것을 말할 수 있으며, 각 분야가 다른 분야보다 우선순위를 갖는다는 결론을 내리고 싶은 유혹에 빠질 수 있다는 것이다.

소프트 베커 접근법을 사용하면 경제학자가 아닌 사람에게는 불쾌감을 줄 수 있는 언어일지라도 그의 통찰력에서 무엇이 가치 있는지를 파악할 수 있다. 우리의 주장은 소프트 베커는 많은 것을 제공하지만, 하드 베커는 다양한 관점, 특히 인문학자가 가장 잘 이해하는 관점에서는 결함이 있다는 것이다. 그렇다고 해서 인문학자들이 여전히 그에게서 무언가를 배울 수 있다는 사실은 변하지 않는다.

선호도는 변할까?

이제 베커의 주장을 보다 면밀히 살펴보고자 한다. 베커가 경제학의 범위를 비약적으로 확장한 것은 사실이지만, "경제학적 접근은 비합리성, 이미 획득한 부에서 오는 만족도, 또는 편의에 따른 가치(즉, 선호도)의 임시방편적 변화에 관한 명제들로부터 안식처를 찾지 않는다"는 경제학 연구의 기본적인 전제들에 의문을 제기함으로써 경제학의 범위를 확장한 것은 아니다(『경제적 접근』, 7쪽). 아마도 인문학자들이 가장 문제 삼는 것은 세 번째 가정일 것이다. 가치의 안정성이란, "선호 체계(preferences)가 시간이 지나도 크게 변하지 않으며, 부유한 사람과 가난한 사람, 심지어 다른 사회와 문화에 속한 사람들 사이에서도 크게 다르지 않다고 가정하는 것"을 의미한다(『경제적 접근』, 5쪽). 여기서 문화라는 요소를 의도적으로 누락한다는 점에 주목하자. 그러나 분명히 누군가는 "예전에는 맛있는 스테이크를 좋아했는데 지금은 생선만 주문한다면 선호도가 변한 게 아닌가?"라고 불평할 수 있을 것이다.

일반적으로 경제학자는 두 가지 뚜렷하게 다른 답을 제시하는 것이 가능하다. 첫째, 선호도의 변화가 아니라 두 상품 간의 상대가격의 변화 또는 소득의 변화가 있었을 것이라고 추정할 수 있다. 둘째, 설사 상대적 가격과 소득이 변하지 않았더라도 이는 경제학적 접근법에서 배제하는 일종의 선호도 변화와는 관계가 없다. 베커가 안정적이라고 가정하는 선호(체계)는 시장 재화와 서비스에 관한 것이 아니라 "건강, 명성, 감각적 쾌락, 자애, 선망과 같은 삶의 근본적인 측면"(『경제적 접근』, 5쪽)에 대한 선호이다. 1장의 사망률 감소에 관한 이야기에서 지적했듯이 경제학자들은 선호도 변화에 의존하는 설명에 대해 매우 회의적이다. 앞서 언급한 것처럼 출산율의 증가가 사람들이 갑자기 자녀에 대한 선호도가 높아졌기 때문이라고 말하는 것은 사망률의 감소가 사람들이 갑자기 사망에 대한 선호도가 낮아졌기 때문이라고 말하는 것과 같다. 선호도의 안정성을 가정하는 이유는 "분석가가 자신의 예측에서 드러난 모든 종류의 명백한 모순을 '변명'하기 위해 단순히 필요할 때마다 선호도 변화의 가정에 의존하는 유혹에 굴복하는 것을 방지"하기 위함이다(『경제적 접근』, 5쪽). 가격, 소득, 취향 등 모든 것이 한꺼번에 동시에 변하는 것을 허용하는 함정에 빠지면 결국 "공허한 동어반복의 묶음"만 남는다(『경제적 접근』, 7쪽).

베커가 염두에 둔 것은 예측의 실패가 일어날 때마다 단순히 선호도의 변화를 상정함으로써 그 실패를 감싸려는 게으른 시도이다. 그렇게 하면 어떤 이론도 반증할 수 없기 때문에 '공허한 동어반복'만 남는다. 예측이 성공하면 이론이 **입증된** 것이고, 예측이 실패하면 선호도가 변했기에 이론은 여전히 유효하다. 베커가 이런 종류의 추론을 의심하는 것은 분명히 옳다. 그리고 경제학자들은 선호도의 변화처럼 보이는 현상을 경제학적으로 설명하는 수많은 사례를 보여줄 수 있으므로 베커의 충고에 주의를 기울이는 것은 당연하다. 그러나 인문학자라면 경제학자들이 실패한 경제 예측에 대해 "추가적인 체계적 구성 요소에 대한 무지 또는 측정 능력의 부재"(『경제적 접근』, 12쪽)를 이유로 비판을 할 때도 똑같이 의심해야 한다고 덧붙일 것이다. "추가적인 체계적 구성 요소에 대한 무지 또는 측정 능력의 부재"를 변명의 사유로 든다면, 그것 또한 "공허한 동어반복"이지 않을까?

하지만 근본적인 선호도 또한 변할 수 있는 것 아닐까? 이는 경험적 질문이지 선험적·연역적으로 결정할 수 있는 질문의 범주가 아니지 않을까? 베커는 여기서 많은 학문 분야에서 흔히 볼 수 있는 논리적 오류를 범하고 있다. 어떤 가정을 한다는 것은 어떤 학문 분야의 시초가 된다는 것을 의미한다. 따라서 학문 분야를 확정하기 위해 가정하는 것은 불가피하다. 그런 다음 그러한 가정은 그 학문 분야에서 이미 입증된 것이라고 결론내리는 경우가 종종 있다. 다시 말해, X를 참이라고 가정하지 않으면 그 해당 학문 분야를 발전시킬 수 없다. 따라서 X는 참이어야 한다. 예를 들어 말리놉스키는 인류학이라는 과학은 사회가 생존을 위한 기능을 하는 모든 부분과 함께 작동할 때만 가능하며, 이전 시대의 단순한 유적으로 존재하는 그 무언가로는 성립하지 않는다고 주장한다. 따라서 인류학을 유적들의 그 무언가로 이해할 수 없으며, 유적들의 그 무언가로 이해한다면 우리는 과학적으로 사고하기를 포기하는 것이다.

이와 마찬가지로 베커는 안정된 선호 체계를 가정하지 않으면 유의미한 분석을 할 수 없으므로 안정된 선호 체계의 존재가 가정되어야 한다고 주장한다. 사후 세계에서의 처벌과 보상 개념을 가정하지 않는 한, 범죄를 근본적으로 억제하기는 힘들 것이라고 말할 수 있다(실제 일부 사람들은 이렇게 주장한다). 따라서 사후 세계는 존재해야 한다. 어떤 것이 사실일 필요가 있다는 것이 반드시 그것이 사실이어야 한다는 것을 보장해주지는 않는다. 그렇지 않다면 신을 믿으면 더 행복해지기 때문에 신이 존재해야 한다고 주장하는 여호와의 증인은 설득력 있는 논거를 가지고 있는 셈이다.

인문학자라면 선호 체계가 그토록 안정적이라고 반드시 가정할 필요는 없다고 계속 주장할 수 있다. 근본적인 선호 체계가 수십 년에 걸쳐 서서히 변해왔는데도 불구하고, 과연 근본적인 선호 체계의 변동을 부정하는 경제 분석이 과연 제대로 성립할 수 있었을까? 왜냐하면 선호 체계 또는 선호도란 분명히 변한다는 것을 우리는 안다. 사람은 철이 들기 마련이다. 수천 년 동안 사람들은 성장하고 늙어가는 과정을 근본적인 가치관의 변화라는 용어로 설명해왔다. 사람의 성격이라는 것은 비극, 인생의 사건, 일상적인 경험에 반응하여 변한다.

어쨌든 이는 사실주의 소설의 근본적인 가정이기도 하다. 등장인물이 어떤 선택을 하고 예상과 다른 세상을 경험하면서 조금씩, 아주 조금씩 그들의 성격은 변화한다. 어느 한 순간을 그 변화의 순간으로 특정할 수는 없지만, 긴 사실주의 소설이 끝부분에서는 그 변화가 무엇인지 명확해진다. 사실 조지 엘리엇과 톨스토이의 소설이 그토록 긴 이유는 바로 그러한 작은 변화들이 축적될 수 있는 기회를 제공하는 것이다.

베커가 암묵적으로 가정한 인간 유형은 모험담과 같은 여타 문학 장르가 제시하는 인간상과 유사하다. 제임스 본드와 딕 트레이시는 항상 똑같다. 그들의 근본적인 선호 체계는 변하지 않는다. 그렇기 때문에 어떤 순서로든 본드 영화를 보거나 딕 트레이시 이야기를 읽을 수 있다. 헬레니즘 시대의 "그리스 소설"로까지 거슬러 올라가는 고전 모험소설에서는 모험의 순서를 뒤섞어놓아도 눈에 띌 만한 어색함을 감지하기 힘들다. 반면에 제인 오스틴의 엘리자베스 베넷(『오만과 편견』의 주인공—옮긴이주)이나 조지 엘리엇의 도러시아 브룩의 삶에서는 일련의 사건들의 순서를 함부로 재배치할 수 없다. 이 여주인공들은 사건의 순차적 진행에 따라 그 성격이 변하기 때문이다. 그들은 인생의 각 단계에서 비슷한 상황에 대해 다르게 반응했을 것이기 때문이다.

이 장의 첫머리에 나오는 인용문에서 알 수 있듯이 경제적 접근법의 광범위한 적용에 있어서 베커의 믿음은 확고했다. "이 결론을 평가하는 데 있어 그 가치가 무엇이든 간에, 이 결론에 신속하게 도달한 것은 아니었다고 지적하고 싶다. 나는 출산율, 교육, 시간 분배 또는 활용, 범죄, 결혼, 사회적 상호작용 및 기타 '사회학적', '법적', '정치적' 문제에 관해 경제적 접근법을 적용해왔다. 이 연구와 빠르게 성장하고 있는 다른 연구자들의 관련 연구에 대해 숙고한 끝에 경제적 접근법이 모든 인간 행동에 적용 가능하다는 결론을 내렸다"(『경제적 접근』, 8쪽). 베커가 40년 전에 이 문장을 썼다는 것을 감안한다면, 그가 말하는 성장하고 있는 관련 연구는 훨씬 더 방대해졌고, 그중 일부는 베커와 그의 많은 공저자 또는 학생들이 발전시켰지만 대부분의 연구는 다양한 방법론적 접근법을 적용하는 여러 경제학자들에 의해 진행되었다는 점을 주목해야겠다.

내밀함의 경제학

그러나 인간의 **모든** 행동에 대해 경제적 접근법이 과연 가능할까?

인생의 동반자를 선택하는 것과 같이 지극히 사적인 결정은 과연 어떨까? 내밀한 것은 시장과 그 논리에서 가장 멀리 떨어져 있는 그 무언인가로 생각하기 쉽지만, 그 내밀한 것이 바로 베커가 시장 논리와 가장 가까이 있는 그 무엇인가를 보이기로 선택한 것이었고, 사람들에게 강한 인상을 남긴 이유가 바로 그러한 베커의 선택에 기인한다. "결혼 시장 참여자들은 잠재적 배우자의 특성에 대한 정보가 제한되어 있기 때문에 잠재적 배우자로부터 기대할 수 있는 효용에 대한 정보가 제한되어 있다고 가정한다"(『논고』, 325쪽). 그렇다면 그와 같은 환경에서 결혼 시장 참여자들은 과연 어떤 행동을 보일까? 그들은 "종교, 교육, 가족 배경, 인종 또는 외모와 같이 쉽게 평가 가능한 특성에 관한 정보"(『논고』, 326쪽)를 바탕으로 예측한다. 만일 이러한 예측이 틀렸다고 판명되면 어떤 일이 벌어질까? "남편과 아내는 둘 다 이혼하는 것이 더 나은 효용을 준다고 예상되는 경우에 이혼에 동의할 것이다"(『논고』, 331쪽). 배우자 중 한 사람이 상대방보다 가치 있는 특성이 있다고 판명되면 —시장에서 더 많은 돈을 벌거나, 더 좋은 부모가 되거나, 예상보다 건강하거나, 더 멋진 외모를 갖추는 등— 상대편 배우자는 물론 감격할 것이다. 하지만 그것이 곧 결혼 생활의 안정성을 의미할까? 답은 '아니오'이다. 오히려 그 결혼은 해체될 가능성이 더욱 높아진다. 놀랍도록 성숙해지고 잘 성장한 배우자는 더 이상 잘 어울리는 짝이 아니기 때문이다. "예상보다 더 나은 특성을 가진 사람은 그의 배우자보다 '더 나은' 사람과 짝을 이루어야 하고, 배우자는 그보다 '더 나쁜' 사람과 짝을 이루어야 한다"(『논고』, 335쪽).

이렇게 보면 결혼과 이혼이라는 현상은 매우 단순해 보인다. "경제적 접근법에 따르면, 결혼을 통해 기대되는 효용이 독신으로 남거나 더 적합한 배우자를 추가로 찾는 데서 기대되는 효용을 초과할 때 결혼은 결정된다. 마찬가지로, 기혼자는 독신이 되거나 다른 사람과 결혼함으로써 기대되는 효용이 별거로 인한 효용의 손실을 초과할 때 결혼 관계를 종료시킨다"(『경제적 접근법』, 10쪽). 또한 별거에 드는 시간과 금전적 비용도 포함해야 한다는 것을 감안할 때, 이러한 비용의 증가 및 감소는 이혼율에도 영향을 미칠 수밖에 없다.

동일한 관점에서 자녀는 무엇을 의미할까? 아, "결혼에 특화된 자본(marital-specific capital)"이겠지. 베커에 따르면 자녀는 이혼 결정에 직접적으로 중요한 부분을 차지하는데, 결혼 생활의 미래에 대해 걱정이 앞서게 되면 자녀를 적게 낳는 경향이 있다. 왜냐하면 "이혼 후에는 결혼 특유의 자본으로서 자녀의 가치가 하락하기 때문이다"(『논고』, 329쪽). 사실 "이혼에 대한 기대는 부분적으로 자기실현적 예언(self-fulfilling prophecy)의 속성을 가지고 있어 이혼에 대한 기대 확률이 높을수록 특정 자녀에 대한 투자가 줄어들어 실제 이혼 확률이 높아진다"(『논고』, 329쪽). 결혼 생활이 지속될지 확신하지 못하면 자녀를 갖지 않을 수 있고, 자녀가 없으면 결혼 생활이 지속될 가능성도 낮아지기 때문이다.

가혹하고 매우 비인간적으로 들리지만 그럴싸하지 않는가? 결혼이란 (당사자들의 선택에 의해 결정되는) 미래에 대한 일종의 예측이 아닐까? 자녀가 있을수록 이혼은 트라우마에 준하는 충격이 되지 않을까? 여기서 우리는 인문학자들이 경제학자들보다 이 모든 시장 논리를 소화하기가 훨씬 더 어려울 것이라고 가늠할 수 있다. (결혼 특유의 자본과 같은) 언어 자체도 불쾌감을 주지만, 단순히 언어만의 문제는 아니다. 인문학자들이 (즉각적으로) 반문하기를, 대체 사랑은 어디에 있는가?

그렇다고 베커가 사랑을 무시하거나 하찮게 여기는 것은 아니다. 오히려 그는 "지속적인 사랑은 일시적인 사랑의 열병과 쉽게 구별되지 않기 때문에 결혼 이전의 사랑을 직접적으로 평가하는 데 큰 신뢰를 부여하기 어려운 점이 있다"고 주장한다. 대신 사랑은 간접적으로 평가·활용될 수 있다. 예를 들어, "비슷한 교육 수준과 배경을 가진 사람들 사이에서 사랑이 더 쉽게 발전하고 지속되기 때문에, 교육 수준과 배경이 어떤 면에서 (사랑의 효과를 평가하는 데) 중요할 수 있다"(『논고』, 327쪽).

인문학자라면 베커가 "큰 신뢰를 부여하기 어려운 점이 있다"며 수동적인 목소리를 내는 것이 경제 논리에 기대어 개인의 선택권을 부정하려는 의도가 아닌지 지적할 수밖에 없다. 그뿐만 아니라 "지속적인 사랑은 일시적인 사랑의 열병과 쉽게 구별되지 않기 때문에 결혼 이전의 사랑을 직접적으로 평가하는 것에 큰 신뢰를 부여하기 어려운 점이 있다"라는 주장에는 경악을 금치 못할 것이다. 아마도 그는 "어려운 점이 있다"가 아니라 "어려운 점이 있어야 한다"고 말하고 싶었던 게 아닐까? 인문학자에게는 사람들이 사랑의 열병과 사랑을 혼동하는 것이 당연하고 결혼 이전에는 사랑의 열병에 더 큰 비중을 두는 것도 당연해 보일 것이다. 고급문화뿐만 아니라 대중문화 모두 이를 입증해온 것처럼 보인다. 말로[영국 엘리자베스 1세 시대의 희곡가인 크리스토퍼 말로(Christopher Marlowe, 1564~1593년). 다음에 인용되는 문장은 말로의 「Hero and Leander」의 마지막 시구절이다.–옮긴이주]가 쓰기를, "둘 다 신중한 곳에서는/ 사랑이 힘이 없다/ 첫눈에 반하지 않았다면 그것이 사랑이겠는가?(Where both deliberate, the love is slight/ Who ever loved, that loved not at first sight?)" 셰익스피어는 이 마지막 구절을 인용하며, 이러한 유형의 사랑이 그의 희곡에 종종 등장하는데, 특히 『로미오와 줄리엣』에서는 주인공들이 서로의 사랑을 평가하는 과정에 큰 신뢰를 부여한다. 많은 연극뿐만 아니라 불륜을 다룬 소설에서도 불장난을 사랑으로 착각하거나 강렬한 사랑으로 여기는데, 모두 다 평가 과정에 큰 신뢰를 부여하는 것이다.

물론 베커는 이 경제모형이 제시하는 다양한 지표가 결혼이 실패로 끝날 확률이 높다고 가리킴에도 불구하고 절망적으로 사랑에 빠지고, 다른 요인이 일정하다는 가정하에 결혼을 감행하는 사람들이 있다고 주장한다. 반면 다양한 지표가 성공적인 결혼을 예측하더라도 결혼하지 않는 사람들도 있다. 그러나 이러한 반례가 경제모형의 실패를 의미하지는 않는다. 단지 모형이 모든 개별적인 의사 결정을 설명할 수 없다는 것을 의미할 뿐이다. 모형은 여전히 총체적으로 유효하며 통계적으로 좋은 예측을 제공한다. 이런 의미에서 베커의 논거는 매우 강력하다.

사랑은 사람들로 하여금 온갖 종류의 일을 하게 만든다. 사랑의 부재 또한 마찬가지이다. 그러나 베커의 지적은 예를 들어 소득, 가정 배경 같은 특정 변수가 결혼과 이혼에 예측 가능한 영향력을 가진다는 것이며, 사랑은 이러한 변수에 영향을 미친다고 보기 어렵다는 것이다. 다시 말해, 오차항으로 분류된 항목들−(어머니와의 관계, 고등학교 시절의 인기 여부 등과 같이) 평생 당신의 의사 결정에 영향을 미치지만 쉽게 측정할 수는 없는 것들− 중에서 사랑은 행동에 영향을 미치는 또 하나의 요인일 뿐, 측정 가능한 요인은 아니라는 주장이다.

인문학자뿐만 아니라 경제학자라면 "사랑은 오차항에 있다(love is in the error term)"는 설명에서 한 가지 문제를 알아챌지 모른다. 왜 어떤 사람은 결혼하고 어떤 사람은 결혼하지 않는지에 대한 의문에 대해 베커의 다양한 독립변수들이 단 한 가지 사례도 설명하지 못하는 이유를 비록 사랑이라는 요소가 설명해낼 수 있더라도, 사랑은 여전히 다양한 독립변수의 영향력에 변화를 주지는 못한다. 그러나 그 사랑이라는 오차항이 **대부분**의 경우를 설명한다면? 베커가 상황을 분석하는 방식과는 반대로 그가 언급한 변수들이 상대적으로 사소한 요인이라면?

오차항이 대부분의 경우를 설명할 만큼 거대한 요소임이 사실일 수 있으며, 이 경우에 사람들은 가족 배경, 외모 등 여러 가지 식별 가능한 특성에 근거하여 사람들이 결혼한다는 사실을 부인할 수는 없다. 하지만 이러한 변수가 결혼 활동의 극히 작은 변동분(결혼하는 사람과 그렇지 않은 사람)만을 설명한다면, 우리는 인간 행동에 관해 그다지 많은 것을 배웠다고 말할 수 없다. 그렇다면 모든 것이 동일하다는 가정하에, 베커의 변수가 어떻게 작용하는지에 대해서는 옳을 수 있으나, 그의 분석이 실제 결혼 상황에 관해서는 큰 그림을 그려내지 못한다. 오차항에 포함된 다양한 항목들이 **어느 정도** 영향을 준다는 것을 부인할 수 없기 때문이다.

베커의 변수가 큰 역할을 하든 작은 역할을 하든 간에, 스스로에게 정직한 인문학자라면 여기서 인정해야 할 기본적인 요점이 존재한다. '결혼 시장'이라는 용어의 조어 및 사용 자체가 보여주듯이 '결혼 시장'과 '데이트 시장'의 존재를 부정할 수는 없다. 화장품, 성형수술, 란제리, 트렌디한 남성복과 여성복, 체중 감량 및 근육 강화 살롱, 보톡스, 그리고 자신을 더 효과적으로 마케팅하기 위한 수많은 그 외 방법들에 이르기까지 이 시장에서 자신의 가치를 높일 수 있는 산업 전체가 존재한다는 것은 명확해 보인다. 데이트 사이트는 확실히 여느 시장처럼 작동하는 듯하다. 그리고 (이성적) 매력과 높은 소득이라는 요소가 바람직한 파트너를 더 잘 선택할 수 있도록 해준다는 점을 과연 의심할 수 있을까? 이 점은 사실일 뿐만 아니라 굳이 베커를 인용하지 않더라도 통상적으로 받아들여지는 상식이다. 베커가 추가한 것은 첫째, 일상생활에서는 다소 익숙하지 않은 경제학적 도구를 이 일반적인 통찰에 엄격하게 적용했고 둘째, 이러한 통찰을 자녀 문제와 같이 일반적으로 경제학이 분석하지 않는 결혼 생활의 측면으로까지 확장했다는 점이다.

'소프트 베커'라는 주제에 관해 쓸 때 지금까지 구체적으로 논했던 적용 사례가 절대적으로 참이라고 간주한다면 굳이 반대할 명분이 없다. 그리고 그 적용 사례들이 통계학적으로 제시되기 때문에 실증적으로 검증 가능하다. 다른 모든 요인이 동일하다면 특정 요인(예를 들어, 일정 금액 이상의 소득)에 따라 인센티브와 결과가 크게 달라진다. 물론 동일하다고 가정된 다른 모든 요인이 이야기의 대부분을 차지하는 주인공일 수 있다.

인문학자라면 문화의 역할(7장에서 자세히 논할 예정이다)에 대해 반문하지 않을 수 없다. 사회학자나 인류학자들은 문화를 당연한 것으로 가정해 버리는 것에 대해 극도의 분노를 표명할 수밖에 없을 것이다. 사람들이 결혼하고 아이를 낳는 이유는 분명히 그들 삶의 사회적 맥락에 따라 중요하게 달라지며, 설사 일부 특성이 일반적으로 유의미하다 해도 특정 사회의 집단 간, 각 사회별 집단 간에 그 중요성이 다르게 작용해야 할 것이다. 베커의 관점에서는, 고학력 이성애 여성은 결혼 시장에서 교육 배경이 비슷한 남성을 선호할 가능성이 높으며, (나중에 설명하겠지만) 노동시간의 기회비용을 고려할 때 자녀를 행복의 원천으로 직접적으로 변화시킬 수 있는 시간 집약적인 재화 생산보다는 상품 집약적인 재화 생산에 관여하거나 종사할 가능성이 높다. 다시 말해, 보다 적은 자녀를 갖되 각 자녀당 더 많이 투자할 가능성이 높다. 미국 상황에서는 베커의 관점이 개연성이 높지만, 과연 지구상 어느 사회에서도 동등하게 적용될 수 있을까?

인문학자 입장에서는 동일한 실증적 실험이 다른 문화권 또는 과거 시기의 서구 문화권에서 수행되었다면, 결과는 상당히 다를 것이라고 지적할 수 있다. 예를 들어, 소득이나 매력의 효과는 상당히 다를 수 있다. 그리고 베커가 언급한 요인들의 역할은 절대적으로 중요한 것이 아니라 어느 정도 중요한 것으로 판명될지 모른다. 베커는 '결혼'과 자녀가 시대와 문화를 넘어 같은 방식으로 이해될 수 없다는 사실을 인식하지 않는 듯하다. 일부 사람들에게 사랑은 전혀 중요하지 않다. 게다가 그의 시장 모형은 두 결혼 당사자의 동의를 염두에 두고 있지만, 중세 초기에 동의는 필수 조건이 아니었다. 조지 뒤비(George Duby)가 중세 결혼에 관한 저명한 연구에서 보여주었듯이, 교회는 남자가 신부를 납치(보쌈)할 수 없다는 원칙, 즉 양쪽 결혼 당사자의 동의하에 결혼이 이루어져야 한다는 원칙을 확립하기 위해 오랜 시간 싸움을 벌였다.[6] 결혼 당사자들의 주체성, 결혼의 가치와 의미, 자녀에 대한 아버지(일부 문화권에서는 삼촌)의 책임이 미국의 상식과 반드시 부합할 필요는 없다. 그리고 미국 인구의 상당 부분은 다른 규범을 가진 문화에서 자란 후 최근에야 이곳으로 이주해 온 이들이다. 그러나 베커는 문화라는 요소를 배제하기 때문에 변화하는 선호 체계를 허용하는 방법 외에는 변수를 상황에 맞게 고려하기 어렵다. 보편화를 시도하는 많은 사회과학에서 그렇듯이, 비문화적이라고 주장했던 것이 실제로는 그렇게 주장하는 사회과학자가 인간으로서 처한 상황이며 그 또한 문화의 일부이다.

하지만 이러한 이의 제기가 수용되더라도 베커의 모형에는 여전히 상당한 문제가 남아 있다. 결혼 당사자가 아니어도 **일부** 결혼 중매자가 결혼 시장에 개입되어 있다. 그리고 매우 다른 종류의 시장이지만 여전히 시장이 일종의 결혼 중매자를 중심으로 작동하고 있다. 소프트 베커가 유용하려면, 이 모든 것이 필요하다.

베커는 물론 모든 사회과학자에게 중요한 것은, 이 분석이 여전히 인간

6　조지 뒤비, 『중세의 결혼: 12세기 프랑스의 두 가지 모델』, 엘보그 포스터 옮김(존스 홉킨스 대학 출판부, 1991).

행동에 대해 많은 시사점을 제공한다는 것이다. 어떤 주장이나 명제가 오류임을 판정할 수 있는 잠재력이 없다면, 베커의 모형은 무의미하다. 사람들은 자신과 비슷한 특성을 가진 파트너를 선택하는 경향이 있을까? 다른 모든 조건이 동일할 때 자녀가 있으면 정말 이혼 확률이 낮아질까? 그리고 실제로 배우자의 수입과 건강이 기대치에 못 미치거나 기대치를 초과할 때 결혼 관계가 파탄으로 이를 확률이 더 높아질까? 적어도 현재 미국 문화에서는 모두 긍정의 대답을 할 수 있을 것이다.

그러나 우리는 (다소 회의적인 시각을 가지고 있기는 하지만) 경제모형을 가장 인상적으로 뒷받침하는 현상은 바로 다음과 같다. 만일 선호도가 변한다고 가정하면 —즉, 사람들이 '점차 사이가 멀어지거나' 새로운 로맨스의 설렘을 갈망한다면— 이혼으로 귀결되는 결혼은 몇 년 안이 아니라 수십 년 후에 발생하리라 예측할 수 있다. 사실 대부분의 실패한 결혼은 정보의 활용과 비용을 결정적인 변수로 삼아 분석하는 베커의 예측대로 단기간에 귀결된다. 베커는 결혼의 근거가 된 정보가 매우 불완전한 정보였고, 따라서 결혼이 주는 행복을 예측하는 지표로 형편없었다는 것을 깨닫는 데 그리 오랜 시간이 걸리지 않는다고 주장한다. 성격 갈등이나 '성생활의 만족도'와 같은 요인이 곧 표면으로 드러나고, 결혼 생활의 종말도 마찬가지이다.

확실히 인문학자라면 정보의 비용이 결정적일 수 있지만, 상식을 넘은 그 어떤 정보에 반드시 의지할 이유는 없다고 지적할 것이다. 사랑은 종종 열정에 기반하고 결혼은 그러한 사랑에 기반하여 이루어지는 미국 문화에서는, 사랑의 열병이 사라지면 많은 경우 단기간에 결혼은 실망으로 귀결된다는 것을 경제모형이 아니더라도 쉽게 예측할 수 있다. 그리고 이혼에 대해 특별히 눈살을 찌푸리지 않고 비교적 쉽게 이혼이 가능한 문화에서는 조기 이혼이 흔할 수 있다는 것 또한 쉽게 예측할 수 있다. 베커는 경제모형에 대한 유일한 대안은 선호도 변화라는 임시방편적 대안일 뿐이라고 말하지만 실상은 그렇지 않다.

어느 학설에서는 문화 특유의 '낭만적 사랑'이라는 개념이 논의의 핵심 요인이며, 이는 일상적인 친밀감에 기반하는 사랑과는 구분되어야 한다고 주장한다. 불륜을 다루는 사실주의 소설들이 보여주듯이, 전자는 결혼과 양립할 수 없으며 일련의 불륜으로 이어진다. 이는 드니 드 루즈몽(Denis de Rougemont)의 저명한 로맨스 연구서인 『사랑과 서구 문명(L'amour et l'Occident)』의 주장이기도 하다.[7] 또한 이는 『안나 카레니나』의 핵심 주장이기도 하다. 만일 이 주장이 사실이라면, 문제는 정보 또는 정보 자체에 있는 것이 아니라 문화적으로 형성된 가치와 기대에 있다고 볼 수 있다.

일부 종교 전통에서는 결혼을 계약이 아닌 성사(sacrament)로 간주한다. 그러한 인식의 일부가 우리 문화의 비종교인들 사이에서도 여전히 남아 있어서, 오디세우스와 세이렌의 이야기에서처럼 성공적인 결혼 생활을 위해서는 결혼의 맹세에 진정으로 자신을 복종시켜야 하고, 결혼에 자신이 맹목적으로 종속되어야 한다고 인식하고 있다. 즉, 결혼 생활의 어려움을 끊임없이 해결하려고 노력한다. 대조적으로 베커가 지적한 조건, 가령 마이너스가 플러스보다 클 때, 결혼 계약을 해지한다는 생각으로 결혼 생활에 뛰어든다면, 그것은 결혼이라는 것을 전혀 이해하지 못한 것이다.

결혼을 베커처럼 사고하는 것 자체가 결혼 생활의 모습을 형성하는 데

---

7 드니 드 루즈몽, 『사랑과 서구 문명: 트리스탕 신화에서 시작된 서구 천 년 정념의 역사(Love in the Western World)』, 몽고메리 벨기에 옮김(하퍼 앤 로우, 1974)[한국어판은 정장진 옮김(한국문화사, 2013)]. 영문판은 개정판이다.

영향을 미치는 것처럼 보인다. 결혼을 다른 경제적 거래와 다르지 않다고 생각하는 것, 즉 결혼에 신성한 무언가가 있다는 생각을 무시하는 것 자체가 이혼 가능성을 높이는 요인이 될 수 있다. 여기에는 일종의 불확정성 원리(uncertainty principle)가 작동하는데, 현상을 분석하면 할수록 그 현상이 바뀐다는 것이다. 마이클 샌델은 "경제학자들은 종종 시장이 관성적이며, 시장 자체는 시장에서 교환하는 상품에 영향을 미치지 않는다고 가정한다. 그러나 이는 사실이 아니다. 시장은 무엇인가의 표식을 남긴다"고 주장했다.[8]

이러한 표식은 몇 가지 도덕적 함의를 내포하고 있을지 모른다. 어떤 활동을 경제적 거래로 간주하면 그 활동의 속성은 변하기 마련이다. "시장가치가 배려할 만한 가치가 있는 비시장적 가치를 밀어낼 때"(샌델, 9쪽) 사회적 규범은 부패할지 모른다. 경제학자뿐만 아니라 일반인도 베커의 분석을 적극적으로 수용하는 사회에서는 이혼율은 증가하고 사회적 결속력은 약화될 수밖에 없다고 예상할 수 있다. 그러한 사회에서 자신도 다른 무엇인가와 마찬가지로 소비재에 불과하다는 사실을 알게 된 아이들에게 과연 어떤 영향을 가져올까?

공교롭게도 분석 자체가 분석 대상을 바꿀 수 있다는 생각은 사회학의 거인 중 한 명인 로버트 K. 머튼이 주창한 '자기실현적 예언(self-fulfilling prophecy)'의 개념과 일치한다. 머튼은 자기실현적 예언뿐만 아니라 '자기패배적 예언(self-defeating prophecy)'도 존재한다고 설명한다. 때때로 "어

---

8 마이클 J. 샌델, 『돈으로 살 수 없는 것들: 무엇이 가치를 결정하는가』(파라, 스트로스, 지루, 2012)[한국어판은 안기순 옮김(와이즈베리, 2012)], 9쪽. 베커의 접근법에 대한 샌델의 견해는 47~51쪽과 뒤에 나오는 비평을 참고하길 바란다.

떤 값어치를 지향하는 활동으로 인해 값어치 자체의 규모를 변화시킬 정도로 반응하는 여러 가지 과정들이 촉발되는데, 그렇게 발생된 과정들은 이미 지향하는 활동을 촉발시킨 것이다. (…) 미래 사회 발전에 관한 일반 대중의 예측은 종종 틀리는 경우가 많은데, 그 이유는 일반 대중의 예측 자체가 구체적인 상황에서 예측해야 할 사회 발전의 새로운 요소가 되기 때문이다. (…) 사회과학자들은 새로운 '다른 요인'—즉, 사회과학자들의 새로운 예측—을 발견해왔기 때문에 다른 요인들은 결코 일정하지 않다".[9] 머튼이 예시했듯이 핼리 혜성의 귀환을 예측하는 모형처럼 물리학을 기반으로 고안된 모형은 혜성 자체가 이론을 학습하고 그에 따라 혜성의 행동을 바꿀 가능성을 고려할 필요가 없다. 이러한 가능성 때문에 사회과학이 실증 사회과학으로 거듭나는 것이 궁극적으로 불가능할 수 있으며, 이러한 이유로 베커가 사회과학에 그다지 큰 관심을 두지 않는 것이기도 하다.

이러한 자기 지시적 개념은 사실주의 소설에서 두드러지게 중심적 위치를 차지하는데, 특히 작가가 가장 핵심적 심리 현상인 자의식을 탐구할 때이다. 나는 어떻게 타인에게 의지해야 할까? 나 자신을 어떻게 자리매김해야 할까? 내 자신의 사고 과정을 스스로 이해할 수 있을까? 내 감정이 감정적 이해를 스스로 차단하고 있지는 않을까? 자의식은 의식을 변화시키고 궁극적으로는 자의식 자체를 변화시킨다. 한 가지 예를 들자면, 『전쟁과 평화』에서 공작 영애 마리야는 자신이 절대 매력적일 수 없다고 오해하는데, 거울을 볼 때마다 얼굴을 보기 싫게 찡그리는 습관이 있어서 자

---

9 로버트 K. 머튼, 「사회 행동의 예상치 못한 결과」, 피오트르 슈톰프카 편집, 『사회 구조와 과학에 관하여』(시카고 대학 출판부, 1996), 180~181쪽. 그의 고전적인 1948년의 에세이 「자기 성취적 예언」은 183~201쪽에 있다.

신의 모습을 의식하지 않을 때 나타나는 매혹적이고 고혹한 눈빛이 감추어진 결과이다.

인류학적으로나 심리학적으로 결혼은 일반적인 계약과 다르다. 사람들은 조항을 일일이 확인하지 않고 결혼이라는 '계약' 관계에 들어선다. "인생의 동반자로 함께할 것을 약속합니다"라고 말하기 전에 누가 자신의 주에 명시된 결혼 및 이혼의 법적 조건부터 숙지하려 할까? 결혼이란 법적 규정을 뛰어넘는 무엇인가이고 이런 이유 때문에 동성애자 커플은 결혼과 동일한 법적 조항을 가진 공동체(civil union)라는 결합의 형태를 수용하지 않는다. 계약서에 전혀 명시되지 않은 여러 가지 이유로 공동체라는 결합은 결혼과 동일할 수 없다.

자녀

자녀가 '결혼에 특화된 자본'이라는 생각에 몸서리를 치는 사람들이 있다면, 그들은 자녀가 '정상재(normal good)'라는 생각에 과연 어떤 반응을 보일까? 이 지점에서 다시 베커는 최고의 실력을 발휘할 수 있다. 그의 분석은 비정상으로 보일 수 있는 것을 명확하게 설명하는 힘을 가지고 있다.

경제학자의 정의에 따르면 '정상재'란 소득이 증가할 때 소비자들이 더 많이 원하는 재화를 뜻한다. 반대로 '열등재(inferior good)'는 소득이 증가하면 오히려 수요가 감소하는 재화로, 경기순환 주기(business cycle)에 역행하는(경기 침체기에는 수요가 증가하고 경기 확장기에는 수요가 감소하는) 햄버거 헬퍼(Hamburger Helper)와 같은 재화를 예로 들 수 있다. 하지만 소득이 높은 부부는 소득이 낮은 부부보다 적은 수의 자녀를 낳는 경향이 있지 않는가? 그렇다면 이는 '열등하다'라는 단어의 의미에서 자녀가 열등재임을 함의하는 것일까?

먼저 '세테리스 파리부스(ceteris paribus)', 즉 '다른 모든 요인은 일정하다'는 경제학에서 가장 중요한 주의 사항을 잊지 말자. 덧붙이자면, 여기서 세테리스 파리부스는 소득을 제외한 모든 것이 일정하게 유지된다는 의미이며, 따라서 부모의 시간이라는 기회비용도 일정하게 유지되는 것을 의미한다. 부유한 부부는 보통 교육 수준이 높은 경향이 있으며, 이는 출산 후 종종 발생하는 노동력 이탈에서 오는 소득 손실이 상당하다는 것을 의미한다. 그리고 가장 통찰력 있는 경제학 논문 중 하나로 평가 받는 논문에서 베커는 무엇이 사람들에게 만족감을 주는가라는 본질적 질문에 대해 재탐구했다.[10]

요컨대, 사람들이 상품을 소비함으로써 직접적인 만족을 얻는다고 가정하는 것은 지나친 단순화이다. 부부가 마트에 가서 생선과 와인을 사더라도 그 상품이 직접적으로 효용을 주는 것은 아니다. 대신 그 부부는 가스레인지, 냅킨, 조명, 시간 등과 더불어 생선과 와인이 생산요소 투입물이 되는 생산과정에 관여하게 된다. 특정한 생산기술을 통해 이러한 투입물은 베커가 '상품'이라고 명명한 산출물로 변환되는데, 이 경우에는 만족스러운 한 끼의 식사(경험)가 바로 그 '상품'에 해당된다. 부부가 누릴 수 있는 효용을 주는 것이 바로 이 상품이다. 대학이 투입물(학생, 교수진, 직원, 물리적 기반 시설)을 가지고 생산과정을 통해 '교육 서비스'라고 명명하는 무언가를 생산하는 것처럼, 한 가정에는 투입물을 상품으로 변환하는

---

10 두 가지 예로 베커의 고전적인 논문인 「시간 배분에 관한 이론」, ≪경제학 저널≫, 75: 299(1965), 493~517쪽과 그레그 루이스와 함께 쓴 「아동의 양과 질의 상호작용에 관하여」, ≪정치경제학 저널≫, 81:2(1973), S279~S288쪽을 들 수 있다.

가정의 생산 함수가 존재하며, 이렇게 생산된 상품이 바로 가정의 효용 함수에 변수로 작용하는 상품 또는 재화에 해당된다.

'자녀 돌봄 서비스'를 부부가 출산함으로써 효용을 얻는 상품이라고 생각해보자. 자녀는 단지 투입물로 간주되며, 교육적·심리적 투자와 시간 등 다른 수많은 요소와 결합하여 부부는 효용을 주는 무언가를 생산하는데, 최상의 경우는 물론 더할 나위 없는 기쁨이 그 무언가에 해당된다. 보다 부유한 부부의 경우는 일반적으로 시간의 기회비용이 더 높기 때문에 '고품질'의 자녀를 생산할 수 있는 보다 재화 집약적인 생산과정에 참여하려 한다. 사립학교, 과외, 휴가, 보모는 소수의 재화 집약적 자녀를 생산하기 위한 합리적이고 예측 가능한 방식인데, 이는 자녀가 많을수록(자녀 한 명당 투자되는 자원이 적을수록) 부모가 높은 보수를 받는 노동시장에 공급하는 노동시간이 줄어들어 소득이 감소할 수 있다는 반대급부의 관계를 고려할 때 특히 그러하다. 따라서 소득이 증가하고 자녀 수가 여전히 매우 적더라도 자녀를 한 명 이상 낳음으로써 얻을 수 있는 '자녀 돌봄 서비스'라는 상품의 효용은 증가할 수 있다.

인문학자가 이 분석을 불편해 하는 이유는 자녀 문제에서 많은 부분을 누락한다는 점이다. 한 자녀당 더 많은 투자가 가능하다는 것을 고려하기 때문에 경제적 의사 결정이 얼마나 많은 자녀를 낳을 것인지 영향을 준다고 말하는 것과, 베커가 늘 말한 것처럼 사람들이 자녀를 갖는 이유는 '자녀 돌봄 서비스'를 공급하기 위함이라고 말하는 것은 완전히 별개의 문제이다. 인간의 존재를 단순히 그들이 제공하는 효용의 용어로 이해하는 것은 마음속 깊이 분노를 자아낼 얘기다. 그 관점에서는 사람이란 사용처가 다르다는 점을 제외하면 쓸모 있는 물건과 크게 다르지 않다. 물론 사람들이 효용을 제공하지 않는다고 말하려는 것은 아니지만, 다른 것이 존재한다.

「니코마코스 윤리학」에서 아리스토텔레스는 철학자들이 흔히 간과해 온 주제인 '우정'을 분석하는 데 두 장을 할애한다. 아리스토텔레스는 우정을 여타 선(善)과는 다른 것으로, 의미 있는 삶에 필수 불가결한 것으로 여긴다. 그는 "친구가 없다면 아무도 살기를 선택하지 않을 것"이라고 말한다.[11] 그는 『일리아드』에 나오는 '둘이 함께 가는 것'이라는 문구를 인용한다. 그리고 『일리아드』의 영웅 아킬레스가 울분의 시간을 끝낸 동기는 집단에 대한 충성심—오디세우스, 아약스, 멘토는 이러한 가치에 헛되이 호소하곤 한다—이 아니라 친구 파트로클로스의 죽음이라는 것을 우리는 기억하고 있다. 아킬레스에게 우정은 그리스 원정 전체보다, 심지어 자신의 목숨보다 더 중요한 것이다.

아리스토텔레스는 진정한 우정이란 우정을 맺은 사람들 그 이상의 무엇인가로 본다. 베커라면 우정을 결혼과 마찬가지로 상호 이익을 위한 계약으로 간주할 것이다. 아리스토텔레스는 이런 종류의 우정이 존재 가능함을 인정하고 이를 유용성을 위한 우정이라고 부른다. "유용성을 목적으로 사랑하는 사람은 자신의 편익을 목적으로 사랑하는 사람이며, 상대방이 사랑의 대상 그 자체일 정도로 사랑하는 사람이 아니다. 따라서 이러한 우정은 단지 부수적인 것에 불과하다"(아리스토텔레스, 1060쪽). 어느 누구도 유용성을 위한 우정이 어떤 삶을 정의할 정도로 영속적인 것이라고 기대하지 않는다. 젊은이들이 이런 식으로 연애를 할 때 "그들은 사랑에 빠졌다가 금방 사랑이 식어버리고, 이러한 사랑의 변덕이 하루 안에 일어

---

11 아리스토텔레스, 1058쪽.

나기도 한다"(아리스토텔레스, 1061쪽). 그러나 친구들이 자신을 위해서가 아니라 상대를 위해 서로의 안녕을 목적으로 하는 우정의 형태도 엄연히 존재한다. "친구의 안녕을 기원하는 사람들이야말로 진정한 친구이다"(아리스토텔레스, 1061쪽). 이러한 관계야말로 본질적으로 친밀하고 영속적인 관계가 될 것이다. 결과가 그렇지 않을 수 있더라도 말이다.

『전쟁과 평화』에서 톨스토이는 가장 친한 친구가 죽은 한 프랑스인의 이야기를 인용하며, 이제 그 프랑스인에게는 본인의 행동 무대가 사라져 버렸다고 한탄한다. 한 사람의 행동이란 친구(또는 배우자)에게 기억되고 전해질 때 의미가 있기 때문에 친구나 배우자의 죽음 이후에는 그 행동 자체가 무의미해 보일 수밖에 없다. 그 이유는 자신의 행동이 실제로는 자신만의 것이 아니라 우정이나 결혼 생활에 속하는 것이기 때문이다. 우정은 물자체(物自體)(감각으로부터 독립적으로 존재하는 사물의 본질과 근거를 지칭하는 칸트의 용어–옮긴이주)이며, 사람들은 그 우정을 위해 자신을 희생하곤 하는데, 이는 개인의 효용에 따른 선택이라 볼 수 없다. 군대 조직을 연구한 사람들에 의하면 군인들은 일반적으로 국가나 원칙을 위해 자신을 희생하는 것이 아니라, 자신이 속한 소집단의 전우들을 위해 희생하는 것으로 알려져 있다.[12]

사람을 이런한 방식으로 사고한다면, 죽음도 우정을 끝내는 방식은 되지 못한다. 우정은 무덤 너머에서도 지속될 수 있다. 여전히 친구의 존재를 느끼고 소중히 여기며, 멀리 떨어져 살았던 친구와 생전에 대화를 나누듯이 죽은 친구와 같은 종류의 대화를 지속한다는 의미에서 말이다. 잃어버린 나의 수족처럼, 존재 여부를 떠나 여전히 우정의 상대를 느낀다. 계

12 윌리엄 H. 맥닐, 『박자에 맞춰 단결하기: 인류 역사 속의 춤과 훈련(Keeping Together in Time: Dance and Drill in Human History)』(하버드 대학 출판부, 1995).

약 상대와의 사업 계약이 만료되었을 때는 그런 느낌을 가질 수 없다. 우정에서의 상실감이란 소중한 소유물이나 심지어 유용한 사람을 잃는 것과는 다르다.

지금까지 논의한 우정의 어떤 측면도 친구는 '우정 서비스'를 제공한다는 개념에 속할 수 없다. '자녀 돌봄 서비스'라는 개념은 여전히 아이를 낳는 데 수반되는 많은 것을 포괄하는 데 어려움이 있다. 특히 신생아의 경우, 부모는 아이를 위해서라면 어떤 것도 희생할 것이라고 본능적으로 느낀다. 그 희생이 미래의 기쁨이라는 잠재적 보상의 가치가 있는지는 문제가 되지 않는다. 더 이상 자신이 아닌 아이를 위해 존재하는 나를 발견하게 된다. 부모로서 예상치 못한 고통에 노출된 자기 자신을 발견하기도 한다. 왜냐하면 아이의 고통을 간접적으로 경험하고 때로는 아이의 고통보다 더 크게 느끼게 되기 때문이다. 자녀를 키우면서 감수해야 하는 위험이 단지 다른 투자와 마찬가지로 자녀 돌봄 서비스라는 재화의 손실이라면 육아는 훨씬 쉬운 일이다.

『안나 카레니나』의 주인공 콘스탄틴 레빈은 갓 태어난 아들을 보고 기쁨이나 승리의 감정이 아닌 '연민과 혐오감'을 느끼는 데 스스로 놀란다. 갓난아기의 극심한 연약함을 알기 때문에, 또한 정작 갓난아기는 스스로의 극심한 연약함을 모른다는 생각에 연민을 느끼지만, 그 연약함이라는 것이 바로 자신의 연약함이기도 하다. 그가 혐오감을 느끼는 이유는 순전히 살덩어리로 전락한 인간성에 대해 어떻게 반응해야 하는가 하는 문제로 귀결되기 때문이며, 수술실에서 일하는 사람들이 수술을 위해 개복된 신체의 광경에 익숙해져야 하는 문제와 동일하다. 아기는 아직 꿈틀거리는 몸뚱이에 불과하다는 인식이 존재한다. **잠재적인** 사람으로서 아기의 몸뚱이를 위해 더 많은 고통은 이미 예견되어 있다. 당신이 사람으로 성장하는 데 도움을 주어야만 아기의 몸뚱이는 비로소 잠재적인 사람으로 거듭나기 때문이다. 아기가 성인이 된 후에도 이때의 감정은 결코 사라지지 않는다. 프랜시스 베이컨은 남자는 자식이 생기면 운명의 볼모로 전락한 것이라는 유명한 말을 남겼다.[13]

이삭을 제물로 바치는 성경의 이야기를 예로 들어보자.[14] 하나님은 아브라함에게 자신보다 더 소중히 여기는 이삭을 제물로 바치라고 요구하셨다. 아브라함이 진정으로 하나님을 가장 소중히 여기는지 시험하기 위해 하나님께서 희생 제물을 요구하신 것이다. 아브라함은 사흘을 걸려 제사 장소로 가는데, 성경을 통해 그가 어떤 생각을 품고 있는지 상상할 수 있다. 아브라함은 아이를 향한 깊은 배려로 제물이 어린 양이 될 것이라고 믿게 하고, 깊은 애틋함으로 가는 길에서 위험한 도구들을 치워버린다. "그래서 둘이 함께 가니라"(창세기 22:8). 순간, 부모와 자식이 단일체로서 '함께'라는 느낌, 즉 부모와 자식 모두 개개인을 넘어 둘이 하나가 되었다는 느낌은 아브라함이 하나님을 위해 무엇을 파괴해야 하는지 보여준다. 아들을 잃은 아브라함의 슬픔이란 아들이 죽도록 내버려두는 것과 마찬가지겠지만, 이제 두 사람이 '함께' 있을 때 직접 얼굴을 맞대고 아들을 죽여야 한다. 키에르케고르는 아브라함이 희생 제사가 이루어질 것이라고 굳게 믿는 동시에 이루어지지 않으리라 상상했는데, 이성적 선택이나 어

---

13 "아내와 자식이 있는 자는 운명의 볼모로 전락한 것이다." 프레드 R. 샤피로 편집, 『예일 인용 문집』(예일 대학 출판부, 2006), 38쪽.

14 아마 비교문학 분야에서 가장 주목할 만한 책으로, 이 성경 일화에 대한 잊을 수 없는 분석을 제공할 것이다. 에리히 아우어바흐, 『미메시스: 서양 문학에서 현실의 재현(Mimesis: The Representation of Reality in Western Literature)』, 윌라드 R. 트라스크 옮김(프린스턴 대학 출판부, 1953)[한국어판은 김우창·유종호 옮김(민음사, 2012)].

떤 심리학으로도 포착하기 어려운 마음의 상태로밖에 볼 수 없다.[15] 하나님은 단순히 희생뿐만 아니라 무한한 가치를 지닌 것, 부모가 종종 그러하듯 아브라함이 자신의 목숨을 제물로 바쳐서라도 구할 수 있는 것을 요구하셨다.

이러한 복잡성을 '자녀 돌봄 서비스'라는 포괄적인 용어에서 포착하기란 상상하기도 어려우며, 인본주의자의 입장에서는 본질적으로 적절하지 않은 듯하다. 또한 인본주의자는 모든 관계를 효용으로 환원하는 것이 사람을 단순히 효용의 용어로 이해하는 것이 아니라 그 사람 자체를 목적으로 보는 도덕의 근간을 무너뜨리는 것이라는 입장을 취할 것이다. 1장에서 언급한 문제, 즉 시력 복원 수술 캠페인으로 수많은 사람들의 삶을 개선할 수 있다는 우리의 직관과 대조적으로 회선사상충증(강변 실명증)으로부터 다수의 가난한 아프리카 사람들을 구하는 편익은 낮다고 계산하는 경제학자의 입장이 여기서 다시 한 번 부각된다.

확실히 인문학자들은 경제학자들이 해결할 수 있고 현실에서 자주 발생하는 문제들을 어렵게 느끼는 경향이 있다. 법원은 인명 손실에 대한 손해배상액을 산정해야 하는 문제에 봉착할 수밖에 없는데, 사람의 생명은 경제적으로 측정할 수 없다는 인본주의적 관념은 여기서 아무런 소용이 없다. 무한한 손해를 평가할 수 없기 때문에 인간의 생명은 무한한 가치를 지닌다는 인본주의자의 자명한 이치도 마찬가지로 소용이 없다. "값을 매길 수 없는 것"이라는 진리도 마찬가지이다. 자원은 결국 효율적으로 배분할 수밖에 없는데, 인본주의적 관념이 전부인 양 생각하는 인문학

---

15 이 이야기는 현대 철학의 위대한 작품 중 하나인 쇠렌 키에르케고르, 『두려움과 떨림』, 알라스테어 한나이 옮김(펭귄, 1985)을 참고했다.

자들의 관념은 유사한 입장을 취하는 경제학적 관념처럼 오히려 방해가 될 수밖에 없다.

죄와 벌

베커의 접근법의 장단점을 보다 명확하게 분석하기 위해 범죄에 관한 그의 연구를 잠시 살펴보자. 이미 유명한 에피소드인데, 베커는 합법적으로 주차 가능하지만 불편한 자리와, 불법이지만 주차하기에는 편리한 자리 중 하나를 선택해야 했던 적이 있다. 주차 위반 벌침금과 추가적인 편리함을 얻는 대가로 주차 위반 딱지를 발부 받을 가능성을 여러모로 따져본 후, 그는 합리적으로 범죄를 선택했다. 그러다 문득 다음과 같은 의문들이 떠올랐다. 정신 질환이나 사회적 억압이 아닌 이러한 합리적 계산이 범죄를 설명하는 가장 좋은 방법이라면 어떨까? 심리학이나 사회학이 아닌 경제학적으로 범죄를 접근한다면 어떨까? 그러고 나서 처벌의 수준을 결정하고 자원을 배분하는 데 있어서 보다 효과적인 방법을 고안할 수 있게 되었다. 이는 중요한 통찰력으로 정책 설계의 새로운 길을 열었다.

베커는 다음과 같이 주목한다. "여기서 취한 접근 방식은 경제학자들의 통상적인 선택에 관한 분석을 따르는 것이다. 범죄행위로 얻는 개인의 기대 효용이 다른 활동에 시간과 기타 자원을 사용하여 얻을 수 있는 효용을 초과하는 경우 범죄를 저지른다고 가정한다. 따라서 어떤 사람은 '범죄자'가 되는데, 이는 그들의 동기가 다른 사람의 그것과 다르기 때문이 아니라 그들의 편익과 비용이 다르기 때문이다."[16] 베커는 이러한 접근 방식이 다른 사람들의 '반감'을 불러올 것이라 점을 충분히 이해하고 있다.[17] "복수, 억제, 안전, 재활, 보상"과 같은 다른 접근 방식도 경제적 접근을 통해 가장 잘 달성할 수 있다. 예를 들어, 벌금은 피해자를 보상하는 데 전용될 수 있으며, "복수나 재활의 문제에 있어서도 동일한 방법이 적용될 수 있음을 입증할 수 있기 때문에, 여기서 선악 판단의 기준은 보다 분명하다. 시선을 끌거나 극적이면서, 그러나 융통성의 여지가 없는 복수와 같은 맹세보다 소득 손실을 최소화하는 원칙이 보다 일반적이고 유용하다".[18] 인문학자라면 정의(justice)라는 문제는 베커의 목록에 들어 있지 **않다**는 것을 즉각 눈치챌 수 있을 것이다. 정의는 분명히 억제나 복수와는 다르다.

소프트 베커의 정신으로 이 글을 읽어보면, 다른 사회과학과 인문학에서 놓치기 쉬운 몇 가지 중요한 점을 베커는 파악하고 있는 것처럼 보인다. 베커의 접근 방식이 지닌 인본주의적 가치를 보기 위해, 먼저 추구할 만한 가치가 있는 목표는 한정된 자원을 헛되이 사용하지 않으면서 효율적으로 추구하는 것이 진정으로 도덕적이라는 점을 상기해야 할 것이다. 그리고 베커의 접근 방식을 통해 한정된 자원을 보다 효과적으로 사용하여 범죄를 퇴치할 수 있다면 당연히 그 방식은 진지하게 고려되어야 한다.

다시 한 번 말하지만, 문제는 그러한 계산이 범죄와 처벌의 문제를 다루는 전부라는 생각에서 비롯된다. 베커의 논문 제목은 이 주제에 관해 가장 유명한 책인 도스토옙스키의 소설 『죄와 벌』을 암시하는 듯 보인다. 공교롭게도 이 소설은 당시에 유행했던 공리주의 용어로 표현된 상당히 유사한 주장을 다룬다. 소설의 주인공 라스콜니코프는 공리주의적 근거

16 게리 S. 베커, 「죄와 벌: 경제학적 접근」, 『범죄와 처벌의 경제학에 관한 에세이』, 게리 S. 베커·윌리엄 M. 랜데스 편집(국립경제연구국, 1974), 9쪽(http://www.nber.org/chapters/c3625.pdf).

17 베커, 「죄와 벌」, 45쪽.

18 같은 글, 44쪽.

에 따라 해롭고 잔인한 늙은 전당포 여인을 살해하는 것이 가능할 뿐만 아니라 적극적으로 살해해야 한다고 스스로를 상대로 논쟁을 벌인다. 행동 방침에 대해 고민하던 중 우연히 같은 가능성을 고려하는 두 대학생의 대화를 엿듣게 된다.

> 이봐. 한쪽에 단순히 쓸모없을 뿐만 아니라 실제 해를 끼치고 어리석고 비합리적이고 가치 없는 병들고 끔찍한 노파가 있어 (…) 그리고 어쨌든 하루나 이틀 안에 죽을 운명이지. (…) 반면에 다른 한쪽에는 수많은 젊은이들이 도움의 손길 없이 내팽개쳐져 있어 (…) 그 노파의 돈으로 수십만 개의 선행을 할 수 있고 도움도 줄 수 있지. 어차피 노파는 수도원에 묻힐 거야 (…) 그 노파를 죽이고, 그 노파의 돈으로 인류애를 실현하고 가능한 모든 선을 베풀 수 있어. 어때? 수천 개의 선행으로 하나의 작은 범죄는 깨끗이 잊힐 수 있지 않을까? 한 명의 죽음과 백 명의 생명을 교환하는 셈인데, 이건 간단한 계산일 뿐이야![19]

여기에서 문제는 공리주의적인 '간단한 계산'을 인간의 삶에 과연 적용할 수 있는가이다. 베커의 분석은 앞서 살펴본 바와 같이 주차 위반의 문제를 범죄의 모형으로 삼는 데서 출발했다. 하지만 주차 위반과 살인 사이에는 정도의 차이뿐만 아니라 질적인 차이가 있지 않을까? 주차 미터기 시간 초과로 벌금의 위험을 감수하는 사람은 있지만, 어느 누구도 주차 위반을 했다고 해서 죄책감에 시달리지 않을뿐더러 어느 누구도 주차 위반

---

19 표도르 도스토옙스키, 『죄와 벌』, 콘스탄스 가넷 옮김(모던라이브러리, 1950), 66~67쪽.

자에게 굳이 도덕적 비난을 가할 생각도 없다. 도덕적 가치가 없는 것을 범죄의 전형으로 이론화하는 것은 근본적으로 잘못된 생각이다. 그다음 수순으로 쉽사리 경제적 계산을 적용하여 범죄 문제의 완결로 취급해버리는 우를 범하기 쉽다.

결혼이 법적 계약 그 이상인 것처럼 범죄는 종종 법적 위반 그 이상이다. 그렇지 않다고 생각하는 것이 좀 더 과학적인 사고처럼 보일 수 있으나, 우리가 꼼꼼히 살펴본 범죄의 단상을 고려할 때 심각한 왜곡 외에는 그 이상도 아니다.

『카라마조프 형제』에서 이반은 범죄에 관한 두 가지 전통적 신념으로 인해 갈등을 겪는다. 이반이 문제를 제기하는 방식은 오히려 왜 범죄를 저지르지 않는가이다. 한 가지 이유는 베커의 주장처럼 범죄를 저지르고 붙잡힐 경우에만 처벌을 받는다는 것이다. 베커가 준법 여부와 관계없이 주차 공간을 차지하는 데서 오는 편익을 계산한 것처럼, 중범죄를 저지르고도 완벽하게 안전이 보장되고 그로 인해 큰 이익을 얻을 수 있다면, 중범죄를 범하지 않을 이유가 없다는 것이다. 그러나 범죄를 저지르지 말아야 하는 또 다른 이유가 있는데, 범죄를 저지르는 것이 도덕적으로 옳지 않기 때문이다. 잡히느냐 마느냐는 별개의 문제이다. 이반은 아동 학대 사건에 대한 이야기에 마음이 찢어지곤 하는데 —많은 사람들이 연쇄살인범 테드 번디의 흉악 범죄부터 홀로코스트에 이르는 범죄에 관해 말하듯이— 여느 종교가 말하듯이 범죄는 단순히 옳지 않은 것이라고 말하고 싶어 한다. 이반은 종교적 신념이 없고 과학교육의 수혜를 잘 받았기 때문에, '합리적'인 접근 방식에 관한 지적인 호기심을 참을 수 없다. 그럼에도 '합리적'인 접근이라는 것이 근본적으로는 뭔가 부족하다는 것을 확실히 직감하고 있다.

다시 한 번 강조하지만 경제적 접근이 범죄나 다른 행동을 설명할 수 있는 전부는 아니지만 중요한 통찰을 주고 실제로 유용하다는 것이 베커의 주장임을 명심하자. 그럼에도 어느 순간 고슴도치주의로 탈선하여 경제적 접근이 전부라고 말하는 경향에서 벗어나기는 힘들다. 동일한 방식으로, 사회생물학자들은 도덕적 성향이란 생존 기능의 기여 여부에 따라 형성되었다고 생각하며, 이러한 주장을 바탕으로 생존 기능의 기여 여부가 도덕의 실체를 전부 **설명할** 수 있는 것처럼 비약하곤 한다. 자신의 이론을 수용할 만큼 명석하지도 용감하지도 않으며 정서적이면서 어설픈 사상가를 보면서, 전형적인 고슴도치는 정신적으로 우월하다는 심리적 만족을 즐긴다. 특히 그들 집단이 유일무이하게 옳다고 확신하는 부류의 동료들이 동조할 때, 그런 우월감에 대한 유혹은 거부하기 힘들다. 사실 고슴도치주의를 경제적 측면에서 설명하자면, (만족도 측면에서) 그러한 신념을 고수하는 것이 합리적이다.

경제모형에 대한 세 가지 반응

지금까지 베커가 다른 분야의 지식을 일부 수용해왔다는 것을 보았다. 다른 분야의 지식이 경제학자가 활약할 수 있는 토대를 제공했으며, 그 토대 안에서 오히려 경제학자의 설명은 최고의 모습을 보여준다. 주류 경제학의 사상적 기원이 태양계 중심의 천문학에서 유추되었다는 것을 밝힌 스티븐 툴민은 엄격하게 정의된 경제학의 영역 내에서도 인문학적 통찰력을 발휘할 수 있는 여지가 있다고 주장한다. 그는 "순수 경제 이론을 적용할 때 그 적용이 만족하는 사회적·문화적·역사적 선결 조건을 충분하게 고려하지 않을 경우, 순수 경제 이론은 실증적으로 가치가 없다"는 주장을 입증할 수 있는 개발 경제학(5장의 주제)의 몇 가지 사례를 제시한다.[20] "보편적 경제 이론으로 인해 경제학자들은 너무나 자주 '비경제적' 요인을 간과한다"(툴민, 64쪽)는 것이다.

툴민이 생각하는 개발 경제학의 핵심 오류는 경제학자들이 세상을 이론적으로 이해하는 방식 외에는 상상하지 않음으로써 정책을 이론에 따라 엄격하게 적용해야 하는 것으로 간주한다는 것이다. 그러나 아리스토텔레스가 오래전에 지적했듯이, 실제 사례가 항상 이론이 예측할 수 없는 특징을 가지고 있는 한, 근본적으로 다른 종류의 추론이 필요하다. 판단력, 지혜, 경험 또한 필요하다. 실용적 추론은 구체적인 상황과 그 이유를 깊이 이해하는 데서 출발한다. 특정 상황을 검토한 경험이 많을수록 보다 좋은 결과를 얻을 수 있는 법이다. 이론은 적용 가능할 때 또는 적절히 상황에 맞게 수정할 때 유용한 도구이다.

당연한 처사이긴 하지만 툴민은 경제 이론가들이 자신의 연구를 현실 세계에 하향식으로 적용하려는 시도를 "딜레탕트적"이라고 표현한 위대한 경제학자 조지프 슘페터(Joseph Schumpeter)와 의견을 같이한다. 툴민은 "정부나 기업의 실질적인 의사 결정 문제를 다룰 때 경제학을 가장 잘 활용할 수 있는 방법은 무엇일까?"(툴민, 65쪽)라고 묻는다. 그의 답은 다음과 같다. "모든 경제문제는 사실상 문화적·사회적 문제이기도 하며, 이를 고려하지 못한 장기 계획은 근시안적이고 비생산적이 되기 쉽다"(툴민, 66쪽). 툴민이 베커 모형을 알았다면 야단법석이었을 것은 짐작 가능하다.

인문학자가 아니더라도 베커의 접근 방식은 충분히 부담스럽게 느껴질

---

20 스티븐 툴민, 「경제학, 또는 존재하지 않았던 물리학」, 『이성으로의 귀환』, 64쪽.

수 있다. 경제학자 로버트 폴락의 베커 연구의 영향력에 관한 논평은 찬사와 비판이 동시에 점철되어 있다.[21] 베커는 한편으로 가족 경제학이라는 새로운 연구 분야를 창안했으며, 그 자체만으로도 기념비적인 위업이라 할 만하다. 다른 한편으로 폴락은 수십 년에 걸친 자신의 연구 대부분이 베커의 연구를 비판하는 데 할애했고, 특히 베커의 경제학적 접근의 근간을 이루는 두 가지 가정, 즉 최적의 행동과 균형의 개념을 비판하는 데 역점을 두었다고 평한다. 여기서 안정적인 선호에 관한 가정에 대해 폴락은 그 어떤 비판도 제기하지 않는다는 점에 주목하자. 오히려 폴락은 베커가 후기 연구에서 "선호의 형성과 변화에 대한 새로운 모형을 도입했다"(폴락, 11쪽)며 호평했다.[22] 폴락의 비평은 상당히 기술적인 관계로 관심 있는 독자라면 직접 폴락을 읽어보기를 추천한다. 비록 베커의 비판자로 자리매김함에도 불구하고, 폴락은 경제학 문헌이 어떻게 진화하든 경제학자들은 "가족에 대한 경제적 접근의 토대를 마련한 게리 베커에 확실히 경의를 표할 것"(폴락, 42쪽)이라며 결론을 맺는다.

그러나 일부 다른 경제학자들은 베커에 대한 평가에 훨씬 덜 관대하다. 바바라 버그만은 「베커의 가족 이론: 터무니없는 결론」이라는 논문에서 베커의 분석을 거의 모두 기각한다.[23] 그녀의 논평에 의하면 "무릇 가족에

---

21 로버트 A. 폴락, 「가족 및 가계 경제학에 대한 게리 베커의 기여」, ≪전미경제조사국 워킹페이퍼≫, 9232(2002년 10월).

22 이것은 중요한 지점이다. 선호도가 거의 진화하지 않는다는 생각은 인문학자들에게는 분명 문제가 될 수 있다. 하지만 이 장의 앞부분에서 언급했던 부자와 가난한 사람, 또는 다른 사회와 문화에 사는 사람들 사이에 선호도가 크게 다르지 않다는 베커의 말을 잊지 말자. 이에 동의하는 인문학자가 얼마나 될까? 아마도 극소수일 것이다.

23 바바라 R. 버그만, 「베커의 가족 이론: 터무니없는 결론」, ≪페미니스트 경제학≫, 봄호(1995), 141~150쪽.

적용되는 경제 이론은 우리가 연구하는 가족 현상에 대한 이해를 높여야 하고, 우리의 이해가 불충분한 실제 현상에 관해 무엇인가 유익한 관점을 제공할 수 있어야 한다. 비록 전부는 아니더라도 대부분의 가족에 관한 이론이 이러한 목표를 달성하지 못하고 있다"(버그만, 141쪽). 버그만의 입장에서는 신고전주의 모형을 가족 문제에 순진하게 적용하는 것은 가족 문제에서 가장 핵심적인 개인의 역동성 문제를 희생시키는 결과를 가져온다. 특히 경제학자들은 개인의 역동성 문제를 정답을 찾을 수 있는 수학 문제로 환원하는 것을 선호하는데, 경제학자 자신들은 그러한 환원을 우아함의 정수로 여길지 몰라도, 다른 분야의 대부분은 불쾌하고 터무니없는 것으로 여겨진다. 표준 경제모형이 시장을 분석하는 데 효과가 있을지는 모르지만 가족을 분석하는 데는 한계가 있다. 가족은 추상적인 개념이 아니라 실존하는 개인과 부부의 문제이다.

여기서 이 논쟁을 해결하는 것이 물론 우리의 목표는 아니다. 좀 더 인본주의적 접근 방식을 취하여 추가적인 통찰력을 제공하는 가능성을 높이고자 할 뿐이다.

비합리성의 비합리성

언제나 그렇듯이 경제모형의 근간이 되는 핵심 가정은 사람들이 합리적이라는 것, 즉 자신에게 행복감을 주는 것을 파악하고, 그것을 목표로 결정을 내린다는 것이다. 하지만 만일 사람들이 성격 이상자라서, 애초에 만족을 극대화하려 하지 않는다면 과연 어떻게 될까? 후자의 경우 물론 합리적이라는 체계적인 행동은 적용될 수 없다.

합리성의 기치 아래, 인간의 행동을 체계화하기 어려울지도 모른다는 가능성은 이미 에드거 앨런 포의 단편 「비뚤어진 악령(The Imp of the Perverse)」에서 제시된 바 있으며, 도스토옙스키의 『지하로부터의 수기』의 화자에 의해서도 훨씬 더 세련된 방식으로 제시되어 있다. 예를 들어 나는 누군가를 사랑하지만 바로 그 때문에 그 사람과 결혼하지 않을 것이다. 설사 상대방의 여러 가지 특성이 우리는 좋은 반려자가 될 것임을 가리키더라도 말이다. 왜 그럴까? 나는 도스토옙스키의 지하인이고 이 장의 도입부에서 언급했듯이 나에게 기쁨을 선사하는 것은 나의 예측 불가능성이다. 만일 누군가가 "독특한 종류의 즐거움 (…) 물론 절망에서 즐거움을 발견할 수 있다면" "누군가는 자신의 이익에 반하는 것을 선택할 수도 있다"[24]는 결론이 역시 가능해진다.

그렇다면 왜 누군가는 피해와 절망으로 이끄는 선택을 할까? 왜냐하면 그 누군가는 인간다움의 본질을 예측 불가능성, 놀라움을 일으키는 능력에서 찾기 때문이다. 『지하로부터의 수기』에 관한 문학비평 중 독보적인 위상과 권위를 갖고 있는 미하일 바흐친의 말처럼, "우리의 인간성과 개인의 정체성은 '놀라움(surprisingness)'에 의지하고 있다."[25] 또는 지하인이 말한 것처럼 "인간에게 필요한 것은 오직 한 가지뿐이다. 즉, 독립적 선택이다. 물론 그 독립이 어떤 대가를 치러야 하는지, 또 어떤 결과가 초래되는지를 감수하더라도 말이다"(도스토옙스키, 23쪽; 한국어판은 46쪽).

합리적 선택 중심의 접근에서는 놀라움이라는 인간다움의 본질이 들어설 자리가 없다. (7장에서 설명하는) 행동 경제학이나 고전물리학을 기초로

---

24 표도르 도스토옙스키, 『지하로부터의 수기』, 8쪽; 『대심문관』, 23쪽.

25 M. M. 바흐친, 「인문학의 방법론을 위하여」, 베른 맥기 옮김, 캐릴 에머슨·마이클 홀퀴스트 편집, 『담화 장르들과 다른 후기 에세이들』(텍사스 대학 출판부, 1986), 167쪽.

하여 이론 모형을 개발하는 어떤 다른 사회과학에서도 놀라움의 본질은 자리매김할 수 없다. 화성 스스로가 기분 전환할 겸 궤도를 바꾸기로 결정할 수 있지 않을까 상상하는 것이 차라리 나을 수 있다.

지하인이 추론하길, 공리주의가 옳다면 원칙적으로 인간의 행동을 완전히 예측하는 것이 가능해진다. 일련의 선호도가 주어지면 어떤 상황에서도 인간이 선택할 수 있는 것은 단 하나뿐이다. 후보가 한 명인 선거는 선거가 될 수 없듯이, 가능성이 하나인 것에서 무언가를 선택한다는 것은 –표현조차 이상하지만– 실제로는 선택이 아니다. 누군가 "언젠가 우리의 욕구와 변덕의 공식들을 제대로 찾아낸다면"(도스토옙스키, 24쪽; 한국어판은 48쪽), 변덕이라고 할 것은 전혀 없을 것이다. "이 세상에 사건이나 모험 따위는 더는 있을 수 없게 된다"(도스토옙스키, 22쪽; 한국어판은 44쪽). 1장에서 살펴본 것처럼, 모든 것이 공식에서 도출될 수 있기 때문에 내러티브의 필요성은 사라질 것이다. 원칙적으로, 그리고 언젠가 실제로도 철도 시간표나 "대수표(table of logarithm)"에서처럼 행동을 미리 찾아보게 될 것이다. 그러면 사람은 "한순간에 인간에서 오르간의 발 건반과 같은 존재로 또는 그와 유사한 것으로 전환될 것이다. 욕망도 없고, 자유의지도 없고, 선택권도 없는 사람이 오르간 발 건반이 아니라면 무엇이란 말인가?"(도스토옙스키, 24쪽; 한국어판은 48쪽)

지하인은 앞에서와 같은 가능성을 배제하기 위해 고의적으로 비뚤어진 행동을 하는 것이다. 경제모형은 사람들이 자신의 만족도를 높이는 배분 결정을 내릴 때 선택권을 행사한다고 가정한다. 지하인은 그렇지 않다. 그에게 선택은 우리의 이익에 **반하여** 행동할 권리를 행사하기 위함인데, 그 행위는 "가장 중요하고 소중한 우리의 인격과 개성을 지켜주고 있는"(도스토옙스키, 26쪽; 한국어판은 51쪽) 것이다. 무엇이 가장 큰 이점이 될지 찾아내서 그와 반대로 행동하라. 우리는 다음과 같은 행동이 실제로 사람들 사이에서 자주 발생한다고 본다. 그들은 외부인들이 의지하거나, 예측하거나, 철저히 알아내는 것을 원하지 않는데, 그럴 경우 그것이 더 이상 나의 것이 아니기 때문이다. 이것이 바로 자신의 이익에 반하는 행동을 명시적으로 보여줌으로써 누군가의 행동을 바꾸려는 시도가 오히려 종종 역효과를 내는 한 가지 이유이다.

그래서 사람들은 우리가 도스토옙스키적이라고 부르는 방식으로 행동한다. 이러한 생각은 모든 욕구가 충족된 세계에서 사는 영웅이 바로 그 이유 때문에 인생이 무의미하다는 것을 깨닫는 현대의 디스토피아 소설로 이어졌다. 일할 이유도 없고, 성취할 것도 없고, 실제 위험에 처할 가능성도 없고, 희생을 통해 타인에 대한 헌신을 증명할 방법도 없고, 모험도 없다. 그래서 주인공은 자신의 활용도를 극대화할 수 있는 상황을 거부하고 유토피아 세계를 떠나는 것을 선택한다. 그가 그곳을 떠나는 이유는 바로 그곳이 유토피아이기 때문이다. 이것이 바로 예브게니 자먀찐의 『우리(We)』와 올더스 헉슬리의 『멋진 신세계(Brave New World)』의 플롯이며, 이미 지하인이 제시한 플롯인 것이다.

> 이처럼 이상한 자질을 타고난 인간이란 존재에게서 도대체 무얼 기대할 수 있을까? 인간에게 지상의 온갖 축복을 내리고, 머리부터 발끝까지 행복에 젖게 해보라. 그래서 행복의 거품만이 물 위에 떠 있게 하듯, 인간을 행복의 표면 위에 떠 있게 해보라. 그리고 인간에게 경제적 풍요를 누리게 하여 할 수 있는 것이라곤 잠자고, 과자 먹고, 계속되는 세계사에 탐닉하게 하는 것 이외에 아무것도 못하게 해보라. 그때 인간은 (…) 여러분에게 혐오스러운 짓을 하고 말 것이다. 인간은 달콤한 과자조차 포기하고 가장 파멸적인 쓰레기, 가

장 비경제적이고 무모한 짓을 자발적으로 원하게 된다. 실증적이고 합리적인 모든 것에 파멸적이고 환상적인 자신의 씨앗을 뿌리려는 단 하나의 이유 때문이다. 인간은 어디까지나 인간이지 (…) 피아노 건반이 아니라는 사실을 본인 자신에게 확인해주기 위해 (…) 왜냐하면 인간이 하는 모든 일은 사실상 매 순간 자신은 건반이 아니라 인간이라는 것을 입증하는 데 있기 때문이다 (도스토옙스키, 27~28쪽; 한국어판은 53~54쪽).

하지만 독립하려는 욕구를 다른 모든 장점에 포함시킬 수 있는 또 다른 장점으로 간주할 수는 없을까? 글쎄, 그럴 수 없다. 왜냐하면 이것은 진정한 비합리성의 비합리성(second-order irrationality)이기 때문이다. 이것은 욕망이 아니라 욕망에 대한 욕망으로, 수학적 집합이 집합의 집합과 다른 것처럼 다른 욕망과 다르다. 욕망을 다른 욕망으로 취급하면 선호 함수에 대입해 효용을 극대화할 수 있겠지만, 그렇게 하면 변덕이라는 욕망이 고의로 효용의 최대치를 초과하게 된다.

이런 류의 사고를 표준 경제모형에 통합하고 싶은 유혹이 생길 것이다. 자신이 가장 좋아하는 것의 소비를 최소화하여 효용을 극대화할 수 있도록 효용 함수의 독립변수 부호를 바꾸면 어떨까? 나는 영화 보러 가는 것을 좋아해서 영화관에 가면 불행해진다. 나는 오르간 발 건반만큼 기계적으로 자유롭기보다는 차라리 삶의 즐거움을 스스로 부정하는 것을 택할 것이다. 이런 류의 사고가 우리를 어디로 이끌까? 우리는 한 발자국도 전진할 수 없다. 자신을 행복하게 해줄 재화를 한 번도 소비하지 않음으로써 효용을 극대화한 사람은 항상 그 재화를 소비함으로써 효용을 극대화한 사람만큼이나 예측 가능성이 높다. 그리고 지하인은 어떤 대가를 치르더라도 예측 가능성을 피할 것이다. 경제모형을 임시방편적으로 조정하는 것은 중언부언의 성향을 유발할 뿐이라는 베커의 충고를 기억해야 한다. 어떤 조정을 시도하든 합리성 논거를 잃는 것은 경제모형에 치명적이다. 이 부분은 7장에서 다시 다룰 것이다.

신장 판매

마지막으로, 경제 분석이 종종 간과하고 있을 뿐만 아니라, 사실 경제 분석에 의해 초래된 중요한 도덕적 쟁점이 존재한다는 이 책의 주제로 되돌아가 보자. 우리가 베커를 인용할 때 선호와 가치는 동의어로 이해했다. 인문학자들은 사실 선호와 가치를 동의어로 쓸 수 있다는 것조차 쟁점화할 것이다. 선호는 우리가 즐기는 것이지만 가치는 즐기는 것과 전적으로 다르다. 만약 우리가 현재 또는 앞으로 다른 사람에게 해를 끼칠 수도 있는 것을 즐긴다면? 나는 이웃을 무시한 채 음악을 아주 크게 틀어놓는 것을 즐길지 모른다. 또는 겨울에 신선한 공기를 마시기 위해 창문을 열어놓은 채 난방을 계속 틀어놓는 것을 즐길 수도 있다. 만일 선호와 가치가 동의어라면, 이러한 선호가 초래한 도덕적 쟁점에 대해 가치는 과연 무엇을 표상할 수 있을까?

이 질문은 우리로 하여금 베커가 2014년 5월 사망하기 직전 마지막으로 발표한 글 중 하나이자 ≪월스트리트 저널≫에 실린 공동 집필 에세이 「신장의 현금 거래: 장기 거래 시장을 위한 사례」에 주목하게 한다.[26] 이

---

26 게리 베커·훌리오 J. 엘리아스(Julio J. Elias), 「신장의 현금 거래: 장기 거래 시장을 위한 사례(Cash for Kidneys: The Case for a Market for Organs)」, ≪월스트리트 저널≫, 2014년 1월 18일 자.

글은 베커 특유의 도발적이고 통찰력 있는 글이며, 경제모형을 한계(어쩌면 그 이상)까지 밀어붙인 글이다.

베커와 엘리아스는, 신장이식을 기다리는 대기자 명단이 길다는 의미는 수많은 불필요한 죽음이 예고되어 있다는 것으로 이해한다. 이 문제에 대한 이들의 해답은 장기 거래 시장이 필요하다는 것이다. 신장이 하나만 있어도 인간다운 삶을 살 수 있는데, 왜 장기 기증자에게 대가를 지불하고 신장이식의 수요와 공급의 격차를 해소할 수 없는가? 그렇다면 장기 거래 시장에서 가격은 어떻게 매겨질까? 베커와 엘리아스의 추정치에 의하면, 시장가격은 신장 한 개당 1만 5천 달러 주위에서 형성된다(추정치의 편차는 최고 2만 5천 달러에서 최저 5천 달러까지 다양할 수 있다).

이들은 이란이 이미 장기의 공개적인 매매를 허용하는 세계에서 몇 안 되는 국가 중 하나이며, 신장 한 개당 4천 달러에 불과한 가격으로 수요를 충족할 만큼 충분한 공급이 이루어지고 있다고 언급한다.

도덕적 비난을 예상했는지는 몰라도, 저자들은 사망 후 장기를 기증할 의향이 있는 개인조차도 유료로 장기를 기증할 수 있도록 허용해야 한다고 제안한다. 개인은 장기를 생전에 '미리' 판매할 수 있으며, 기증자가 사망하고 장기가 적출된 후 상속인이 대금을 수령하도록 하자는 것이다.

특히 기증자 대부분이 불균형적으로 극빈층에 속할 가능성이 높다는 점을 감안할 때, 이 제안조차도 많은 사람들에게 부도덕한 것으로 간주될 수밖에 없다는 것을 저자들은 이미 예상하고 있다. 그러나 저자들은 비판자들이 전자의 우려에 지나치게 함몰된 나머지 장기이식에 쓰일 장기에 대한 과도한 수요로 인해 매년 수천 명의 사망자가 발생한다는 사실은 간과하고 있다는 것을 지적한다. 오히려 저자들은 "장기 공급을 늘리기 위해 돈을 지불하는 것이 어떻게 현 시스템의 불공정성보다 더 부도덕할 수 있는가?"라고 되묻는다. 물론 "장기 매매 시장이 형성되는 초기에는 기이하게 보일 수밖에 없으며, 사람들 대부분이 여전히 장기 매매 시장을 '혐오스러운' 것으로 인식할 수밖에 없다"고 인정한다. 그러나 "결국 장기 매매 허용의 이점은 명약관화해질 것이다. 그 시점이 도래하는 순간, 사람들은 이식용 장기 부족에 대한 이토록 명백하고 합리적인 해결책을 채택하는 데 있어 왜 그렇게 오랜 시간이 걸렸는지 오히려 의아해 할 것이다"라고 결론짓는다.

이 사례 또한 서머스의 사례를 답습한 것일까? 실제 세계 정책 개발을 위해 경제 분석을 활용하려는 생각을 "당신의 추론은 완벽하게 논리적이지만 완전히 미친 생각입니다"라고 하면서 정곡을 찌른 브라질 환경부 장관의 말을 상기해보자. 단순히 고전적인 경제모형을 적용하는 것이 어떻게 경제학자들에게는 종종 "당연하고 합리적"인 것처럼 보일 수 있는지 실소를 금할 수밖에 없다. 경제학자들은 왜 그렇게 똑똑한 수많은 사람들이 그런 식의 제안에 그토록 강하게 반대하는지 잠시 멈춰서 곰곰이 생각해봐야 한다.[27]

그럼에도 불구하고 이 에세이에 특별히 관심을 가져야 할 몇 가지 측면

---

27 장기 매매에 대한 미국 거주자들의 태도를 조사한 경제학자 3명의 최근 연구를 소개하는 것이 적절할 듯하다. 훌리오 J. 엘리아스·니콜라 라세테라·마리오 마키스, 「신성한 가치? 정보가 인간 장기 지불 태도에 미치는 영향」, ≪전미경제논평≫, 2015년 5월, 361~365쪽. 저자들은 장기 매매의 잠재적 이점에 대한 문서화되고 검증 가능한 정보가 응답자들에게 제공된 후 장기 매매에 대한 지지가 51%에서 71%로 증가했다는 사실을 발견했다. 저자들은 윤리적 원칙은 "증거 기반"이라고 결론지었다. 일반 대중은 우리가 생각했던 것보다 경제적 논리에 더 쉽게 흔들린다는 것이다. 하지만 이것이 반드시 좋은 일이라고 확신하지는 않는다. 설문 조사에 참여한 사람들에게 반대 입장에 대한 논거를 제시했다면 결과가 어땠을까?

이 분명 존재한다. 우선, 신장은 심장이나 간 같은 장기와는 매우 다르며, 신장을 하나 기증하고도 생존할 수 있다는 점이 지적되어야 하겠다. 둘째, 사후 장기를 기증하는 것과 생전에 기증하는 것은 분명히 다르다.

이러한 점을 고려할 때, 다음과 같은 세 가지 정책 제안이 가능하다.

1. 사망 후 신장을 비롯한 모든 장기를 매매할 수 있으며, 상속인이 그 매매 대금을 수령한다.
2. 생전에도 신장 매매가 가능하며, 남은 신장이 생존을 확실히 보장할 만큼 기능하고 있다는 가정하에 매매 대금을 직접 수령할 수 있다.
3. 어떤 장기든 매매 가능하며 신장을 제외한 대부분의 장기 적출은 사망에 이르기 때문에, 그 매매 대금은 상속인에게 지급된다.

만일 경제모형을 최대치로 적용하면 세 번째 선택지를 포함해서 모든 선택지가 합리적인 정책으로 실현 가능할 것이다. 수술이 불가능한 뇌종양으로 죽어가는 사람이 있다면 어떻게 해야 할까? 건강한 심장을 장기 매매 시장에 팔아 자녀의 교육 자금을 마련하려는 학부모의 '권리'를 왜 방해하려 하는가? 거듭 지적하지만, 여러분은 이런 사례에 관한 정책 설계를 적어도 경제학자들에게는 맡기고 싶어 하지 않을 것이다. 경제학자들은 여하튼 간에 적어도 경제학자들 눈에는 분명하고 합리적인 정책을 내놓을 테니까 말이다.

인본주의자 입장에서는 장기 매매의 가능성조차도 실제 윤리적 문제에 봉착할 수밖에 없는데, 이는 장기 매매가 반드시 잘못되었다는 것을 의미하는 게 아니고, 보다 복잡한 도덕적 쟁점에 불가피하게 직면한다는 의미이다. 물론 경제적 해결책이 올바른 해결책으로 판명될 가능성을 배제할 수는 없다. 그렇다 하더라도 이 문제는 베커나 경제학 모형만으로 해결할 수 있을 만큼 그렇게 간단하지 않다.

한편 신장 매매가 가능하면 생명을 구할 여지는 커진다. 기꺼이 신장을 제공하고 신장 하나로 건강한 삶을 살 수 있다는 사람들이 존재하는 데도 얼마나 많은 사람들이 신장이식을 기다리다 고통 받고 죽어가는지를 생각해보면, 신장 매매 거래는 결코 일어나서는 안 되는 일이라고 단정 지어 말하는 것은 냉정해 보인다. 기증이나 장기 기증 카드에 서명한 사망자의 장기만을 사용해야 한다고 말하는 것은 매우 바람직해 보이지만 이 정도의 장기 공급으로 충분하지 않다는 것은 분명하다. 베커·엘리아스 모형의 매력은 새로운 산업을 활성화하고 국내총생산(GDP)을 높이는 동시에 사람들에게 좋은 일에 쓸 수 있는 돈을 벌 기회를 준다는 데 있지 않다. 베커·엘리아스 모형의 매력은 바로 신장이 없어 죽어가는 사람들을 살려낼 수 있다는 점이다. 신장 매매 시장(또는 다른 장기 매매 시장)에 대한 어떠한 반론도 이보다 더 설득력이 있어야 할 것이다.

반론이 보다 설득력이 있다고 결코 확신할 수는 없지만, 반론은 여전히 큰 호소력을 가지고 있다. 베커가 예상 반론으로 늘 생각했던 것 중 하나는 소득과 관련된 문제이다. 우리는 가난한 사람이 신장을 팔고 부자가 사는 상황을 축복하는 것 자체에 본능적인 거부감이 있다. 물론 부자가 신장을 기증 받는 데 보다 유리하지 않도록 어떤 제도를 마련할 수는 있을 것이다. 어쨌든 지금처럼 신장이 부족해서 부득이하게 죽게 내버려두는 것보다는 생명을 구하는 것이, 심지어 부자의 생명이라도 구하는 것이 낫다. 그리고 가난한 사람들의 신장 매매를 허용하지 않는 것은 자녀의 교육비, 배우자의 의료비, 부모의 간병비 등 중요한 목적을 이루는 거의 유일한 방법을 박탈하는 것으로 귀결될지 모른다. 이러한 관점에서 보면 신장 매매 거래를 금지하는 것이 어찌 보면 잔인할 수 있다. 신장 매매 시장을 지지하는 논리는 종종 성매매의 합법화 찬성과 맥을 같이한다. 여하튼 우리는 가난한 사람들이 머리카락을 파는 것은 막지 않고, 혈액을 파는 것도 종종 허용하는데, 신장 없이도 잘 생존할 수 있다면 신장을 매매하지 못할 이유가 있을까? 인본주의자의 반론에 대한 반론에도 장점이 충분하고 시장을 통한 해결책으로 생명을 구할 수 있는 이점을 고려하더라도 인본주의자의 반론을 반박하는 데는 여전히 충분하지 않은 것으로 보인다.

인본주의자라면 전혀 다른 종류의 주장을 펼칠 수 있을 것이다. 마이클 샌델의 주장처럼, 시장 해결책에 대한 일부 반대론자는 불평등에 근거하지만(장기 거래가 가난한 사람들에게 정말 제한 없이 접근 가능하고 강요에 의한 거래를 배제할 수 있을까?) 뇌물 또는 부패라고 부르는 것에 근거하는 전혀 다른 반대 논리가 가능하다. "뇌물 수수에 근거한 반대 논리는 불평등에 근거한 그것과는 본질적으로 다르다"라고 샌델은 설명한다. "그 논리는 거래의 제반 조건에 관한 것이 아니라 매매 거래되는 재화의 본질에 관한 것이다"(샌델, 45쪽). 사법 거래 행위는 강요에 의한 거래와는 무관할지 모르지만 사법절차 자체를 타락시키는 행위이며, 우리는 또한 사람들이 자신의 표를 파는 행위를 용납하지 않는다. "우리는 어떤 재화, 활동 또는 사회적 관행을 그에 걸맞지 않은 낮은 규범에 따라 취급할 때마다 그것을 타락시킨다"(샌델, 46쪽). 특히 대리모, 매춘 또는 다른 목적을 위해 우리 몸의 일부 기능을 매매하는 것은 불가피하게 '자기 타락'을 가져올지 모른다(샌델, 46쪽).

이런 종류의 거래가 용납된다면 인간다움에 대한 사회의 감각을 쉽게 격하시킬 수 있다. 신장을 판다는 생각에 왜 우리는 자연스럽게 혐오의 감정을 느낄까? '장기 매매 시장'이라는 어구 자체가 왜 혐오스러워 보일까? 베커는 '혐오스럽다'는 단어를 마치 고리타분하고 무지막지하며 아둔하지만 신앙심 깊은 족속들에게만 어울리는 단어이고 개념인 것처럼 주의 환기용 인용 부호로 묶어 표현했다. 하지만 우리의 혐오감 자체가 때로는 또렷이 말하기는 어려운 우리의 도덕적 감수성을 입증할 수 있는 것 아닐까? 우리 대부분은 특정 범죄가 왜 명백히 잘못되었는지에 대해 철학자들의 법정에서도 사실로 채택될 만한 이유를 제시할 수 있을 것 같지 않지만, 그럼에도 그 범죄가 어찌되었든 잘못되었다고 심증으로 확신한다. 모든 도덕적 문제, 심지어 가장 근본적인 문제까지 학자들에 의해 정당화된 논거에 의해서만 해결되어야 한다고 생각하는 것은 분명히 학자들의 힘을 무엇보다도 우선시하는 태도라 볼 수 있다. 톨스토이의 말처럼 학자들이 그들 자신을 우월한 위치에 놓이게 만드는 그런 논거 기준을 우선시하는 것은 '자연스럽고 타당해 보인다'. 그러나 학자들이 아무리 상상 가능한 모든 변증법적 기술을 구사했더라도 그들이 다른 누구보다도 도덕적으로 행동하고 있다는 것을 증명한 사람은 없다. 사실, 직업적 보상이 상식을 지지하는 학자에게는 가지 않기 때문에 명백히 부도덕해 보이는 입장을 취하는 경향이 강할 수밖에 없다는 것을 쉽게 파악할 수 있다.

레온 카스(Leon Kass)가 인간 복제의 가능성에 대해 ≪뉴리퍼블릭≫ 기사에서 언급했듯이, 혐오감 그 자체로 논거가 될 수는 없다. 그럼에도 그는 혐오감에 관해 중요한 논점을 제시한다.

> 그러나 결정적인 경우에 혐오감이란 이성의 힘으로는 분명히 표현할 수 없는, 마음속 깊이 자리 잡고 있는 지혜를 감정적으로 표현한 것이다. 아버지와 딸의 근친상간(설사 동의가 있더라도)이나 (…) 시체를 훼손하거나 인육을 먹는 행위, 심지어 (단지!) 다른 사람을 강간하거나 살해하는 행위와 같은 끔

찍한 일을 충분히 설명 가능하다고 할 수 있는 사람이 과연 있을까? (…) 그와는 반대로 만일 근친교배의 유전적 위험성에 대한 논증만으로 근친상간의 끔찍함을 설명함으로써 우리의 공포를 합리화할 수 있다고 생각하는 사람들이 있다면, 우리는 그들에 대해 어떠한 인간적 신뢰도 가질 수 없다.[28]

그렇다고 해서 혐오감 자체를 논거로 삼을 충분한 이유가 없는 것이 아니다. 인체를 시장의 재화로 전환한다는 생각에서 오는 혐오감이 바로 그것이다. 사람은 자동차나 망치를 소유하는 방식으로 자신의 몸을 소유하지 않는다. 자동차나 망치는 내가 획득한 것이고, 내 주체성에 변화 없이도 자유롭게 처분할 수 있는 물건이다. 하지만 내 몸은 내가 소유한 물건이 아니라 **나 자신**이며, 적어도 나 자신과 분리할 수 없는 존재이다.

우리는 신체를 예비 부품의 집합체로 취급한다는 생각 자체에 역겨움을 느끼며, 이는 식인 풍습에 역겨움을 느끼는 것과 거의 같은 이유이다. 예를 들어 설사 어떤 사람이 자발적으로 자신의 팔을 팔아서 미식가들의 만족스러운 식재료가 되는 것을 허락하더라도 말이다.[29] 칸트주의자뿐만 아니라 윤리학은 인간을 목적으로 취급하는 것을 필연적으로 수반한다. 인간이 목적이 아니라면 왜 인간의 복지에 가치를 두어야 하는 것일까? 인간이 그 자체가 목적이 아니라면, 예를 들어 한 사회의 국내총생산과 같은 다른 무언가를 극대화할 필요도 없다.

우리가 어떤 형태의 유물론을 포기하지 않는다면, 자아는 반드시 어떤

---

28 레온 카스, 「혐오감이라는 지혜」, ≪뉴리퍼블릭≫, 1997년 6월 2일, 20쪽.

29 레온 카스, 「장기 매매? 타당성, 재산 및 진보의 대가」, 『생명, 자유 그리고 존엄성의 수호: 생명윤리를 위한 도전』(인카운터, 2002), 177~198쪽.

장기 또는 장기 기관들 내에 존재해야 한다. 만약 우리가 자신의 장기를 파는 것이 허용되어야 한다는 주장을 받아들인다면, 그는 자신의 자아를 팔 수 있다는 결론에 이른다. 우리의 뇌는 어떻게든 다른 무엇인가로 생각하는 경향이 있지만, 유물론적 관점에서는 이를 정당화하기 어렵다. 로만 폴란스키(Roman Polanski)의 영화에서 주인공이 팔을 잃어도 여전히 나 자신일 수 있느냐고 묻자 여전히 그럴 것이라고 답하는 장면이 있다. 만일 양쪽 팔을 모두 잃어도 여전히 나 자신일까? 머리를 제외한 모든 신체 기관을 잃었지만, 생명만 부지할 수 있는 경우도 여전히 나 자신일까? 그렇다면 그는 "내 머리가 스스로를 나라고 부를 권리가 있는가?"라고 반문한다.

경제학 용어로 표현하자면, 장기 매매는 음의 외부성(negative externality), 즉 사회의 도덕적 타락을 필연적으로 수반한다. 그것은 우리의 신체를 다른 것과 마찬가지로 재산으로, 사람을 경제적 가치를 지닌 부품들의 집합으로 생각하는 것에 시나브로 익숙해지게 한다. 이렇게 길들여진 우리의 사고방식은 조만간 모든 도덕적 질문에 관한 우리의 관점을 확실하고 필연적으로 형성할 수밖에 없다. 인간을 시장성 있는 부분으로만 취급하더라도 과연 우리는 인간 전체를 소중히 여길 수 있을까?

장기 매매 시장이 존재하고 장기 매매 가격이 충분히 높다면 사람들과 정부가 직접 장기를 조달하기 위해 결코 유쾌하지 않은 방법을 찾아낼 것이라는 점은 경제학자가 아니더라도 쉽사리 예측할 수 있다. 중국 정부는 이미 결코 유쾌하지 않은 장기 조달 방법을 찾은 것으로 보인다. ≪뉴요커≫에 실린 기사에서 지아양 판(Jiayang Fan)은 다음과 같이 서술한다.

2007년까지 중국 장기 공급의 10분의 9는 수만 명에 달하는 사형수에게서 공급되었으며, 장기 적출을 목적으로 사형 집행이 신속하게 진행되기도 했다. 수십 년 동안 중국 당국은 이러한 관행을 부인했으나, 캐나다 국회의원인 데이비드 킬거와 캐나다의 인권 변호사 데이비드 마타스의 2006년 조사에 따르면 수감자의 동의 없이 장기를 매매하는 것이 "중국에서는 수십억 달러 규모의 사업"이라고 결론지었다. 보고서에 따르면, 사형수에게서 정기적으로 주요 필수 장기가 적출되며, 그림자 중개업자를 통해 유통되고 있다.[30]

한 중국 의사는 미국 의회에서 피부 이식을 위해 살아 있는 사람의 피부를 적출했다고 증언했다. 그리고 장기 적출의 목적 때문에 사형 집행이 '신속히' 이루어졌다면, 애초에 사형선고 여부를 결정할 때 이미 사형수의 장기 적출의 유인이 발동했을 가능성이 매우 높아 보인다. 파룬궁 수련생이 그다음 희생자가 되었다는 것은 분명해 보인다.[31]

확실히 중국 정부는 서구의 인권 개념을 거부하고 인간을 장기의 공급원으로 취급하는 권위주의 정권의 전형적인 모습을 띠고 있다. 여느 중고차의 가치 있는 부품처럼 사형수들의 신체 기관은 적출되기 전 그들의 온전한 상태보다 더 가치가 있다. 그러나 인권을 무시하는 경향이 곧 인체 장기 기관 시장을 지지하는 것으로 귀결되면, 인체 장기 기관 시장의 존재는 우리가 인권을 무시하는 경향을 더욱 가속화할 가능성이 높다. 이미 인간 생명의 '존엄성'에 대한 개념은 다소 고리타분해 보이기 시작했다.

---

30 지아양 판, 「중국은 장기 밀매를 막을 수 있을까?」 ≪뉴요커≫, 2014년 1월 10일(http://www.newyorker.com/news/news-desk/can-china-stop-organ-trafficking).

31 데이비드 마타스, 「중국 내 장기이식 남용 근절」(http://www.david-kilgour.com/2010/Aug_19_2010_01.php). 데이비드 마타스·데이비드 킬거, 「피의 수확: 중국 파룬궁 수련생의 장기 적출 혐의에 대한 수정 보고서」(http://organharvestinvestigation.net/).

만일 미국 병원이 보다 영리 목적에 의해 움직인다면(사실 영리 목적에 의해 운영된다), 환자의 생명을 연장하느니 그 환자의 장기 가치를 보다 염두에 둘 유인이 없을 이유가 있을까? 영국 국가보건의료서비스(National Health Services)에서는 2013년부터 보건의료서비스 재원을 할당하는 방법으로 "QALY당 파운드"라고 명명한 방법을 활용하고 있다. QALY란 질 보정 수명(quality adjusted life year)의 약어로서 건강 상태에 따라 조정된 1년의 수명을 의미하는데, 예를 들어 중등도의 우울증을 앓고 있는 사람은 "불안증 및 우울증이 없는" 사람보다 주어진 의료 비용으로 치료 효과 가치가 낮다.[32] 장애인의 질 보정 수명은 같은 나이의 장애가 없는 건강한 사람보다 치료 효과 가치가 낮다. 심지어 0점 이하의 점수를 받을 수도 있는데, 0점은 죽음을 의미한다. 낮은(또는 마이너스) 점수를 받은 사람을 안락사시키는 결정이야말로 의료 비용을 절감하기 위한 진정으로 담대한 조치가 아닐까? 또한 안락사 이후 버려진 장기를 낭비해야 할 이유도 없지 않을까?

장기 매매 시장에 대한 주장의 논리적 확장은 여기에 그치지 않는다. 한때 신대륙으로 가는 여비를 마련하기 위한 수단으로 행해졌던 계약 노예의 형태를 금지할 이유도 없다.

인간은 자기 자신을 **소유**하는 것이 아니라 자기 **자신** 그 자체라는 사실을 인식하는 것이 중요하다. 더욱이 인간은 자신 안에 내재하고 있는 인간성의 관리자라는 점도 명심해야 한다. 이마누엘 칸트가 관조하길, "자신을 어떤 목적을 위한 단순한 수단으로, 그리고 자신이 원하는 대로 처분

---

32 세리 필립스, 「QALY란 무엇인가?」(http://www.medicine.ox.ac.uk/bandolier/painres/download/whatis/qaly.pdf).

하는 것은 결국 인간(homo noumenon)(존재로서의 인간—옮긴이주)에 내재하는 인간성을 타락시키는 것이고, 이러한 인간성의 타락은 인간(homo phenomenon)(현상으로서의 인간—옮긴이주)이 응당 지키고 보존해야 할 인간의 의무 또한 타락시키는 것이다."[33] 내가 내 안에 있는 인간성의 관리자라면, 내 안에는 나 자신보다 더 많은 것이 있다.

적어도 톨스토이의 콘스탄틴 레빈이 묘사한 것처럼, 인간과 자기 몸의 관계는 귀족과 귀족의 상속 받은 영지와의 관계와 비슷하다. 즉, 인간은 땅을 마음대로 처분할 수 있는 자유의지가 있는 것이 아니라 그 관리를 위임 받은 청지기에 불과하다. 더 나아가 인간의 인간다움은 자기 자신에게만 속한 것이 아니라 더 큰 무언가에 속해 있다. 이는 종교가 "인간은 하나님의 형상대로 만들어졌다"는 말로 표현하고자 하는 통찰력과 동일하며, 이런 까닭으로 일부 교회에서는 자살을 가장 큰 죄악으로 간주한다. 물론 이러한 생각을 표현하기 위해 꼭 종교적일 필요는 없다.

장기 매매 시장의 장점은 당장 많은 생명을 구할 수 있다는 것이고, 단점은 인간다움의 훼손과 그로 인해 초래될 끔찍한 결과들에 있으며, 그중 일부는 이미 가시화되고 있다. 그것이 궁극적으로 우리에게 어떤 결과를 가져올지는 당장 말하기 어렵다. 하지만 인본주의자라면 그 답이 무엇이든 경제학 이상의 답이 필요하다는 결론을 내릴 수밖에 없을 것이다.

---

33 이마누엘 칸트의 『윤리 형이상학 정초』, 제임스 엘링턴 옮김(밥스-메일, 1964), 84쪽. 카스의 「장기 매매? 타당성, 재산 및 진보의 대가」, 185쪽에 인용되어 있다..

여우다움으로 경제 인구통계학에 접근하기

가족을 이해하기 위한 경제적 접근 방식에 대해 지금까지 다소 과하게 비판적인 시각을 유지했다고 인정하지 않을 수 없다. 그러나 우리는 톨민도 인정할 만큼 '여우'다운 한 가지 응용 사례를 논의하면서 이 장을 마무리하고자 한다. 폴락은 "경제 이론의 과학적 분석 수준을 높이는 데 그 어떤 동시대 경제학자보다도 기여한" 공로로 1970년 노벨 경제학상을 수상한 절대적 권위자인 폴 새뮤얼슨(Paul A. Samuelson)의 말을 인용함으로써 경제학자 리처드 이스털린(Richard Easterlin)이 경제 인구학 분야에 기여한 공로를 높이 평가했다. 이스털린은 새뮤얼슨이 베커 모형보다 좀 더 설득력 있다고 생각한 방식으로 자녀에 대한 수요의 변동을 설명하는 데 있어 다른 분야의 통찰력을 흡수해왔다. 새뮤얼슨에 의하면 다음과 같이 적는다. "이스털린 이론은 경제학 이론 중에서 희소성의 측면에서 더욱 가치가 있으며, 경제학자들의 무미건조한 언어 표현에서 벗어나 보다 우호적이고 안도감을 주는 언어 표현을 구사한다는 점에서 특히 주목할 만하다. 경제학자들이 출산율 결정을 무차별 곡선(indifferent curve)이라는 전문용어로 설명하는 경향이 있어 현대 효용 이론의 복잡성을 익히느라 젊은 시절을 낭비하지 않은 비경제학자들을 불가피하게 위협하는 경향에서 확실히 벗어나 있다."[34] 현대 경제학 패러다임 발전에 누구보다 기여한 사람이 말할 수 있는 가장 강력한 말 중 하나로 볼 수 있다.

---

34 폴락은 6쪽에서 새뮤얼슨의 인용문을 인용했다. 원문은 폴 새뮤얼슨, 「경제학자의 자생적 출산율 파동의 비선형 모형」, ≪인구연구(Population Studies)≫, 1976년 7월, 243~247쪽에서 발췌.

하지만 이제 우리는 이스털린의 상기한 연구가 아니라 인구통계적 전환이라는 보다 일반적인 주제에 그가 공헌한 바에 주목하고자 한다. 많은 국가들이 고출산·고사망률 체제에서 저출산·저사망률 체제로 전환해왔다. 이들 국가 대부분에서는 출산율 감소에 앞서 먼저 사망률 감소의 현상이 나타났다. 다수의 인구통계학자들이 이러한 변화를 주목해왔으며, 베커가 가족의 경제학에 관한 연구를 처음 시작할 무렵 이스털린은 경제학자뿐만 아니라 사회학자, 생물학자, 역사가, 인류학자의 통찰력을 통합한 이론 체계를 제공했다.[35]

이스털린은 자녀에 대한 수요, 자녀의 자연 공급(natural supply), 출산율 규제 비용이라는 세 가지 관련 요인이 함께 작용하고 있다고 본다.

경제 발전의 초기 단계에서는 생존 자녀에 대한 초과수요가 발생할 가능성이 높다. 환언하면 부부는 스스로 낳을 수 있는 자녀 수보다 더 많은 자녀를 갖기를 원한다.[36] 왜 그럴까? 자녀에 대한 수요가 높은 이유는 자녀의 직접 비용과 간접 비용(기회비용)이 모두 낮아서 시장 재화에 비해 자녀의 가격이 저렴하기 때문이다. 음식과 주거와 같은 직접 비용이 농촌 지역에서 저렴한 경향이 있고 기회비용 또한 낮다(양육을 대가로 포기한 주 양육자의 노동시장 소득이 크지 않기 때문인데, 특히 양육으로 인해 자녀가 후에 가

---

35 예를 들어, 리처드 A. 이스털린, 「출산율의 경제학 및 사회학: 종합」, 찰스 틸리 편집, 『출산율 변화의 역사적 연구』(프린스턴 대학 출판부, 1978), 57~134쪽; 리처드 A. 이스털린, 「출산율 분석을 위한 경제적 프레임워크」, ≪가족계획연구≫, 1975년 3월, 54~63쪽. 이 연구에 대한 검토와 미국의 경제·인구학적 역사에 대한 적용은 모턴 오웬 샤피로, 『미국을 채우다: 19세기 미국의 인구 증가와 분포에 대한 경제·인구학적 모형』(JAI Press, 1986)을 참고하기 바란다.

36 효용을 제공하는 것은 자녀이므로 출생보다는 자연 생존 자녀가 관심 대상이라는 점에 주목하자.

족 소득에 기여하는 분량이 농업 환경에서는 상대적으로 높다는 점을 감안하면 양육의 기회비용은 작다). 게다가 사회적 규범이 허용하는 대가족의 테두리 안에서 자녀에 대한 '기호'도 종종 확연히 드러난다. 따라서 한 부부가 7명의 자녀를 갖기를 열망할 수도 있다. 한편 공급은 어떨까?

자녀의 자연 공급이란 출산율을 제한하려는 의식적인 노력이 없는 상태에서 자연 생존해온 자녀의 수를 의미한다. 여기서 상황이 좀 복잡해진다. 사람들이 자신의 의도와 상관없이 출산율을 제한할 수 있는 관습에 얽매이게 될 경우 어떻게 될까? 장기간의 모유 수유가 좋은 예가 될 수 있는데, 이는 생리가 재개되기 전까지 출산 후 일시적인 불임 기간을 뜻하는 수유 무월경증(lactational amenorrhea)을 유발하는 것으로 알려져 있다.[37] 모유 수유를 하지 않을 경우 출산 후 월경이 시작되기까지 몇 개월밖에 걸리지 않지만, 모유 수유의 여부에 따라 (평균적으로) 출산 후 초경의 기간

---

37 수유 무월경증 문제는 이 책의 다른 부분에서 언급된, 소위 '문화'의 내생성을 보여주는 좋은 예시라 할 수 있다. 잘 알려진 예는 알래스카 이누피아트 에스키모족이다. 에스키모인의 출산율은 1950년대에 매우 높은 수준으로 상승했다(여성 1명당 7명 이상을 출산해서 미국 본토의 베이비붐 출산율의 2배에 달했다). 이것이 기호의 변화에서 비롯된 것일까? 이 알래스카 원주민들의 생활 방식은 모유 수유가 유아의 주된 영양 공급원이었던 이주민의 생활 방식에서 분유 수유가 대중적 대안이 된 정주민의 생활 방식으로 전환되어온 것으로 밝혀졌다. 3~4년이었던 전통적인 모유 수유 기간이 급속히 단축되거나 사라졌다. 그 결과 출산 간격이 훨씬 줄어들고 출산율이 급격히 상승했다. 래리 블랙우드, 「알래스카 원주민 출산율 추세, 1950~1978」, ≪인구학(Demography)≫, 1981년 5월, 173~179쪽; 서머 커팅·메리 베스 플란더스-스테판스, 「알래스카 이누피아트 에스키모 인구의 모유 수유 보급률」, ≪주산기 교육저널(Journal of Perinatal Education)≫, 겨울(2001), 21~30쪽에서 이러한 변화를 서술했다. 따라서 일부 사회과학자들은 에스키모 베이비붐을 문화적인 무언가로 설명하려고 속단하는 경향이 있지만, 사회규범의 변화는 경제 상황의 변화에서 비롯된 것으로 보이며 따라서 외생적이기보다는 내생적인 변화로 보는 것이 타당하다.

이 훨씬 더 길어진다. 만일 모유 수유가 의도적으로 자녀의 터울을 두는 것을 목표로 한다면('자연' 가족계획의 한 형태로 볼 수 있다), 이러한 접근 방식에서는 단순한 자연 공급의 반영을 뜻하기보다는 자연 생존 자녀 수의 수요와 공급을 동시에 고려한 결과이다. 그러나 경제 발전의 초기 단계에서는 일반적으로 출산율 감소 이외의 여러 가지 이유로 모유 수유가 행해진다.

따라서 자녀의 자연 공급은 수유기가 길어지면서 제한을 받을 수밖에 없는데, 높은 영유아 사망률, 질병과 영양부족으로 인한 저출산율 등 또한 자연 공급이 제한 받는 데 영향을 준다. 자연 공급으로 평균 5명의 아이가 살아남는다고 가정해보자. 이런 조건에서 부부가 원하는 것은 무엇일까? 7명의 자녀를 원하지만 5명만 자연 공급이 가능하다면, 부부는 출산을 위해 무엇이라도 시도할 것이다.

그러나 경제가 발전하는 과정에서 자녀에 대한 수요는 감소하고 자연 공급은 증가한다. 수요 측면에서는 자녀에 대한 직간접 비용이 모두 상승하고, 공급 측면에서는 모유 수유 관행이 바뀌고 영유아 사망률은 감소하며 출산율 또한 개선된다. 처음에는 부부가 출산율에 영향을 미치는 의식적인 노력을 하지 않지만, 결국에는 출산율 변화에 동참할 수밖에 없다. 무조정 출산율이란 현재 8명으로 추산되는 자녀의 자연 공급이 평균 3명으로 감소한 자녀 수요를 초과하는 관계로 원치 않는 5명의 자녀가 있다는 것이고 이로 인해 가족들이 의도적으로 출산율을 낮추기 위한 기술이나 피임약을 사용하게끔 한다는 의미이다. 경제적 측면에서 무조정 출산율과 관련된 비효용은 출산율 규제로 인한 비용(금전적·정신적 비용 모두)을 초과한다.

이 이론 체계는 중요한 정책적 함의를 내포하고 있다. 우선, 실제로 자녀에 대한 초과수요가 있는데도 피임약을 무료로 제공하는 것은 시간과 돈 모두를 낭비하는 것이다. 보다 효과적인 재원 활용은 여성 교육과 여성 노동력 참여율을 높여 자녀의 가격을 높이는 것이다. 다수의 개발 전문가들이 여성의 학교 교육이야말로 세계 최고의 피임약이라고 말하는 이유이다. 교육이 기호를 바꾼다는 의미로 해석하는 사람들도 있겠지만, 이스털린은 (물론 베커 또한) 먼저 양육을 대가로 포기하는 소득이 증가하면, 자녀(양육)의 가격이 상승하여 결국 자녀에 대한 수요가 줄어든다는 점을 먼저 지적할 것이다.

물론 이 짧은 논평에서 이스털린 접근법의 모든 뉘앙스를 담을 수는 없다. 하지만 이 이론 체계가 최상의 의미에서 학제적이라는 점은 분명하다. 이스털린 이론은 다른 학문을 도용하는 것이 아니라 통합한다. 이를 경제학 제국주의의 한 예이거나 '딜레탕트적'이라고 폄하할 것이라고는 생각하지 않는다. 이스털린 이론은 소득과 상대가격의 변화가 수요에 미치는 영향에 대한 경제학자의 일반적인 초점을 반영하는 한편, 생식력, 영유아 사망률, 수유 무월경증의 중요성을 다루는 생물학의 영역과 가족 규모, 초혼 연령, 유결혼자 비율, 혼외 출산의 허용 가능성, 모유 수유 관습에 관한 사회학 및 인류학의 영역까지 모험적으로 탐구한다. 한마디로 여우다움 그 자체이다.[38]

2장에서 설명했듯이 여우는 일반적으로 광신도 패거리를 그들의 추종

---

38 하지만 한 독자가 지적했듯이, '여우다움'을 가진 경제학자라고 해서 인문학자들이 이스털린의 사상을 자동적으로 수용할 것 같지는 않다. '원치 않는 자녀의 수'나 '무조정 출산율과 관련된 비효용'에 대해 글을 쓴다고 해서 베커의 연구에서 볼 수 있는 '자녀 돌봄 서비스'나 '결혼 특유의 자본'과 같은 용어를 쓰는 것보다 많은 인문학 교수들의 호감을 이끌어낼 것 같지는 않다.

자로 거느리지도 않고, 자신의 분야를 혁신시킨 것으로 유명하지도 않으며, 따라서 노벨상을 수상하는 경우도 드물다. 그럼에도 불구하고 그들의 업적은 다른 사람들이 따라야 할 훌륭한 본보기가 될 수 있다는 것을 지적하고자 한다.

05

궁극의 질문

사례 연구 3—왜 어떤 국가는 빠르게 발전할까? 경제학, 문화 및 제도

경제학자는 광범위하게 걸쳐 있는 중요한 주제들을 탐구한다. 그러나 일부 국가는 급속한 (적어도 상당한) 수준의 경제성장을 경험하는 반면, 다른 국가는 훨씬 뒤처지는 이유를 설명하는 것만큼 중요한 주제가 있을까?

이해를 돕기 위해 한국-가나의 경제성장의 수수께끼부터 생각해보자. 1960년대 중반만 해도 두 나라의 1인당 국민소득은 비슷한 수준이었다. 가나는 풍부한 천연자원(특히 석유)과 귀금속(특히 금)이 매장되어 있는 반면, 한국은 천연자원과 귀금속이 전무했다. 50년 후 대한민국 국민이 가나 국민보다 거의 20배나 더 부유할 것이라고 누가 상상이나 했을까?[1]

이 장에서는 먼저 경제학자가 아닌 고슴도치, 즉 한 가지 요인으로 다

---

1 이러한 소득 차이는 가나가 최근 몇 년간 괄목할 만한 성장을 거듭하여 다른 서아프리카 국가들보다 1인당 소득이 2배나 높고, 세계은행에서 '중하위 소득' 국가로 분류된다는 사실을 고려하고도 도출된 결과이다.

양한 경제 발전을 설명할 수 있는 비경제학자의 해답에 시선을 돌리고자 한다. 경제학자가 아닌 사람에게 초점을 맞추어야 할 이유가 과연 있을까? 환원 불가능한 복잡성처럼 보이는 것이 사실은 단일 요인으로 환원될 수밖에 없다고 주장하는 이 고슴도치는, 여타 학문의 관점을 사이비 해설로 폄하하거나 아니면 유의미한 어떤 단일 요인의 결과일 뿐이라고 일축한다. '하드 (골수) 베커'를 연상시키는 이러한 사고방식은 고슴도치들의 전형적인 특성이다. 여기서 우리는 비경제학자가 비경제학적 용어로 경제 사실을 설명하는 방식, 즉 베커가 사회학과 인류학을 경제학적 용어로 설명하듯이 경제학을 비경제학 용어로 다루는 방식을 살펴봄으로써 경제학자들이 종종 다른 사람들의 눈에 어떻게 보이는지 이해할 수 있는 계기를 갖고자 한다. 다른 사회과학자들의 추론이 명백히 오류인 것처럼 보인다면, 경제학자들의 동일한 추론 또한 오류투성이라는 것을 쉽게 파악할 수 있을 것이다.

재레드 다이아몬드는 『총, 균, 쇠: 인간 사회의 운명』에서 뉴턴의 법칙이 방대한 다양성을 가진 천문학적 관측을 설명하는 것처럼, 명백하게 여러 원인들의 결과로 보이는 것을 단일 요인의 결과로 환원해버린다.[2] 다이아몬드는 "현대 세계 전체가 일방적인 결과물에 의해 형성되었다"고 말한다. "따라서 수천 년 전에 누가 어떤 전투에서 승리했거나 어떤 발명품을 개발했는지에 관한 단순한 세부 사항보다 기본적이고 가차 없는 설명이 있어야 한다"(다이아몬드, 24쪽). 다이아몬드의 입장에서 위대한 결과는

2 재레드 다이아몬드, 『총, 균, 쇠: 인간 사회의 운명』(W. W. 노턴, 1999)[한국판은 『총, 균, 쇠: 인간 사회의 운명을 바꾼 힘』, 강주헌 옮김(김영사, 2023)]. 인용문은 1999년에 출간된 영문판에서 발췌했다.

오랜 기간에 걸쳐 여러 요인이 마구잡이식으로 상호작용하여 나올 수 있는 것이 아니다. "가차 없는 설명"과 "궁극적인 설명"(다이아몬드, 24쪽)을 추구할 때는, 어떤 우발성도 지속적인 영향을 미치도록 허용되지 않는다. 따라서 서사(敍事, narrative)란 장기적으로 별 의미가 없는 일시적인 변동분 외에는 어떠한 만족스러운 설명도 제시할 수 없다. 서사를 통해서는 단일 원인이 시간이 지남에 따라 어떻게 작용해 왔는지에 관한 예시만 볼 수 있을 뿐이다. 경제학자들이 수학적 모형을 선호하고 서사적 설명을 피하려는 충동과 사실 같다고 볼 수 있다. 서사는 진정한 우발성이 있을 때만, 즉 경제학자의 주요 모형이 중요한 사실을 도출할 수 없을 때만, 불가피하게 활용된다는 점에서도 경제학자의 서사에 관한 입장과 동일하다.

이에 대한 대안으로 경제학자이자 역사학자인 한 사상가에 대해 논하고자 한다. 조엘 모키르의 저서 『계몽된 경제: 1700~1850년 영국의 경제사(The Enlightened Economy: An Economic History of Britain, 1700~1850)』는 영국이 경제적 우위에 서게 된 배경을 어느 한 가지 요인으로 환원할 수 없는 복합적인 요인의 결과로 설명한다.[3] 이 복합적인 요인들이 결합된 결과는 미리 예측할 수도 없었고 미래에 대한 확실한 예측을 제시하는 것도 불가능하다. 모키르에게 환원 불가능한 우발성은 핵심적인 역할을 담당한다. 어떤 장대한 법칙도 이 환원 불가능한 우발성을 설명해낼 수 없다.

모키르의 기술은 우리가 서사성이라고 부르는 것을 다채롭게 포함하고 있다. 서사는 그의 설명에 없어서는 안 될 중요한 역할을 한다. 물론 그의 책은 반론에 직면할 수밖에 없고 심지어 오류투성이로 판명될 수도 있겠

3 조엘 모키르, 『계몽된 경제: 1700~1850년 영국의 경제사』(예일 대학 출판부, 2009).

지만, 그것이 바로 여우다움을 가진 기술의 본질이다. 여우다움의 기술은 확실성을 약속하지도 않으며 가차 없는 설명은 말할 것도 없고 궁극적인 설명을 이끌지도 않는다.

지리학의 고슴도치

물론, 최상의 수준에 있는 고슴도치식 기술은 전체적인 설명으로서 갖는 온갖 단점에도 불구하고 다른 사람들이 간과하거나 과소평가했던, 그러나 놀랍고 중요한 통찰력을 제공할 수 있다. 그리고 다이아몬드는 의심할 여지 없이 최상의 수준에 있는 고슴도치식 기술을 선사한다. 우리가 아는 한 어느 누구도 어떤 국가가 다른 국가보다 더 빨리 발전하는 이유를 설명하는 데 있어서 잠재적으로 유용한 식물이나 가축화할 수 있는 대형 동물의 분포를 중요한 요인으로 지적하지 않았다. 세계의 일부 지역이 다른 지역보다 얼마나 늦게 정착했는지, 따라서 일부 문화권이 유용한 혁신을 개발하는 데 얼마나 적은 시간이 필요했는지를 알게 되면 충격에 빠질 수밖에 없다. 우리는 인간의 모든 활동이 사실상 찰나이거나 찰나의 존재로 만들어버리는 방대한 진화의 시간을 기준으로 생각하는 데 익숙하지만, 진화의 일부 짧은 순간에 존재하는 인간의 삶에 초점을 맞추면 시간적 범위 내에서 상당한 차이가 드러난다.

(문화) 확산의 지리적 용이함이 오랫동안 간과되어온 확산의 중요한 요인으로 판명되고 있다. 아무리 창의적인 문화라 할지라도 대부분의 발명은 다른 곳에서 유래한 것이다. 따라서 다른 문화를 차용할 수 있는 곳, 즉 여러 문화 속에 위치한 문화가 고립된 문화보다 발전할 가능성이 훨씬 높다. 가용 가능한 대규모 인구와 지리적 장벽의 부재가 태즈메이니아, 뉴

기니, 심지어 사하라 사막 이남의 아프리카에 비해 유리시아 대륙의 엄청난 발전상 이점을 가져다준 것이다. 유라시아 대륙은 남북이 아닌 동서로 길게 뻗어 있어, 일반적으로 주어진 위도와 햇빛의 양에 적합한 작물이 먼 거리까지 쉽게 번성할 수 있었다는 사실도 마찬가지이다. 이와 유사한 관찰을 통해 다이아몬드의 책은 장기적인 발전의 차이에 관한 우리의 이해에 중요한 공헌을 한 책으로 자리매김했다. 한 가지 요인에만 편집광적으로 집중하면 그 요인의 작용에 관해 놀라운 사실을 밝혀낼 수 있는, 최고 상태의 고슴도치식 접근법의 특징이 바로 여기에 있다.

다이아몬드는 경제 발전 간 격차에 관한 의문을 흥미로운 방식으로 제기하면서 프롤로그를 시작한다. 그는 얄리라는 뉴기니의 정치인과 해변을 걷다가 "왜 당신네 백인들은 그렇게 많은 화물을 개발해 뉴기니로 가져왔는데, 우리 흑인들은 자체적으로 만들어낸 화물이 거의 없을까요?"(다이아몬드, 14쪽)라는 질문을 받았다.[4] 다이아몬드의 말로 환언하면 "왜 인류의 발전이 대륙마다 이렇게 다른 속도로 진행되었는가?"라는 질문과 동일했다(다이아몬드, 16쪽).

이 질문에 대한 다이아몬드의 답은 지리라는 단 한 가지 요인으로 환원된다. 다이아몬드는 비지리적 설명도 가능하다고 말은 하지만, 비지리적 설명은 결국 지리적 용어로 설명 가능한 "근접한" 원인[저자는 진화 심리학의 궁극적 원인(ultimate cause)과 근접한 원인(proximate cause)을 대비하여 이 장에서 반복 사용한다. 이 장의 제목이 "궁극의 질문"인 이유도 여기에서 유래한다.—옮긴이주]에 불과하다고 반복해서 강조한

---

4 '화물'은 여기서 물적 재화를 의미한다. 소위 화물 숭배자들은 화물이 유럽인의 부와 권력의 원천이며, 화물은 제물을 바쳐 숭배해야 하는 하늘의 힘에서 나온다고 생각했다. 얄리는 이 용어를 단순히 물리적 부와 권력의 의미로 사용하고 있다.

다. 이 책의 에필로그에서 다이아몬드는 다음 단계로 지리적 설명을 더 짧은 시간 구간에 적용해볼 것을 제안한다. 물론 지리적 요인으로 설명할 수 있는 시간 구간이 짧아질수록, 주요 발전선상에서 벌어지는 사소한 변동조차도 비지리적 요인들이 설명할 여지는 줄어들 수밖에 없다. 그럼에도 다음 단계의 지리적 설명이 여전히 더 짧은 기간에 국한되어야 할까?

예를 들어, 다이아몬드는 중국이 아닌 유럽이 기술적 발전에서 세계를 주도한 이유에 대해 지리적 설명을 제시하는데, 그의 이론에 따르면 "유럽의 기술 발전은 초기에는 놀랍다고 볼 수밖에 없다. 이는 중국이 의심할 여지 없는 기술 발전의 이점을 누리고 있었다는 점을 감안한다면 말이다"(다이아몬드, 395쪽). 다이아몬드는 이러한 이점을 다섯 가지로 열거하는데, 그의 설명을 감안하면 이 중 어느 하나라도 중국의 패권을 보장하기에 충분했을 것으로 보인다. 그러나 다이아몬드는 여타 지리적 요인을 제외한 어떤 원인도 인정하지 않는다.

> 그렇다면 초승달 지대와 중국은 왜 결국 수천 년 동안 누려온 막강한 우위를 후발 주자인 유럽에게 빼앗겼을까? 물론 상인계급의 발달, 자본주의, 발명품에 대한 특허권 보호, 절대 전제군주제와 가혹한 조세의 확산 실패와 비판적·실증적 탐구 성향의 그리스·유대·기독교 전통 등 유럽이 부상할 수 있었던 근접 요인들을 지적할 수 있다. 하지만 이러한 모든 근접 원인을 감안하더라도, 왜 그러한 근접 요인들이 중국이나 비옥한 초승달 지대가 아닌 유럽에서 발생했는가라는 보다 궁극적인 원인에 관해 의문을 품어야 할 것이다(다이아몬드, 393~394쪽).

이 추론은 어떤 반증의 여지도 용납하지 않는다. 만약 중국이 정상에 올랐다면 앞서 언급했던 결정적인 지리적 요인 때문일 것이다. 여하튼지 이론은 사실로 입증되었을 것이다. 그러나 결과적으로는 이론이 예측했던 것, 중국이 정상의 자리를 차지할 수밖에 없다는 예측은 실현되지 않았다. 그렇다고 해서 이론이 조작되었거나 심지어 이론에 관한 결정적인 반증이 제시되었다는 것은 아니다. 오히려 이론은 또 다른 지리적 요인이 작용했을 것이라고 지적한다. 물론, 또 다른 지리적 요인을 대표할 후보는 너무나도 많기 때문에 언제든지 마술을 부릴 수 있는 후보를 찾을 수 있다.

사실 관계가 드러난 후, 예측이 틀린 것으로 판명되었을 때, 이론으로 돌아가서 이미 알고 있는 사실을 정확히 예측할 수 있도록 이론을 수정하여 예측이 옳았으며 새로 수정된 이론은 사실로 입증되었다고 주장한다! 이런 방식으로 이론의 오류를 수정하는 경우는 매우 드물다고 말하고 싶지만 드물지 않다. 특히 거의 모든 이론을 정당화할 수 있는 추론으로 자신의 이론을 입증하려고 반복적으로 시도하는 고습도치들 사이에서는 흔한 경우이다. 잘못된 예언을 한 점성가들 또한 이미 일어난 사건을 검토한 후, 그 사건을 정확히 예언할 수도 있었을 다른 별자리를 지명할 수 있다. 그리고 앞으로 40년 안에 중국이 세계를 지배하게 된다면, 다이아몬드는 과연 오로지 지리적 설명으로 중국의 세계 제패를 규명할 수 있을까? 즉, 40년 이후의 중국의 패권뿐만 아니라 왜 40년 전에는 중국이 그럴 수 없었는지 설명할 수 있을까? 이 모든 질문에 대해 지리적 설명이 가능하다면 왜 지금 바로 예측하지 못하는 걸까?

다이아몬드는 역사가와 경제학자들이 거론하는 14가지 '근접 원인'을 열거했는데, 여기에는 특허와 재산법 같은 제도적 원인, 개인주의, 모험주의 성향 행동 및 다양성 포용을 포함하는 사회적 원인, 그리고 회의주의 및 과학적 시각과 기술 발전에 부합하는 종교와 같은 지적 원인 등이 있다. 경제 발전에 기여하는 이러한 요인 외에도 전쟁, 중앙집권적 정부, 기후, 풍부한 부존자원의 여부 등과 같이 때로는 경제 발전의 정방향으로, 때로는 역방향으로 작용하는 요인들 또한 언급된다.

다이아몬드는 후자의 '근접 원인' 그룹은 부정하는데, 그 이유는 어떤 원인이 서로 상쇄하는 두 가지 방향으로 작용할 수 있다면, 그것은 그다지 큰 원인으로 작용한다고 볼 수 없기 때문이다. 인문학자에게는 질투, 소유욕 또는 다른 어떤 감정도 때때로 양방향으로 작용하기 때문에, 범죄의 동기로 설명해서는 안 된다고 반대하는 것만큼 다이아몬드의 반대 근거는 그다지 설득력 있어 보이지 않는다. 모순적 양방향의 가능성은 인간적인 것들의 본성이다. 그러나 다이아몬드는 생리학자로서 훈련을 받았으며 생태학 및 조류학에 관한 글을 썼는데, 생태계의 복잡성을 감안하더라도 그 연구는 가진 인간의 복잡한 상호작용을 필연적으로 내포하지는 않는다. 이 점에서 그는 2장에서 다룬 폴 에얼릭과 닮아 있다. 에얼릭은 경제적 사실을 설명할 때 경제학을 건너뛰고 바로 생태학으로 넘어가는 것을 자연스럽게 여긴다.

예상하는 바와 같이 다이아몬드는 전자의 '근접 원인'도 부정하는데, 왜냐하면 그 원인들이 단지 근접한 것이기 때문이다. 그의 추론은 전적으로 순환 논리의 모순을 가지고 있다. 설명이 반드시 지리적이어야 한다는 것을 입증하기 위해 그는 다른 가능성을 찾아보고, 그 다른 가능성을 찾고 나면 그것이 또 지리적이지 않다는 이유로 무시한다. 말할 필요도 없이, 통섭적 이론 체계의 지지자들은 마르크스주의 경제학자들처럼 그들 이론 체계 밖의 설명은 단지 근사치에 불과한 것으로 폄하하는데, 지리적 설명도 동일한 이유로 폄하된다. 다이아몬드가 위험 감수 성향이나 재산권 자체가 지리적 측면에서 왜 주요 원인이 될 수 없는지 묻듯이, 마르크스주의자들은 지리적 원인의 효과 자체는 경제 현상과 왜 관련이 없는지 똑같이 물을 수 있다. 어떤 요인을 선택하든 간에 영리하게 다른 여타 요인을 그 단일 요인으로 흡수해 버린다. 유일무이한 종교적 계시를 받았다고 주장하는 수많은 주창자들이 상대를 부인하듯이, 다양한 형태의 고슴도치주의도 마찬가지이다.

다이아몬드는 특히 불평등한 발전에 관해 인종주의적 설명을 배제하고자 했으며, 물론 이 점에서 다이아몬드만이 유일한 것은 아니다. 유럽인의 유전적 우월성으로 유럽의 경제적 패권을 설명하는 어떤 학파도 현재 미국 학계에 존재하지 않는다. 다이아몬드의 의아한 점은 그가 인종주의를 또 다른 종류의 인종주의로 반박한다는 것이다.

이 매혹적인 책은 우리가 보기에는 시작부터 험난하다. 다이아몬드는 인종에 근거한 답변을 즉각적으로 불식시키려고 분투하지만, 적어도 일본의 경우를 들어 성장률의 격차를 설명하면서 불가피하게 인종차별적 근거를 충분한 변명 없이 제안한 꼴이 되어버린다. 물론 우리도 다이아몬드의 의견에 동의하지 않는 것은 아니지만, 그가 이 점을 예시하는 방식이 호기심을 불러일으킨다. 그는 자신의 경험에 비추어 볼 때, 선진국 사람들이 뉴기니와 그와 비슷한 지역의 주민들보다 더 똑똑하다고 할 만할 이유가 없을 뿐만 아니라 실제로는 뉴기니 주민들에 비해 똑똑하지도 않다고 주장한다. 뉴기니에서 30년 이상 일한 경험을 바탕으로 뉴기니 사람들이 "평균적인 유럽인이나 미국인보다 더 똑똑하고, 더 주의 깊고, 더 표현력이 풍부하고, 주변 사물과 사람들에 대해 더 관심이 많다는 인상을 받았다"고 결론 내린다(다이아몬드, 20쪽).

이렇게 뉴기니인의 유전적 우월성을 입증한 그는(자신의 인상만으로도 충분한 증거가 될 수 있다고 확신한다), 어떻게 그런 우월성이 형성되어 왔는지 묻는다. 그는 두 가지 설명으로 결론짓는데, 첫째, 서구의 낮은 영유아 사망률은 지능과 유전자와 무관하게 대부분의 영유아가 생존할 수 있다는 것을 뜻한다. 사망률이 높은 전통적인 뉴기니 사회에서는 지능이 높은 사람이 지능이 낮은 사람보다 생존할 가능성이 높다. 물론 이 첫 번째 설명에 대해 예방접종으로 질병으로 인한 죽음을 모면한 미국 어린이들이 평균적으로 지능이 낮다고 볼 수는 없다고 반문할 수 있을 것이다. 미생물이 멍청한 사람을 골라낸다고 보기에는 다소 무리한 주장이다. 또한 첫 번째 설명이 타당하다면 천 년간 가톨릭이 유럽을 지배하는 동안 가장 똑똑한 사람들 중 많은 사람들이 독신 사제와 수도사가 되었기 때문에, 또 그들 중 많은 이가 독신 생활을 유지했기 때문에, 사제의 결혼을 허용한 러시아인이나 그러한 제한이 전혀 없었던 이교도들보다 유럽인들이 평균적으로 멍청해졌을 것이라는 주장도 가능하다.

자연선택론에 근거한 첫 번째 설명은 확실히 고증이 필요해 보이는 문제에 그칠 수 있겠지만, 두 번째 설명은 훨씬 더 문제투성이처럼 보인다. 서구의 어린이들은 텔레비전, 라디오, 영화(물론 오늘날 그의 걱정은 인터넷에 관한 것이겠지만)를 통해 수동적인 오락을 즐기며 자라는 반면, 뉴기니의 어린이들은 다른 사람들과 직접 교류하며 정신적 능력을 개발하는 데 시간을 보낸다.[5] 다이아몬드는 "내가 그들의 우월한 지능이라고 믿는 것"(다

5 다이아몬드는 아동 발달에 관한 거의 모든 연구가 기술과 수동적인 관계를 맺는 방식이 아동의 정신적 성장을 저해한다는 그의 가설을 뒷받침한다고 주장하지만, 현재 이와는 정반대의 주장을 담은 연구도 다수 존재한다. 한 가지 예로 카베리 수프라마냠·파트리샤 그린필드·로버트 크라우트·엘리세바 그로스, 「컴퓨터 사용이 아동 및 청소년의 발달에 미치는 영향」, ≪응용 발전 심리학(Applied Developmental Psychology)≫, 22(2001),

디아몬드, 21쪽)을 감안하면 얄리의 질문이 특히 흥미롭다고 선언하면서 그의 인종주의적 주장을 마무리한다. 그러나 여기서도 서구 사회는 언어와 수학적 능력을 중시하고, 대부분의 사람들이 지능에 대해 논할 때 이 두 가지 능력을 염두에 두기 때문에 사실상 서양인이 더 똑똑할 수밖에 없다고 반문할 수 있다. 뉴기니가 특정 지능의 측면에서 탁월하다 하더라도 그것이 발전에 중요한 지능의 측면은 아니다.

다이아몬드의 이론은 논거의 타당성을 우선으로 삼아 자신이 원하는 결론을 이끌어내는 식으로 보이지 않는다. 원하는 결론을 얻기 위해서는 어떤 논거나 채택하는듯 보이며, 심지어 정반대의 결론이 도출되는 논거조차 채택하는 듯하다. 어디에서도 진리를 존중하는 마음에서 온 것으로 보이지 않는다. 바로 고습도치주의가 종종 가장 지적인 사람들을 진리를 존중하는 마음이 결여된 그곳으로 이끄는 것이다.

불평등한 성장의 근간이 되는 인종주의적 설명을 부정하는 것은 찬사받을 만하다. 그러나 이를 뒤집어 저개발국 거주자의 우월성을 주장하는 것은 과도한 생각이며, 특히 인종차별을 부정하는 데 적용한 추론을 인종차별을 옹호하는 데도 동등하게 활용할 수 있다는 점을 고려하면 더욱 그렇다.

이 책의 첫 문장에서 알 수 있듯이 다이아몬드는 결코 소심하지 않다. "이 책은 지난 1만 3천년 동안 살아온 모든 사람의 역사를 간략하게 제공하려고 한다"(다이아몬드, 9쪽). 베커와 마찬가지로 다이아몬드도 민족 환경의 차이가 경제 발전의 차이를 어떻게 설명하는지에 대해 명확하면서

7~30쪽을 참고하기 바란다.

도 도발적으로 기술한다. 또한 베커처럼 다이아몬드가 자신의 이론의 한계점을 잘 인식하고 있다고 항변할 때 하는 말이 공허하게 들린다. 다이아몬드는 "지리가 역사에 일정 부분의 영향을 미친 것은 분명하지만, 그 영향이 얼마나 큰지, 그리고 지리가 역사의 광범위한 패턴을 설명할 수 있는지에 대해서는 여전히 의문의 여지가 있다"(다이아몬드, 25쪽)고 말한다. 그러나 그의 다음의 결론에는 의심의 여지가 거의 없는 듯하다. "요컨대 유럽의 아프리카 식민지화는 백인 인종주의자들이 생각하듯이 유럽과 아프리카 민족 자체의 차이와는 아무런 관련이 없다. 오히려 지리적이나 생물 지리적인 돌발 사건들, 특히 대륙의 서로 다른 넓이 및 축, 그리고 야생 식물과 동물 종의 집합체 등이 원인이다. 즉, 아프리카와 유럽의 서로 다른 역사적 궤적은 궁극적으로 경작지의 차이에서 비롯된다"(다이아몬드, 385쪽). 다이아몬드는 인종주의 또는 기타 혐오스러운 이론들에 대한 대안 이론으로써 자신의 이론 외에는 없다는 듯이 단정적으로 쓴다. 거기에는 이론(異論)의 여지가 사실상 없다. 자신의 독자적인 설명 또는 명백히 기각해야 할 설명 중 하나로 양분하는 것은 진지한 학문적 연구보다는 광고주나 정치 선전가들 사이에서 더 쉽게 발견되는 수사학적 수법이다.

다이아몬드는 기술에 관한 논의 부분에서 어떤 천재의 존재와 놀라운 발명품의 탄생을 통해 역사의 전환점을 가져올 수 있는지 묻는다. 그도 인지하듯이 이 질문은 기술적 측면뿐만 아니라 역사의 모든 측면에 적용될 수 있다. 에디슨, 구텐베르크 등의 발명가가 결정적인 전환점을 가져왔는지 묻는다면, 나폴레옹, 알렉산더 대왕, 율리우스 카이사르에 대해서도 동일한 질문을 할 수 있을 것이다. 만약 이들 각자가 자신들의 루비콘 강을 건너지 않았다면 어찌 되었을까?

다이아몬드는 와트, 에디슨, 라이트 형제가 중요한 개선을 이루어냈으며, 이들이 없었다면 그 결과 발명품은 "다소 달라졌을 수도 있다"고 인정한다. 그럼에도 불구하고 "우리의 목적에 부합되는 질문은 특정 장소와 시간에 천재적인 발명가가 태어나지 않았다면 세계사의 큰 흐름이 크게 달라졌을지 여부이다. 답은 분명하다. 그와 같은 사람은 한마디로 없었다"(다이아몬드, 245쪽). 다이아몬드가 가능한 모든 경우를 조사할 수 없었을 것이 분명하므로, 반대의 경우가 있을 수 없다는 그의 확신은 그의 논거가 이미 입증할 수밖에 없도록 고안된 이론을 적용하는 데서 비롯된 것임에 틀림없다.

다이아몬드는 이 결론을 뒷받침하는 두 가지 설명을 제시한다. 첫째, 발명가는 발명에 우호적인 문화에서 현존해야 한다. 그렇지 않으면 그 발명에 필요한 선행자가 부족하여 발명을 할 수 없거나, 설사 발명을 하더라도 실용화하는 것이 불가능하다. 절대적으로 맞는 말이다. 그러나 이는 초점이 벗어난 질문에 대한 답이다. 물론 에디슨이 16세기 태즈메이니아에서 태어났다면 전구나 축음기를 발명하지 못했을 것이다. 하지만 에디슨이 아니라 다른 누군가가 미국이 제공한 기회를 잘 활용했다면, 우리가 상상하는 이상의 전적으로 다른 발명품을 발명하지 않았을까? 만일 길도 없는 숲속에 사람을 내버려두면 그 사람이 갈 곳을 찾기란 거의 불가능하다. 그러나 전자의 의미가 여러 길이 교차하는 교차로에서 어느 길을 택하든 결론은 매한가지라는 의미와는 맥을 달리한다. 교차로에서 어떤 길을 선택하느냐에 따라 우리는 전혀 다른 곳으로 가게 된다. 같은 맥락에서 알렉산더 대왕이 헬레니즘을 전파하지 않았거나 나폴레옹이 프랑스 혁명의 사상을 전파하지 않았다면 과연 어떤 세상이 되었을지 상상하기는 어렵다.

다이아몬드는 또한 "부차적 요인의 구축(驅逐)"(또는 "평균화")이라고 명명할 수 있는 논리로 회귀한다. 사람들이 혁신성에 관한 수많은 이유를 제시했다는 사실이 "역설적으로 역사학자의 과제를 보다 쉽게 만들어 버리는데, 각 사회마다 관찰된 천차만별의 혁신성을 본질적으로 혁신성이라고 부르는 하나의 확률변수에서 무작위로 뽑은 샘플들의 분포로 변환해버린다. 즉, 특정 시점에 충분히 넓은 영역(예를 들어 전체 대륙)에서 분포한 다수의 사회에서 일정 비율의 사회만이 혁신적일 가능성이 높다는 뜻이다"(다이아몬드, 254쪽). 같은 맥락에서 한 사회에 분포한 개인들 중 일정 비율만이 혁신적일 가능성이 높다는 뜻이기도 하다. 따라서 역사에서 예측은 "수백만의 짧은 소규모 사건들 각각의 고유한 특징들의 평균을 구할 때"(다이아몬드, 424쪽) 가능하다.

다이아몬드가 통계, 즉 모든 것의 평균을 구할 수 있다는 가정으로 우발성의 문제를 해결해버리는 유일한 고슴도치는 아니다. 하지만 대부분의 경우 단순히 평균을 적용하여 우발성의 문제를 회피할 수는 없다. 모든 상황을 바꿔버릴 만한 매우 이례적이고 아무도 예측하지 못하는 '블랙 스완'이라는 우발적 사건이 도사리고 있기 때문이다.[6] 카오스 이론에서는 사소한 사건들이 연쇄적으로 결부되어 돌이킬 수 없는 엄청난 영향을 만들어낼 수 있다. 쉽게 식별 가능했을 사소한 우발적 사건들이 때때로 선택하지 않을 이유가 전혀 없는 예상 경로 대신에 어떤 하나의 경로로 결집해 버리는데, 그 과정에서 후속 사건들은 우리가 예상하지 못한 진로에 '구속'될 수 있다. 블랙 스완, 나비 효과, 경로 의존성, 구속 효과(lock-in)

---

6 나심 니콜라스 탈렙이 정의한 바 블랙 스완은 발생 가능성은 매우 낮지만 실제로 발생하면 엄청난 결과를 초래하는 사건을 말한다. 나심 니콜라스 탈렙, 『블랙 스완: 가능성이 매우 희박한 것의 영향』(랜덤하우스, 2010)을 참고하기 바란다.

등과 같은 최근의 개념들은 모든 것에 평균의 개념을 적용할 수 있는 것은 **아니라는** 인식이 점차 커지고 있음을 보여준다고 볼 수 있겠다.

우발적 사건이란 아리스토텔레스가 설명한 것처럼 "존재할 수도 있고 존재하지 않을 수도 있는, 따라서 실제 일어날 수도 있고 일어나지 않을 수도 있는 것"이다.[7] 우연, 선택 또는 예측할 수 없는 원인들의 조합이 모두 이러한 우발성을 만들어낼 수 있다. 우발적 사건이 발생하면 향후 사건의 진행 방향은 급격히 바뀔 수 있다. 이를 이해하기 위해서 우리는 필연적으로 서사(narrative)에 의존해야 한다.

다이아몬드는 인류 역사를 실증적이고 결정론적인 과학으로 정립하고자 한다.[8] 그는 인류 역사는 실험과 정확한 예측이 사실상 불가능하기 때문에 물리학을 닮을 수 없다는 것을 인정하지만, (자신의 생태학과 진화 생물학의 학문적 배경을 인용하며) 천문학, 지질학, 생태학, 고생물학, 진화 생물학 같은 인정된 역사과학과 닮을 수는 있다고 믿는다. 이들 각각은 "근접 원인과 궁극적인 원인의 연쇄 작용"(다이아몬드, 422쪽)을 다루며, 전자를 통해 후자를 규명할 수 있다. 여러 비평가들이 지적했듯이, 다이아몬드의 야망은 '역사의 법칙'을 발견했다고 주장하는 여타 학자들과 마찬가지로 역사에서 모든 역사적 요소를 제거함으로써 역사를 설명하는 것이다.

허버트 버터필드와 레프 톨스토이처럼 다른 관점을 가진 사상가들은 역사적 진행 과정에서 한 발 물러서서 (항상 현재에 특별한 비중을 두면서) 몇 가지 순간만을 떼어내면 언제나 단순한 서사를 만들어내는 것이 가능하

7 아리스토텔레스, 47쪽.

8 다이아몬드는 "궁극적으로 역사 체제의 결정론적 본성에도 불구하고 복잡성과 예측 불가능성"의 여지가 있음을 논한다(다이아몬드, 407쪽).

며, 이는 몇 가지 간단한 법칙의 결과로 보일 수 있다는 것을 이미 간파했다. 그러나 그 단순함은 일종의 역사적 착시 현상에서 비롯된 결과이다. 톨스토이는 이를 멀리서 나무만 보이는 언덕을 보고 그 언덕이 나무로 가득 차 있다고 상상하는 사람에 비유하곤 한다.[9] 버터필드는 이러한 착시 현상을 '일반적' 역사와 '특정한' 역사의 이분법적 사고의 착시 현상으로 기술한다. 어떤 한 순간을 자세히 들여다볼수록 더 많은 우여곡절과 우발적 사고, 징후 현상 등으로 이루어져 있다는 것을 알 수 있으며, 그중 어느 하나라도 일반화할 수 없는 것들이다. 버터필드는 이러한 요소들을 부차적인 요소들로 구축해버리는 것은 '역사 그 자체'를 구축·배제해버리는 것이라고 말한다.[10] 버터필드는 "사건 사고로부터 본질을 분리해낼 수 있다고 상상하는 것이야말로 진정으로 비역사적인 것이다"라는 유명한 진술로 결론 맺는다.[11]

다이아몬드는 실증적 역사과학이 없다면 역사는 사실상 망조 든 것들의 연속으로 축소될 수밖에 없다고 상상한다. 다시 한 번 우리는 딱히 별다른 대안이 없기 때문에 다이아몬드의 이론과 부조리 사이에 선택의 기로에 설 수밖에 없다. 그러나 확실한 실증적 역사적 법칙과 어떠한 패턴도 없는 순전한 우연 사이에는 분명 무언가가 존재한다. 스티븐 제이 굴드(Stephen Jay Gould)는 사실 진화 생물학 자체를 그 중간 지점에 절충해 놓았다. 그는 역사적 사건의 테이프를 재생한다면 역사는 매번 다른 경로

---

9 레프 톨스토이, 「『전쟁과 평화』에 대한 몇 마디」, 조지 기비안 편집, 『전쟁과 평화』(노턴, 1966), 1367쪽.

10 다이아몬드의 책에 대한 비판은 진 칼라한, 「다이아몬드 오류」(http://mises.org/library/diamond-fallacy)를 참고하기 바란다.

11 허버트 버터필드, 『휘그의 역사 해석』(1931; 재출간 노턴, 1965), 69쪽.

로 흘러갔을 것이라고 주장한다. 물론 그렇다고 해서 역사에 패턴이 전혀 없다는 것을 의미하지는 않는다. 오히려 우연성이 전면에서 중요한 역할을 하는 동안 역사의 배경에서는 무언인가를 통제하는 일반 원칙이 작동하고 있다. 굴드에게 진정한 다원주의적 입장이란 "**배경에는 법칙이, 세부적인 것에는 우발성이 존재**"하며, 이는 우발적인 것이 사물을 매우 다른 길로 인도할 능력이 있기 때문이다.[12]

이는 역사에서 질병의 역할을 탐구하는 데 있어 역사학자 윌리엄 맥닐이 저명한 연구인 『전염병과 민족』에서 취한 접근 방식과 다름없다고 볼 수 있는데, 맥닐은 다이아몬드 접근 방식의 선구자라 해도 과언이 아니다. 맥닐은 세균학자 한스 진서(Hans Zinsser)의 연구와 차별화하려고 노력했는데, 진서는 그의 책 『쥐, 이, 그리고 역사』에서 질병 자체와 그 질병이 언제 그리고 누구에게 닥쳤는지에 대한 시점과 대상의 확률적 임의성이 역사에서 결정적 역할을 한다고 주장했다.[13] 결정적인 순간에 질병이 중요한 지도자를 공격했다거나 군대를 공격하지 않았다는 등 역사적 사실에 반하는 상황을 상상하기란 쉽다. 진서의 관점에서 역사가들이 질병의 역할을 배제해온 이유는 역사가들이 진술해왔던 역사 과정의 관점에서 질병이 개입한 역사적 사건들을 일관성 있게 설명하기가 불가능했기 때문이며, 따라서 역사가들이 이를 인정하기를 꺼렸기 때문이다. 그럼에도 불구하고 그는 급진적인 우연의 요소가 입증 가능하게 일정 부분 역할을 했다고 주장한다.

맥닐은 역사가들에 대한 진서의 지적을 인정한다. "우리가 설명할 수

---

12 스티븐 제이 굴드, 『원더풀 라이프: 버지스 혈암과 역사의 본질』(노턴, 1989), 290쪽.

13 한스 진서, 『쥐, 이, 그리고 역사』(트랜잭션, 2008). 첫 출간은 1935년이다.

없는 것을 추방하고자 했고, 필요하다면 과감히 무시했던 계몽주의의 계승자이듯이, 20세기의 역사가들 역시 그러한 사건을 간과하는 쪽을 선호했다. 그들의 기법을 통해 인간의 경험을 이해 가능하게 하는 해석 및 설명의 그물망을 망칠 수 있는 여타 어떤 것도 배제해버렸다."[14] 그럼에도 불구하고 맥닐은 역사에서 질병의 역할에 관한 몇 가지 흥미롭고 광범위한 패턴과 여러 가지 형태의 '기생'과의 관계를 식별하는데, 후자의 경우 서로 기생적으로 자원을 착취하는 인간들의 양상도 포함한다. 정복자는 "거대 기생충"처럼 행동한다. 우발성은 보다 광범위한 패턴의 틀 안에서 작동한다. 맥닐의 기술에 따르면, 우리는 급진적 우발성의 효과를 무시하는 것 없이 인간 역사의 이해 가능성의 경지에 회귀할 수 있다. 다이아몬드와 진서가 반대 극점에 서서 서로가 유일한 대안이라고 생각하는 반면, 맥닐은 굴드처럼 여우다움을 가진 절충의 중간 지점을 점하고 있다.

여우다움을 가진 여타 경제학자들

경제학자들은 성장률을 설명할 때, 여타 지리학자, 생물학자, 그리고 역사학자 등처럼, 고슴도치식 접근에서 여우다움을 가진 접근, 그리고 그 중간 지점 사이의 모든 것을 활용한다.

이 주제는 오랫동안 경제학자들의 관심을 끌어왔고, 따라서 어떤 요인이 경제성장에 기여하는지에 관한 방대한 문헌이 존재한다는 것은 놀랍지 않다. 통상적으로 이러한 분석의 전면에는 과학기술이 자리매김하고

---

14 윌리엄 H. 맥닐, 『전염병과 민족』(앵커 프레스, 1976)[한국어판은 『전염병의 세계사』, 김우영 옮김(이산, 2005)], 222쪽.

있으며, 사실 기술적 변화가 없으면 국민총생산이 성장할 여지는 없다. 물론 단순히 과학기술이 중요하다고 말하는 것이 반드시 구체적인 성장 전략을 제시하는 것은 아니다. 새로운 과학기술을 발견하고 채택하게 하는 요인은 무엇일까? 교육이 결정적 역할을 한다는 것에는 누구나 동의할 수밖에 없을 것이다. 인적 자본에 대한 투자가 근로자의 생산성과 혁신의 속도를 높이기 때문이다. 조지프 슘페터에 따르면 혁신은 성장의 핵심일 수밖에 없는데, 창조적 파괴의 과정을 통해 오래된 기술과 제품은 결국 쓸모없어지기 때문이다.

경제성장 연구 태반이 상당히 기술적이며, 이는 정교한 모형과 실증적 기법을 활용하는 데서 비롯된다. 그러나 일부 연구에서는 적어도 경제학자들에게 이례적으로 다양한 영역의 영향력을 흡수한 절충적이고 통섭적인 면모를 보여주고 있다. 예를 들어, 물적 자본과 부존자원에 초점을 맞춘 연구는 자연스럽게 경제모형의 틀에 부합될 수 있다. 그러나 일반적으로는 경제모형 틀에 부합되기 어려운 법, 기후, 지리, 정치, 종교, 심지어 문화를 중점으로 하는 연구도 엄연히 존재한다.

특징짓기 어려우나, 상상력으로 가득 차 있고 끊임없이 영향력을 발휘하는 고슴도치식 접근의 예들과 두서너 개의 여우다움을 가진 접근을 예시하고자 한다.

로스토: 전체로서의 현대 역사

특정 연령대의 사람들은 의심할 여지 없이 1960년에 월트 로스토(Walt Rostow)가 주창한 경제성장에 관한 분석을 기억할 것이다.[15] 로스토의 경제성장의 다섯 단계는 한때 경제학계를 넘어 꽤 널리 알려졌다. 로스토가 본인의 성장 모형이 실제로 특권적인 무언가가 되기를 의도했는지 알 수는 없지만, 결국은 정확히 특권적인 지위를 누릴 것임을 믿어 의심치 않은 듯한 태도를 취했다. 비록 전형적인 고슴도치도 아니었지만, 어느 순간 급속히 고슴도치 유형으로 변모하기 시작했다. 로스토의 이론을 대략적으로 논하자면, 경제는 전통 사회에서 도약의 전제 조건을 채택하는 단계, 도약 그 자체의 단계, 성숙기 단계, 경제 발전의 궁극적인 단계인 대량 소비의 시대로 진화한다. 논리 자체는 매우 깔끔하고 논리 전개는 충분히 예상 가능하다. 생계형 농업 및 제한된 기술, 그리고 경제 및 사회계층 간 이동성이 거의 변동하지 않는 1단계의 경제에서 출발하여 원자재 수요가 물적 사회 기반 시설의 투자를 유발하고 사회계층 간 이동을 촉발시키는 발전의 2단계로 돌입한다. 도시화와 산업화의 확대로 대변되는 3단계의 도약 단계를 거쳐, 산업 기반이 보다 다변화되고 비영리 부문이 성장하기 시작하는 4단계로 진입한다. 궁극적으로 5단계로 진화하는데 5단계의 경제는 소비자 주도 경제를 의미하며, 소득수준이 충분히 높아져 광범위한 번영을 촉진할 수 있다.

모든 영역에 적용되리라 믿어 의심치 않는 발전 이론을 제시하는 것보다 과연 더 매력적인 일이 있을까? 다시 한 번 강조하지만, 보편적인 법칙을 추구하는 여느 학자든 결국은 고슴도치주의의 길로 빠질 수밖에 없다. 일반적인 국가란 그것의 크기, 위치, 식민지 유산, 종교, 관습 등 여러 측면에 따라 다르지 않는가? 중요한 건 첫째도 디테일, 둘째도 디테일, 셋째도 디테일이다. 2장에서 썼듯이 고슴도치들은 그 모든 지저분한 복잡성 속에 단순하고 광범위한 진리가 숨겨져 있다고 확신한다. 로스토는 의문

---

15 W. W. 로스토, 『경제성장의 단계: 비공산주의 선언』, 제2판(케임브리지 대학 출판부, 1971).

의 여지 없이 그러한 고습도치식 진리를 찾았다고 자신했다.

로스토는 이러한 발전 단계를 보편적인 것으로 보았다. "나는 점차 이러한 발전 단계에 따라 각 국가 경제의 연대기, 때로는 지역의 일대기를 세분화하는 것이 가능할 뿐만 아니라 적어도 특정한 목적으로는 유용하다는 견해를 갖게 되었다. 여기서 식별된 발전 단계는 결국 경제성장에 대한 이론이자 비록 완전히 비보편성을 극복한 것은 아니지만 현대사 전체에 대한 보다 일반적인 이론을 구성한다고 말할 수 있다." 확실히 로스토는 "흐루시초프의 러시아, 메이지 시대의 일본 (…) 비스마르크의 독일과 나세르의 이집트" 간에 명백한 차이점이 있다는 것을 인정하고, 자신의 모형을 통해 "각 국가 경험의 고유성"을 볼 수 있는 여지를 제공하고 있다고 거듭 강조한다(로스토, 1쪽). 그럼에도 불구하고 그 고유성은 보편적으로 적용되는 다섯 단계 틀 안에서 발생한다.

어떤 형태로든 로스토 류의 주장을 둘러싼 첨예한 논쟁은 18세기 후반 이래로 서구 문화의 지배적인 사조였다. 계몽주의 사상가들은 단 하나의 선형적 진보를 구상한 반면, 적어도 헤르더부터 시작된 낭만주의자들은 문화적·국가적 차이를 유의미한 것으로 보았다. 이들에게는 다채로운 발전 경로가 언제든지 가능하다.[16] 단일 경로의 발전 개념으로 프랑스가 사상계의 지도적 위치를 차지했던 반면, 독일인들은 다중 경로의 모형을 선호했다. 프랑스 자체가 모든 "문명(civilization)"의 모범적 모형을 자처했기 때문에 독일은 "문화들(cultures)"의 다원성 개념을 옹호했다. 문명은 단일 경로와 단일 목표를 대표하게 되었고, 문화는 다중 경로와 다중 목표를 대

16 경제학자들에게 헤르더의 중요성에 대해서는 브론크, 『낭만주의 경제학자』, 88~90쪽, 120~121쪽, 149~150쪽, 175~176쪽을 참고하기 바란다.

표했다. 전자의 경우, 역사는 내재적인 방향성을 가지고 있으며 디테일은 사실상 무의미한 것이었다. 반면 후자의 경우, 디테일이 모든 차이를 만들어냈다.[17]

러시아에서는 1840년대에 이 논란이 "서구주의자(Westernizers)"와 "슬라브주의자(Slavophiles)" 간의 논쟁으로 전개되었다. 서구주의자들은 서유럽의 발자취를 정확히 따라가는 것만이 발전의 유일한 길이라고 생각한 반면, 슬라브주의자들은 근대화가 성공하려면 특정 문화의 고유한 특성에 맞게 변용되어야 한다고 생각했다. 슬라브주의자가 러다이트(Luddites)였다고 생각한다면 큰 오산이다. 그 반대가 진실에 가깝다. 오히려 그들은 근대 기술과 제도가 '수용'되려면 상명하달식이 아니라 문화 속에 어느 정도 자리 잡은 후 서서히 성장하는 방식이어야 한다고 생각했다.[18] 미국이나 영국의 헌법을 러시아, 멕시코, 이란에 수출한다고 해서 그것이 그대로 수용될 것이라고 기대할 수는 없다.[19] 그리고 이것은 제도뿐만 아니라 기술에도 해당되는 문제이다.

『안나 카레니나』에서 주인공 콘스탄틴 레빈은 처음에는 서구의 기계, 서구의 귀리 종자 및 작업 규범을 채택하여 자신의 영지의 생산성을 높이

---

17 노르베르트 엘리아스의 고전적인 해설서 「문화와 문명의 차이의 사회적 진화」, 『문명화 과정: 매너와 국가 형성과 문명의 역사』, 에드먼드 제프콧 옮김(블랙웰, 1994)을 참고하기 바란다. 이러한 역사적 다원주의에 대한 개념은 이사야 벌린의 정치적·방법론적 다원주의에 영향을 끼쳤다[이사야 베를린, 『비코와 헤르더: 사상사에 관한 두 가지 연구』(랜덤하우스, 1977)].

18 니콜라스 랴자노프스키, 『슬라브주의자 교리에 나타난 러시아와 서구: 낭만주의 이데올로기 연구』(피터 스미스, 1965); 안드레이 왈리츠키, 『슬라브주의자 논쟁: 19세기 러시아 사상에서의 보수적 유토피아의 역사』(노트르담 대학 출판부, 1989)를 참고하기 바란다.

19 이란의 예를 비교하여 설명해준 피루즈 카젬자데에게 감사의 말을 전하고자 한다.

려고 시도하지만, 영국에서는 잘 작동했던 기계가 영지에서는 항상 고장이 났고, 귀리 종자는 싹을 틔우지 못하는가 하면, 농노들은 영국의 근로 규범에 적응하는 데 애를 먹고 있었다. 진보적 성향인 그의 귀족 지인들 모두가 동일한 문제에 직면해 있었으나, 그러한 불만이 자신들의 진보적 명성에 해를 끼칠까 봐 차마 실토하지 못하고 있는 것이었다. 심지어 레빈은 독일 회계사를 고용한 귀족 중 한 명이 그의 근대화 사업의 투자 수익을 계산한 결과, 수익률이 마이너스였다는 것을 듣게 되었다.

레빈은 마침내 상명하달식이 아닌 하의상달식 혁신을 이루어 부유해진 한 농부를 찾아낸다. 그 농부는 서구의 기술을 적절한 곳에 접목하고, 다른 혁신 기술을 현지 상황에 맞게 조정했으며, 책에서 읽은 발명품에서 얻은 영감을 바탕으로 우여곡절 끝에 만들어낸 새로운 패턴이 전체적으로 작동하도록 했다. 그는 미리 주어진 궤도를 따라가는 대신 각 단계에서 이전 혁신의 효과를 평가하고, 일부는 포기하고, 다른 사람들이 제안한 여러 유망한 개발 아이디어들을 추진했다. 이런 하의상달식 혁신은 결과물을 미리 예측하기는 어려웠지만 그 혁신의 결과는 꽤 성공적이었다. 레빈은 이것이야말로 성공적인 혁신의 정석임을 간파한다. 그리고 이러한 혁신은 협의의 의미에서의 기술뿐만 아니라 사회적 기술이라고 명명되는 것에도 적용될 수 있다.[20]

러시아 역사가 그토록 중요한 이유 중 하나는 러시아가 급속한 근대화를 겪은 최초의 국가이며, 이후 다수의 국가가 그 뒤를 따랐다는 점이다. 일본, 터키, 이란 모두 그들 맥락의 슬라브주의자와 서구주의자가 있었고,

20 게리 솔 모슨, 『우리 시대의 "안나 카레니나": 보다 현명한 시선』(예일 대학 출판부, 2007), 143~167쪽을 참고하기 바란다.

아타튀르크와 이란의 샤(Shah)를 표트르 대제와 비교해볼 때, 가용 가능한 모든 권력을 이용하여 급속한 근대화를 이룬 독재자라는 점에서 동일한 쟁점을 공유하고 있다는 것을 보여준다. 미국인들은 한 국가가 경제적으로 발전함에 따라 의문의 여지 없이 서구식 민주주의를 채택해야 한다는 사상적 경향을 가졌고, 한국과 대만은 실제로 그런 경로를 걸어왔다. 물론 명백히 배제할 수 없는 다른 방식의 발전 경로가 존재한다. 권위주의 정부이자 자본주의 정당으로 스스로 변모한 중국 공산당은 다른 발전 경로가 가능하고 심지어 더 우월할 수도 있다고 주장한다. 싱가포르의 장기 집권자인 리콴유 전 총리의 자주 인용되는 말을 빌리자면, 아시아 국가는 "아시아의 가치"에 따라 발전 가능하다. 기술과 성장 그리고 기업가를 갖기 위해서 반드시 야구, 코카콜라, 권력 분립 정부가 필요한 건 아니다.[21]

다수의 비평가들은 로스토의 분석을 가장 강한 어조로 비판했다. 기껏해야 서구의 발전을 설명하는 모형일 뿐 아시아나 아프리카의 경제성장을 규명할 수 있는 건 아니라는 것이다. 로스토의 모형은 너무나 결정론적이었다. 이것을 행하면 저것이 따라온다는 식이었다. 이런 이유로 성장은 필연적인 현상일 수밖에 없다고 결론 내린다. 현실에서 그러한 필연성을 찾는 것이 쉽지 않음에도 불구하고 말이다.

---

21 1965년 싱가포르의 국내총생산은 칠레와 아르헨티나 그리고 멕시코와 비슷한 수준이었으나, 오늘날에는 이들 국가의 4배가 넘는다. 1인당 국내총생산은 과거 식민지 지배국이었던 영국보다도 크다. 파레드 자카리아, 「리콴유와의 대화」, ≪포린어페어스(Foreign Affairs)≫, 3/4월호(1994)(https://www.foreignaffairs.com/articles/asia/1994-03-01/conversation-lee-kuan-yew)와 오빌 셸, 「리콴유, 아시아를 다시 만든 사람, ≪월스트리트 저널≫, 2015년 3월 27일(http://www.wsj.com/articles/lee-kuan-yew-the-man-who-remade-asia-1427475547) 자를 참고하기 바란다. 셸은 중국이 이제 싱가포르 모형을 수용·장려하고 있다고 지적한다.

논란의 여지가 있는 (그리고 다수의 의견에 의하면 문제투성이인) 경제학 모형은 적어도 열띤 토론의 장을 제공할 뿐만 아니라, 그로 인해 관련 문헌에 기여할 수 있는 기회를 만들어낸다. 그러나 그러한 경제 이론의 저자가 자신의 견해를 가지고 정책 분야로 진출한다면 위험의 대가는 커질 수밖에 없다. 로스토는 케네디 행정부와 존슨 행정부 모두에서 상당한 영향력을 가진 대통령 고문을 역임했고, 실제 중요한 역할을 수행했다. 그의 명백한 반공주의[그의 책의 부제('비공산주의 선언'–옮긴이주)를 참고한다면 명확하다]와 자본주의에 대한 확고한 믿음이 그의 경제성장 모형을 바탕으로 한 자신감에서 비롯된 것인지, 아니면 반공주의와 자본주의의 원칙이 모형 자체에 영향을 미쳤는지는 불분명하지만, 어떤 경우든 간에 정부에서 근무하는 동안 이러한 신념을 흔들림 없이 견지했다. 사실, 상당수의 목격자가 베트남에 대한 로스토의 매파적 태도가 미국이 전쟁으로 나아가고 결국 지속하는 데 중요한 기여를 했다고 지적한다. 로스토가 과연 미국이 다른 문화권에 사회 및 정치 발전의 단일 경로를 강요할 수 있다고 생각했는지는 의문인데, 주지하다시피 전자의 발상은 매력적으로 보일지 모르지만, 위험한 판단 오류이기 때문이다. 만일 로스토가 그렇게 생각했다면, 그것은 여전히 우리 속에 깊이 스며든 사고방식일 것이다.

대안 1: 아세모글루, 존슨, 로빈슨

로스토의 비문화적 모형(그리고 다이아몬드의 단일 경로 모형)을 부인하는 연구 접근법의 하나로 아세모글루, 존슨, 로빈슨의 매우 인상적이고 영향력 있는 논문을 살펴보고자 한다. 이들의 논문은 다방면 분야의 방대한 문헌을 기초로 한다.[22] 저자들은 물적·인적 자본에 더 많이 투자하는 국가가 더 빨리 발전한다는 사실을 인정한다. 놀라운 일도 아니지만, 로스토 또한 이 사실에는 이의를 제기하지 않는다. 그러나 저자들은 한 걸음 물러서서 무엇이 이러한 투자를 촉진하는지를 묻는다. 다수의 경제학자들은 이러한 양(陽)의 성장 환경의 원인을 잘 정의된 재산권을 집행하는 사법제도, 기업 활동을 장려하는 정부 등 "올바른" 제도의 존재에서 찾았다.[23] 그럼에도 불구하고 저자들은 여전히 제도가 성장을 촉진하는 것인지, 아니면 성장으로 축적된 경제적 부가 더 나은 제도를 마련할 수 있는 기회를 열어준 것인지 의문을 품는다.

제도야말로 유럽과 북미뿐만 아니라 전 세계적으로 경제 성과에 독립적으로 큰 영향을 미치는 요인임이 이 연구로 밝혀졌다. 가나의 수수께끼를 다시금 상기해보자. 이 연구는 아프리카 저성장의 역사가 다이아몬드류의 지리적 요인과 같은 요인에 의해 비롯되었는지, 아니면 여러 가지 비제도적 원인 때문인지 구체적으로 묻는다. 저자들의 답은 '아니다'이다. 대신에 아프리카가 다른 대륙보다 가난한 이유는 취약한 제도에 기인한다. 그렇다면 왜 애초에 열악한 제도적 틀이 생겨났는지 묻지 않을 수 없

---

22 대런 아세모글루·사이먼 존슨·제임스 A. 로빈슨, 「비교 발전의 식민지적 기원: 실증적 조사」, ≪전미경제논평≫, 2001년 12월, 1369~1401쪽. 또한 그들의 「경제성장의 근본적인 원인으로서의 제도」, 필립 아기옹·스티븐 더라우프 편집, 『경제성장 핸드북(Handbook of Economic Growth)』(엘스비어, 2005), 385~465쪽. 그리고 「유럽의 부상: 대서양 무역, 제도적 변화, 그리고 경제성장」, ≪전미경제논평≫, 2005년 5월, 546~579쪽; 대런 아세모글루·매튜 잭슨, 「사회규범 진화의 역사, 기대, 리더십」, ≪경제연구논평(Review of Economic Studies)≫, 2015년 4월, 423~456쪽; 대런 아세모글루·제임스 A. 로빈슨, 「사실상의 정치 권력과 제도적 지속성」, ≪전미경제논평≫, 2006년 5월, 325~330쪽, 그리고 『왜 국가는 실패하는가: 권력, 번영, 빈곤의 기원』(크라운, 2012).

23 제도의 중요성에 관한 연구의 대부분은 노벨 경제학상 수상자인 더글러스 노스의 획기적인 공헌에서 비롯되었다. 더글러스 노스의 『경제사의 구조와 변화』(W. W. 노턴, 1981)와 『경제 변화 과정의 이해』(프린스턴 대학 출판부, 2005) 등을 참고하기 바란다.

을 것이다. 어떤 국가는 무작위로 올바른 제도로 축복을 받았고, 어떤 국가는 잘못된 제도의 저주를 받은 것일까? 우리가 진정으로 경제 발전을 육성하길 원한다면 앞의 의문에 대한 답을 아는 것이 우선일 것이다.

다행히도 저자들은 여러 국가가 직면했던 식민지 경험의 관점에서 이에 관한 답을 이끌어내는 데 성공한다. 그들의 논리에 의하면 유럽인들은 각기 다른 식민지화 전략을 사용했고, 그 결과 각기 다른 제도로 귀결되었다. 예를 들어, 미국에서는 유럽 열강이 식민지에 정착하면서 재산권을 보호하고 투자를 장려하는 제도를 마련했다. 그러나 아프리카의 많은 지역에서 식민지 세력은 자원을 본국으로 이전하는 것을 주된 목적으로 하는 착취적 국가의 형태를 취한다. 그 결과 생겨난 제도들은 장기적으로 경제 발전에 부정적인 영향을 가져왔다. 그렇다면 식민지 개척자들은 왜 어떤 지역에는 정착한 반면 다른 지역에는 그러지 않았을까? 유럽인들은 사망률이 매우 높은 지역으로부터 떨어져 있고자 했기 때문이다. 그렇지 않은 지역에는 물론 안전하게 정착할 수 있었다.

그래서 저자들은 흥미로운 방식으로 이 모든 질문들을 한 단위로 묶어낸다. 경제성장은 주로 자본에 대한 투자에서 비롯되며, 자본에 대한 투자는 올바른 제도의 존재에서 비롯되는 경향이 있고, 올바른 제도는 대체로 식민지 개척자들이 정착하는 곳에서 발전하며, 식민지 개척자들은 사망률이 낮은 곳에 정착하는 경우가 다반사이다. 먼 과거에 유럽인들의 정착지 결정에 영향을 미친 요인이 현대의 경제 발전과 연결되어 있다는 것은 믿기 어려운 이야기이긴 하지만, 저자들은 초기의 제도가 오늘날에도 여전히 강력한 영향을 미치고 있으며, 이러한 제도가 경제 발전과 강력한 인과관계를 맺고 있음을 보여준다. 또한 저자들은 위도, 기후, 현재 질병의 발현 환경, 종교, 천연자원, 토양의 질, 민족 언어적 분열, 현재의 인종

구성 등 무수히 많은 다른 요인들을 통제하더라도 제도가 여전히 중요한 역할을 하고 있다는 것을 보여준다. 마지막으로, 과거에 열악한 제도를 가졌던 국가가 반드시 빈곤의 상태에 처해질 숙명을 가지는 것은 아니다. 그들의 제도를 개선한 국가는 그에 상응하는 상당한 경제적 이득을 경험할 수 있다. 한국을 기억하는가? 한국은 바로 그러한 변화의 사례로 설명된다.

물론 식민주의의 영향은 특정 식민지 세력과 그 세력 사회의 기존 제도 및 역사에 따라 그다지 균일하지 않았다는 점을 지적할 수 있을 것이다. 영국과 포르투갈의 식민지 통치 방식은 엄연히 달랐고, 식민 지배를 받은 적이 없는 에티오피아도 경제적 성공과는 거리가 멀었다. 일반적으로 한 문화에 대한 모든 것이 서구의 영향이라는 인상을 피하고 싶어 하는데, 다시 말하면 분석을 담당하는 대다수가 속한 문화가 서구 문화이기 때문이다. 그러한 분석이 유익하든 그렇지 않든 간에 아무리 서로 상이하고 서구와 다르더라도, 각 문화의 차이를 무시하고 그들의 주체성을 빼앗아가는 입장이라는 비판에서 자유롭기 어렵다.

방대한 문헌 중에서도 굳이 이 논문을 선택한 이유는 이 논문이 진정한 역작이라고 생각하기 때문이다. 많은 경제성장 연구가 인프라, 연구 개발 등에 대한 투자의 영향 같은 것을 탐구하는 전통적인 경제 분석의 안전한 테두리 안에 편하게 자리 잡고 있다. 물론 전통적 접근에 근거한 연구가 여전히 중요하지만, 우리가 진실로 선호하고 이 책에서 강조하고자 하는 유형은 아니다. 저자들의 광범위한 참고문헌을 보면, 경제학자뿐만 아니라 법학자, 역사가, 인구학자, 정치학자, 생물학자, 의사 등 다양한 분야의 전문가들이 인용되고 있음을 알 수 있다. 저자들의 이론은 모든 발전을 단순한 경제적 용어로 설명하는 모형에서보다 진일보한 단계로 진입한

셈이다.[24]

여전히 어느 누구도 얄리의 질문에 대해 명확하게 답이 주어졌다고 주장할 수는 없을 것이다. 제도가 중요하다는 데는 의문의 여지가 없어 보이며 놀랍게도 제도는 오래전의 건강 상태(사망률)도 반영하는 것처럼 보인다. 그러나 국가가 발전하는 이유에 대한 다른 모든 가능한 설명에 대해서도 제도라는 요인이 무엇인가를 이야기할 수 있을까? 특정 종교가 다른 종교보다 더 많은 경제성장을 육성할까? 인도는 왜 파키스탄과 다르게 발전했을까? 특정 종류의 교육투자가 도움이 될까? 전 세계에 거대한 영향을 미친 것으로 보이는 '위인'의 존재는 어떻게 받아들여야 할까? 리콴유가 없었더라도 싱가포르는 과연 발전했을까? 또는 덩샤오핑 대신 모택동의 홍위병 4인방이 승리했더라도 중국이 발전했을까? 그리고 왜 어떤 곳에서는 기업가들이 보상을 받고 어떤 곳에서는 매도 당할까?

여기서 논의된 연구 접근 방법이 모든 불평등한 경제성장을 설명한다고 주장할 수 있을까? 물론 아니다. 하지만 제도가 모든 것을 설명한다는 흥미로운 이야기를 들려준다는 점은 틀림없는 사실이다. 제도의 기원을 설명하는 방식이 설사 일부 역사가와 사회학자들을 다소 불편하게 만든다 하더라도 말이다.

문화에 대해서는 어떤 설명이 가능할까? 단 하나의 모형 안에서 문화의

---

24 경제성장률을 설명할 때 경제학자들이 비경제적 요인을 보다 중요하게 고려하는 훌륭한 사례도 다수 존재한다. 특히 디어드리 매클로스키의 기념비적인 3부작이 주목할 만하다. 그의 3부작 『부르주아의 미덕: 상업의 시대를 위한 윤리』(시카고 대학 출판부, 2006), 『부르주아의 존엄성: 왜 경제학은 현대 세계를 설명할 수 없는가』(시카고 대학 출판부, 2010), 『부르주아 평등: 자본이나 제도가 아닌 아이디어가 어떻게 세상을 풍요롭게 했는가』(시카고 대학 출판부, 2016)를 참고하기 바란다.

놀라운 가변성을 설명한다는 것은 거의 불가능에 가깝다. 이런 연유로 고슴도치들은 문화라는 주제를 기피하는 것일지 모른다. 하지만 여우는 그것을 포용하지 못할 이유가 없다.

대안 2: 이스털린과 사회적 역량

이제 이전 장의 여우다움의 주인공인 리처드 이스털린의 이야기로 돌아가고자 한다. 그러고 나서 또 다른 여우다움의 주인공이자 영향력 있는 경제사학자 조엘 모키르의 이야기를 시작하고자 한다. 이들은 전통적인 경제모형이 설정한 경계를 넘으려는 의지와 열정을 가지고 있다.

이스털린은 그의 저서 『의기양양한 성장: 역사적 관점에서 본 21세기(Growth Triumphant: The Twenty-first Century in Historical Perspective)』에서 "전 세계는 왜 같이 발전하지 못했을까?"라고 묻는다.[25] 기술이 경제성장의 상당 부분을 뒷받침하여 물적 자본과 인적 자본에 대한 투자를 유도하고 노동과 자본의 이동을 촉진하는데, 왜 기술의 확산은 국가별로 큰 편차를 보였을까? 그의 답은 어떤 나라는 적절한 제도가 있었다면 다른 나라는 그렇지 못했다는 것이다. 올바른 제도가 없으면 경제성장은 뿌리를 내릴 수 없다.

"법치의 확립, 계약의 준수, 정치적 안정, 독재자나 타인에 의한 재산의 자의적 압류나 과세의 제거가 경제성장에 필수적인 요소들이었다"(이스털린, 56쪽). 그렇다면 바람직한 제도적 조건은 어떻게 만들어졌을까? 교육이 바람직한 제도 형성의 핵심 요소인데, 교육은 인구의 사회계층 간 이동

---

25 리처드 A. 이스털린, 『의기양양한 성장: 역사적 관점에서 본 21세기』(미시간 대학 출판부, 1996)의 5장인 「전 세계는 왜 같이 발전하지 못했을까? 제도와 경제성장의 확산」.

성을 높여 현대 경제성장을 촉진한다. 그러나 보다 중요한 요소는 "사회적 역량"으로, 교육 및 기술의 수월성 수준뿐만 아니라 융성하는 금융기관의 존재도 지칭한다. 이와 더불어 경제활동을 촉진하고 기업가들에게 재정적·사회적 존경의 측면에서 보상을 제공하는 정치 및 사회적 특성을 의미하기도 한다.

이스털린은 교육이 항상 경제성장에 도움이 되는 것은 아니며, 교육 내용에 따라 결과는 달라질 수 있다고 날카로운 통찰력을 가지고 주장한다. 그 교육이 충분히 세속주의적이고 합리주의적인가? 그렇지 않다면 교육의 영향은 미미할 것이다. 정부의 영향력은 어떨까? 정부가 경제적 기회의 추구를 장려하는 사법제도를 확립하려 하는가? 유능한 정부가 경제성장을 보장하는 것은 아니지만, 무능한 정부는 확실히 경제성장을 망칠 수 있다. 제도를 형성하는 일부 요소는 순전히 경제적인 용어만으로 설명할 수 없음이 분명하다.

이스털린은 경제, 사회, 정치 등 제도에 관한 자신의 믿음을 되풀이하면서 그리고 제도가 어떻게 발전하고 어떻게 변화할 수 있는지에 관한 연구를 촉구하면서 글을 마무리한다. 아세모글루, 존슨, 로빈슨의 논문은 사실 이스털린의 이론 틀에 잘 부합된다.

이제 이스털린의 마지막 논점에 관해 이야기하고자 한다. 그는 에얼릭과 사이먼이 첨예하게 대립했던 문제, 즉 인구 변화가 경제성장에 미치는 영향에 관한 매우 흥미로운 분석을 제시한다.[26] 그는 특히 선진국에서 사망률 감소로 인한 인구의 급격한 증가가 경제 발전을 저해했는지에 대해

---

26 이 논쟁에 대한 설명은 2장과 이스털린, 『의기양양한 성장』의 7장인 「맬서스의 재조명: 급속한 인구 증가의 경제적 영향」을 참고하기 바란다.

관심을 보였다. 한편으로 에얼릭과 같은 종말론자들은 토머스 맬서스까지 거슬러 올라가는 긴 전통을 따라 급격한 인구 증가가 여러 가지 끔찍한 시나리오를 초래할 것이라고 주장한다. 반면에 이스털린은 그러한 시나리오는 실현된 적이 없다고 주장한다. 오히려 건강 개선 자체가 경제성장을 촉진하거나, 인구 증가가 지식의 창출과 확산에 긍정적인 영향을 미친다는 주장을 견지했다. 또 다른 근거로 인구 압력의 위협이 경제성장에 도움이 되는 행동 변화를 유도할 수도 있음을 지적했다. 이스털린은 인구 증가의 부정적 영향과 긍정적 영향에 대한 찬반 이론 모두를 활용하여 인구 증가와 경제 변화 사이의 연관성에 대한 실증적 증거를 살펴보았다. 결과는 어떨까? 인구 증가율의 변화는 1인당 실질소득 증가율과 어떠한 일관성 있는 관계를 발견하지 못했다. "요약하자면, 시간 경과에 따른 국가 내 비교와 특정 시점의 국가 간 비교 모두에서 경제성장과 인구 증가 사이의 연관성에 대해 어떤 확정적인 결론도 내릴 수 없음이 밝혀졌는데 때로는 어떠한 연관 관계도 존재하지 않고, 때로는 양의 관계이며, 때로는 음의 관계라는 상반된 결과를 보인다"(이스털린, 92쪽).

고슴도치에게 큰 위안이 될 수 있는 답은 아니지만, 세상은 여우다움과 같아서 모든 장소와 모든 시간에 적용될 수 있다고 주장하는 설명들이 실증적 검토 결과와는 좀처럼 부합되지 못하는 이유가 바로 여기에 있다.

대안 3: 모키르와 사람들이 믿는 것

경제학자를 비롯하여 다양한 사회과학자들로부터 폭넓게 관심을 받았던 또 다른 여우다움의 주인공의 이론에 대해 면밀히 살펴보는 것으로 이 장을 마무리하고자 한다.

조엘 모키르는 저서 『계몽된 경제』에서(이 장의 앞부분에서 인용) 소위

"거대 문제"와 "소(小) 문제"의 쟁점을 제기한다.[27] "거대 문제"는 얄리의 질문을 상기시킨다.

> 서유럽은 왜 역사상 어떤 사회도 해내지 못한 일, 즉 1800년 이전에 살았던 대다수의 사람들을 지금 서구 입장에서는 전대미문의 빈곤 수준에 머물게 했던 악순환의 장벽을 돌파하는 데 성공할 수 있었을까? 오스만 제국도, 중국도, 인도도, 모두 과거에 엄청난 과학적·기술적 성취를 이루었음에도 불구하고 그 누구도 이에 근접하지 못했다(모키르, 10쪽).

"소(小) 문제"는 왜 이 과정에서 (비록 일시적이긴 하지만) 주도권을 잡은 국가가 영국이었는가 하는 점이다. 이 두 가지 문제가 서로 밀접한 관련이 있음을 발견하는 것은 그리 놀라운 일은 아니다. 다이아몬드와는 정반대로 모키르는 "두 질문에 대한 해답은 결국 지리가 아닌 지식과 제도의 영역에서 찾아야 한다"고 주장한다(모키르, 12쪽).

모키르는 지금까지 기후, 인종, 종교 등과 같은 요인들로 제시한 일부 설명을 "기괴한"(모키르, 10쪽) 것으로 간주한다. 막스 베버의 고전적 연구인 『프로테스탄트 윤리와 자본주의 정신』의 중요성을 고려할 때, 설사 모키르의 종교에 관한 관점은 명백히 오류가 있다고 하더라도 종교를 모키르가 왜 "기괴한" 요소라고 한 것인지는 여전히 불분명하다. 모키르의 기후에 관한 관점에 대해서도 마찬가지라고 평할 수 있는데, 특히 다이아몬

---

27 모키르의 또 다른 저서 『아테나의 선물』(프린스턴 대학 출판부, 2002)과 경제사학회 회장으로서 모키르의 연설문인 「현대 경제성장의 지적 기원」, ≪경제사 저널(Journal of Economic History)≫, 2005년 6월, 285~351쪽을 참고하기 바란다.

드가 언급한 여타 지리적 요인을 포함하도록 개념을 확장하면 더욱 그렇다. 모키르는 문화, 사회, 제국, 그리고 정치와 같은 다른 후보 요인들이 "충분한 개연성이 있으나 증명하기는 어렵다"(모키르, 10쪽)는 견해를 피력하는데, 역사적 설명을 통해서도 이 정도의 요인들이 가지는 설명력은 충분히 얻을 수 있다는 입장이다.

모키르는 단일 요인으로 설명하는 어떠한 방식도 매우 설득력 있게 기각한다. 그는 우리가 알고 있는 결과가 필연적이었고, 이전의 사건들이 그 결과를 향해 어떻게든 끌어당겨졌다고 가정하는 "사후 과잉 확신 편향(hindsight bias)"과 "목적론(teleology)"을 경계한다.[28] 또한, 자신이 선택한 이야기가 오직 경제문제에만 한정된다고 예단하지 말 것을 충고한다. "산업혁명과 전적으로 무관하거나 연관 관계가 희박한 수많은 사건들이 산업혁명 시대의 영국 경제에 동시사적으로 발생했다는 사실을 직시해야 할 것이다. 산업혁명이 일어났다고 해서 산업혁명 이전과 산업혁명 동안 일어났던 모든 사건이 산업혁명을 필연적으로 '유발'했거나 심지어 촉진했음을 의미하지는 않는다. 마찬가지로 산업혁명 이후의 일어난 모든 사건이 산업혁명으로 인해 발생했다는 것도 의미하지 않는다"(모키르, 4쪽).

각기 다원적 원인을 가진 수많은 이야기들이 서로 복잡하고 예측할 수 없는 방식으로 작용했다는 것을 염두에 두어야 한다. 어떤 것도 필연적이지 않았고 우발성이 결정적인 역할을 해왔다. 모키르의 설명 방식은 풍부

---

28 서사적 진술에서 이는 사후적 예후, 즉 "뒷북치기 예후(backshadowing)"로 나타난다. 마이클 안드레 번스타인, 『뻔한 결론: 종말론적 역사에 반대하며(Foregone Conclusions: Against Apocalyptic History)』(캘리포니아 대학 출판부, 1994)와 게리 솔 모슨, 『서사와 자유: 시간의 그림자(Narrative and Freedom: The Shadow of Time)』(예일 대학 출판부, 1994), 234~264쪽을 참고하기 바란다.

한 내러티브성(narrativeness, 서사다움)을 내포하고 있다. 서사적 기술 외에는 어떤 방식도 이 주제를 다루기 어렵다.

특히 모키르는 모든 것을 경제적 요인에서 도출하려는 일부 경제학자들의 성향에 관해 비판적이다. 주류 경제학자들은 자신들의 이론을 극렬히 반대하는 마르크스주의자들과 마찬가지로 신념, 이데올로기, 문화적 요인 등 모든 것을 경제적 원인의 결과로 생각하는 경향이 있다. 따라서 분명히 비경제적인 요인의 인과관계적 효과로 보이는 것조차도 한 걸음 차이로 경제적 요인으로 치부된다. 다이아몬드의 경우도 마찬가지인데 명백히 비지리적인 요인도 한 걸음 차이로 지리적 요인으로 간주된다. 이러한 관점을 따르면 경제학에서는 어떤 것도 '외생적'이지 않고 모든 것이 '내생적'이다.

모키르는 이와 반대로 경제적 요인으로 완전히 환원될 수 없는 신념이라는 요인이 결정적 역할을 했다는 주장을 견지한다. 그의 책은 "모든 시대의 경제적 변화는 대부분의 경제학자들이 생각하는 것 이상으로 사람들이 무엇을 믿는지에 영향을 받는다"(모키르, 1쪽)는 문장으로 시작한다. 특히 1688년 명예혁명과 1851년 수정궁에서 개최된 만국박람회 사이의 영국 경제 발전이 그 점을 반영한다. "교과서적이고 전통적인 주장 외에도 근대 경제성장의 시작은 사람들이 무엇을 알고 믿었는지, 그리고 그러한 믿음이 경제행동에 어떤 영향을 미쳤는지에 따라 크게 달라졌다"(모키르, 1쪽). 모키르는 무엇보다도 유럽 계몽주의를 염두에 두고 있으며, 경제학으로 환원될 수 없는 아이디어의 중요성에 관한 존 메이너드 케인스의 1936년 당시 유명한 구절을 인용한다. "기득권의 힘(vested interests)이라는 것은 엄청나게 과장되어 있는데, 아이디어가 점진적으로 우리의 정신을 잠식해나가는 것에 비하면 정말로 그렇다. (…) 조만간에 선과 악의 문제에 있어서 진정으로 치명적인 것은 기득권이 아니라 우리의 아이디어 그 자체이다."[29] 그러나 모키르는 아이디어가 다른 요인을 대체하는 것이 아니라 "추가적인" 것으로 강조된다는 점을 주목해야 한다고 했다. 아이디어 역시 다른 요인들과의 복잡한 상호작용 안에 존재하는 한 가지 요인일 뿐이다.

아이디어는 종종 비경제적인 또 다른 요인, 즉 문학적인 요인에 의해 성패가 좌우되기도 하는데, 모키르의 견해에 의하면 수사학, 즉 **설득**이라는 요인이 그러한 성패에 결정적인 역할을 했다는 것이다. 사람들은 때때로 자기 자신이나 자신이 속한 계급이 아니라 국가의 공동선을 위해 행동하는 것을 수긍한다. 어떤 아이디어는 성공적으로 살아남고 어떤 아이디어는 실패하는 이유에 대한 간단한 답은 없다. 조성 환경이 중요하지만, 어떤 아이디어는 그 환경에서도 생존하는 데 실패하고 어떤 아이디어는 성공 가능한 환경을 갖추었음에도 불구하고 실체화되지 않는다.

인문학자라면 아마도 많은 것이 특정한 사람에 달려 있다고 덧붙일 것이다. 그리고 특정 인물 역시 등장할 수도 있고 등장하지 않을 수도 있다. 콜럼버스가 없었더라도 다른 누군가가 아메리카 대륙을 발견했을 것이지만, 밀턴이 없었더라도 다른 누군가가 『실낙원』을 썼을 것이라고 주장하는 것은 상식에 반한다. 아이디어라는 것은 미지의 대륙보다 문학작품에 더 근접하는 무엇인가로 볼 수 있는데, 그 이유는 언제든 떠오를 수 있는 수많은 아이디어가 있고, 각 아이디어는 다른 아이디어들로 향하는 특유의 궤적을 가지고 있기 때문이다. 만일 사후에 어떤 아이디어가 필연적인

---

29 모키르, 1쪽은 존 메이너드 케인스, 『고용, 이자 및 화폐의 일반 이론』(하코트 출판, 1964), 383~384쪽에서 인용했다.

것처럼 보인다면 그것은 우리가 그 아이디어의 산물이며 그 아이디어 외에 다른 가능성을 상상하기 어렵기 때문이다. 우리는 톨스토이가 "회고의 오류"[30]라고 불렀던 것에 쉽사리 굴복하고 만다. 기술적인 발상도 마찬가지이다. 헨리 페트로스키가 주장했듯이, 발명에는 어떠한 고유한 방향도 없으며 항상 다차원적인 방향으로 진행해나가는 속성이 있다.[31]

모키르는 "진화 생물학에서 어떤 종은 생존 적합성이 높은 반면 다른 종은 그렇지 않은지 선험적으로 정확히 알 수 없듯이, 역사에는 당황스러운 불확정성의 장면이 존재한다. 절묘한 시점과 우발성이 모든 결과를 말한다"(모키르, 2쪽). 절묘한 시점(다른 순간에 쉽게 일어날 수 있었던 사건이 그 순간에 일어나는 것)과 우발성(일어나지 않을 수도 있었던 사건의 발생)의 문제 모두 포괄적인 법칙보다는 서사의 관점에서 설명되어야 한다.

영국이 결과론적으로 산업혁명으로 두각을 나타내기는 했지만 그것이 다른 나라였을 수도 있다. 그리고 중국이 아닌 유럽에서 산업혁명이 탄생했는지에 대해 누군가가 일면 타당해 보이는 설명을 제시할 수 있을지 모르지만, 타당성이 언제나 확실한 진리를 보장해주는 것은 아니다. 산업혁명은 시대를 초월한 법칙이 아니라 역사적 상황과 인간의 선택에서 비롯된 것이며, 이를 이해하려면 서사의 관점과 방식이 필수적이다.

고슴도치의 해악

선의로 입안되었던 수많은 개발계획의 실패를 반성하는 다수의 최근

---

30 톨스토이, 『전쟁과 평화』, 854쪽.

31 헨리 페트로스키, 『일상적인 것의 진화』(빈티지, 1992)를 참고하기 바란다.

연구를 살펴보면 고슴도치식 사고가 얼마나 파괴적인 영향력을 발휘할 수 있는지를 명확히 보여준다. 경제학자(또는 어느 분야의 전문가)가 개발을 성공적으로 이끌 수 있는 실증과학적 지식의 수준에 도달했다는 교만한 주장은 거의 재앙적인 결과를 초래했다. 자칭 실증과학적 지식으로 무장한 전문가들은 종종 권위주의 정권에 의해 실행되는 개발 종합 계획을 수립하는 데 관여한다. 명백한 이유로 이 전문가들은 그들의 계획이 실행되는 것을 원할 때마다 권위주의 정권을 도와왔다. 민주적 제도의 번잡한 의견 수렴 과정이 포괄적인 계획의 도입을 거의 불가능하게 만들었다.

동유럽과 제3세계 국가에서 일어난 수많은 '거대한 개발 실패'를 목록으로 만든 후 제임스 C. 스콧은 그의 저서 『국가처럼 보기: 인간의 조건을 개선하기 위한 계획들은 어떻게 실패해왔는가』에서 통섭적인 이론에 대한 과신으로 인해 필연적으로 초래된 어마어마한 인적 비용에 주목한다.

> 하지만 '낭패'는 내가 염두에 두고 있는 재앙에 비하면 너무나도 낙관적인 단어이다. 중국의 대약진 운동, 러시아의 집단화, 탄자니아, 모잠비크, 에티오피아의 강제 이촌향도 운동은 인명 손실과 회복할 수 없는 삶의 혼란이라는 측면에서 20세기 가장 큰 인류의 비극에 속한다. 덜 극적이지만 훨씬 더 일반적으로 발견되는 경우들의 양상을 기준으로 삼으면, 제3세계 개발의 역사는 제3세계 거주자들의 기대를 저버린 거대한 농업 계획과 신도시들(브라질리아, 찬디가르 등의 예를 기억하자)의 잔해로 점철되어 있다.[32]

---

32 제임스 C. 스콧, 『국가처럼 보기: 인간의 조건을 개선하기 위한 계획들은 어떻게 실패해왔는가』(예일대학 출판부, 1998)[한국어판은 『국가처럼 보기: 왜 국가는 계획에 실패하는가』, 전상인 옮김(에코리브르, 2010)], 3쪽.

스콧은 침략적인 독재자가 일으킨 전쟁이나 조직적 대량 학살 행위로 많은 사람이 목숨을 잃는 것은 쉽사리 이해할 수 있지만, 인간의 생존 조건 개선을 목적으로 하는 선의의 계획으로 많은 사람이 목숨을 잃는 것은 훨씬 더 이해하기가 어렵다고 덧붙인다. 악을 근절하려는 완벽히 포괄적인 제도 자체보다 더 큰 악을 초래하는 것은 없어 보인다.

거대한 힘을 등에 업은 소위 전문가들이 여러 가지 요소를 신중히 고려하지 않고 개발계획을 실행에 옮기는 경우를 자주 목격한다. 특정 신념 체계(단순한 '미신'으로 여겨지는)의 특이점, 예측 불허의 변동을 가진 조건들로 점철된 현지 경험의 중요성, 명시할 수는 없지만 온전한 차이를 만들 수 있는 암묵지의 역할, 무엇보다도 후속 정책을 시행하기에 앞서 특정 정책 변화의 효과 여부를 확인하는 단계별 진행의 필요성 등을 고려했어야 했다. 고습도치는 본질적으로 실수가 재앙으로 이어지는 것을 막는 데 필요한 겸손함이 부족하다.

스콧은 탄자니아에서 세계은행과 전문적 개발계획이라는 이데올로기가 결탁하여 줄리어스 니에레레(Julius Nyerere)의 우자마(ujamaa) 마을 운동을 뒷받침했다고 주장한다. 1973년부터 유목민과 농부들은 이전 거주지에서 쫓겨나, 적절한 공공 서비스를 받기 쉽고 전통적 방식을 과학적 농업으로 대체시키려는 목적에서 주요 도로를 따라 강제로 재정착하게 되었다. 익숙한 환경에서 쫓겨난 이들은 재정착지의 지역 특색에 대해 전혀 아는 바가 없었다. 개발계획 입안자들이 '파괴적 보수주의'라고 간주한 것을 축적된 경험의 지혜로 표현할 수도 있을 것이다. 그 결과는 생태적 재앙과 기근이었다. 멩기스투(Mengistu) 치하에서 1년에 400만 명 이상이 재정착 정책의 희생양이 된 에티오피아에서 그 결과는 더욱 참혹했다.

보다 최근에는 윌리엄 이스털리가 자신이 직접 참여했던 개발계획의 실패를 되돌아보면서 소위 전문성이 내세운 오만함에 대해 비슷한 결론을 내렸다. 그는 저서 『전문가의 독재』에서 전문가에 의한 개발계획 입안 시 문화적 차이가 간과되는 경향이 강하다고 강조한다.[33] 포괄적 개발계획으로 명성이 자자한 노벨 경제학상 수상자 군나르 뮈르달(Gunnar Myrdal)의 견해를 요약하면서, 이스털리는 인류학자 클리포드 기어츠(Clifford Geertz)의 비판을 인용한다. 기어츠는 뮈르달의 인도에 대한 전체적인 그림이 "전적으로 뻔하고, 놀랄 만큼 추상적이며, (…) 차이에 대한 이해도 없고, 구체화되지 않았다. 그토록 풍부한 역사, 심오한 문화, 복잡한 사회 시스템을 가진 나라에 대해 거의 백만 단어에 가까운 글을 쓰면서도 그 기원의 힘과 정신의 활력을 어딘가에 전달하지 못한다는 것은 상상하기 어렵다. 그러나 뮈르달 교수는 그러한 실패를 해냈다"(이스털리, 25쪽).[34]

하지만 기어츠가 앞서 언급한 실패는 결코 우연의 결과가 아니다. 우발적인 역사의 산물인 구체적이고 미묘하며 복잡한 모든 요소를 고려한다면, 단순히 추상적인 원칙으로부터 모든 개발도상국의 후생 증진을 위해 다방면에 영향을 미칠 수 있는 거대 계획을 도출하는 것은 거의 불가능할 것이다. 대신 '전문가들의 폭정'은 '백지상태'에서 접근하는 방식을 택하는 데 있다. 중국, 콜롬비아, 베냉과 같이 서로 상이한 나라에서 표면적으로만 동일하게 나타나는 소위 '저개발'이라는 하나의 진단으로 출발한다. 그러나 수십 년 동안 전문가들의 조언으로부터 우리가 얻은 것은 극소수의 성공 사례와 대다수의 실패 사례이다. 더욱 심각한 문제는 전문가들이 그

33 윌리엄 이스털리, 『전문가의 독재』.

34 보다 상세한 정보는 클리포드 기어츠, 「뮈르달의 신화」, ≪인카운터≫, 7월호(1969), 31쪽을 참고하기 바란다.

들의 계획을 실행하기 위해 기대었던 권위주의 정권의 명분만을 강화해 주는 부작용을 종종 낳았다는 것이다. 이는 오히려 발전을 저해하는 부패와 무법을 부추기는 역할을 했다.

지금까지 논했던 여러 사례들은 아마도 여우다움을 갖춘 전문가라면 결코 저지르기 쉽지 않은 실수들이다. 지금까지의 경험을 비추어 볼 때 개발의 문제에 있어서 일반 경제 이론만으로는 충분하지 않다는 것을 보여준다. 문화, 지역적 특색을 가진 제도, 역사 등, 즉 서사다움을 필연적으로 초래할 수밖에 없는 모든 요소들에 대한 이해가 필요하다.[35]

경제학적 사고가 이야기로 전환되어 인문학적인 설명과 결합할 때 보

---

35 대니 로드릭(Dani Rodrick)은 문화에 관한 고려 없이 전적으로 신고전주의 경제학의 관점에서 개발의 문제를 추구하면서도 각 개발도상국에 걸맞은 개발 정책을 설계하는 것이 가능하다고 주장한다. 로드릭은 자신의 책이 "신고전주의 경제 분석에 엄격하게 기반을 두고 있다"고 설명하며, 신고전주의 경제학의 관점을 "경제문제에 관한 우리의 사고를 체계화하는 강력한 학문일 뿐만 아니라 경제문제에 대한 유일한 합리적 사고방식"으로 간주한다. 문화와 같은 요소를 무시함에도 불구하고 신고전파 경제학자의 도구 상자 안에는 다수의 정책 권고 사항들이 있다는 것을 주목해야 한다. "재산권 보호, 시장 기반의 경쟁, 적절한 유인 제도, 신뢰할 만한 화폐 등" 많은 실현 가능한 개혁 정책 중에서 일부는 우선적으로 선택되어야 하며, 그 결정은 현지 상황에 따라 달라져야 할 것이다. 대니 로드릭, 『하나의 경제학, 다양한 레시피: 세계화, 제도, 그리고 경제성장』(프린스턴 대학 출판부, 2007)[한국어판은 『더 나은 세계화를 말하다』, 제현주 옮김(북돋음, 2011)], 3~6쪽을 참고하기 바란다. 로드릭의 접근 방식은 의심할 여지 없이 만능주의 사고보다 우월하지만, 문화를 고려하지 않았다는 점에서는 여전히 불충분한 사고방식이다. 예를 들어 한 국가에 재산권이나 법치가 부재한 이유를 한마디로 정의할 수는 없다. 어떤 국가는 단순히 법치주의 제도가 생소한 것일 수도 있고, 일부 국가는 그러한 제도를 잘 알고 있으면서도 지난 2세기 동안 수많은 러시아 사상가들이 그랬던 것처럼 국가 정신에 위배된다며 거부했을 수도 있다. 다수의 러시아인에게 '법치주의'를 옹호하는 것은 마치 일종의 반역 행위처럼 느끼므로, 우리가 법치라고 생각하는 것에 반하는 행동을 하는 것이 오히려 긍정적인 미덕으로 여겨질 수 있다.

다 풍부한 설명이 가능하다고 우리는 믿는다. 다이아몬드는 역사를 극복하기 위해 역사로 눈을 돌린 반면, 모키르는 차등적 발전이라는 '거대 문제'에 답하기 위한 도구로 역사를 포용한다.

우리는 얄리의 질문에 대한 확실한 답을 여전히 알지 못한다. 왜 한국은 경제 발전에 성공한 반면 가나는 그렇지 못했는가? 사실 아무도 모른다. 하지만 만일 답을 찾게 된다면, 그 답은 전통적인 경제학 분석과는 거리가 먼 정치학, 역사학, 사회학, 법학의 영역에 속하는 **몇 가지** 요인과 관련이 있을 것이라 예상한다. 여기에는 제도, 관습, 및 신앙도 거의 확실하게 관련성을 보일 것이다. 그리고 고슴도치가 보편적인 모형으로 획일화하기에는 너무 무작위적이고 예측 불허한 요인일 것이다.

경제학자들이 가장 중요하게 여기는 질문, 즉 왜 어떤 국가는 다른 국가보다 더 빨리 발전하는지에 대한 해답을 얻기 위해서 다른 어떤 문제보다 자신의 안전지대를 벗어나야 한다는 것은 역설적이지 않은가? 여우다움을 구현할 수 있는 영역이 있다면 바로 이 지점일 것이다.

06

인문학의 정수

> 우리에게는 굳이 없어도 살 수 있는 지적 사치가 있습니다. (납세자들은) 지적 호기심(정부의 새로운 정책, 대개는 쓸모없는 정책의 시도—옮긴이주)에 보조금을 지급해서는 안 됩니다. —로널드 레이건 캘리포니아 주지사, 1967년

주류 경제학에 인문학의 지혜를 불어넣는다는 —학부 수업을 공동 강의하면서 떠오른— 주제를 다룬 이 책에서 우리 마음에 가깝고 소중한 주제인 학부 교육으로 눈을 돌리는 것은 자연스러운 처사이다. 학부생을 가장 잘 가르치는 방법에 대한 시사점이 있을까? 저자인 우리에게 가르칠 내용을 결정할 수 있는 권한이 있다고 가정해보자. **우리**가 할 수 있는 것은 무엇일까?[1] 보다 일반적으로 인문학 및 경제학에 대한 어떤 접근 방식이 각 분야의 최고를 대표하며 어떻게 서로를 반영하도록 만들 수 있는지에 관해 답을 구하고자 한다.

1장의 주요 질문으로 돌아가서 보다 자세히 설명하기로 하자. 인문학

---

1 경제학자들은 주장을 펼칠 때 완벽한 정보, 진입 장벽의 부재, 완전고용 등 존재하기 어려운 가정을 세우는 것을 좋아한다. 대학 총장과 문학 교수가 커리큘럼을 결정할 수 있다는 가정도 그러하다.

교육을 어떻게 이해해야 할까? 이 질문에 대한 답이 우리 주장의 핵심이다. 경제학적 접근 방식에 인문학적 방법의 정수가 더해지면 보다 강력한 힘을 발휘할 수 있다고 믿는다. 여기에서 "정수"란 무엇일까? 현재 인문학이 그것을 지지하는 것일까? 그렇다면 왜 인문학이 집중포화를 받고 있다고 주장하는 것일까?

지난 10년여 년 동안 교육자, 대학, 전문 단체의 성명과 함께 수많은 책, 기사, 사설이 인문학의 쇠퇴를 설명하면서 안타까워했다. 인문학 강좌를 수강하거나 인문학 분야 전공 학생 수가 급격히 감소하고 있다는 의미이다.[2] 1960년대 후반에는 학사 학위의 약 18%가 인문학에서 나왔지만 2010년에는 그 수가 8%로 줄었다. 낙관론자들은 감소 추이가 고르지 않고 대부분의 감소분은 1980년대 초에 일어났다고 주장하지만, 나머지 대다수는 많은 우려를 표명하지 않을 수 없었다.[3] 하버드 대학 학부생을 대상으로 한 최근의 연구에 따르면 인문학 전공자는 1954년 36%에서 2012년 20%로 감소했으며, 그 감소세는 계속되고 있다. 스탠퍼드 대학에서는 본교 학부 교수진의 약 45%가 인문학 전공자인 반면, 학생 중 인문학 전

---

2 예를 들어 미국 인문과학 학술원의 보고서 『문제의 핵심』(http://humanitiescommission.org/_pdf/hss_report.pdf)과 『인문학의 현황: 고등교육 2015』(http://www.humanitiesindicators.org/binaries/pdf/HI_HigherEd2015.pdf)를 참고하시오. 미국 언론의 예로는 제니퍼 레비츠·더글러스 벨킨, 「인문학의 몰락」, ≪US 뉴스 앤 월드 리포트≫, 2013년 6월 6일; 타마르 루인, 「인문학에 대한 관심이 사라지면서 대학들은 걱정」, ≪뉴욕타임스≫, 2013년 10월 30일 등이 있다. 또한 『멋진 미래?』의 제10장인 「미국(과 세계) 고등교육의 미래」를 참고하기 바란다.

3 최근 보고서에 따르면 핵심 인문학 분야의 학사 학위 취득자 수가 2012년과 2014년 사이에 거의 9% 감소한 것으로 나타났다. 스콧 야쉬, 「연구 결과 2년 만에 인문학 학사 학위 취득자 수 8.7% 감소」, ≪고등교육 내부통신≫, 2016년 3월 14일 참고하기 바란다.

공자는 15%에 불과하다는 사실이 놀라웠다.

이러한 수치는 시장의 테스트를 좋아하는 경제학자들에게 의아함을 줄 것이다. 제품이 그렇게 좋다면 소비자들이 왜 구매하지 않는 것일까? 대학에서는 학생들이 졸업하기 위해 인문학 과목 필수과목을 이수해야 하는데, 만일 필수과목으로 지정되지 않았다면 인문학 감소 추세는 어떤 양상을 띠었을까? 생각만 해도 끔찍하다.

실제 수치를 넘어서, 학생들과 사회 전반에서 인문 계열에 대한 인내심이 한계에 다다랐음을 쉽게 감지할 수 있다. 대학 등록금이 비싸면 비쌀수록 각 부분에서는 더 많은 요구가 생긴다. 과학, 기술, 공학, 수학, 이른바 STEM 분야의 경제적·사회적 가치에 대한 공감대는 형성되어 있지만, 라틴어 시, 프랑스 연극, 그 밖의 다양한 종류의 '문화 연구'를 공부하는 것의 가치란 과연 정확히 무엇일까?

이 장의 서두에서 소개한 레이건 당시 주지사의 인용문에서 알 수 있듯이 이 질문은 전적으로 새로운 것은 아니다. 하지만 요즘에는 이러한 질문이 보편적인 듯 보인다. 우리가 "가장 좋아하는"[4] 몇 가지 질문은 다음과 같다. "시민으로부터 돈을 받아 교육에 투자하여, 그리고 그 돈으로 더 많은 인류학자의 일자리를 창출하는 것이 국가의 중요한 관심사일까요? 저는 그렇게 생각하지 않습니다"(릭 스콧 플로리다 주지사, 2011년). "젠더 연구를 수강하고 싶다면 사립학교에 가서 수강하세요. 하지만 취업에 도움이 되지 않는 것에 보조금을 지급하고 싶지는 않습니다"(팻 맥크로리 노스캐롤라이나 주지사, 2013년). "사람들은 숙련된 제조업이나 무역업을 통해 예

4 「전인교육에 대한 정치인들의 과거와 현재」, ≪고등교육연감≫, 2015년 1월 30일.

술사 학위로 버는 것보다 훨씬 더 많은 돈을 벌 수 있습니다"(오바마 대통령, 2014년). 이 발언에 대해 대통령이 사과한 후 "미술사 교수에게 사과한 한심한 오바마. 우리는 일자리#로 이어지는 더 많은 학위가 필요합니다"라는 댓글이 달렸다(마르코 루비오 플로리다 상원 의원 트위터, 2014년).

루비오는 여기서 멈추지 않았다. 2016년 코커스를 앞두고 아이오와 유권자들의 마음을 사로잡기 위한 과정에서 그는 "일자리로 연결되지 않는 학위를 가진 사람들을 계속 졸업시킬 수는 없습니다", "지난 2천 년 동안 그리스 철학자들을 위한 직업 시장이 협소했다는 것을 고려하면, 그리스 철학 전공을 위해 5만 달러의 학자금을 대출할 가치가 있는지 판단할 수 있을 겁니다"라는 논란의 여지가 있는 발언을 했다.[5]

다른 대통령 후보였던 위스콘신 주지사 스콧 워커는 어땠을까? 위스콘신주 법에 명시된 오랜 '위스콘신 이념'은 위스콘신 대학의 핵심 사명으로 '진리 탐구'를 요구하고 있다. 대학의 사명에서 '진리 탐구'를 삭제하려 했던 주지사는 반대 여론이 거세지자 고의성은 없었다며 변명했다.[6]

그리고 전 플로리다 주지사 젭 부시가 있다. "대학은 학생들과 소통해야 합니다. 학생에게 '심리학과 철학을 전공하는 것도 좋고 인문학도 중요하지만 칙필레(패스트푸드 프랜차이즈명–옮긴이주)에서 일하게 될 거라는 사실을 명심하라'고 말해야 합니다."[7]

---

5 에린 머피, 「업데이트: 루비오, 현대화된 경제와 고등교육을 촉구하다」, ≪워털루 시다 폴스 커리어≫, 2015년 8월 18일. 또한 「마르코 루비오 vs. 아리스토텔레스」, ≪고등교육 내부통신≫, 2015년 8월 20일 자를 참고하기 바란다.

6 필립 범프, 「스콧 워커, 위스콘신 대학교 미션에서 '진실 탐구' 삭제하기로 결정. 오류라고 주장」, ≪워싱턴 포스트≫, 2015년 2월 4일; 존 니콜스, 「스콧 워커, '진실 탐구'에 반대하다」, ≪네이션≫, 2015년 2월 4일 자를 참고하기 바란다.

마지막으로 텍사스주 상원 의원 테드 크루즈가 후보로 출마했다. 크루즈 상원 의원은 대통령에 당선되면 국립예술기금(National Endowment for the Arts: NEA)을 폐지하겠다고 공약을 내걸었다. 연방 정부의 재정 적자 때문에 이런 공약을 내걸었다는 것이 믿기지 않는데, NEA의 전체 예산은 1억 4,600만 달러에 불과한 데 반해, 연방 정부의 총 적자 규모는 4,680억 달러에 달하고 있기 때문이다. 아마도 그는 미국의 우선순위에 대해 성명을 발표할지도 모른다. 샘 쿡의 고전적 노래 가사가 다시 쓰여질지도 모르겠다(이하 가사는 「Wonderful World」의 '역사는 몰라요. 생물학은 관심 없어요. 과학책도 관심 없어요. 제가 수강한 프랑스어 과목도 아는 것이 없어요'의 패러디—옮긴이주).

> 역사는 놀라요.
> 철학은 관심 없어요.
> 컴퓨터 프로그래밍 책 한 권 주세요.
> 제가 수강한 STEM 과목에 관심이 있을 뿐이에요.

지적 호기심, 인류학, 젠더 연구, 예술사, 심리학, 철학, 진리 탐구 등은 납세자들이 더 이상 감당하기 어려운 사치스러운 학문이라는 것이다. 물론 학계에서는 이러한 발언을 비웃을지 모르지만, 학계 밖에서 이 문제를 바라본다면, 즉 누군가가 비용 대비 편익 비율에 전혀 관심 없는 학문 분야에 별 다른 이해관계도 없고, 그럼에도 불구하고 그 해당 분야를 위해 비용만을 지불해야 한다면, 루비오 상원 의원과 부시 주지사의 질문은 웃

---

7 커트 밀스, 「젭 부시: 심리학 전공자들은 칙필레에서 일한다」, ≪워싱턴 이그재미너≫, 2015년 10월 24일.

어넘길 것이 아니라 진지한 대답으로 대응할 가치가 있다.

그렇다면 이러한 현상은 미국만의 현상일까, 아니면 전 세계가 미국을 따라가고 있는 것일까? 오랫동안 미국은 폭넓은 교육을 실현해왔고, 대부분의 다른 국가들은 훨씬 더 전문적이고 종종 더 기술적인 교육을 실행해왔다. 다른 나라의 인문학 및 보편적인 지적 추구에 대한 태도는 어떨까?

최근 한 기사에서는 일본을 비롯한 여러 나라에서 인문학에 대한 의구심이 커지고 있다고 보도했다.[8] 그러나 일부 국가들은 인문학 교육이 경제적으로나 시민으로서 생존 가능한 인구를 창출한다는, 미국 내 일부 사람들이 무시하길 원하는 사실을 파악하기 시작했다. 싱가포르는 왜 예일대학이 자국에 인문학 대학을 설립하도록 초청했을까? 중국과 인도에서 인문학 커리큘럼 도입이 활발하게 논의되는 이유는 무엇일까?[9] 우리가 엔지니어 배출에 있어서는 이들 국가를 따라잡기 위해 전전긍긍하는 가운데 그들이 보다 광범위하고 덜 기술적 배경을 가진 학생들을 교육하는 데 있어서 우리를 앞서간다면 정말로 아이러니하지 않을까?

하지만 우리가 보기에 비(非)STEM 분야의 가치는 해당 학문의 특성에 따라 달라진다. 모든 분야가 가치 있다고 주장할 수는 없지만 특정 분야가 큰 가치를 지니고 있다는 것은 인정해야 한다. 전문용어로 가득 찬 광

8 미쓰루 오베, 「일본, 기술 중심의 고등교육을 다시 생각하다: 연구자 직업 훈련을 강조하는 비즈니스 프로그램을 위해 인문학은 축소될 것」, ≪월스트리트 저널≫, 2015년 8월 2일(http://www.wsj.com/articles/japan-rethinks-higher-education-in-skills-push-1438571119). 이 기사에서는 "이번 개편안으로 일본은 숙련된 노동자 부족으로 인해 전통적인 아카데믹 학문의 가치에 대한 논쟁이 벌어지고 있는 미국을 비롯한 선진국 대열에 합류하게 되었습니다"라고 설명하고 있다.

9 그 예로 제럴드 A. 포스틸리오네, 「중국은 미국 인문학의 가치를 저울질한다」, ≪고등교육연감≫, 2013년 8월 29일 자를 참고하기 바란다.

고만 해대는 분야와 진지하지만 잘 알려지지 않은 학문을 외부인이 어떻게 구분할 수 있을까? 분명 그들은 답을 얻을 자격이 있다.

STEM이라는 용어가 만들어지고 현재에도 계속 사용되고 있는 것은 이 분야가 다른 분야와 다를 뿐만 아니라 더 가치가 있다는 믿음을 시사한다. 분명한 것은 줄기(STEM이라는 약어가 'stem(줄기)'과 동음이의어임을 이용한 언어유희이다.—옮긴이주)에서 멀어질수록 꽃은 덜 사랑스럽다.

자신의 학문을 옹호하려는 인문학자들의 시도는 그다지 효과적이지 않은 듯하다. 인문주의 교육의 정당성을 제시하려는 미국 인문과학 학술원의 장황한 보고서 『문제의 핵심』에 대해서 저명한 문학 이론가인 스탠리 피시의 평가가 정당한지 여부를 그에게 굳이 되묻을 필요는 없다.[10] 피시는 고무적으로 들릴지는 모르지만 모호한 몇 개의 문장을 인용한 후에 다음과 같이 주장한다. "이 문장을 비롯해 다른 많은 문장에서 '틀', '맥락', '복잡성', '의미 있게', '이해', '다양성', '감수성', '관점'이라는 키워드는 놀라울 정도로 공허하다. 구체성이 필요한 곳에 오히려 웅장한 추상적인 용어들이 사용되어, 주장의 날카로움을 무디게 만들 뿐만 아니라 예외 없이 평범하게 만든다"고 말한다.[11]

때때로 인문학자들은 공화당 의원이나 주지사 등 반대편의 상스러움을 폄훼하기도 하는데, 이러한 대응이 무시하기에는 너무 매력적인 유혹이긴 하다. 적이 나쁜 취향을 드러낼 때 폄하해버리는 것이 편하기는 하다.

---

10 미국 인문과학 학술원, 『문제의 핵심: 활기차고 경쟁적이며 안전한 국가를 위한 인문사회과학』(미국 인문과학 학술원, 2013).

11 스탠리 피시, 「인문학 옹호 실패」, ≪뉴욕타임스≫ 2013년 6월 24일(http://opinionator.blogs.nytimes.com/2013/06/24/a-case-for-the-humanities-not-made/?_r=0).

하지만 이러한 안이한 대응은 매우 무례하다는 인상을 주는 만큼 이의 제기나 정당한 요구를 선제적으로 봉쇄해버리는 의도로 보여 결국 역효과를 낳는다. 또한 학생들이 인문학 강의를 수강하지 않는 것은 학생의 문제, 즉 학생 선택의 문제라고 탓하는 듯 들린다.

그러한 책임 전가가 노골적으로 드러나기도 한다. 마사 누스바움의 저서『학교는 시장이 아니다: 공부를 넘어 교육으로, 누스바움 교수가 전하는 교육의 미래(Not for Profit: Why Democracy Needs the Humanities)』라는 제목에서 알 수 있듯이 누스바움은 몰지각한 학생들이 돈에만 관심이 있다고 주장한다.[12] 또 다른 이들은 학생들이 트위터에 익숙해져서 긴 작업에 집중하지 못한다고 비난한다.

경제학자에게 인문학자가 조언을 구할 경우, 기업이 자사의 서비스를 알아주지 않는 고객을 탓한다면 그 기업은 정말 큰 곤경에 처한 것이라고 답할지 모른다. 다음은 경제학의 간단한 교훈이 인문학자에게 도움이 될 수 있는 한 가지 사례이다.

인문학을 정당화하기

왜 인문학자들은 자신의 주장을 펼치는 데 그토록 무능한 것일까? 우선 그들은 자신, 즉 자신이 하는 일의 가치를 이미 인정하는 사람들에게만 말하는 데 익숙한 듯하다. 그들은 일에 대한 금전적 보상이 반드시 자신이 하는 일의 가치를 정확히 반영한다고 생각해서는 안 된다는 사실을 잊고

12 마사 C. 누스바움,『학교는 시장이 아니다: 공부를 넘어 교육으로, 누스바움 교수가 전하는 교육의 미래』(프린스턴 대학 출판부, 2010)[한국어판은 우석영 옮김(궁리출판사, 2016)].

는 한다. 자신들의 활동과 그다지 이해관계가 없는 사람들에게도 정당성을 호소할 수 있어야 한다. 특히 그 사람들이 인문학자의 활동에 금전 지원을 하리라 예상된다면 말이다.

인문학자들은 종종 자신들을 위해 쓰인 자원을 정당화하라는 요구 자체가 자신들에게 적대적인 가치인 경제적 효율성을 반영하는 것으로 간주하는 것처럼 보인다. 따라서 경제적 용어로 기술된 질문에 직면했을 때, 그들은 그 질문 자체와 그 질문에서 발견한 '신자유주의적' 사고방식에 분노로 반응하는 경우가 많다.[13] 여기서도 우리는 두 가지 문화가 존재함을 알 수 있다. 경제학자나 또는 희소한 자원이라는 개념을 받아들이는 이들은 각 한계 단위의 자원은 적어도 다른 곳에 사용했을 때만큼의 이익을 제공해야 한다고 생각한다. 하지만 인문학에서는 바로 이 가정이 핵심을 놓치고 있는 것이라고 본다. 오히려 학생들이 멀리해야 할 사고방식으로 보기도 한다. 그럼에도 불구하고 납세자들과 공적 자금의 경쟁자들은 이 질문에 대해 답변을 거부하는 인문학자의 태도에 당혹스러워한다.

인문학자들은 또한 내부자와 외부인에게 각각 다른 방식으로 이야기하는 데 익숙하기 때문에 자신의 주장을 펼치는 데 어려움을 겪는다. 그들은 여전히 대중에게 위대한 책의 가치, 가장 뛰어난 지성인이 말한 가장 고귀한 것들, 서양의 유산을 알아야 할 필요성에 대해 이야기한다. 이러한 발언은 비평에 대한 매슈 아널드의 정의, 즉 "세상에 존재하는 최고의 지식과 사고를 배우고 전파하려는 공평무사한 노력(a disinterested endeavor to learn and propagate the best that is known and thought in the world)"[14]을

13 예로 프랭크 도노휴, 『마지막 교수들: 기업 대학과 인문학의 운명』(포댐 대학 출판부, 2008)을 참고하기 바란다.

반영하는 듯하다. 이러한 발언은 반세기 전에는 진지하게 받아들여졌겠지만 영어나 문학을 전공하는 많은 동료들에게 그런 식으로 말하는 사람은 기껏해야 (학계에서) 사태 파악을 못하는 사람으로 간주될 수밖에 없었을 것이다. 비평가들은 서로에게 아널드의 말을 인용할 때면 무거운 아이러니를 느낄 수밖에 없다.

1장에서 언급한 영향력 있는 책인 『노턴 선집』에 실린 대다수의 글에서도 외부인을 고양할 수 있는 견해를 발견하기는 쉽지 않다. 새로운 '문화 연구'가 어떻게 문학을 다루는지에 관한 이 책 속의 의역을 여기에 인용해보겠다. "문학 텍스트는 다른 예술작품과 마찬가지로 다른 어떤 문화적 유물이나 관행보다 더 중요하지도 덜 중요하지도 않다. 문화적 의미가 어떻게 생산, 유통, 소비되는지에 중점을 두면서 기술자는 예술이나 문학이 어떤 내재적 흥미나 특별한 미적 가치를 지니고 있기 때문이 아니라 더 광범위한 사회적 요소와 연결되는 한에 맥락에 초점을 맞출 것이다."[15]

그러나 문학 및 기타 예술작품이 다른 문화 유물보다 더 중요하지 않다면 왜 커리큘럼에서 특별한 자리를 차지할까? 외부인과 대화할 때 '위대한 문학'이라는 개념은 전혀 문제시되지 않는 무엇인가로 간주하지만, 대다수 전문가들은 '위대한 문학'이라는 내재적 가치는 존재하지 않으며 오직 지배욕을 목적으로 한 가치의 귀속만이 있을 뿐이라고 믿는다. 가치는 전적으로 '우발적'인 것이다.[16] 문학 학자들이 외부인에게 설득력 없는 주장

---

14 매슈 아널드, 「현재 비평의 기능」, 해저드 아담스 편집, 『플라톤 이후의 비평 이론』(하코트 브레이스 출판사, 1971), 594쪽.

15 빈센트 B. 레이츠 외 편집, 『노턴 선집: 이론과 비평』, 최종판(노턴, 2010), 2478쪽.

16 앞서 지적했듯이 이러한 의미에서 '우발적(contingent)'이라는 용어의 사용은 바바라 헤른슈타인 스미스의 현재는 고전이 된, 문학적 가치에 대한 연구서 『가치의 우발성: 비평

을 하는 또 다른 이유는 아마 그들 스스로도 그것을 믿지 않기 때문일 것이다.

『노턴 선집』에서 "문화적 의미가 생산, 유통, 소비되는 방식"에 대해 이야기할 때, 이 산업적 언어는 예술과 다른 소비재 사이에 차이가 없음을 보여주기 위해 고안된 것이다. 그렇다면 다른 재화와 마찬가지로 가격을 책정하려는 정치인들은 왜 오류를 범하거나 저속한 것일까?

스탠리 피시는 외부인을 위한 다른 종류의 대답을 제안했는데, 적어도 위선적이지는 않은 답이었다. 인문학이 사람들을 더 현명하게 하고, 민주주의를 더 안정시키고, 사회를 더 잘살게 할 것이라고 주장할 것이 아니라, 인문학 연구가 전혀 쓸모없다는 사실을 인정하라는 것이다.[17] 피시는 당당하게 선언한다. "인문학은 우리를 구원하지 않으며, 국가나 대학에 수익을 가져다주는 것은 인문학의 일이 아니다. 그렇다면 인문학자들은 무엇을 할 수 있을까? '한다'는 것이 세상에 영향을 끼친다는 의미라면 인문학은 아무것도 하지 않는다. 그리고 만약 그들이 세상에 어떤 영향도 줄 수 없다면, 인문학을 즐기는 사람들에게 주는 즐거움과 관련된 것을 제외하고는 인문학의 가치는 정당화될 수 없는 것이다."[18] 물론 이러한 정당화는 어떤 학문 과정에도 똑같이 적용될 수 있다. 그 학문이 쓸모없거나

이론을 위한 대안적 관점(Contigencies of Value: Alternative Perspectives for Critical Theory)』(하버드대학 출판부, 1988)으로 거슬러 올라간다.

17 스탠리 피시, 「마지막 교수」, ≪뉴욕타임스≫, 2009년 1월 18일(http://opinionator.blogs.nytimes.com/2009/01/18/the-last-professor/).

18 스탠퍼드 보고서 「예술과 인문학이 우리를 구할 수 있을까?」, ≪스탠퍼드 뉴스≫, 2009년 2월 11일(http://news.stanford.edu/news/2009/february11/future-arts-humanities-fish-021109.html).

악의적이거나 반지성적이거나 그렇지 않으면 터무니없는 것일 때조차도 말이다. 인문학자들이 공부하면서 느끼는 즐거움이야말로 인문학의 정수라고 옹호하는 것은, 마치 정치인들이 상대방에게 마이크를 양보하는 즐거움이 논쟁에 이기는 방법이라고 주장하는 것과 같다.

흔히 가르치는 인문학

모슨은 노스웨스턴에서 가장 큰 인문학 강좌를 맡고 있으며 매년 500명의 학생이 러시아 소설을 공부한다. 이 학생들 중 문학 교수로 진로를 계획하는 학생은 1% 미만이며, 대부분은 인문학과는 거리가 먼 분야를 전공한다. 『까라마조프 형제들』과 『안나 카레니나』는 장편소설이라 상당한 노력이 필요한데도 학생들이 이 과정을 수강하는 이유는 무엇일까?

이 질문에 대부분의 응답자는 이전에는 문학이 왜 읽을 만한 가치가 있는지 전혀 이해하지 못했다고 대답했다. 이러한 결론은 많은 사람들이 지금까지 배워온 방식에 대한 이성적인 반응이었다. 이들의 설명에 따르면 중고등학교와 대학에서는 세 가지 학습 방식 중 하나가 지배적이며, 이 중 어느 것도 문학이 읽을 만한 가치가 있는 이유를 보여주지는 못한다.

가장 일반적인 접근 방식은 기술적인 것으로, 학생은 용어를 활용하고 기법들을 식별하는 방법을 배운다. '주인공' 또는 '반동 인물'을 인식하고, 복선을 파악하고, 무엇보다도 상징들을 발견하는 법을 배운다. 하지만 비전이나 이행, 또는 그리스도의 상징을 발견한 후에는 어떻게 해야 할까? 그 과정에서 알 만한 가치가 있는 무엇인가가 나오지 않는 한, 문학 독해는 크로스워드 퍼즐을 푸는 것과 비슷해진다.

이처럼 흔한 일이 현대의 기준으로 문학작품을 평가하는 것이다. 이것은 새로운 접근 방식이 아니다. 사람들은 자신과 비교해서 선대의 무지몽매함을 측정하려는 유혹을 거부할 수 없는 듯하다. 톨스토이는 『전쟁과 평화』를 통해 나폴레옹 이후 시대의 역사에서 "알렉산드르 황제와 나폴레옹부터 마담 드 스탈, 포티우스, 쉘링, 피히테, 샤토브리앙 등에 이르기까지 그 시대의 모든 유명한 사람들이 어떻게 엄격한 심판을 통과했는지 설명한다. 그들은 진보를 촉진했는지 반동을 조장했는지에 따라 무죄가 되기도 하고 정죄되기도 한다. (…) 오늘날 러시아 문학에서 소년 수필가에서부터 학식 있는 역사가에 이르기까지 알렉산드르 황제 통치 기간에 잘못한 일에 대해 작은 돌을 던지지 않는 사람은 없다"고 말한다. 이러한 인물들은 현재의 가치, 또는 오히려 그것을 판단하는 역사가의 가치에 접근할 때 '진보'를 이룬다. 그러나 톨스토이는 이러한 반론이 의미하는 바는 알렉산드르 황제가 "50년 전 인류의 복지에 대한 개념이 어릴 때부터 책을 읽고, 강의를 듣고, 메모를 하는 등 배움에 몰두하는 오늘날의 교수가 가지고 있는 개념과는 같지 않았다는 것"[19]이라고 설명한다.

역사가들은 선대 역사가들이 시대와 이해관계에 눈이 멀었지만, 현대의 역사가들은 그렇지 않다고 상상한다. 마치 시간을 초월해 존재하거나 현재가 어떻게든 깨끗한 시야를 허용하는 최초의 순간인 것처럼. 마치 오늘날의 사람들이 결정적으로 올바른 가치에 도달한 것처럼 여긴다. 역사가들은 또한 사업가, 귀족, 장군은 파벌적 이해관계와 해당 직업의 문화에 의해 형성되지만, 학자는 그렇지 않거나 그렇다 해도 그러한 조건이 왜곡을 수반하지 않는 독특한 것이라고 가정한다.[20] 그런 믿음은 얼마나 편리

19 톨스토이, 『전쟁과 평화』, 1351~1353쪽.

20 지식인이 다른 사람의 견해를 왜곡하는 특정 이해관계로부터 예외적으로 자유롭다는 생

한 논리인가! 물론 지금부터 한 세대 후 미래의 학자들은 오늘날의 역사가들을 향해 고개를 절레절레 흔들 것이다. 톨스토이는 모든 경험이 시사하는 지적 겸손을 요구하는 것이다.

대다수 문학 교사들은 학생들에게 위대한 작가를 판단할 때 명백하게 현재의 가치 기준과 맞아떨어지는가를 기준으로 가르친다. 그래서 셰익스피어, 디킨스, 톨스토이는 부교수들(associate professors)과 고등학교 교사들로 구성된 "엄격한 재판소"에 끌려간다. 당시 이혼법이 지금처럼 계몽된 것이었다면 안나 카레니나의 운명은 달라졌을 것이다! 셰익스피어의 성(性)에 대한 견해는 가부장적 가치를 반영한다. 현재의 우리는 그들보다 훨씬 더 똑똑하다. 이 접근 방식은 우리가 알 필요가 있는 어떤 것도 배울 수 없다는 것을 확신시켜 주는데, 왜냐하면 우리의 가치 신념은 절대선이며 그 외 모든 것은 그 신념에 따라 가늠되기 때문이다. 그렇다면 왜 문학을 읽어야 하는 것일까?

오래되었지만 여전히 통용되는 세 번째 문학 교수법은 작품을 단순한 시대의 문서로 취급하는 것이다. "디킨스가 진공 상태에서 글을 쓴 게 아니잖아요?"라고 —마치 다른 이들은 진공 상태를 염두에 두었다는 듯이— 말하는 사람이 있을 수도 있다. 디킨스가 당대 노동자들의 비참한 상황을 보여주는 것은 사실이지만, 실제 상황은 어느 공장 조사원의 보고서가 더 잘 표현할 수 있을지도 모른다. 왜 우리가 11세기 폴란드나 다른 지역의 농민들보다 빅토리아 시대 영국 노동자들의 상황에 관심을 가져야 하는 이유

각은 칼 만하임, 『이데올로기와 유토피아: 지식의 사회학 입문』, 루이스 워쓰·에드워드 쉴즈 옮김(하코트 브레이스 출판사, 1936)에서 가장 유명하게 공식화되었다. 특히 「인텔리겐치아의 사회적 문제」와 「정치적 지식의 성격」, 153~171쪽을 참고하기 바란다.

에 대해서는 설명하지 않는다. 모든 문화의 모든 시대를 샅샅이 탐구할 수는 없다. 이 방법은 순서를 뒤집어놓았다. 일반적으로 19세기 러시아 문화에 관심을 가지게 되는 계기는 톨스토이와 도스토옙스키를 읽고 나서이다. 그 반대가 아니라.

세 번째 접근 방식은 문학의 본질을 잘못 이해한 것이다. 그리고 자신이 근본적으로 오해하고 있는 것을 다른 사람이 이해하도록 가르칠 수는 없다. 애초에 작품을 문학적으로 만드는 것은 작품의 맥락을 **떠나** 재미있기 때문이다.[21] 디킨스와 톨스토이는 19세기 영국과 러시아에 관심이 없더라도 우리에게 중요한 말을 해준다. 에드워드 기번의 『로마 제국 쇠망사』는 고대를 이해하는 자료로서는 이미 예전에 구식이 되어버렸지만, 인간 본성에 대한 통찰력, 인간 경험에 대한 감각, 역사 과정에 대한 냉소적인 시각, 그리고 그 시각을 담은 흉내 낼 수 없는 문체로 인해 여전히 문학으로서 읽히고 있는 것이다. 헤로도토스의 『역사』와 제임스 보스웰의 『새뮤얼 존슨의 생애』도 원래는 역사적 기록으로서 더 유명했었지만, 같은 이유로 문학으로 살아남았다. 위대한 소설가들이 실제로 자신의 시대를 기록한 것은 사실이지만, 그것이 그들을 위대한 소설가로 자리매김하게 한 것은 아니다. 만약 『전쟁과 평화』에서 읽을 수 있는 것이 나폴레옹 전쟁에 대한 설명뿐이라면 이 소설이 왜 가장 위대한 소설로 여겨지는지 이해하기 어려울 것이다.

21 존 M. 앨리스, 「문학 텍스트」(2장), 『문학비평의 이론: 논리적 분석』(캘리포니아 대학 출판부, 1974)을 참고하기 바란다. 앨리스에 의하면 "문학 텍스트는 그 텍스트가 유래한 즉각적인 맥락과 특별히 관련이 **없는** 방식으로 사회에서 사용되는 텍스트로 정의된다"(앨리스, 44쪽).

지금까지 상술한 일반적인 접근 방식들은 나름의 일리가 있다. 즉, 문학은 종종 상징을 사용하고, 옛 사람들은 사회문제를 다른 방식으로 이해했고, 다른 모든 작품들과 마찬가지로 위대한 작품도 시대를 반영한다는 것이다. 그러나 그 어느 것도 위대한 문학을 읽기 위해 노력할 가치가 있다고 느낄 이유를 제시하지는 못한다. 왜냐하면 이들 작품을 읽는 데는 상당한 노력이 필요하기 때문이다. 『실낙원』은 어렵고 『전쟁과 평화』는 길다. 그러므로 이들 작품을 읽음으로써 얻어야 하는 대가는 커야만 한다. 그렇지 않다고 생각하는 학생들은 스스로 바보임을 자인하는 것이다.

왜 그냥 스파크노트(SparkNotes)를 읽지 않나?

작품이 단순한 메시지로 축소되는 것은 대단히 잘못되어 간다는 신호이다. 안타깝지만 단순한 메시지로 가르치기가 쉽기 때문에 너무 흔하게 발생한다. 한 학생이 모슨에게 『허클베리 핀』이 "노예제도는 잘못된 것이다"라는 내용만 담고 있다면 굳이 읽을 이유가 없을 것이라고 말했다. 물론 그 학생은 그 사실을 이미 알고 있었고, 그 책이 그 정도 내용이라면 시간 낭비라고 생각하는 것이 옳을 것이다.

이 접근 방식은 문학을 좋아하지 않는 교사도 쉽게 할 수 있는 것이고, 학생과 교사 모두 유명한 책을 다 읽었노라고 거짓말을 할 수 있다. 그래서 두 사람은 책을 이해하는 것에 대해 일종의 음모를 꾸미는 듯 고통스러울 정도로 명백한 메시지를 심오한 것으로 여기는 척한다. 교사가 할 다음 행동은 이러한 목적에 맞는 작품을 선택하는 것이다. 선택한 작품은 실제로 단순한 메시지만 전달하거나 쉽게 다시 전달될 수 있는 작품이어야 한다. 그러나 평범한 문학만이 이런 방식으로 이해될 수 있다. 문학이 왜 읽기 위해 노력할 가치가 있는지를 보여주지 못하는, 쓸모없는 커리큘럼이라는 징조는 훌륭한 텍스트를 모두가 이미 알고 있는 단순하고 교훈을 가진 짧고 평범한 텍스트, 보통은 최근에 쓰인 텍스트로 대체하는 것이다. 우리는 이러한 책들을 "노예제도는 잘못이다" 류의 책이라고 부를 수 있다.[22]

단순한 메시지 전달에 그친다면 굳이 읽을 이유가 있을까? 차라리 스파크노트를 이용하는 게 어떨까? 스파크노트를 통해 간단한 메시지를 외우는 것이 좋지 않을까? 이웃을 사랑하라(『두 도시 이야기』), 불쌍한 사람을 도와라(『레미제라블』), 아동 학대는 잘못된 행동이다(『제인 에어』, 『데이비드 코퍼필드』), 아무리 못된 노인이라도 죽이면 안 된다(『죄와 벌』), 첫인상은 오해의 시작(『오만과 편견』), 질투에 굴복하지 말 것!(『오셀로』), 집착은 위험하다(『모비 딕』), 우울해 하지 말고 뭐라도 하라!(『햄릿』), 늙은 바보만큼 어리석은 바보는 없다(『리어왕』). 이러한 요약이 왜 충분치 않은지 설득력 있는 근거를 제시하지 못한다면 문학을 제대로 가르치지 않은 것이다. 학생들은 단순히 책에 대해 아는 것이 아니라 왜 그 책을 읽을 가치가 있는지 알아야 한다.

인간 극복하기

요약문이 놓칠 수 있는 것을 보여주기 위해 교사들은 종종 기술적 (또는 '텍스트적') 접근법을 사용한다. 상징들의 의미를 추적해보거나 '텍스트'에

22 1장에서 설명한 마이클 와츠의 선집 『문학으로 읽는 경제학』에 수록된 대부분의 작품들이 이러한 류의 책들이다.

대한 해체적 혹은 어려운 분석을 배우는 경우 페이지의 단어들을 읽는 것이 도움이 될 것이다. 그리고 학생이 그 단어들에 집중하게 되면 아마도 그 단어들을 이해하게는 될 것이다. 물론 이해는 했겠지만, 원래 의도했던 방식으로 이해한 것은 아닐 것이다. 텍스트에 '기법들(devices)'이 있거나 특정 방식으로 읽어야 한다는 것을 파악했다고 해서 문학을 좋아하게 되지는 않는다. 그럴리 없지 않은가? 진정으로 작품을 즐기게 된다면 그것은 부산물에 가깝다. 학생들도 배운 것과 무관하게 독서의 즐거움을 경험할 수도 있을 것이다. 우리는 제인 오스틴이나 다른 위대한 작가를, 부끄러워해야 할 이유에서 오히려 좋아하는 사람들도 보았다.

텍스트 접근법의 핵심 문제는 문학작품을 텍스트, 즉 페이지 위에 있는 단어와 동일시한다는 것이다. 이러한 방식으로 문학을 바라보는 것은 작품을 비인간화하는 것이기 때문에, 인문학자들 사이에서 이러한 방식이 매우 일반화되어 있다는 사실은 이해하기 어렵다. 경제학자는 물리학자가 되고 싶어 하고, 정치학자가 경제학자가 되고 싶어 하듯이, 일부 인문학자는 인문학자가 아닌 다른 무엇이 되기를 열망한다. 경제학자들은 '물리학 선망증'에 시달리고, 인문학자들은 '인문학 부끄러움'을 경험한다. 우리는 단순히 인간적인 요소를 극복하고 물체의 견고성처럼 단단하고 과학적이고 디지털적이고 진화론적이거나 적어도 객관적인 것에 초점을 맞추려는 시도가 반복되는 것을 본다. 페이지의 단어를 세고 기호를 분류하고 기법을 발견하는 것이다. 호이 폴로이(hoi polloi)(비하하는 의미로서 대중을 뜻하는 그리스어－옮긴이주)는 안나 카레니나나 미스터 다시와 사랑에 빠질지 모르지만, 텍스트주의자들은 그것을 뛰어넘는다.

그러나 본질을 구성하는 것을 제거하는 방식으로 대상을 연구할 수는 없다. 이것은 추상화의 오류의 한 유형이다.[23] 문학작품은 인간에 대한 작가와 독자의 대화이지 비인격적인 힘의 표현은 아니다.

저자인 모슨은 텍스트 접근법이 지배적인 노르웨이에서 일련의 강의를 진행한 바 있다. 한 스칸디나비아 학자가 다음과 같이 말했다. "저는 평생 당신이 해온 작업과 반대로 학생들에게 캐릭터를 현실 문제와 실질 인간 심리를 가진 실제 사람으로 대하지 말라고 말해왔습니다. 소설 속 인물은 페이지 위에 있는 단어에 불과해요. 예수를 십자가에서 구하기 위해 무대로 올라가는 구경꾼처럼, 허구의 인물을 실존 인물로 취급하는 것은 원시적입니다." 그녀는, 진지한 학자들은 문학이 실존 인물에 관한 것이라고 생각하지 않고 속물들만 그렇게 생각한다고 여기는 듯하다. 저자 스스로가 설사 실존 인물로 생각했더라도 저자의 의도가 중요한 것은 아니라는 것이 수십 년 동안의 정설이었다.

물론 문학 속 인물은 실존 인물이 아니라고 대답할 수 있다. 러시아 기록 보관소에서 안나 카레니나의 출생증명서를 찾는 일이 미친 짓이라는 것을 의심하는 사람은 없을 것이다. 속물들을 포함한 그 누구도 그렇게 생각하지 않을 것이다. 하지만 문자는 단순히 페이지 위의 단어가 아니다. 그들은 실제 인물은 아니지만 **있을 법한** 인물이다. 그렇기 때문에 우리는 그들과 우리를 동일시할 수 있다. 그들은 우리가 경험한 것을 경험하고, 우리는 실제 사람들의 경험에서 배우는 것처럼 그들의 경험에서 배울 수 있다. 우리가 단순히 페이지 위에 적힌 단어의 감정적 삶과 동일시를 경험하거나 그것으로부터 무언가를 배울 수 있을까?

텍스트 접근법이 간과하는 것은 페이지 위의 단어 그 자체로는 문학작

23 이 아이디어는 다음 장에서 행동 경제학에 대한 논의로 다시 등장한다.

품이 아니라 문학작품을 위한 단순한 재료라는 점이다.[24] 작품은 단어가 독자에게 불러일으키는 경험이다. 기호나 기타 텍스트의 특징을 아무리 높게 평가하더라도 작가가 의도한 경험을 하지 못했다면, 즉 그런 속물적이고 인간적인 것들을 모두 건너뛰고 단어와 장치로 곧장 이동했다면, 그 사람은 작품을 읽지 않은 것이다. 훌륭한 소설을 읽으려면 주요 인물과 동일시를 느끼고 그들의 내면과 공존해야 한다. 작품과 텍스트를 동일시하는 것은 음악과 악보를 동일시하거나 비를 피하기 위해 집의 청사진을 준비하는 것과 같다.

인문학, 특히 문학은 인간에 관한 학문이다. 또는 적어도 인문학의 '정수'이고, 즉 경제학을 유용한 방식으로 가르칠 수 있는 인문학의 버전이다.

캐릭터와 나노 캐릭터

문학에 대한 훌륭한 인문학적 접근법을 통해 아래의 네 가지 논점을 파악할 수 있다.

1. 이 책을 읽어야 할 가치가 있는 이유는 무엇일까? 우리에게 중요한 것을 가르쳐줄 수 있을까?

---

24 미하일 바흐친의 주장처럼 우리는 문장(일련의 단어)으로 말하는 것이 아니라 발화를 주고받으며, 문장은 발화를 위한 재료일 뿐이다. M. M. 바흐친, 「소설 속의 담론」, 259~422쪽; 바흐친이 쓰고 맥기가 옮기고 에머슨·홀퀴스트가 편집한 『담화 장르 및 기타 후기 에세이』의 「언어학, 어문학 그리고 다른 인문학에서 텍스트의 문제: 철학적 분석의 시도」, 103~ 131쪽, 그리고 「인문학의 방법론을 위하여」, 159~172쪽; 모슨·에머슨, 『미하일 바흐친: 산문론의 창조』, 123~171쪽, 271~305쪽.

2. 작품 개요로 충분치 못한 이유는 무엇인가?
3. 위대한 작품을 위대하게 만드는 것은 무엇일까? 평범한 작품과는 어떻게 다른가? 학생들은 무엇이 뛰어난 작가를 평범한 작가보다 낫게 만들고, 훌륭한 작가를 뛰어난 작가보다 낫게 만드는지 단순한 믿음으로 수용할 뿐만 아니라 관찰할 수 있게 된다. 셰익스피어의 희곡이 다른 극작가들의 희곡보다 훨씬 뛰어난 이유는 무엇일까? 톨스토이에 대한 수업을 들은 학생들은 매슈 아널드, 버지니아 울프, 이사크 바벨 등 많은 작가들이 왜 톨스토이를 다른 위대한 소설가들보다 독보적으로 우위에 있다고 생각했는지 어느 정도 이해할 수 있을 것이다. 평범한 작가라면 톨스토이의 한 장면을 어떻게 썼을지, 디킨스 같은 위대한 작가라면 그 장면을 어떻게 썼을지, 그리고 톨스토이는 실제로 어떻게 썼는지를 이해하게 해야 한다.
4. 마지막으로 가장 중요한 것은 위대한 문학에서 우리가 배울 수 있는 것, 그리고 우리가 배울 수 없는 것 또는 여타 다른 곳에서 배울 수 있는 것이 무엇인가이다. 경제학이 "인문학화"되어야 한다고 주장할 때 염두에 두는 것이 바로 이 네 번째 질문이기 때문에 우선 이 질문부터 논의해보고자 한다.

이 마지막 질문에 대해서는 여러 가지 대답이 있겠지만 어떤 대답을 하든 대학이 문학을 가르치는 데 들이는 시간, 노력, 그리고 비용을 정당화하는 문제와 연결되어 있다. 문학 연구를 신경 생물학이나 컴퓨터 과학의 한 분야로 바꾸려는 사람들은 암묵적으로 문학에는 정답이 없으며, 문학은 좀비 인문학이나 스푸핑 학문과 같은 좀 더 심각한 학문 분야의 재료가 되어야만 구제될 수 있다고 가정한다.

그 학문에 대한 믿음이 없는 사람에게 해당 학문을 맡길 수는 없지 않은가?

그러나 문학이 다른 학문보다 더 확실하게 가르치는 몇 가지 중요한 것들이 있고, 적어도 경제학을 포함한 다른 학문에서는 한결같이 가르치지 않는 한 가지가 있다. 다른 학문 또한 사람들이 어떻게 생각하고 느끼는지에 대해 우리에게 무언가를 가르칠 수 있고, 가르치고 있기도 하지만, 앞서 주장했듯이 위대한 작가들이 위대한 사회과학자들보다 사람들을 더 잘 이해했다는 명백한 증거가 있다. 심리학자들이 조지 엘리엇이나 톨스토이만큼 인간을 잘 이해했다면 도러시아 브룩이나 안나 카레니나만큼 설득력 있게 인간 묘사를 할 수 있었겠지만 그 누구도 이에 근접하지 못했다.[25] 그런 인물들에 비하면 사회과학 실험이나 이론에서 발견되는 사람들은 때때로 놀랍도록 빈약한 나노 캐릭터처럼 보인다. 위대한 소설가들이 심리학자들이 모르는 것을 알고 있다면 그것은 무엇일까?

사회과학자들은 프로이트가 그랬던 것처럼 작가는 명시적으로 직관할 수 없는 진리를 직관하며, 그러한 진리가 지적 분석에 이용될 수 있을 만큼 충분히 가공되었을 때 비로소 사회과학자가 이를 활용한다고 가정한다. 플라톤이 주장했듯이 시인은 자신이 무엇을 보여주었는지 알지 못하며, 자신의 작품을 설명하지 못한다. 그러나 도스토옙스키의 캐릭터들이

---

25 위대한 작가의 반열에 오른 사회과학자들의 사례를 보면 그들에게서 위대한 작가의 영향력을 어렵지 않게 발견할 수 있다는 점이 흥미롭다. 예컨대, 프로이트의 사례 연구나 마거릿 미드의 초기작을 보면 알 수 있는데, 특히 후자의 경우 멜빌과 남태평양에 관한 여타 작가들의 영향력을 곳곳에서 찾을 수 있다. 말리놉스키의 『서태평양의 항해자들』이나 레비스트로스의 『슬픈 열대』와 같이 인류학에서 가장 위대한 작품 몇몇은 그 자체로서 고전문학으로 인정받을 수 있다.

죄의식, 모욕감, 자기주장, 자기기만의 복합성에 대해 길고 명료한 논증을 펼치는 것을 보면 사회과학자들의 전제는 거의 편견에 가깝다. 도스토옙스키는 이러한 심리적 통찰을 술에 취해 난투극을 벌이는 드미트리 까라마조프처럼 믿을 수 없는 캐릭터의 입을 통해 대신 전달하는 데 열성적이다. 그렇기에 혹자는 도스토옙스키의 캐릭터들이 행동 없이 말만 많이 한다고 불평할 수도 있다. 조지 엘리엇, 톨스토이, 투르게네프 등의 소설가들은 화자가 매우 미묘한 심리적 진실을 표현할 수 있도록 했다. 이러한 작가들을 전문적으로 연구하는 사람들은 행동 경제학자나 사회심리학자들이 너무 뻔해서 노력할 가치가 없어 보이는 이론을 공식화할 때 종종 어리둥절해 한다. 굳이 증명이 필요한가?

윤리와 이야기

위대한 소설가들은 이 책의 핵심 관심사인 윤리에 대해서도 할 말이 많다. 그들은 철학자들이 간과해온 윤리적 사고 전통을 계승하고 놀라운 힘으로 발전시켰다. 철학자들이 윤리적 원칙을 논리적으로 추론하는 방식으로 사고했다면, 소설가들은 구체적인 사례를 중심으로 사고했다. 철학자들이 사물의 이면에 숨어 있는 단순함을 보려고 노력했다면, 소설가들은 사물의 숨겨진 복합성을 찾았다고 할 수 있다.[26]

지성사를 잠시 살펴보자. 17세기 중부 유럽 인구의 상당수를 앗아간 종

26 17세기 이러한 사고의 전환에 대한 설명은 툴민의 『코스모폴리스』를 참고하기 바란다. 윤리에 대한 사례 기반 접근 방식에 대해서는 존슨·툴민의 『결의론의 남용』을, 결의론과 소설의 기원에 대해서는 스타의 『디포와 결의론』을 참고하기 바란다.

교 전쟁의 대학살을 목격한 철학자들은 도덕적 문제에 대한 합리주의적 접근법, 즉 신앙이나 종교에 속하지 않은 접근법을 모색했다. 기하학이 가톨릭도 개신교도 아니듯이, 윤리학도 연역적 과학으로 간주될 수 있다는 주장이 제기되었다. 연역적 과학은 양쪽 모두 동의할 수 있는 진리를 만들어낼 수 있다. 이 접근 방식은 성공을 거두었고 여전히 우리와 함께하고 있다. 분석철학뿐 아니라 더 일반적인 철학에서도 볼 수 있다. 대안적 사고방식이 더 이상 존재하기 어려울 때 특정 관점이 우위를 차지했다는 것을 알 수 있다.

하지만 합리주의 철학을 대체했던 방법이 있었다. 일반론에서 연역적으로 추론하는 대신 특정 사례에서 귀납적으로 추론하는 것이다. 핵심 아이디어는 아리스토텔레스에서 비롯되었다. 아리스토텔레스에게 있어 '정의'라는 용어는 도덕률을 따름으로서 얻을 수 있는 것을 의미하며, 그는 때때로 이 과정이 불합리한 결과를 낳는다는 사실을 관찰했다. "그 이유는 모든 법은 보편적이지만 어떤 것들에 대해서는 옳다는 보편적인 진술을 할 수 없기 때문이다." 이 경우 법은 "오류의 가능성을 모르지는 않지만 그럼에도 통상적인 경우를 취한다". 필연적으로 아무도 예상하지 못했으나 분명한 차이를 만들어내는 특수한 경우가 발생한다. "실무적인 것은 애시당초 이런 속성을 가졌기 때문에"[27] 발생할 수밖에 없다.

아리스토텔레스에게 실용적 추론과 이론적 추론 사이에는 중요한 차이점이 있다. 실제적인 일은 이론의 적용으로 환원될 수 없다. 아리스토텔레스에게 '실무적인 것'의 영역에는 윤리적 영역이 포함된다. 수학과 과학

---

27 아리스토텔레스, 1020쪽.

적 추론을 포함한 이론은 어느 정도 도움이 될 수 있지만, 예측할 수 없는 사물의 복잡성 앞에서는 부적절한 것으로 드러난다. "이것이 모든 것이 법에 의해 결정되지 않는 이유, 즉 어떤 것들에 대해서는 입법이 불가능한 이유이다"(아리스토텔레스, 1020쪽). 2장에서 살펴본 바와 같이 이 지점에서 필요한 것은 올바른 **판단**이다. 이는 적어도 위대한 소설(그리고 다른 많은 위대한 문학)에 대한 암묵적인 가정이다. 사실주의 소설에서 파생된 17세기 합리주의자들이 명백히 거부한 윤리적 사고의 전통, 즉 '사례에 의한 추론'이라는 전통에서 비롯된 것이다. 우리 책의 용어로 표현하자면 **이야기**가 필요하다. '결의론(casuistry)'이라는 용어가 이제는 경멸적이라는 뜻이 포함되었다는 사실, 즉 누구도 누군가를 '결의론의 대가'라고 부르며 칭찬하지 않는다는 사실 자체가 합리주의자들의 성공을 보여준다.[28]

결의론은 이론에서가 아니라 구체적인 사례에서 추론을 내린다. 원칙이 사용되기는 하지만, 원칙은 법칙이 아니라 다른 유사한 사례와 고려해야 할 통찰력을 상기시키는 역할을 한다. 이전에 내린 결정에 대해 끊임없이 반성하고, 그중 일부가 잘못된 것으로 판명되면 점차 도덕적 추론이 정교해진다. 하지만 결코 확신에 도달할 수는 없다.

『안나 카레니나』의 주인공 콘스탄틴 레빈은 터키군이 불가리아인을 학살하는 발칸반도에 러시아가 개입하는 것을 반대한다. 지식인이자 그의 이복형인 세르게이 이바노비치는 레빈에게 저 멀리 발칸반도에서가 아니라 바로 이곳에서 터키인이 불가리아 아이를 죽이려 한다고 상상해보라고 하면서 상황의 본질을 환기하려 한다. 아기를 구하는 것이 터키인을

28 파스칼의 『시골 친구에게 보낸 편지(The Provincial Letters)』는 결의론 및 예수회에 의한 결의론의 남용에 관해 가차 없는 공격을 담고 있다.

죽이는 것일 수도 있는데 레빈은 여전히 아무것도 하지 않을까? 레빈은 실제 톨스토이가 그러하듯이 모르겠다고, 그때 가봐야 결정하겠다고 대답한다. 세르게이 이바노비치에게 이 대답은 질문을 결정할 원칙이 없기 때문에 단순한 회피처럼 보이지만, 결의론자인 톨스토이에게는 정답이다. 중요한 세부 사항은 미리 알기 어렵고 잘못된 결정의 결과가 너무 심각하기 때문에 주어진 추상적인 원칙으로 결정하지 **말아야** 한다. 평생에 걸친 도덕적 관찰과 성찰의 산물인 올바른 판단에 의존해야 하는 것이다. 올바른 판단은 대체 불가능이다.

합리주의가 철학에서 승리를 거두자, 결의론은 새로운 문학 장르인 사실주의 소설에서 자리를 잡았다. 이 장르를 창시한 것으로 알려진 작가인 대니얼 디포는 정기 간행물에 결의론의 방식으로 기사를 쓰기 시작했다. 당대의 "디어 애비(Dear Abby)"(미국 칼럼니스트 애비게일 밴 뷰런이 1956년에서 2002년까지 쓴 인생 상담 칼럼의 제목–옮긴이주)로서 그는 독자들이 제기하는 윤리적 문제를 고민하거나 스스로 만들어내기도 했다. 이러한 문제들은 복잡하고 쉽게 해결되지 않는다는 점에서 흥미를 끌었다. 디포는 이러한 문제들에 대해 세세하게 설명했다. 그는 독자들을 수수께끼에 빠뜨리기 위해 더 많은 세부 사항을 제공하는 법을 배웠고, 사례 연구가 확장되면서 『몰 플랜더스』와 같은 소설로 발전했다. 이 책에서 여주인공은 일반적으로 우리가 뭔가 잘못되었다고 느끼는 행동에 대해 그럴듯한 정당성을 부여하는데, 그 이유를 생각해볼 필요가 있다. 우리는 종종 그 책에서 여주인공의 자기 정당화가 배제하고 있는 사실에 주목하게 된다.

이러한 시작에서 사실주의 소설은 어려운 도덕적 질문을 제시할 수 있는 능력을 발전시켰다. 합리주의자나 과학자의 근본적인 충동은 상황의 본질을 추상화하고 일반적인 원칙을 적용하는 것이지만, 소설은 정반대로 나아가는 경향이 있다. 사물의 본질적인 단순성을 보여주는 대신 복잡성을 보여주고 적절하게 추론하도록 가르친다. 우리는 단순화가 어떻게 왜곡되는지, 추상화가 어떻게 산만해지는지를 보면서 많은 것을 배운다.

사실주의 소설에서 유물론, 공리주의, 사회주의와 같은 단순한 철학을 믿는 사람이 사물의 본질을 꿰뚫는 과학적 주장을 할 때, 플롯은 일반적으로 그러한 견해가 얼마나 잘못된 것인지를 보여준다. 작가는 주인공이 논리적 또는 과학적으로 자신의 철학이 타당하다고 생각하면서도 자신이 인정하지 않는 심리적 요인에 이끌린다는 것을 보여준다. 때로는 정의를 약속하는 이론이 실제로 어떻게 비참한 결과를 초래하는지 보여준다. 투르게네프의 『아버지와 아들』, 도스토옙스키의 『죄와 벌』, 조셉 콘래드의 『비밀 요원』, 헨리 제임스의 『카사마시마 공작부인』 등 이른바 '관념 소설(the novel of ideas)'이라고 불리는 대작들의 줄거리가 바로 삶의 복잡성과 만나는 단순 이론이다.

실생활에서 우리에게 때때로 필요한 것은 윤리적 문제에 대한 이론적 추론이 제공하는 명료함이다. 이것이 바로 우리가 분석철학에 눈을 돌리고 사회과학에서 통찰력을 얻는 이유 중 하나이다. 추상화는 효과가 있을 때가 있다. 그러나 윤리적 추론은 추상화만으로는 위험할 정도로 빈곤해질 수밖에 없다. 좋은 윤리적 추론은 특수성에 대한 민감성과 예측할 수 없는 복잡성에 대한 인식의 문제이기 때문에, 우리에게는 또한 좋은 판단력과 이를 설명하는 문학작품이 필요하다.

내면으로부터의 경험

윤리가 연역적 추론의 문제라면 감정은 방해가 될 뿐이고 판단은 불필요할 것이다. 이론적으로 로봇에 규칙을 프로그래밍하고 윤리적 결정을 맡길 수는 있다.[29] 하지만 거의 모든 사람이 여기에 문제가 있음을 알 것이다. 기계가 담당하는 윤리적 결정은 전혀 윤리적이지 않다. 우리는 직관적으로 윤리적 행동에 대해 우리가 직접 나서서 책임을 져야 한다고 느끼거나, 문예철학자 바흐친의 표현처럼 우리가 '**서명해야** 한다'고 생각한다. 개인적 책임에는 '알리바이'가 없다.[30](바흐친은 '존재에 대한 알리바이란 없다'고 표현한다.—옮긴이주)

윤리적 행동에는 공감이라는 한 가지 특별한 감정이 요구되는 건 아닐까? 때때로 윤리적 행동에는 영어 격언에 표현된 "신의 은총이 아니었으면 나도 그렇게 됐을지 몰라!(there, but for the grace of God, go I)"(타인의 불행을 보면서 자신의 안위는 신에게 달려 있음을 확인하며 감사하는 표현—옮긴이주)라는 느낌이 포함될 수 있을까? 이러한 느낌이 없다면 우리는 윤리적 행동, 즉 다른 사람을 돕는 외적 성과는 느낄 수 있지만 윤리적으로 행동하겠다는 개인적인 약속을 포함하는 윤리적 행동은 느끼지 못할 것이다.[31]

경제학을 비롯한 많은 학문이 타인과의 공감을 가르치지만 일반적으로

---

29 이런 가능성은 진지하게 논의되고 있다. 제리 카플란, 「윤리적 로봇을 설계할 수 있을까?」, ≪월스트리트 저널≫, 2015년 7월 24일(http://www.wsj.com/articles/can-we-create-an-ethical-robot-1437758519) 자를 참고하기 바란다.

30 '비알리바이(no alibi)'라는 문구와 연관된 'non-alibi'라는 용어는 M. M. 바흐친, 『행위의 철학을 위하여』, 바딤 랴뿌노프 옮김, 바딤 랴뿌노프·마이클 홀퀴스트 편집(텍사스 대학 출판부, 1993)을 참고하기 바란다.

31 사회심리학자 조너선 하이트의 말이 맞다면, 공감은 윤리의 기초가 되는 하나의 감정일 뿐이다. 하지만 그가 언급한 여섯 가지 감정 중 어느 것도 계산적이거나 순전히 연역적인 논리에 적합하지 않다. 조너선 하이트, 『바른 마음: 나의 옳음과 그들의 옳음은 왜 다른가(The Righteous Mind: Why People Are Divided by Politics and Religion)』(판테온 출판사, 2012)[한국어판은 왕수민 옮김(웅진지식하우스, 2014)].

공감의 실행을 포함하지는 않는다. 그러나 위대한 문학은 이 책에서 주장하듯이 올바른 방법으로 경험하고 가르치는 공감의 실행을 포함한다.[32]

위대한 소설을 읽을 때 우리는 여주인공과 **동일시**된다. 우리는 여주인공의 입장이 되어 그녀의 어려움을 내면에서 느끼고, 그녀의 잘못된 선택을 후회한다. 그녀의 선택이 바로 우리의 나쁜 선택이 되기도 한다. 우리가 그녀를 좋아하지 않을 때도 우리는 움찔하고 고통을 느끼며 잠시 책을 내려놓기도 한다.

안나 카레니나가 잘못된 행동을 할 때 우리는 무엇이 잘못되었는지 알면서도 자신도 같은 실수를 저질렀을지 모른다고 생각할 수 있다. 그리고 이러한 생각은 안나를 비난하고 싶은 마음을 누그러뜨릴 수 있는데, 왜냐하면 우리 대부분이 충분히 저지를 수 있었던 행동에 대해 다른 사람을 비난하기 어렵다는 것을 알기 때문이다. 또는 어쨌든 우리는 그녀를 비난함으로써 우리를 향한 달갑지 않은 시선을 회피할 수 있다. 이 두 가지 반응 모두 우리의 도덕적 감각을 발달시킨다. 제인 오스틴의 가장 위대한 소설인 『오만과 편견』과 『엠마』는 독자로 하여금 여주인공과 같은 판단적 오류를 저지르도록 유도한 다음 여주인공과 함께 무엇을 배워야 하는지 알려준다. 마음의 습관이 잘못된 판단으로 이어진 것이다. 방금 저지르면서 들켜버린 실수를 인정하기란 쉽지 않을 것이다. 캐릭터와 동일시함으로써 우리는 자신의 오만과 편견을 발견하게 되는 것이다.

---

32 문학에서 동일시와 공감의 역할에 대한 강력하고 영향력 있는 연구는 마크 에드문슨, 『왜 읽는가(Why read)』(블룸스버리, 2004); 게리 솔 모슨, 『산문과 다른 도발들: 공감, 열린 시간, 그리고 소설』(아카데믹 스터디 프레스, 2013); 알리나 와이먼, 『능동적 공감의 선물: 셸러, 바흐친, 도스토옙스키』(노스웨스턴 대학 출판부, 2016); 클라라 클레이본 박, 『대중 독자와의 재회: 에세이, 1962~1990』(노스웨스턴 대학 출판부, 1991).

감정을 식별하고 느끼고 검토하는 과정은 한 번이 아니라 긴 소설을 읽어가면서 수천 번도 더 일어날 수 있다. 실제로 일부 소설이 그렇게 긴 이유 중 하나는 인물이 행동하는 만큼 독자의 영혼 속에서도 그 행동들이 일어나기 때문에, 결국 그 이야기는 독자의 이야기가 되는 것이다. 도덕적 행위에 있어서 윤리적 사고의 끊임없는 실천이나 상대방의 입장이 되어보는 직접적인 감각만큼 중요한 원칙은 없다.

그렇다면 우리는 경제학자들이 더 나은 정책을 개발하는 데 훌륭한 문학이 도움을 줄 것이라고 진실로 믿는 것일까? 이집트에서 정부 보조금을 삭감하는 것이 최선의 조치라고 확신하던 사람들이 『전쟁과 평화』를 읽었다면 잠시 멈추었을까? 그 보고서의 저자들이 『올리버 트위스트』를 읽었다면 세계은행 메모를 작성할 수 있었을까? 경제 이론가들이 『지하로부터의 수기』를 읽었다면 인간 행동을 더 잘 반영하는 모형을 제안할 수 있었을까? 우리가 제기한 의문은 그렇게 복잡하지 않다.

회의론자들조차 사회과학자들이 인정하는 것처럼 훌륭한 소설이 사람들의 생각을 변화시킨다는 증거가 있다는 점에 주목한다. ≪뉴욕타임스≫ 제1면에 「더 나은 사회성을 위해, 과학자들은 체호프를 추천한다(For Better Social Skills, Scientists Recommend a Little Chekhov)」라는 기사가 실렸다.[33] 이 기사는 ≪사이언스≫에 발표되었던 연구를 보도한 것이다.[34] 이 연구의 저자들은 논픽션이나 대중 소설이 아닌 문학 소설을 읽은 사람들

---

33 팸 벨럭, 「더 나은 사회성을 위해 과학자들은 체호프를 추천한다」, ≪뉴욕타임스≫ 2013년 10월 4일.

34 데이비드 코머 키드·엠마누엘레 카스타노, 「문학 소설을 읽으면 마음 이론이 향상된다」, ≪사이언스≫, 2013년 10월.

이 공감, 사회적 인식, 감성 지능을 측정하는 테스트에서 더 나은 성적을 거둔다는 사실을 발견했다. 그 저자들은 고등학교 및 대학교 커리큘럼을 개발할 때 이런 연구 결과를 고려하라고 제안한다. 우리 역시 이에 동의하며, 훌륭한 경제학자를 양성하는 데도 도움이 될 것이라고 덧붙인다.[35]

인문학의 정수는 우리가 기대하는 대로 캐릭터들이 공감하는 모습을 보여준다. 『안나 카레니나』의 초반부에서 레빈은 키티에게 청혼하러 오지만 키티는 이를 거절한다. 하지만 키티는 그를 보자마자 흔들린다. "그 때 처음으로 그녀는 모든 문제를 새로운 측면에서 볼 수 있었다. 그제야 그녀는 문제가 '나는 누구와 결혼하면 행복할까, 나는 누구를 사랑하는 걸

---

35 문학과 공감에 대한 흥미로우면서도 회의적인 연구를 보려면 수잔 킨, 『공감과 소설』(옥스포드 대학 출판부, 2007)을 참고하기 바란다. 킨은 용어 간의 신중한 구분(공감은 동정이나 개인적 고통과 동의어가 아님)을 제시하고, 공감과 스토리텔링의 관계에 대해 포괄적으로 살펴보았으며, '거울 뉴런'에 대한 신경과학의 연구에 관해 논의하고, 공감에 관해 최근 관심사가 고조되는 원인을 살펴보며 소설 읽기가 공감과 더불어 이타주의를 촉진한다는 주장에 관한 비판 시각을 조망한다. 킨은 "독자들이 허구의 인물과 허구 세계의 다른 측면에 공감하고 동정심을 느낀다는 것은 의심의 여지가 없다"고 주장한다. 그럼에도 불구하고 "독서의 결과에 대한 기존 연구를 조사해보면, 소설 독서에 따른 이타주의의 사례는 결정적이지 않으며, 소설 독서의 유익한 효과를 위해 거의 항상 과장되어 있다(킨, vii쪽)는 것을 알 수 있다. 높은 학식과 지적 담론을 보여주고 있음에도 불구하고 이 책은 ① 때때로 사람들을 '감정의 뇌'(ix쪽)와 동일시하고, ② 예를 들어 18세기 소설 독자들이 불행한 사람들을 조롱하거나 지금은 용납할 수 없는 가치관을 수용하는 인물과 동일시하는 것을 공감의 실패로 간주하기 때문에 설득력이 떨어진다. ③ 누가 공감할 가치가 있는지 또는 무엇이 공감할 가치가 있는지에 관한 신념만이 현재 미국인의 유일한 신념이라 상상하고, ④ 공감이 도덕성의 한 원천이 아니라 유일한 것인 양 주장한다. 일반적으로 킨의 강한 주장은 위대한 소설이 허용하는 것(그러나 강요하지 않는 것)과 정반대의 입장을 취할 때 혼란스러워진다. 다시 말하면 킨의 주장은 종종 자국의 문화, 사회집단, 역사적 순간의 신념과 가치를 유일하게 가능한 것으로 간주하고, 다른 신념의 도덕성을 자국의 신념과 얼마나 유사한지에 따라 판단하는 경향에서 벗어나지 않는다.

까?' 같은 그녀 혼자만의 문제가 아니라는 것을 깨달았다. 이 순간, 그녀는 자기가 사랑하는 사람을 모욕하지 않으면 안 된다. 그것도 지독하게".[36] 키티는 남자의 취약한 입장에 공감하고, 그가 느낄 모멸감을 감지하고, 그가 느낄 굴욕감을 맛보았다. 이를 통해 우리는 키티가 근본적으로 좋은 사람이라는 것과 우리가 좋은 사람이 되기 위해 무엇이 필요한지를 알 수 있다.

발자크의 「고리오 영감」에서 주인공은 자신을 돌보지 않고 딸을 위해 모든 것을 희생한다. 세속적인 성공만을 바라던 젊고 순진한 라스티냑은 노인이 죽는 순간까지 병상을 지키며 깊은 공감을 경험하게 된다. 라스티냑의 공감이 독자의 공감을 일깨우면서 독자들은 고리오 영감뿐만 아니라 라스티냑의 입장에서 감정이입을 하게 된다. 저자는 독자들에게 직접적으로 "물론 '고리오 영감의 숨겨진 슬픔'을 읽은 후에도 딸들처럼 행동하고, 그들이 사는 모습을 보며 단지 즐거움을 위해 책을 읽을 수도 있다"고 말한다. '푹신한 의자에 앉아' 이 이야기를 단순한 소설로 치부할 수도 있겠지만, 그렇다면 저자는 당신을 비난할 것이다. "아, 이 드라마는 허구가 아니며 단순한 소설이 아니라는 것을 확신할 수 있다! 이 드라마는 모두 사실이며, 모든 사람이 자신의 내면, 어쩌면 마음속에서 그 요소를 알아볼 수 있을 정도로 진실하다."[37]

체호프의 단편 「적들(Enemies)」에서 우리는 공감할 수 없는 상황에 대

36 레프 톨스토이, 『안나 카레니나』, 52쪽(한국어판은 109쪽).

37 오노레 드 발자크의 「고리오 영감」과 「외제니 그랑데」[E. K. 브라운·도로시아 월터·존 왓킨스 옮김(랜덤하우스, 1950), 4쪽]. 「고리오 영감」은 타인에 대한 공감 능력이 있는 자와 그렇지 못한 자에 대한 작품인 『리어왕』을 암시한다고 한다. 이 사례를 제안해준 토마스 파벨에게 감사를 표한다.

해 공감하게 된다. 이 이야기는 아들이 죽은 직후 슬픔에 잠겨 있는 가난한 의사 끼릴로프가 부유한 아보긴으로부터 위독한 상태의 아내를 구해 달라는 요청을 받는다는 내용이다. 우리는 의사의 슬픔에 공감하고, 아이를 잃은 그의 아내에게 향해 있는 의사에게 공감하며, 그렇기에 다른 이의 아내를 구하기 위해 자신의 아내를 홀로 내버려두어야 하는 의사의 고뇌에 공감한다. 하지만 끼릴로프와 아보긴은 마침내 도착한 병원에서 아보긴의 아내가 연인과 도망치기 위해 병을 위장했을 뿐이라는 사실을 알게 된다. 두 남자가 슬픔에 잠겨 있을 때 우리는 두 사람이 서로를 공감할 수 있었음에도 불구하고 사람들이 흔히 그렇듯이 독선적인 분노에 빠지는 모습을 보게 된다. 우리는 서로에게 감정을 느끼지 않기로 한 그들의 선택을 안타까워하면서도 두 사람 모두에게 공감한다. 저자의 설명에 의하면 "불행한 사람들의 이기주의는 둘 다에서 두드러졌다. 불행한 사람들은 이기적이고 악의를 품고 불공평하고 잔인하며 바보보다도 서로를 이해하는 능력이 떨어진다. 불행은 사람들을 하나로 모으는 것이 아니라 멀어지게 한다."[38] 불행으로 인해 사람들이 도덕적으로 우월감을 느끼는 경우에는 더욱 그렇다.

경제학자라면 등장인물들의 상호 적개심이 얼마나 부와 지위에 근거를 두고 있는지 잘 알 것이다. 끼릴로프는 아보긴의 부, 첼로로 드러나는 높은 교육 수준, 그가 말하는 엘리트들의 세련된 진보적 관점을 불쾌하게 인식하게 되고, 아보긴의 개인적 고통은 계급적 분노로 바뀐다. 우리는 끼릴로프가 "슬픔과 빈곤의 눈동자에서만 발견할 수 있는 냉소적이고 추악

38 안톤 체호프, 『문학 교사와 그 외 이야기들』, 콘스탄스 가넷 옮김(에코 프레스, 1986), 32쪽.

한 경멸"(체호프, 33쪽)을 표출할 때 그 분노가 어떠한 느낌인지, 그리고 아보긴이 어떤 경험을 해야 하는지 대리 경험한다. 부의 분배나 지니 계수 측정에 관한 어떠한 논문도 불평등의 느낌을 이렇게 잘 포착할 수 없을 것이다.

위대한 소설을 읽을 때 일어나는 일은 정말 놀랍다. 등장인물과의 동일시를 통해 다른 사람이 되는 것이 어떤 느낌인지 내면에서 배우게 된다. 제인 오스틴부터 위대한 사실주의 소설가들은 독자가 등장인물의 생각과 감정을 경험하는 바로 그 과정을 엿듣게 하는 기법을 개발했다. 작가는 인물의 내면에서 일어나는 생각의 순서를 의역하여 인물의 목소리로 전달한다. 우리는 그녀가 어떻게 혼잣말을 하는지, 어떤 생각을 하는지, 자신을 정당화할 때 내면의 판단자에게 어떻게 말하는지 듣게 된다. 또는 잘못된 행동이라는 것을 알면서도 스스로를 설득하는 과정을 엿듣기도 하고, 감정의 결과뿐만 아니라 감정의 순서를 목격하기도 한다. 사람들이 어떻게 도덕적 결정을 내리는지, 그리고 어떻게 하면 더 나은 결정을 내릴 수 있는지 이해하려면 어떤 지식이 더 중요할까? 엄밀히 말하면 작가는 1인칭에서 일어나는 일을 3인칭으로 의역하기 위해 3인칭 시점을 사용한다. 브론스키와 서로 끌리는 감정을 표현한 후 집으로 돌아오는 기차 안에서 안나는 생각한다.

> 그런데 문득 그 주인공이 수치스러워하고 있는 게 틀림없다고 느꼈다. 그리고 그녀에게도 이것이 수치스럽게 느껴졌다. 하지만 그는 도대체 무엇 때문에 수치스러워할까? '난 도대체 왜 수치스러워하는 거지?' 그녀는 모욕과 놀람을 느끼며 스스로에게 물었다. (…) 부끄러워할 일은 아무것도 없었다. 그녀는 모스크바에서의 기억을 하나하나 되새겨보았다. (…) 수치스러워할 만

> 한 일은 하나도 없었다. 그런데도 바로 이 부분의 기억에서 수치심은 더욱 강해졌다. 그녀가 브론스키를 떠올린 순간, 마치 어떤 내면의 목소리가 그녀에게 이렇게 말하는 듯했다. '따뜻해, 아주 따뜻해, 타는 듯이 뜨거워.'(『안나 카레니나』, 107쪽; 한국어판은 222쪽)

이 구절은 3인칭("그녀는 모욕과 놀람을 느끼며 스스로에게 물었다")이지만 생각의 순서, 단어 선택, 목소리 톤은 그녀의 것이다. "아무것도 없었다 (…) 수치스러워할 만한 일은 하나도 없었다"고 스스로에게 말하는 이는 저자가 아니라 안나이다. 안나 자신에게 말하는 사람은 안나의 대명사를 설명할 필요가 없고 '그'의 지시 대상은 식별되지 않기 때문에 그녀의 생각이라는 것을 즉시 알 수 있다. 우리는 그녀가 자신이 알고 있는 진실을 추방하려 하지만 더욱 강하게 되살아나는 것을 감지하는 과정을 엿듣게 된다. 이 인용문은 이후 안나가 자신과 나누는 대화를 계속 따라가는데, 이 대화는 그녀를 더욱 부끄럽게 만들기도 하고 더욱 에로틱하게 자극하기도 한다. 그렇다면 "내가 부끄러울 게 뭐가 있어?"라는 문장이 안나의 내면에서 직접 나오는 것처럼 왜 전체 시퀀스를 1인칭으로 구성하지 않았을까? 우선 작가는 그녀의 자세, 모욕과 뒤섞인 놀란 어조, 그녀가 애써 외면하는 그녀 주위를 맴도는 달갑지 않은 감정, 그리고 그녀 스스로 형언할 수 없는 것들과 같이 알아차리지 못하는 것들을 우리에게 말해 줄 수 있다. 다른 하나는 그녀의 외면의 목소리뿐만 아니라 그녀의 자기 정당화 과정에 대해 암시적으로 언급하는 화자 자신의 목소리도 우리는 동시에 듣는다. 요컨대, 우리는 초기 대화에서 대화가 시작되자마다 두 가지 목소리를 듣게 된다. 때때로는 다른 캐릭터가 이 캐릭터의 생각을 엿들을 수 있을 때 어떤 말을 할지 감지할 수 있다.[39]

기법을 가르친다는 것은 바로 이런 것이다. 명칭은 중요하지 않다. 무엇이 성취되었는지를 보여주는 것이 중요하다. 인물의 내면을 표현하는 구절이 어떻게 작동하는지, 즉 3인칭으로 주어진 것이 의미상 1인칭이 될 수도 있고 이 둘의 조합도 가능하다는 것을 보여준 다음, 이를 통해 인물의 내면에 접근하는 방법을 보여주면 학생들은 그 기법의 요점과 그것이 왜 중요한지를 알게 된다. 이는 상징 사냥(symbol hunting)(앞서 언급했던 텍스트주의자들의 텍스트 분석 기법을 지칭한다. –옮긴이주)과는 완전히 다르다. 이것이 바로 인문학이 경제학을 가장 잘 교육시킬 수 있는 인문학의 일종이라 믿는다.

타자를 감지하기

독자들은 자신을 정당화하고, 속이고, 자신과 다투는 끝없는 과정 속에서 주인공들을 지켜본다. 이는 겉으로 드러나는 행동으로 내면을 유추하는 것밖에 할 수 없는 현실에서는 불가능한 일이다. 사람들이 가상의 인물에 대해 강렬하게 느끼는 이유 중 하나는 그들과 친밀한 관계를 맺고, 가장 사적인 생각을 공유하며, 오랫동안 잊고 지냈을지도 모르는 그들에 대한 것들을 기억할 수 있기 때문이다.

때로는 윤리적 판단을 내릴 때 어떤 사람이 어떤 행동이 초래할 수 있는 해악을 깨닫지 못했는지, 아니면 깨닫긴 했지만 불편한 생각을 곧 망각했는지가 중요하다. 두 경우 모두 그 사람은 해를 끼칠 가능성을 고려했

39 이 기법은 '자유 간접 화법(free indirect discourse)'이라고 부르기도 하는데, 미하일 바흐친은 이를 소설의 규범적 특징으로 보았으며 '대화적 담론(dialogic discourse)'이라고 부른다. 도릿 콘, 『투명한 마음: 소설에서 의식을 표현하는 내러티브 방식』(프린스턴 대학 출판부, 1978)과 바흐친의 유명한 1941년 논문 「소설 속의 담론」, 그리고 『대화적 상상력: 네 개의 에세이』, 259~422쪽을 참고하기 바란다.

는지 기억이 나지 않는다고 진심으로 말할 수 있다. 소설에서는 이 차이를 직접 감지하고 인식할 수 있다. 아무리 좋은 거짓말 탐지기라도 그렇게 하기는 어렵다.

이러한 상황에서 사람은 기억을 되새겨볼 수 있겠지만 그때의 생각을 원상 복구하는 것은 가능하지 않을 수 있다. 그 순간을 되살릴 수 없다. 하지만 소설 속 인물을 다루고 있다면 우리는 그녀가 기억하지 못하는 부분을 다시 읽어볼 수 있다. 이런 식으로 우리는 인물의 내면을 경험하고 또다시 경험할 수 있다. 너무나 친밀하게 알고 있는 인물이 때때로 우리 내면의 삶에서 큰 역할을 하는 것은 당연한 일이다.

끝없이 반복되는 타인의 내면을 경험하는 일은 우리에게 공감을 습관화함으로써 공감을 가르쳐준다. 이것이 바로 소설이 가르쳐주는 가장 중요한 윤리적 교훈이다. 공감은 아는 것이 아니라 노력에 의해 습득되는 기술이자 습관이다. "작가가 말하는 내용"을 요약해서 읽는 것으로는 그 교훈을 얻을 수 없다. 또한 작품을 경험하지 않고 텍스트만 살펴본다고 해서 얻을 수 있는 것도 아니다. 교훈은 페이지에 있는 단어가 아니라 그 단어가 가능하게 하는 경험에 있는 것이다.

1장에서 살펴본 바와 같이, 다른 문화, 시대, 사회계층, 성별, 종교 또는 성격 유형이 다른 사람이 되는 것은 어떤 것인지, 다른 문화권의 사람이 되는 것은 어떤 것인지 느끼는 법을 배운다. 그리고 **특정** 타인이 되는 것은 어떤 것인지 느끼게 되기 때문에 그러한 광범위한 범주만으로는 왜 충분하지 않은지 알게 된다. 결국 어떤 사람도 사회학적 범주의 총합 이상이다. 그리고 이것 역시 중요한 교훈이다. 누구도 다른 사람과 완전히 같은 방식으로 세상을 경험하지 않는다는 것 또한 중요한 교훈이다.

경제학을 비롯한 다른 학문에서도 공감이 중요하다고 말하고는 하지만, 문학만이 공감에 대한 일관된 연습을 제공한다. 다른 사람이 모욕감을 느끼거나 상처를 입었다고 추론하는 것과 도스토옙스키의 작품을 읽으면서 그 느낌을 순간순간 경험하는 것에는 큰 차이가 있다. 순간순간 느끼는 연습을 하게 되면 실제 사람들이 경험하는 것을 훨씬 더 잘 추론할 수 있다.

감정의 남용

공감이 우리를 더 관대하게 만든다고 가정하는 것은 감상적인 생각이라는 데 주의해야 한다. 때로는 다른 사람의 생각이나 감정을 진정으로 이해하면 그를 더 싫어하게 될 수도 있다. 아돌프 아이히만이나 테드 번디의 내면을 들여다볼 수 있다면 우리는 상상하지 못했던 공포를 느낄 수 있을 것이다. 그렇다 하더라도 공감을 통해 이해의 폭이 넓어졌을 것이다.

게다가 공감은 악용될 수 있다. 최고의 사기꾼은 공감 능력이 뛰어나다. 모슨은 여름에 방문 판매원으로 일하면서 가장 성공한 판매원들이 공감을 이용해 사람들이 필요하지도 않은 물건을 사도록 유도하는 방법을 배웠다. 더욱 문제가 되는 것은 공감과 가학성 사이의 연관성이다. 다른 사람의 감정을 알면 더 많은 고통을 가하기가 훨씬 쉽고 스릴이 넘친다. 여기에서 고문하는 것은 돌이 아니라 사람이니까. 시베리아 수용소에서의 경험을 다룬 도스토옙스키의 『죽음의 집의 기록』에서 작가는 고문을 나쁜 목적으로 사용되는 공감으로 묘사한다.[40] 다음 구절에서 화자는 죄수 폭행을 즐기는 간수들에 대해 추측한다.

---

40 표도르 도스토옙스키, 『죽음의 집의 기록』, 콘스탄스 가넷 옮김(델 출판사, 1959)[한국어판은 이덕형 옮김(열린책들, 2010)].

내가 생각하기로 그러한 만족에는 (귀족들을 매료시키는) 뭔가가 있기도 했겠지만 일말의 고통도 있었을 것이라고 믿고 싶다 (…) 채찍으로 때리는 권세에 한번 맛들인 사람, 하느님에 의해 자신과 같이 인간으로 창조된 형제들의 육체와 피, 영혼을 지배하고, 더할 수 없는 모욕으로 그들을 멸시할 수 있는 권력을 경험해본 사람은 그 자체에 도취하게 된다. 포학은 습관이 된다 (…) 급기야는 받아들이기 어려운 비정상적인 현상도 달콤하게 받아들이게 되는 것이다(『죽음의 집의 기록』, 240쪽; 한국어판은 311쪽).

과학적 지식, 기술, 미디어 등 모든 선한 것들은 오용될 수 있다. 문학과 문학이 주는 공감도 마찬가지이다. 차이점이라면 『죽음의 집의 기록』의 예에서 알 수 있듯이 문학은 공감을 남용하는 것에 대해서도 경고하는 방식으로 교훈을 줄 수 있다는 것이다. 심지어 실험의 차원에서도 그렇게 할 수 있다. 도스토옙스키를 통해 타인의 고통에서 먼저 쾌락을 느끼고, 그다음에 우리가 그와 같은 쾌락을 즐길 수 있는 존재라는 사실을 자각하는 데서 비롯된 공포에 대해 성찰할 기회를 가질 수 있었다고 말한 독자는 항상 존재한다.

세계화

문학 연구의 목표 중 하나가 타 문화를 그 내부의 관점에서 배우는 것이라면, 세계화 시대에 문학 연구는 특별한 중요성을 가진다. 일본 소설을 읽는다고 해서 일본인에 대한 모든 것을 배울 수 있다는 뜻은 아니다. 그보다 더 중요한 것은 다른 문화에 적응하고, 사고방식을 전환하고, 우리가 당연하게 여기는 가정이 다른 사람들에게는 공유되지 않을 수 있음을 인식하고, 우리가 상상하지 못한 대안을 찾는 일반적인 능력을 개발하는 것이다. 언어를 배우는 사람은 일반적으로 아는 언어가 많을수록 새로운 언어를 습득하기가 더 쉽다는 것을 알게 되는데, 문화도 마찬가지이다. 배우는 방법, 다른 문화의 시점으로 들어가는 방법을 배우게 된다. 개발 경제학 실무자들이 항상 도움을 주고자 하는 사람들의 마음속에 '거주'하고 있다면 개발 경제학이 얼마나 더 성공할 수 있을지 생각해보라.

모슨은 옥스퍼드에 재학 중일 때 미국인들이 늘 생각하는 것과 달리 영국 학생들은 매너가 타인을 편안하게 만든다고 생각하지 않는다는 사실에 충격을 받았다. 그렇다면 그들의 관점은 어떻게 다를까? 매너는 사람들을 편하게 하는 것과는 관련이 없고, 영국 사람들에게 그러한 관점은 '양키'적인 개념으로 비쳐졌다. 그렇다면 왜 매너 있게 행동해야 하냐고? "그렇게들 하니까"라는 대답이 돌아왔다.

미국인들은 다른 문화가 자신들의 가치를 공유하지 않는 것을 믿기 어려워한다. 문화적 이기주의를 가장 강력하게 거부하는 사람들조차도 문화적 이기주의에는 한계가 없다. 우리는 다른 문화권에서 그들이 하는 일이 인권침해라든가, 편견이 있다거나, 전통의 폐해라거나, 폭력의 악순환으로 이어진다거나, 사람들을 더 가난하게 하는 일이라고 지적하기만 해도 그들이 수정하리라고 상상한다! 미국의 주요 뉴스 매체를 보면, 어떤 문화권에서는 전통, 종교적 신념, 국가적 영광과 평화, 부, 평등을 바람직한 목표로 삼는다는 사실이나, 또 다른 어떤 문화권에서는 여성, 동성애자, 다른 종교 신봉자들을 포함해서 모든 사람이 평등하다는 생각이 이상할 뿐만 아니라 명백히 부도덕하다는 사실을 미국인들은 전혀 인식하지 못하는 것처럼 보일 수 있다.

중국 지도자 시진핑이 '입헌 민주주의'와 인권의 '보편적 가치'와 같은 서구적 개념을 비난할 때, 미국인들은 그러한 말이 용인되는 세계관을 상상하기 어려워한다.[41] 우리는 인권을 신봉한다고 주장하는 지도자들이 인권을 침해하는 것을 은폐하는 데 훨씬 더 익숙하다. 도덕적 기준의 위반을 암묵적으로 인정하는 위선의 한 형태인 이기심을 미덕으로 가장하는 것은 놀랍지 않다. 라 로슈푸코가 지적했듯이 위선은 악덕이 미덕에 바치는 찬사이다. 그러나 시 주석은 미국인이 기하학의 공리처럼 자명한 것으로 여기는 미국의 가치는 공유되지 않는다고 솔직하게 말한다. '민주주의'와 '인권'은 해로운 사상이다. 마찬가지로 미국인들은 러시아인들이 러시아 국가의 영광보다 개인의 행복을 중요하게 여길 가능성이 낮다는 사실을 잘 이해하지 못한다. 국민의 복지를 증진하지 않는다면 국가의 존재 이유가 무엇일까? 국가가 그 국가를 구성하는 시민보다 더 중요한 것일까? 대다수의 러시아인에게는 미국인처럼 생각하는 것이 오히려 낯설다. 사람들은 오고 가지만 러시아는 영원하다는 것이다.

이러한 관점을 이해하지 못하는 미국인들은 경제 제재의 효과를 과대평가할 가능성이 높다. 많은 미국인들은 러시아가 실제로 식량 수입 금지를 통해 오히려 스스로에게 경제 제재를 배가하는 것에 대해 완전히 어리둥절해 한다. 러시아인들 또한 미국인들이 그들같이 생각하지 않는다고

---

41 크리스 버클리, 「중국이 서구의 가치를 노린다」, ≪뉴욕타임스≫, 2013년 8월 19일(http://www.nytimes.com/2013/08/20/world/asia/chinas-new-leadership-takes-hard-line-in-secret-memo.html). 공식 문서 9호에는 "사회적 영역에서 개인의 권리는 가장 중요하고 국가의 간섭을 받지 않아야 한다"는 생각에 기반한 '시민사회 증진'을 포함한 일곱 가지 금지된 서구 사상이 나열되어 있다. 레슬리 렌코프스키, 「금지된 생각: 오늘날의 중국에서는 가질 수 없는 일곱 가지 생각」, ≪위클리 스탠다드≫, 2014년 6월 30일, no.40(http://www.weeklystandard.com/keyword/Document-9).

상상하는 것은 어렵기 때문에 오바마 대통령의 가장 진지한 공언을 명백한 거짓말로 받아들인다. 여기에서도 1장에서 정의한 대로 '두 문화'라는 개념이 등장한다. 두 문화가 서로 다른 신념을 가지고 있다는 것뿐만 아니라, 서로가 자신이 믿는 신념을 상대방이 가지고 있다고 믿지 못한다는 것이다.

우리가 좀 더 쉽게 타인의 입장에서 생각하고 그들의 색안경으로 세상을 바라볼 수 있으면 더할 나위 없이 좋을 것이다. 물론 그들의 색안경을 벗어던지면 여전히 그들의 신념을 공유할 수는 없다. 하지만 적어도 상대방의 입장을 더 잘 이해하고, 더 효과적으로 협상하고, 어떤 조치가 원하는 효과를 가져올 가능성이 더 높은지 추측할 수는 있을 것이다.

마찬가지로 인간이란 무엇인가에 대한 우리의 감각의 확장은 중요하다. 더 이상 우리만의 문화와 시대에 갇혀 지역적·현재적 가치만을 유일한 것으로 받아들이지 않고, 우리의 신념을 필연적인 것이 아니라 선택 가능한 여러 가능성 중 하나로 인식하는 것 말이다. 경제학은 궁극적으로 선택에 관한 학문이 아닌가? 인문학을 제대로 배우면 그러한 선택의 동기를 이해하는 데 도움이 된다.

세계문학과 커리큘럼

세계문학을 공부하면 장소와 시간을 초월하는 정신적 근육을 키울 수 있다. 기술과 커뮤니케이션의 혁명으로 인해 평평해진 이 세상은 우리에게 정확히 그렇게 할 것을 요구한다. 과거에 '세계문학'은 서유럽, 고대 그리스와 로마, 성경의 문학을 의미했다. 이와 같은 전통에서 고전은 실제로 '공식 문서'나 뻔한 메시지를 담은 이류 작품에 밀려 슬프게도 소홀히 취급되어 왔지만, 학생들이 이런 위대한 작품들을 접했으면 좋았을 것이다. 다른 전통의 위대한 작품들을 추가하는 것도 필요하다.

하지만 세계문학이 '탈식민주의'라는 명목하에 다른 전통을 연구하는 것, 즉 서구의 악을 보여주는 다른 전통의 최근 텍스트(가급적이면 좋은 텍스트)를 의미하는 것은 **아니라는** 것을 분명히 해둘 필요가 있다. 우리를 모든 미덕의 근원으로 여기는 것보다 모든 악의 근원으로 여기는 것이 덜 이기주의적이지는 않다. "나에 대한 이야기는 이제 그만하고 당신에 대해 이야기합시다. 나에 대해 어떻게 생각해요?"라는 옛 농담이 떠오른다.

우리와는 전혀 관련이 없는 다른 문화권의 고전, 서양이 존재한다는 사실조차 제대로 인식되기 전에 쓰인 작품들을 공부해보면 어떨까? 좋은 세계문학 프로그램이라면 중국 고전인 『홍루몽(The Story of the Stone)』, 11세기 일본의 고전 『겐지 이야기(The Tale of Genji)』, 인도 서사시 『마하바라타(Mahabarata)』, 페르시아의 『샤나메(Shahnameh)』(왕들의 서사시—옮긴이주)에 대한 번역 수업을 개설할 것이다.[42] 이렇게 구성된 커리큘럼은 학생들이 자신을 타인처럼 생각하도록 장려하는 만큼 연극 및 공연학에 상당한 역할을 부여할 수 있다.

종교학 분야는 (기독교 이외의) 다른 종교의 신학적 교리를 강조할 수도

---

42 이 작품들 중 몇몇은 높은 수준의 최신 번역본으로 읽을 수 있다. 새 아랍 문학 도서관에서 아랍 고전의 믿을 만한 영어 번역본을 제작하고 있다(http://nyuad.nyu.edu/en/research/nyuad-institute/institute-research/library-arabic-literature.html). 제1권은 고전 아랍 문학을 포함하고 있으며 "이슬람 이전 시대부터 18세기까지의 고전 아랍 시와 문학 산문, 비전문가인 학생들을 위한 소개글과 학자들을 위한 참고문헌이 수록되어 있다"고 한다. 해당 지역과 관련된 정책 개발을 담당하는 경제학자들에게 이 책을 필독서로 추천하는 것이 어떨까?

있다. 불교와 도교는 무엇을 믿으며, 그렇게 믿는다는 것은 어떤 것인지, 그러한 세계관이 인간의 경험에 어떠한 빛을 비춰줄 수 있을까? 우리는 명목상 기독교인 가정에서 자라난 학생들을 포함하여 많은 학생들이 산상수훈이나 아브라함이 이삭을 제물로 바칠 뻔한 이야기를 들어본 적이 없을 정도로 세속화되었다는 사실에 충격을 받았다. 성경에 완전히 익숙하지 않은 그들은 성경에 대한 지식을 전제로 하거나 성경 구절에 의존하는 수많은 작품들과도 단절되어 있다.[43] 그들은 인간 삶의 가장 다양한 측면에 대해 논평한 2천 년 동안의 천재들은 인정하지 않고, 세상이 5천 년 전에 탄생되었다고 생각하며 성경이 영어로 쓰였다고 생각하는 무식한 성서론자들이 기독교 사상을 대표한다고 가정한다. 아무리 완곡하게 말해도 유대교와 이슬람교에 대한 학생들의 시각은 크게 다르지 않다.

사실 학생들은 다른 외래 전통과 마찬가지로 기독교 사상사를 공부할 수 있다. 그러나 그렇게 하려면 문학과 종교학과 모든 작품을 단순한 당대의 공식 문서가 아니라 우리가 배울 수 있는 지혜의 원천으로 제시해야 할 것이다. 학생들은 종교개혁의 사회학을 공부하는 대신에, 첫째 당시의 신학적 논쟁을 이해하고, 둘째 많은 사람들이 사소하게 여기는 교리를 위해 왜 기꺼이 죽음을 택했는지, 지금은 불투명하더라도 이해할 수는 있을 것이다. 우리 문화에서 이와 유사한 논쟁은 무엇일까? 오늘날 사람들은 우리가 살고 있는 세상의 본질에 대해 질문하지만, 과거 사람들은 세상을 창조한 신에 대해 질문했다. 이 둘은 거의 유사한 행위로 볼 수 있다. 신학적으로 '악의 문제'는 이반 까라마조프에 의해서뿐만 아니라 현대적 용

---

43 로버트 올터, 『철의 펜: 미국의 산문과 킹제임스판 성경』(프린스턴 대학 출판부, 2010)을 참고하기 바란다.

어로 쉽게 표현할 수 있다. 에라스무스는 자유의지에 대해 루터와 논쟁을 벌였었고, 우리는 지금까지도 개인이 자신의 행동에 얼마나 책임을 지는지, 얼마나 많은 부분이 자신이 통제할 수 없는 외부의 힘에 의한 결과인지에 대해 논쟁을 계속하고 있다. 물론 이 두 주장이 완전히 동일하지는 않지만, 일단 출발점으로 삼고 나면 논쟁의 차이점을 파악할 수 있다.

사상사는 보다 덜 엘리트주의적이고 구식으로 보이는 사회사에게 역사 분야의 권위를 내준지 오래이다. 하지만 다르게 생각하는 것이 어떤 느낌인지 배우는 데 가치를 둔다면 사회사가 조명할 수 있는 모든 것만큼이나 지성사도 중요한 것을 제공한다. 아우구스티누스, 라이프니츠, 에드먼드 버크와 같이 우리와 매우 다른 방식으로 논증한 사상가들을 발견할 때, 우리와 다르게 생각하는 사람을 정신적 또는 도덕적으로 결핍되었다고 간주하기가 어려워진다.

이러한 관점에서 볼 때 커리큘럼에는 과학 수업뿐만 아니라 과학사 수업, 즉 사회사를 비롯한 각 학문 분야에 관한 역사 수업도 포함될 수 있다. 과거의 과학자들이 바보는 아니었다. 당시 다른 대안이 있었음에도 불구하고 플로지스톤과 에테르가 매력적인 이론처럼 보였던 이유는 무엇일까? 이를 거부하게 만든 증거는 무엇일까? 학생들은 종종 다윈이 우리가 라마르크의 후천적 형질 유전이라고 부르는 것을 거부하지 않았다는 사실에 놀라곤 한다. 그리고 왜 그를 비판하는 사람들 중에는 종교인뿐만 아니라 자신의 학문과 상반되는 이론을 발견한 물리학자들도 포함되어 있었을까?[44] 학생들은 너무 자주 과학을 도그마로 받아들이고, 세상을 바

44 다윈은 당대 최고의 물리학자였던 켈빈 경(Lord Kelvin)의 반대를 심각하게 받아들였는데, 에너지에 대해 알려진 바에 따르면 태양은 다윈이 설명한 진화 과정에 비해서는 충

라보는 다른 방식은 독단적이라고 거부한다. 이는 과학이 교과서의 일련의 명제나 대수학으로 제시될 때, 또는 물리학에서 나온 단어로 구성된 단어 문제로 제시될 때 나타나는 자연스러운 반응이다. 과학은 근본적으로 사고의 방식이며 과학의 진리를 의심의 여지 없이 권위 있는 명제로 받아들이는 것은 과학을 미신적으로 받아들이는 것이다. 연금술이나 다른 사이비 과학을 받아들이는 것과 마찬가지이다. 존 밀턴은 『아레오파기티카(Areopagitica)』(1644)에서 "진리 안의 이단자"가 될 수 있다고 말했다. "어떤 사람이 진리 안에서 이단이 될 수 있으며, 그가 다른 이유를 모른 채 단지 그의 목사가 그렇게 말하거나 총회가 그렇게 결정했기 때문에 믿는다면, 비록 그의 믿음이 참일지라도 그가 붙잡고 있는 바로 그 진리가 그의 이단이 된다."[45]

글쓰기과 논증

글쓰기와 논증을 가르칠 때는 다른 관점에 대한 감상이 선행되어야 한다. 문학이 정서적 공감을 가르치듯, 좋은 논증은 지적인 공감을 요구한다. 자신의 신념에 반대하는 가장 강력한 논거를 알지 못하면 자신의 신념을 미신적으로 받아들이게 된다.

존 스튜어트 밀은 그의 고전 에세이 『자유론』에서 "자신의 의견의 근거

분히 오래 존재하기 어렵다는 것이다. 이후 다윈은 필요한 시간을 단축할 수 있는 방법을 찾기 위해 노력했다. 결국 핵에너지의 발견으로 이 문제는 해결되었고, 물리학이 더 높은 권위를 가진 학문이었음에도 물리학이 생물학을 따라잡는 꼴이 되었다.

45 존 밀턴, 『아레오파기티카: 무면허 인쇄의 자유를 위한 영국 의회 연설』(하드 프레스 출판, 2013)[한국어판은 『아레오파기티카: 언론자유의 경전』, 박상익 옮김(인간사랑, 2016)].

가 무엇인지 전혀 알지 못하고, 가장 피상적인 반대에 맞서 그것을 견고하게 방어할 수 없음에도 자신이 참이라고 생각하는 것에 의심 없이 동의하면 충분하다고 생각하는 부류의 사람들이 있다"고 썼다. 그러나 이는 이성적인 사람이 신념을 가지는 방식이 아니다. "이것은 진실을 알지 못하는 것이다. 이렇게 파악한 진리는 진리를 표현하는 단어에 우연히 집착하는 하나의 미신에 불과하다."[46]

진실에 진정으로 관심이 있다면 반론을 제기해야 한다. "사건에 대해 자신의 입장만 아는 사람은 그 사실을 거의 알지 못한다. 반대쪽의 근거를 알지 못한다면, 그는 어느 쪽의 의견을 선호할 근거가 없다"(밀, 43쪽). 자신의 입장에서 반대되는 견해가 무엇인지 아는 것만으로는 충분하지 않다. 차라리 검사 한 사람만으로 재판을 진행하는 것이 낫고, 그 검사는 피고인에게 사건을 제시한 후 피고인의 주장을 풀어 말하는 것이 낫다. 반대 논거는 피고인이 제시해야 한다.

당신이 상대방의 입장을 이해했는지 판단하는 기준은 가장 지적이고 선한 의도를 가진 상대편 사람들이 당신이 의역한 자신들의 견해를 정확한 것으로 받아들이는지 여부이다.

다른 관점에 공감하는 연습이 필요하다. 밀이 말했듯이, "다른 관점을 자신의 마음과 실제로 접촉시켜야 한다." 그러나 "자신과 다르게 생각하는 사람들의 정신적 입장에 자신을 던져본 적이 없고, 그런 사람들이 무슨 말을 해야 할지 생각해본 적이 없으며, 그 결과 어떤 의미에서든 그들 스스로가 고백하는 교리를 알지 못하는"(밀, 44쪽) 사람이 되기 일쑤이다.

---

46 존 스튜어트 밀, 『자유론』(프로메테우스 북스, 1986), 42쪽.

위대한 관념 소설가들은 이런 생각을 하는 수많은 사람들을 묘사한다.[47] 독자들은 곧 그들이 옹호하는 사회정의를 정말 믿을 수 있을까라는 질문을 던지기 시작한다. 결국 최선의 의도를 가진 개혁은 종종 실패하거나 심지어 역효과를 낳는 것으로 판명되기 때문에, 그들이 정말로 정의에 관심이 있다면 제안된 개혁이 어디에서 잘못될 수 있는지를 미리 들어야 한다. 그렇지 않고 모든 반대를 반드시 어리석거나 악랄하다고 비난한다면, 톨스토이는 그들이 실제로 가치 있는 무언가를 성취하는 것이 아니라 자신에 대해 기분이 좋아지고 올바른 생각을 가진 사람들의 집단에 속하는 데 관심이 있는 것이라고 말한다. 톨스토이의 인물 중 실제로 무언가를 성취하는 데 관심이 있는 콘스탄틴 레빈은 항상 반대 의견에 귀를 기울인다. 그는 반대 의견을 경청하고 때로는 톨스토이가 그랬던 것처럼 자신이 권장하는 관행이나 자신의 견해를 수정하기도 한다.

이러한 주장에 민주주의는 **의견**의 중요성에 관한 날카로운 감각에 의존한다고 덧붙일 수 있다. 민주주의는 상대방이 옳을 수도 있다는 생각과, 사회적 견해는 과학적이지 않으며 수학적 확실성으로 증명할 수 없다는

---

47 예를 들어 1848년 혁명에 대한 정치적 논쟁과 설명으로서 조지 엘리엇의 『펠릭스 홀트: 급진주의자(Felix Holt: The Radical)』와 귀스타브 플로베르의 『감정 교육』을 참고하기 바란다. 데슬로리에가 개인적으로 환멸을 느낄수록 그의 정치적 견해는 더욱 급진적으로 변하는데, 이는 정의 추구가 아닌 다른 무언가가 그의 정치를 형성하고 있음을 암시하는 대목이다. 시위대를 이끄는 악당 예술가 페를랭이 "미적 관심사를 다루는 일종의 증권거래소인 예술 포럼을 설립해 모든 예술가들이 천재성을 모아 숭고한 예술작품을 만들자고 요구할 때처럼, 우리는 표면적으로 시민을 위하는 견해에서 이기심이나 허영심을 종종 발견할 수 있다. 파리는 곧 그가 장식할 거대한 기념물로 뒤덮일 것이며, 그는 이미 공화국의 그림 작업을 시작했다"[귀스타브 플로베르, 『감정 교육』, 로버트 발드릭 옮김(펭귄, 1988), 294쪽].

생각에 의존한다. 아무리 좋은 의도로 말해도 틀린 것으로 판명될 수 있다. 이러한 의견의 가치에 대한 인식이 없다면 다양한 의견을 허용할 이유가 없을 것이다. 선거를 통해 한 후보자 사이에서 '선택'을 제공했던 소련이 바로 그런 입장이었다. 물론 우리에게는 언론의 자유가 있지만, 소련은 사람들이 거짓말하는 것을 허용하지 않을 뿐이라고 설명할 것이다! 소련에서는 언론의 자유가 없다는 말을 했다는 이유로 사람들이 체포되었다.

따라서 인문학의 가르침은 감정적 공감의 실천과 공평무사한 진리 추구뿐만 아니라 민주주의의 수호에도 진정으로 가치가 있다.

학기 말 논문을 요구하는 수업에서 제럴드 그라프가 설득력 있게 주장했듯이, 학생들이 먼저 상대방의 가장 강력한 입장을 이해하고 이를 의역하는 것이 절대적으로 중요하다는 점을 기억해야 한다. 그런 다음 자신의 입장에 대한 최선의 사례를 제시하고 가장 현명한 반론이 무엇인지 상상한다. 그라프는 "시민 영역에서 우리는 종종 공적 토론의 낮은 질적 수준과 편 가르기 식 양극화 및 집단 사고의 만연에 대해 한탄하지만 문제의 대부분은 상대방의 입장을 명확하고 공정하게 요약하는 첫 번째 단계의 거부에서 기인한다. 학생들에게 동의와 부동의 가능한 의견으로 시작하여 자신의 경험과는 거리가 먼 입장을 검토하도록 가르치면 공개 포럼에서 아이디어, 가치, 정책을 평가하는 민주 시민이 될 수 있다". 다른 사람들이 받아들일 수 있는 방식으로 다른 사람의 견해를 요약하는 법을 배우는 청년들은 "동료 시민을 적으로 보지 않고 대화 상대로 여기며, 다른 사람을 권력과 영향력을 위한 경쟁자로 보지만 적으로 보지 않는" 경향이 있을 것이다. 그들은 "아이디어의 시장에 진입하여 모든 입장의 말을 경청하고 열린 사회에 적합한 방식으로 자신의 주장을 펼치는 법을 배우게 될 것이다".[48] 현명한 조언은 철학, 역사, 문학 전공자뿐만 아니라 경제학 논문을 쓰는 학생 (및 교수)에게도 적용된다.

결론

요약하자면 인문학자들이 자신들의 학문에 확신을 가질 때만 인문학은 교육에 있어서 중요한 역할을 할 수 있다. 인문학은 다른 학문이 도달하지 못한 인간에 대한 진리에 접근할 수 있다. 그리고 다른 학문은 공감 능력을 권장할 뿐이지만 인문학은 공감 능력을 실천해볼 기회를 제공한다. 인문학의 다양한 관점 배양은 인접 학문은 물론 일반적으로 인문교육이 따라야 할 모형을 제시한다.

제대로 가르친 인문학은 자아라는 감옥과 시간과 장소의 한계에서 벗어날 수 있는 탈출구를 제공한다. 우리는 과거와 현재의 문화라는 광활한 바다 한가운데 떠 있는 섬에 살고 있다. 인문학은 우리가 그 섬에서 벗어나 다른 장소의 지혜로 고양되어 다시 돌아올 수 있도록 해준다.

경제학자들이 돕고자 하는 문화와 민족에 대한 이해를 바탕으로 조언하고 싶다면, 불평등과 같은 경제적 문제가 실제로 인간의 경험에 어떤 영향을 미치는지 더 깊이 이해하고 싶다면, 그리고 내러티브 설명이 필요한 경험의 측면을 고려하고 싶다면 위대한 문학을 공부하는 것이 도움이 될 수 있다. 이러한 연구는 물리학처럼 검증 가능한 고유한 '진리'에 기반하

48 제럴드 그라프, 「조니와 조우니가 글을 못 쓰는 이유는 무엇인가 재검토」, 『미국의 정신 상태』, 마크 바우어라인·아담 벨로우 편집(템플턴 프레스, 2015), 62~63쪽; 화이트, 『바른 마음』을 참고하기 바란다.

지 않을 수 있으며, 경제학자들의 익숙한 접근 방식과는 다른 접근 방식이 필요하지만, 바로 그렇기 때문에 우리가 관심을 갖는 이유이며 몇 가지 일반적인 오류를 피하는 데 도움이 될 수 있다.

경제학은 경제학 모형과 실증적 기법이 (여우 같은) 창의성과 결합될 때야말로 강한 힘을 발휘할 수 있다. 하지만 경제학자들은 겸손이야말로 모든 덕목 중 가장 중요한 것임을 기억해야 한다. 그래야만 경제학이 인문학 및 여타 학문을 단순히 수용하는 것이 아니라 그것으로부터 진정으로 배울 수 있다. 최근 몇 년 동안 내러티브 심리학이 인기를 얻고 있다.[49] 그렇기에 내러티브 경제학이라는 용어도 좋은 느낌을 준다. 그리고 **휴머노믹스**는 관점들 간의 대화로서 경제문제를 진정한 인간적 문제로 보는 우리의 감각을 풍부하게 만들어줄 수 있다.

---

49 예를 들어 새디 F. 딩펠더, 「우리 이야기, 우리 자신: 급성장하는 내러티브 심리학 분야의 연구에 따르면 우리가 하는 이야기는 우리의 기억, 행동, 심지어 정체성에까지 강력한 영향력을 행사한다」, ≪모니터≫, 2011년 1월, 미국심리학회. 사회과학자들이 특정 역사적 사례에서 배울 수 있는 것에 대한 도발적인 책으로는 로버트 H. 베이츠·애브너 그레이프·마가릿 레비·장-로랑 로젠탈·배리 R. 와인가스트, 『분석적 내러티브』(프린스턴 대학 출판부, 1998)를 참고하시오.

07

애덤 스미스를 탈고슴도치화할 수도 있는 경제학

경제학이 문학으로부터 배운다면 애덤 스미스의 비전을 많으면 많았지 결코 적지 않게 실현할 수 있을 것이다. 사실주의 소설은 스미스의 핵심 개념들, 특히 그의 심리학적·윤리적 사상들을 그가 이미 택하고 있던 방향으로 **확장한** 것에 불과하다. 그리고 그 방향은 사실주의 소설 그 자체처럼 본질적으로 여우답다.

그러나 우리가 1장에서 지적한바, 스미스의 사상은 고슴도치화되었고, 이는 여우다움을 가진 사상가가 그의 제자들에 의해 잘못 대표된 또 하나의 사례이다. 다윈이나 스미스 모두 교과서에 반영된 모습, 특히 사회과학자들에 의한 설명과 전혀 다른 사상을 가졌다.

예를 들어 사회과학자는 다윈주의라는 용어를, 최적화되지 않은 것은 살아남지 않는 상황에서, 경쟁을 통한 최적화를 의미할 때 사용한다. 하지만 다윈은 정확히 그 반대의 사례를 증명했다. 즉, 유기체가 단 한 번의 신의 창조 행위에 의해서가 아니라 역사적인 과정을 통해 진화되었다는 것은 생명체가 불완전하게 고안되었음을 증명한다는 것이다. 최적(효율성)은 우발적인 역사 과정을 모방하는 것이 아니라 완벽한 신의 정신을 모방한다.

『종의 기원』에서 다윈은 눈이 있지만 일생을 땅속에서 생활하는 두더지에 대해 이야기한다. 그 두더지가 땅 위로 올라가더라도 눈은 두꺼운 막에 가려져 기능하지 못할 것이다. 이 눈은 칼로리를 소비하고 감염의 위험이 있기 때문에 생존에 위협이 된다. 눈이 남아 있는 이유는 지상에 거주했던 두더지 조상들의 흔적이다. 같은 방식으로 다윈은 물가에 거주하지 않지만 물갈퀴를 가지고 있는 고지대 거위종을 언급한다. 다윈의 관찰은 "이들과 다른 많은 사례들이 가리키는 바는 신체적인 구조는 변화하지 않아도 습성은 변할 수 있다"는 것이다.[1] 사회과학자든 생물학 교과서 저자든 다윈을 고슴도치화한 "다윈주의자"들은 탈-다윈(de-Darwinized)한 셈이다.[2]

유사한 방식으로 스미스 역시 탈-스미스(de-Smithed)되었다. 그를 신고전주의 경제학에서 볼 수 있는 일종의 포괄적인 합리적 선택 이론의 창시자로 취급하는 사람들은 그가 행동의 유일한 원칙으로 제시한 것을 유일하게 신봉함으로써, 그를 여우에서 고슴도치로 만들었다. 확실히 스미스는 "보이지 않는 손"에 대해 이야기했다. 그러나 설사 원칙적이라도 수학적 모델링이 모든 내러티브(서사적) 설명을 대체할 수 있다고 상상하는 것

---

1 찰스 다윈, 『종의 기원』, 초판 팩시밀리판(하버드 대학 출판부, 1964), 185쪽.

2 다윈이 불완전주의자라는 주장은 스티븐 제이 굴드에 의해 가장 널리 제기되었다. 스티븐 제이 굴드, 『팬더의 엄지: 자연의 역사 속에 감춰진 진화의 비밀』(노턴, 1982)[한국어판은 김동광 옮김(사이언스북스, 2016)], 19~26쪽을 참고하기 바란다.

은 스미스의 여우다운 사고방식에서 크게 벗어난 것이다. 왜냐하면 『국부론』에서 자주 의존할 수밖에 없던 설명 방식이 바로 내러티브 설명 방식이었기 때문이다. 교과서와는 반대로, 스미스는 우리가 항상 ―합리적이든, 행동 경제학자들이 말하듯 합리적이지는 않더라도― 효용을 극대화하기 위해 행동한다고 생각하지 않았다.

한 학문의 구성원들은 그 학문이 과학적 지위를 획득했다고 믿는 경우, 일반적으로 그 학문의 역사를 연구하거나 주요 출처를 읽지 않는다. 물리학이나 수학과 박사 과정에는 물리학 및 수학의 역사가 포함되지 않는다. 지난 반세기 동안 경제학 대학원 교육에서는 애덤 스미스의 저작과 같이 중요한 문헌을 포함한 1차 자료를 읽을 필요가 거의 없었다. 만약 필요가 있었다면 1장에서 지적했듯이 스미스가 『국부론』뿐만 아니라 윤리에 관한 중요한 저작인 『도덕 감정론』의 저자이기도 하다는, 너무도 자주 무시되는 사실에 즉시 충격을 받을 것이다. 이 논거는 우리 모두가 전적으로 자신의 이익을 위해 행동한다는 생각에 명백하고 반복적으로 반박한다.

실제로 『도덕 감정론』의 요점은 정확히 그 반대이다. 사람들은 때때로 간접적인 형태의 '자기애(self-love)'로 환원될 수 없는 방식으로 타인을 위해 행동한다. 1장에서와 마찬가지로 그의 저서의 서두를 재인용하겠다.

> 인간이 아무리 이기적인 존재라 하더라도, 그 천성(nature)에는 분명히 몇 가지 행동 원리(principles)가 존재한다. 이 행동 원리로 인해 인간은 타인의 행운에 관심을 가지게 되며, 단지 그 행운을 바라보는 즐거움밖에는 아무것도 얻을 수 없다고 하더라도 그 행운을 얻은 타인의 행복이 자기에게 필요하다고 생각한다. 연민(pity)이나 동정심(compassion) 또한 이와 같은 종류의 것인데, 이것은 타인의 고통을 보거나 또는 그것을 아주 생생하게 느낄 때 받는

감정이다.[3]

이 책의 첫 문단에서는 이러한 감정을 다른 어떤 재미로도 환원할 수 없는 '원시적인 격정'으로 묘사한다.

> 우리가 흔히 타인의 슬픔을 보면 슬픔을 느끼게 된다는 명제는, 이를 증명하기 위해 예를 들 필요조차 없는 명백한 사실이다. 왜냐하면, 이 감정은 **인간의 본성을 이루는 기타 원시적인 격정들(passions)과 마찬가지로**, 결코 도덕적이고 인자한 사람에게만 한정적으로 존재하는 것은 아니기 때문이다(스미스, 3쪽, 강조는 샤피로와 모슨).

스미스는 동정심을 이기주의의 한 형태로 보는 반론의 존재를 예리하게 인식하고 있는데, 그 반론은 홉스뿐만 아니라 인간 본성의 원동력을 '자기애(amour-propre)'로 본 라 로슈푸코의 사상적 조류와도 일치한다.[4] 스미스는 동정심을 다른 형태의 '자기애' 또는 이기심에 불과하다고 보는

---

3 애덤 스미스, 『도덕 감정론』, D. D. 라파엘·A. L. 맥피 편집(리버티 출판사, 1992)[한국어판은 박세일·민경국 옮김(비봉출판사, 2009), 3쪽. 이후 인용은 이 판을 사용], 9쪽. 초판은 1759년 출간.

4 프랑수와 드 라 로슈푸코(1613~1680년)의 가장 유명한 격언은 다음과 같다. "자존감의 영역에서 어떤 발견을 했든, 여전히 미지의 영역이 남아 있다." "우리 모두는 타인의 불행을 감내할 충분한 인내심을 가지고 있다." "대부분의 인류에게 감사는 더 큰 호의를 바라는 은밀한 희망일 뿐이다." "사람들이 우정이라고 부르는 것은 상호 이익과 호의 교환을 위한 합의일 뿐이며, 한마디로 이기심이 항상 무언가를 얻기 위해 출발하는 사업이다." "자기애는 모든 아첨꾼 중 가장 위대한 것이다." 그리고 이 모두를 요약하면 다음과 같다. "자기애는 세상에서 가장 영리한 사람보다 더 영리하다." 『라 로슈푸코 격언집』, 루이 코로넨베르거 옮김(랜덤하우스, 1959).

모든 시도를 반복해서 거부한다. 예를 들어 2장에서 그는 다음과 같이 말한다.

> 우리의 모든 감정을 정련된 자기애(self-love)(한국어판에서는 'self-love'를 '자애'로 번역하고 있지만 여기에서는 '자기애'로 번역한다.–옮긴이주)에서 끌어내기 좋아하는 사람들은 그들 자신의 자기애의 원리에 따라서 이런저런 기쁨과 고통들을 아무 곤혹스러움 없이 설명해낼 수 있다고 생각한다. 그들은 말하기를, 자신의 약점을 의식하고 있고 다른 사람의 지지가 필요함을 의식하고 있는 인간은 남들이 자신의 감정을 받아들이는 것을 보고는 기쁨을 느끼는데, 왜냐하면 자기가 남들의 지지를 받을 수 있음을 확신하게 되었기 때문이며, 반면에 남들이 자신의 감정을 받아들이지 않는 것을 보고는 슬픔을 느끼는데, 그 이유는 남들이 자기를 반대하고 있음을 확실히 알게 되었기 때문이라는 것이다. 그러나 기쁨과 고통을 느끼는 것은 항상 순간의 일이고, 그리고 그처럼 하찮을것없는 경우이므로, 기쁨이든 고통이든 그것이 자신이 개재되는, 즉 자기 관여적(self-interested) 고려에서 나올 수 없다는 것은 분명한 것 같다.[5]

또한 내 기쁨에 대한 동정심은 그것을 활기차게 하고 즐거움을 주지만,

---

5 스미스, 13~14쪽. 영어판 편집자인 라파엘과 맥피는 각주에서 다음과 같이 덧붙이고 있다. "스미스는 아마도 모든 감정이 자기애에 의존한다는 견해의 대표 주자로 홉스와 맨더빌을 꼽지만, 사실 이들 중 누구도 동정심과 반감을 관찰할 때 느끼는 쾌락과 고통을 설명하지 못한다. 스미스는 단순히 이기주의 이론가가 할 말을 합리적으로 추측한 것일 수 있다"(스미스, 14쪽). 라파엘은 철학자이고 맥피는 역사학자이다. 문학가라면 보통 자기애의 대표 주자로, 전작이 자기애에 관한 격언으로 이루어진 라 로슈푸코를 떠올릴 것이다.

내 슬픔에 대한 동정심은 그렇지 않다. 이 논리에 따르면 내 슬픔을 더 부추기고 더 큰 고통을 야기할 수 있다. 오히려 슬픔을 부추기고 고통을 유발할 수는 있지만, 그 힘은 '다른 종류의 만족감', 즉 동료의 감정 자체에서 느끼는 기쁨에 의해 압도된다. 이기심의 계산이 아니라 동정심이라는 '원초적 열정'에서 오는 이 기쁨이야말로 동정심에 의해 슬픔이 활기를 띠더라도 그럼에도 불구하고 슬픔이 완화되는 이유를 설명한다.[6] 인간의 본성이 합리적 자기 이익이라는 단일 원칙으로 환원될 수 없음을 보여주기 위해 고안된 이 미묘한 심리 분석은 스미스에서도 되풀이된다.

스미스는 연구 말미에 다시 이 지점으로 돌아온다. "그러나 동정심은 어떤 의미에서도 이기적인 원칙으로 간주될 수 없다." 어떤 사람들은 내가 당신의 슬픔과 분노에 공감할 때, 내 동정은 스미스의 말처럼 "당신과 같은 상황에서 내가 느껴야 할 감정을 상상하는 것"으로부터 비롯된다는 점에서 자기애에서 비롯된다고 할 수 있다. 이 경우, 그것은 당신에 관한 것이 아니라 나에 관한 것이다. 하지만 이 주장은 중요한 구분을 흐리게 한다. 내가 당신의 슬픔, 즉 아들을 잃은 슬픔에 빠졌을 때 스미스는 "만약 나에게 아들이 있었다면 그런 성격과 직업을 가진 내가 어떤 고통을 겪어야만 하는지에 대해 생각하지 않는다"고 말한다. 오히려, 다음과 같이 되묻는다.

> 이 경우 나는 당신과 입장만 바꿔보는 것이 아니라 몸과 마음까지도 바꿔보게 되는 것이다. 따라서 이때의 슬픔은 결코 이기적인 것이 아니다. 나 자신,

---

6 스미스, 『도덕 감정론』, 14쪽.

즉 고유한 몸과 마음을 가진 존재로서의 나 자신에게 닥쳤거나 또는 관련된 것이라는 상상에서 생기는 감정이 아니라, 전적으로 당신과 관계된 것에 대해서 생기는 감정을 어떻게 나의 이기적인 감정이라고 생각할 수 있단 말인가?(스미스, 317쪽; 한국어판은 610쪽)

예를 들어 '한 남성이 분만 중인 여인에 대해 그녀의 고통을 자신의 고유한 몸과 마음으로 느끼는 것은 불가능해도 그녀의 고통에 동감할 수는 있다'고 가정해보겠다. 요컨대 "인성(인간 본성)에 관한 모든 설명들은 자기애로부터 모든 감정과 의향들의 근원을 찾으려 했고, 그리고 세상을 그토록 떠들썩하게 했지만 (…) 그 이유는 내 생각에는, 동감의 체계에 관한 약간의 혼란스러운 오해에서 생겨난 것으로 보인다"(스미스, 317쪽; 한국어판은 610쪽). 게리 베커가 이 부분에 주의를 기울였다면 그는 단순히 스미스가 스스로의 이론을 이해하지 못했다고 일축했을까?

동정심과 공감

인간 상호작용의 복잡성에 주목한 스미스는 자신이 뛰어난 심리학자임을 보여준다. 그는 여러 장에 걸쳐 자기애 못지않게 동정심이 우리의 사회적·정서적 삶을 형성하는 다양한 방식을 살펴본다. 그리고 그는 동정심에서 우리의 도덕적 정서의 기초를 본다.

스미스의 모형에 따르면, 도덕적 판단을 내릴 때 우리는 다른 사람의 입장에 서게 되는데, "우리는 그의 몸속으로 들어가서 어느 정도 같은 사람이 되고, 따라서 훨씬 약한 형태이기는 하지만 그의 감각에 대한 어떤 생각을 형성한다"(스미스, 9쪽; 한국어판은 13쪽)고 한다. 물론 "우리는 다른 사람이 느끼는 것을 즉각적으로 경험하지 못하는 것"과 같은 부재 속에서 도덕적 판단을 해야 한다. 그리고 그들이 영향 받는 방식에 대해 어떠한 생각도 감지할 수 없기 때문에, 우리 자신이 유사한 상황에 처했다고 상상하는 것으로서 도덕적 판단을 내려야 한다. 엄밀히 말하자면 우리는 기쁨을 포함한 모든 감정에 공감할 수 있기 때문에, 스미스는 '동정심'이라는 단어를 단순한 '연민' 이상의 의미로 사용한다.[7]

앞서 주장했듯이 이러한 동정심은 위대한 문학작품, 특히 사실주의 소설이 독자에게 잘 표현하는 것이다. 우리는 자신과 다른 사람들을 동일시하면서 "타인의 불행을 보거나 매우 생생하게 상상할 때 느끼는 감정인 연민과 동정"(스미스, 9쪽; 한국어판은 13쪽)을 경험한다. 그리고 우리는 기쁨, 사랑, 황홀경도 경험한다. 『전쟁과 평화』에서 니콜라이 로스토프는 여동생 나타샤의 노래를 들으며 머릿속의 모든 근심을 잊은 나머지 그녀가 전하는 황홀경, 고음을 부를 때의 긴장감, 노래를 완성했을 때의 승리감에 깊게 빠져들어 자신이 노래를 따라 부르고 있다는 사실을 깨닫지 못한다. 톨스토이에 따르면 이것이 바로 위대한 예술이 작동하는 방식이며, 우리는 다른 사람의 감정에 '감염(infection)'된다.

감염은 단순한 동정을 넘어 캐릭터의 경험을 내면으로부터 공유하기 때문에 동정심(너와 함께 느끼는 것)이 공감(감정의 합일)이 된다. 그리고 등장인물이 타인에 대한 공감을 경험하면, 우리는 그 공감을 상대방과 등장인물에게 모두 느끼기 때문에 공감은 배가된다. 긴 소설을 읽다 보면 공

---

7 제임스 R. 오테슨, 『애덤 스미스의 국부론』(케임브리지 대학 출판부, 2002), 18쪽을 참고하기 바란다. 오테슨의 저서는 일류 도덕철학으로서 『국부론』의 중요성을 옹호하고, 그 주장에 대한 미묘한 분석을 제공하며, 스미스의 두 걸작 사이의 연관성을 제시한다.

감의 연습이 수백 페이지에 거쳐 이루어지고 우리는 점점 더 공감의 기술에 능숙해지게 된다. 소설이 담고 있는 어떤 특정한 도덕적 행동 수칙 이상으로 이런 경험이야말로 선악의 판단에 있어 소설이라는 장르가 주는 주된 가르침이다.

반이론으로서의 이론

위대한 소설의 중요한 점 중 하나는 등장인물의 경험을 공유하는 것이 현재 또는 미래의 어떤 이론이나 이론의 조합보다 도덕성에 관한 더 나은 지침이 된다는 것이다. 이 원고를 읽은 한 독자는 우리의 도덕론이 무엇인지 철학적 용어로 공식화하자고 제안했다. 그 독자는 우리가 어떤 때는 칸트주의자, 어느 때는 결과주의자, 또 어느 때는 덕 윤리학자(virtue ethicist) 같다고 했다. 어쩌면 우리는 이사야 벌린이 말하는 다원주의자로 조너선 와이트와 비슷할지도 모른다. 아니면 툴민처럼 우리에게는 이론이 부족한 것이 아니라 반이론(anti-theory)을 가지고 있는 것일지도 모른다. 툴민은 지식이 현실적이려면 반드시 이론적이어야 한다고 생각하는 것은 잘못이라고 말했다. 실용적인 지혜란 저급한 타협이 아니다. 적어도 아리스토텔레스는 그렇게 주장했고, 그가 철학적 주장을 하지 않았다고 생각한 사람은 없었다.

툴민과 아리스토텔레스에게 사고란 본질적으로 실용적이고 임상적인 것이다. 이러한 사고는 단순히 응용 이론의 일종으로 볼 수 없다. 생물학자에게 개별적 사례는 보다 일반적인 이론에 기여하는 범위 내에서는 흥미롭지만, 의사는 그 반대의 방식으로 작업한다. 의사가 특정 환자를 돕기 위해서는 자신이 가진 모든 도구를 사용해야 하며, 더 나아가 적시에 환자를 도와야 한다. 적시성은 이론적 추론이 아니기 때문에 중요하다. 이러한 이유로 좋은 임상적 추론이란 단순한 이론의 적용이 아니며, 그렇지 않다고 생각하는 임상의는 환자를 치료하는 데 어려움을 겪을 수밖에 없다. 의사에게 환자의 사례를 연구 데이터로 사용하도록 허락하는 것과, 개별 환자 사례에는 관심이 없고 오직 연구에만 관심이 있는 의사에게 자신을 치료하도록 하는 것은 별개의 문제로 구분되어야 한다.

1장과 6장에서 논의한 바와 같이 이러한 고려 사항 때문에 툴민은 사례 기반 추론법(case-based reasoning)의 부활을 요구하게 되었다. 남용되지 않는다는 단서하에 —유감스럽게도 종종 남용되었지만— 사례 기반 추론법은 이론 하향식이 아닌, 개별 사례 상향식으로 작동한다.[8] 원칙은 법칙이 아니라 기껏해야 과거 경험에서 나온 잠정적 일반화일 뿐이며, 특정한 새로운 사례가 이전 사례와 유사할 때만, 그리고 그 정도까지만 유용하다. 그것이 사실인지 아닌지는 판단이 필요하며 반박할 수 있는 논거를 수반한다. 실용적 추론의 특성상, 판단이라는 속성은 상황에 따라 항상 반박의 여지가 있지만 수학적 명제는 그렇지 않다. 아리스토텔레스가 가장 좋아하는 표현을 빌리자면, 실용적 추론은 "전반적으로 맞는" 문제이다. 피타고라스의 정리가 "전반적으로 맞는" 참이라고 생각하는 사람은 틀렸을 뿐만

8 존슨과 툴민은 『결의론의 남용』에서 다음과 같이 설명한다. "전통적으로 결의론을 비판해온 학자들의 수사학적 모욕은 결의론의 방법이 오용되는 경우에 한하여 정당화될 수 있다. 이러한 이유로 이 책의 제목은 저명한 성공회 수사학자인 케네스 커크의 저서에서 따온 것으로, 고의적인 언어유희를 담고 있다. '결의론의 **남용**은 모든 결의론에 대한 것이 아니라 단지 그 **남용**에 대해서 초점을 두어야 한다'"(존슨·툴민, 16쪽). 일반적으로 결의론은 일종의 특별 변론(special pleading)의 오류로 남용되었는데, 이는 마구잡이식 추론법을 통해서라도 면죄부를 줄 만한 사람이라고 변명하는 방법이다.

아니라 수학적 추론과 도덕적(아리스토텔레스의 용어로는 '수사적') 추론이 왜 다른지 이해하지 못하는 사람일 것이다. 더 나은 도덕적 추론자가 되기 위해서는 무엇보다도 많은 사례에 대한 성찰의 경험이 필요하다.

스미스는 결의론을 공감하는 입장에서 상당 기간 검토한 후에야 비로소 결의론에 무언가 부족함을 알아챘다.[9] 툴민과 마찬가지로 그는 인간과 도덕적 문제가 어느 이론이 허용하는 것보다 훨씬 더 복잡하다는 것을 인식하는 시각을 선호한다. 스미스는 사물의 형언할 수 없는 복잡성을 강조하는 공식에 익숙하다. "사실 환경의 가능한 모든 변화에 따라서 각각의 감정이 겪게 되거나 또는 겪어야만 하는 모든 변화들을 표현한다는 것은 불가능하다. 그것들은 한이 없고, 그리고 언어에는 그것들을 표현할 명칭들이 부족하다"(스미스, 328쪽; 한국어판은 632~633쪽). 스미스는 '섬세한', '정확한', '좋은'과 같은 단어를 옛 의미의 세밀한 구분 방식으로 사용하는 것을 좋아한다. 그는 일반명사를 채택할 수밖에 없는 언어의 속성이야말로 우리를 타락시킨다고 엄중히 경고한다. "격정이라는 감정이 불러일으키는 모든 변주의 보이지 않는 특징들을 그것들이 내면에 드러나는 그대로 언어로 표현한다는 것은 불가능하다"(스미스, 328쪽; 한국어판은 633~634쪽, 옮긴이 직접 번역).

사실 스미스가 결의론을 반대하는 주된 이유는 결의론이 그 근거가 되는 바로 이 사실을 잊고 규칙에 의존하는 것처럼 보인다는 것이다. 반대론자들 못지않게 결의론자들도 "명확한 준칙에 의해 감각과 감정의 판단에만 속한 것을 지도하려고 기도했으나, 그것은 결국 헛수고로 끝났다고

9 결의론에 대한 논의는 스미스의 『도덕 감정론』, 329~342쪽[한국어판은 635~657쪽]을 참고하기 바란다.

할 수 있다. 모든 경우에서 섬세한 정의의 감각이 보잘것없고 미력한 양심의 면밀한 고려 속으로 빠져들기 시작하는 정확한 지점을 어떻게 준칙을 통해서 확정할 수 있겠는가? (…) 이러한 모든 문제들과 관련하여, 어느 한 경우에 타당한 것이 다른 경우에도 그렇게 정확히 타당할 수는 없다"(스미스, 339쪽; 한국어판은 654~655쪽). 즉, 결의론자들이 제대로 결의론에 충실하지 못했다는 것이다!

반복할 수 없는 경험을 세밀하게 구분할 필요가 있다는 스미스의 말은 옳다. 사실 사실주의 소설가들이 어떤 사례집보다 훨씬 더 복잡한 사례를 그려내고, 내면의 정신 논리적 과정과 도덕적 추론의 경험을 공유하는 기술을 개발하여 도덕적 문제를 탐구하고자 했던 이유가 바로 여기에 있다. 스미스의 주장 논리는 그가 글을 썼던 당시 지평선 너머에 있던 장르인 심리적 사실주의 소설을 예언하고 있다.

소설가 스미스

"격정이라는 감정이 불러일으키는 모든 변주의 보이지 않는 특징들을 그것들이 내면에 드러나는 그대로 언어로 표현한다는 것"을 강조하면서 스미스는 "그 변화들이 밖으로 드러내는 효과들, 즉 그것들이 얼굴 표정이나 기분이나 외부 행동으로 드러내는 변화된 모습들, 그리고 그것들이 암시하는 확고한 결의, 그것들이 하도록 재촉하는 행동들에 어떤 표시를 붙여서 서로 구분하는 방법 외에는 다른 방도가 없다"고 한탄한다(스미스, 329쪽; 한국어판은 633~634쪽). 그리고 실제로 스미스의 시대에는 내적 감정의 변화를 (그 감정의) "부재(without)" 상태에서만 보여줄 수 있었다.

그렇다면 다른 사람이 경험하는 것에 어떻게든 더 가까이 다가갈 수 있다면 우리의 도덕적 상상력에 도움이 되지 않을까? 다른 사람의 감정에 우리 자신을 투영하고, 그 감정을 내면에서 감지할 수 있다면, 그리고 그 상황에서 우리 자신의 감정이 어떨지 상상할 수 있다면 도움이 되지 않을까? 이것이 바로 6장에서 바흐친이 "겹목소리 내기(double-voicing)"라고 불렀던 '자유 간접 화법'의 핵심이며, 바흐친은 『안나 카레니나』의 구절을 인용하여 이 기법을 설명한다. 바흐친이 이를 겹목소리 내기라고 부른 이유는 이 발화가 상대방의 감정이 어떠하고 우리 자신이 그 상황에서라면 어떠할지를 모두 감지하고 둘을 비교할 수 있게 하기 때문이며, 스미스의 이론이 요구하는 바가 바로 그것이다.

사실주의 소설의 담론에서 독자는 등장인물의 내면에서 나오는 생각을 추적하고, 그 생각이 다른 사람들과 공유될 경우 유발할 수 있는 잠재적 대화를 조명하는 방식으로 그 생각을 따라간다. 핵심은 스미스가 지적했듯 실생활에서 다른 사람들에게는 보이지 않는 정신적·도덕적 과정을 더 잘 이해할 수 있도록 하는 것이다. 이 기법을 부르는 용어가 무엇이든, 전체 소설의 기본 원칙으로 일관되게 이 기법을 사용한 최초의 소설가는 아마도 제인 오스틴이고, 이 기법은 『엠마』와 『오만과 편견』과 같은 명작의 기초를 형성했다. 오스틴의 위대한 소설 여섯 편은 1811년에서 1818년 사이, 즉 『도덕 감정론』(1759) 이후 약 반세기 이후 등장했다.

오스틴이 개발한 기법은 심리적 사실주의 소설의 대표 표식(trademark)이 되었고, 실제로 이 소설의 가장 큰 형식적 특징이라고 할 수 있다. 이 소설은 스미스 자신이 추구하던 방향으로 스미스의 심리학적·도덕적 통찰력을 발전시켰다.[10] 그렇기 때문에 소설은 동일시와 공감을 강조하는 심리적·도덕적 문제에 대한 사고방식을 제공하게 되었다. 소설에서 진정으로 이해하고 학습한 것을 삶에 적용하려면 다른 사람이 느끼는 것을 내면에서 경험하고, 다른 사람의 도덕적 문제의 복잡성을 마치 자신의 문제처럼 느껴야 한다. 철학자나 사회과학자들이 하는 것처럼 특수성을 추상화하여 이론적으로 접근하는 것이 아니라, 도덕적 판단을 어떤 이론으로 환원할 수 없다는 인식을 가지고 실질적으로 접근해야 한다. 물론 이것도 일종의 이론이다.

부정적 다원주의

사실주의 소설에 내포된 이론(또는 반이론)은 실제로 다원주의의 한 버전이다. 그것은 다양한 접근법을 통합하는 자신감에서 비롯된 긍정적 다원주의가 아니라, 어떤 이론, 심지어 이론의 조합조차도 충분히 유연하지 않다는 의심에서 비롯된 부정적 다원주의라고 할 수 있다. 위대한 소설가들은 아무리 좋은 이론이라도 인간의 자기기만적 성향에 의해 오용될 수 있다는 점을 예리하게 인식하고 있다.

조지 엘리엇은 『미들마치』에서 복음주의자이자 은행가인 불스트로드가 우리 중 많은 사람들이 그러하듯 자신이 저지르는 악을 합리화하거나 외면하면서도, 스스로에 대해 긍정적으로 생각하는 장면에 한 장(제61장)을 할애한다. 엘리엇은 엄청나게 복잡한 심리적 드라마, 즉 회피, 교묘함,

---

10 최근 몇몇 비평가들이 스미스와 오스틴을 동감이라는 측면에서 연결하기도 한다. 세실 E. 보하논·미셸 앨버트 바크리스, 『오만과 이익: 제인 오스틴과 애덤 스미스의 교차점』(렉싱턴 북스, 2015); 새넌 챔벌린, 「제인 오스틴의 경제학」, ≪애틀랜틱≫, 2014년 8월 3일(http://www.theatlantic.com/business/archive/2014/08/the-economics-of-jane-austen/375486/)을 참고하기 바란다. 우리는 스미스가 원했지만 불가능하다고 생각했던 것, 즉 내면에서 타자를 경험하는 기법을 오스틴이 개발했다는 점을 강조하고자 한다.

속임수로 이루어진 드라마를 묘사하고 있다. 처음에는 불스트로드가 선택한, 시대에 뒤떨어진 종교적 교리(복음주의—옮긴이주)에 문제가 있다고 독자들이 상상하게 한 다음, 그 교리를 뒤집어 우리 자신이 선호하는 교리를 포함한 모든 교리에는 동일한 위험이 수반된다고 말한다.

> (불스트로드의) 이런 맹목적 추론은 기본적으로 복음주의 신앙에만 특유한 것이 아니며, 편협한 동기를 광의적인 말로 포장하는 것이 영국인들에게만 특유한 일이 아닌 것과 마찬가지다. **어떠한 일반적 교리도 개별의 인간들과 직접 동류의식을 나누는 뿌리 깊은 습관으로 억제되지 않는다면 우리의 도덕성을 잠식해 버릴 수 있다**(강조는 원저자).[11]

교리와 직접적인 동료애(fellow feeling)가 충돌할 때, 동감이 이데올로기에 반할 때, 추상적 이론이 기본적 품위를 압도하려 할 때, 이 모든 경우에 우리는 품위, 동정심, 직접적인 동료애에 특별한 비중을 두어야 한다. 가끔은 잘못될 수도 있지만 기본적 품위보다 이론을 선호할 경우에 발생하는 위험만큼 잘못되지는 않을 것이다. 엘리엇이 권고하는 것은 우리가 그러한 감정을 키우고 그러한 감정이 초래할 수 있는 실수를 반성하는 '뿌리 깊은 습관(deep-seated habit)'을 가질 때만 효과가 있을 것이다.

톨스토이의 단편 「루체른」의 화자는 다음과 같이 말한다.

> 긍정적인 결정에 대한 욕망으로 끊임없이 움직이는 선악, 사실, 관념, 모순의

11 조지 엘리엇, 『미들마치』(모던라이브러리, 1984), 591쪽[한국어판은 『미들마치 2』, 이미애 옮김(민음사, 2024), 319~320쪽].

바다에 던져진 인간은 얼마나 불행하고 불쌍한 존재인가! (…) 인간은 영원히 움직이고 끝이 없으며 뒤섞여 있는 선악의 혼돈 속에서 스스로를 세분화한다. 그들은 그 바다에 가상의 선을 긋고, 바다가 그에 따라 나눠지기를 기대한다.[12]

궁극적으로 그는 우리에게 단 하나의 지침이 있다고 결론 내린다. "우리 모두에게 영감을 불어넣고, 모든 개인에게 있어야 할 것에 대한 갈망을 심어주는 우주적 정신, 나무가 태양을 향해 자라게 하고 (…) 본능적으로 서로 가까이 다가서게 하는 바로 그 정신이죠"(톨스토이, 330쪽).

공감이라는 이 '원초적 열정(original passion)'은 본능적이지만, 이 역시 오류로 이어질 수 있기 때문에 교육이 필요하다. 생각하지 않고 행동한다는 의미에서 먼저 습관이 되어야 하고, 그 습관의 과정과 결과를 반성하는 두 번째 습관을 기를 때까지 훈련해야 한다. 이러한 습관과 성찰의 배양은 사실주의 소설의 근본적인 도덕적 사상이다. 오스틴, 엘리엇, 톨스토이 등의 작품을 읽는 것 자체가 바로 이러한 습관을 기르기 위한 것이다. 그럼으로써 사실주의 소설은 스미스의 도덕 개념들을 확장한다.

보이지 않는 손 다시 생각하기

사실주의 소설은 또한 "애덤 스미스 문제"라고 불리는, 스미스의 두 걸작 사이의 내적 연관성을 파악하는 데 도움이 될 수 있다. 두 작품 간에 일

---

12 레프 톨스토이, 「루체른」, 루이스와 에일머 모드 옮김, 어니스트 시몬스 편집, 『레프 톨스토이 단편집』(모던라이브러리, 1964), 329~330쪽.

관성이 있을까, 아니면 없을까? 사상가들은 물론 『국부론』과 『도덕 감정론』 사이의 연관성을 발견하기는 했다. 와이트가 전자에서 스미스가 경제적 이기심이 필요하지만 충분하지는 않은 것으로 본다고 주장한 것은 옳다. 또한 두 책 모두 사회를 하나로 묶어주는 '보이지 않는 힘'을 연구하고 있다고 본 것도 옳다.[13] 제임스 오티슨은 "스미스의 시장에 대한 일반 개념이 『국부론』과 『도덕 감정론』 모두에서 인간 행동 개념의 배경을 형성한다"고 설득력 있게 제안한다.[14] 여기에 유사점 하나를 더 추가할 수 있겠다.

스미스의 두 저서는 모두 인간의 이성에 관한 깊은 의구심을 보여준다. 보이지 않는 손에 관한 유명한 구절은 어떤 이성적 계획가라 할지라도 무의식적인 "보이지 않는 손"만큼 활동을 조정할 수는 없을 것이라는 의미에서 유래했다. 하지만 『도덕 감정론』에서도 비슷한 방식으로 추론했다는 점이 보통 간과된다. 오티슨은 스미스가 자만심에 빠진 "시스템에 매몰된 인간(the man of system)"에 대해 논의한 것에 주목한다.

> (시스템에 매몰된 인간은) 이 거대한 사회를 구성하는 서로 다른 구성원들을 마치 장기판 위에서 손으로 말들을 배열하는 것만큼이나 아주 쉽게 배열할

---

13 와이트, 『경제학에서의 윤리』. 와이트는 "스미스의 두 책에 대해 많은 글이 쓰였지만(서로 모순된 이론을 보여준다는 주장 포함), 20세기 후반 스미스에 대한 학계의 부흥은 그의 저술이 일관된 철학적 견해를 반영하고 있음을 보여준다"(와이트, 153쪽). 각주에서 와이트는 "이러한 일관성을 뒷받침하는 중요한 단서 하나는 스미스가 평생 동안 두 책을 계속 편집하여 죽기 몇 달 전에 『도덕 감정론』의 제6판을 완성했다는 점이다(와이트, 249쪽, 주석 14). 물론 두 연구 모두에서 스미스는 "인간 사회를 하나로 묶고 성장과 번영을 가능하게 한 보이지 않는 힘"(와이트, 153쪽)을 규명하려고 했다.

14 제임스 오티슨, 『애덤 스미스의 삶이라는 장터』, 7쪽.

수 있다고 생각하는 것 같다. (…) 일체의 반대를 무릅쓰고 그러한 관념이 요구하는 모든 것을 수립하려고 강하게 주장하는 것은, 그것도 즉각 수립하고자 하는 것은, 흔히 최고도의 오만임에 틀림없다. 그것은 옳고 그름을 판단함에 있어 자신의 판단을 최고의 표준으로 내세우는 것이다. 그것은 자기 자신이 전국에서 유일하게 총명하고 고상한 사람이며, 따라서 동포들이 자기에게 맞추어야지 자기가 동포들에게 맞출 수 없다고 생각하는 것이다.[15]

이러한 시스템은 모든 것을 도덕적으로 옳다고 전제한다는 점에서 도덕적으로 잘못된 것이며, 어떤 이론이나 '시스템'도 그럴 수 없다. 사람들은 너무 다르고, 그들의 '운동 원리'도 너무 다르므로, 잘못된 추론을 하는 가장 확실한 방법은 합리적인 시스템을 유일한 도덕적 기준으로 삼는 것이다.

엘리엇과 톨스토이와 마찬가지로 『도덕 감정론』은 이성을 도덕성을 이루는 불충분한 기초 중 하나로 간주한다. 이 점에서 스미스의 책은 동시대의 회의주의 사상가들과 닮아 있으며, 그들의 후계자인 위대한 소설가들과도 닮아 있다. 스미스의 절친한 친구였던 데이비드 흄은 이성에 대한 깊은 회의론으로 유명했으며, 이 회의론은 에드먼드 버크가 이론에 기초한 정치적 추론에 관해 의구심을 품는 데 기여했다. 이성에 대한 비판과 찬양은 계몽주의의 특징이었다. 흄은 이성이 사실과 관념의 관계를 판단할 뿐 행동이나 의지에 대한 최소한의 충동도 제공하지 못한다고 주장했다. 흄은 "어떤 것도 정념의 충동을 저지하거나 지연시킬 수 없지만, 정념

15 스미스, 『도덕 감정론』, 234쪽(한국어판은 443~444쪽). 오티슨의 이 문단에 대한 논의는 그의 저서 『애덤 스미스의 삶이라는 장터』, 211~215쪽을 참고하기 바란다.

의 반대편에 있는 그 무언가의 정념은 가능하다"고 주장하며, 이성은 '원인과 결과'를 보여줌으로써만 우리를 도울 수 있다고 말했다.[16] 흄이 쓴 가장 유명한 문장인 "이성은 정념의 노예일 뿐이며, 그래야만 한다"[17]는 이런 의미에서 나온 말이다.

스미스는 다음과 같이 주장한다.

> 옳고 그름에 관한 최초의 지각이 이성에서 도출될 수 있다고 가정하는 것은 완전히 황당하고 이해하기 어렵다. 심지어 그 경험에 근거해 일반 준칙이 형성되는 바로 그 특수한 경우에서조차 그렇다. 이 최초의 지각은, 일반 준칙의 형성 근거가 되는 모든 다른 경험들과 마찬가지로, 직접적인 감관(sense)과 감각(feeling)의 대상이지 이성의 대상이 될 수는 없다(스미스, 320쪽; 한국어판은 615쪽).[18]

흄과 마찬가지로 스미스도 이성은 수단일 뿐 그 자체로는 무력하다고 생각했다.

---

16 데이비드 흄, 『인간 오성론 또는 인간 본성에 관한 논고(A Treatise on Human Nature)』, 제2판, L. A. 셀비-비지 편집(클라렌던 출판사, 1978)(한국어판 다수), 415쪽.

17 흄, 415쪽.

18 와이트는 한 걸음 더 나아가 스미스가 생존과 번식이라는 생물학적 본능에 대해서도 똑같이 썼다고 지적한다. 그는 자연은 이성이 아닌 "원시적이고 직접적인 본능"에 (생물학적 기능을) 부여했으며, "그것을 달성하는 데 적절한 수단을 강구하는 일은 우리 이성의 완만하고 불확실한 판단에 맡겨지지 않았다"는 스미스의 관찰을 인용한다[스미스, 77~78쪽(한국어판은 145쪽)]. 『경제학에서의 윤리』, 154~157쪽에서 와이트는 스미스의 이성에 대한 의심을 논의한다.

이성은 어떤 특정 대상을 그 자체로서 우리의 마음에 유쾌하거나 불쾌한 것이 되게 할 수는 없다. 이성은 그 대상이 우리의 마음을 유쾌하게 하거나 불쾌하게 하는 성질을 가지고 있는 다른 어떤 것을 획득하기 위한 수단이라는 것을 보여줄 수는 있다. (…) 그러나 직접적인 감관과 감각에 의해서 유쾌하거나 불쾌한 것이 될 수 있는 것은 아무것도 없다. 따라서 만약에 덕행이 모든 특수한 경우 그 자체로서 사람들의 마음을 유쾌하게 하는 것이라면, 그리고 악행은 마찬가지로 사람들의 마음을 불쾌하게 하는 것이라면, 이런 방식으로 우리를 전자와 일치시키고 동시에 후자로부터 격리시키는 것은 직접적인 감관과 감각이지 이성일 수는 없다(스미스, 320쪽; 한국어판은 616쪽).

그렇다면 중앙집권적 계획에 관한 스미스의 회의주의에 담긴 논리를 파악한 사람들이 그의 인간 이성에 대한 보다 광범위한 회의주의를 간과했다는 것은 얼마나 역설적인가! 스미스로부터 절대로 기대할 수 없는 것은 바로 인간의 모든 행동을 합리적 선택의 관점에서 설명하는 이론이다. 스미스는 베커에 말문이 막혔을 것이다.

경제학을 의사 결정에 단지 도움이 되는 것이 아니라 충분조건으로 여기는 사고방식은 스미스에게는 달성할 수 없는 것을 달성하는 것이다. 환언하면 이러한 사고방식은 이성으로만 이루어져야 하는 시스템을 구축하는 것이다. 우리에게는 그러한 경제학이 제공하는 통찰력이 필요하다. 물론 스미스는 당연히 그러했겠지만 그 통찰력이 우리에게 필요한 **모든 것**이 아니라는 전제하에서 말이다. 요컨대 모든 내러티브를 수학으로 대체하고, 인간의 동기를 단지 이기심으로 축소하며, 인간의 전적인 합리성을 가정하는 데서 출발해 실증 사회과학을 발전시킬 수 있다는 생각만큼 스미스의 생각에서 벗어난 것은 없다.

스미스는 경제학과 도덕에 관한 여우다움을 가진 이해를 권장한 여우였다. 『괴짜 경제학』(괴짜 경제학에 대해서는 1장의 옮긴이주 참고)뿐만 아니라 『오만과 편견』, 『미들마치』, 『안나 카레니나』의 선구자로 볼 때 그를 더 잘 이해할 수 있다.

인문학자가 경제학자로부터 배울 수 있는 것

그렇다면 현대 경제학의 가치에 대한 우리의 이해는 어디에 위치해 있을까?

우리는 경제학이 인문학으로부터 배울 수 있듯이 인문학도 경제학으로부터 배울 수 있다고 주장할 준비 단계에 도달해 있다. 인문학이 무엇인가 미흡할 시점에 경제학자가 더 잘하는 경우가 있다. 인문 교양 커리큘럼은 이상적으로 문학작품과 경제학 저서를 모두 필요로 한다.

사회과학에서는 반드시 상반된 주장들을 접할 수밖에 없다. 유대인 속담에 "주장이 증거는 아니다"라는 말이 있다. "내가 느낀다"는 증거가 아니다. 게다가 대부분의 경제학과에서는 영문학과보다 훨씬 더 많은 관점의 차이를 발견할 수 있다. 6장에서 지적했듯이, 존 스튜어트 밀은 정직한 사상가라면 "상대방의 주장을 진심으로 믿고, 진지하게 옹호하며, 최선을 다하는 사람들로부터 상대방의 주장을 듣는 것이 중요하다"고 주장한다. "그는 그것들을 가장 명료하고 설득력 있는 형태로 알고 있어야 한다"(밀, 『자유론』, 44쪽). 그러나 오늘날 대부분의 어문학과에서는 이런 일이 거의 불가능하다.

우선, 더 많은 인문학자들이 경제학적 사고를 접하면 도움이 될 것이다. 때로는 윤리적 관점에서도 시장의 해법이 더 나을 수 있다! 일단 경제학의 기본도 모르면서 "신자유주의"라고 일축해버리는 것은 말이 되지 않는다. 체호프는 가난한 사람들을 돕는 척하는 지식인들이 자신들의 자원은 낭비하고 있다는 것을 꾸준히 지적한다. 가난이 나쁘다면 가난을 구제할 수 있는 자원을 낭비하는 것도 나쁘다. 확실히 이 책 전반에 걸쳐서 주장하는 바와 같이 효율성은 경제학자들이 흔히 생각하는 것처럼 단순한 개념이 아니다. 다른 목표들이 가능한데도 특정 목표를 밀어붙일 수 있다.[19] 그럼에도 불구하고 어떤 목표를 선택하든 과도한 낭비 없이 목표를 달성하는 것이 효율적이다. 효율성에 대한 도덕적 논쟁이 존재하며, 시장 해법이 효율적이라고 간주되는 한 이는 거부할 수 없는 것이라고 가정해야 할 것이다.

모슨은 노스웨스턴 대학의 문과대학 학과장급 회의에 참석한 적이 있다. 학과장들이 비정년 트랙 강사진의 급여 개선 문제가 중요하다고 강조했던 것을 알고 있던 문과대학 학장은 급여 인상분을 어떻게 분배해야 하는지 질문했다. 학과장들이 옹호해온 비정년 트랙 강사진에게는 얼마를, 학과장 자신들과 학과장들을 선발한 사람들을 포함한 종신 교수진에게는 얼마를 배분해야 할까?

이 문제는 학과장들이 자신들의 이익과 공언한 원칙 사이의 절충점을 찾아야 하는 것이었기 때문에 그들은 곤란한 상황에 처했다. 전자를 선택하면 그들의 고상한 선언이 위선으로 판명날 것이고, 후자를 선택하면 그들 스스로가 고통을 겪을 것이었다. 무엇을 해야 할까? 이 문제에 관해 많은 인문학자들이 어떻게 논쟁했는지를 아는 사람이라면 놀라지 않을 수

19 이것이 바로 와이트가 『경제학에서의 윤리』에서 반복해서 강조하는 점이다.

도 있다. 오랜 침묵 끝에 한 학과장은 "우리는 자원이 한정되어 있다는 생각에 기반한 이 잘못된 선택을 거부한다"고 강하게 선언했다.

어떤 목표를 선택하든 자원은 한정되어 있다고 대답하는 것은 핵심에서 벗어나는 것이다. 아무리 학장이 급여 인상으로 제공한 총액이 클지라도 그 양 자체는 한정되어 있다. 자원이 희소하다는 생각을 거부하는 것은 합리적인 사고를 완전히 거부하는 것이다. 하지만 여전히 이러한 반론이 많은 인문학자들에게 큰 무게감을 가져다주지는 않는다. 포스트모더니즘이 등장하기 전에도 인문학자들은 논리적 논증을 시적 정신 자체에 위배되는 것으로 간주하고 거부하는 경향이 있었다.

경제학자들은 인문학자들로부터 윤리적 문제의 복잡성, 이야기의 필요성, 공감의 중요성, 공식화할 수 없는 올바른 판단의 가치를 배울 수 있다. 그러나 인문학자들 또한 경제학자들로부터 희소한 자원, 효율성의 본질, 합리적 의사결정의 중요성에 대해 사고하는 방법을 배울 수 있다.

물론 여기에서 우리의 주제는 이러한 학문 간의 대화를 통해 우리 모두가 이익을 얻을 수 있다는 것이다. 그러나 일부 고집투성이 인문학자들은 인문학자가 실제로 취하는 접근 방식이 종종 인문학 자체의 가치를 떨어뜨린다는 우리의 생각을 읽으면서 틀림없이 분노할 것이고, 일부 경제학자들은 우리가 주류 경제학의 허수아비 버전(strawman version)(허수아비 때리기 논증 방법–옮긴이주)에 대해 말하고 있다고 불평할 것이다. 예를 들어 행동 경제학은 이미 다른 분야의 이론과 방법을 유의미한 방식으로 통합하지 않았던가? 일부는 그렇긴 하지만, 그것은 물론 우리가 염두에 두고 있는 방식과는 다르다.

인문주의와 행동 경제학

경제학이 인문학의 도움을 받을 수 있다는 우리의 생각을 말하면 행동 경제학이 바로 그런 역할을 하고 있다는 대답을 반복해서 듣게 된다. 사실 행동 경제학도 인문학의 통찰력을 활용할 수는 있다. 그 이유를 설명할 필요가 있겠다.

행동 경제학은 주류 경제학의 핵심 가정인 합리성에 도전한다. 행동 경제학은 사람들이 때로 비합리적으로 행동한다는 증거를 제시하는데, 이는 표준적인 합리적 선택 모형이 예측하는 것과는 다르게 행동한다는 의미이다. 이들은 주류 경제학자들이 중요하게 생각하지 않았거나 전혀 고려해오지 않았던 인간 의사 결정의 복잡성에 주목했다.

인문학자의 관점에서 보면 이는 개선일 수도 있다. 어떤 측면에서는 확실히 개선된 점이 있다. 그러나 대체로 행동 경제학은 합리적 선택 모형의 단점을 반복하고 때로는 확대하기도 한다. 실체 없는 개선이라는 인상을 주는 것은 도움이 되지 않는다. 그것이 무엇이든 행동 경제학은 주류 경제학을 인간화하는 방법을 제시하지는 않는다.

인문학자에게 행동 경제학의 핵심은 사람들이 (합리성 모형에 따라) 어떻게 행동해야 하는지와 어떻게 행동하는지를 구분하는 것, 즉 리처드 탈러의 용어를 빌리자면 '경제인(Econs, 전적으로 합리적인 경제 주체)'과 '인간(Humans, 실험에 의해 결정되는 실제 사람)'을 구분하는 것에서 비롯된다.[20]

---

20 리처드 탈러, 『행동 경제학: 마음과 행동을 바꾸는 선택 설계의 힘(Misbehaving: The Making of Behavioral Economics)』(노턴, 2015)[한국어판은 박세연 옮김(웅진지식하우스, 2021)]. 결과적으로 '경험된 효용(experienced utility)'과 '의사 결정 효용(decision uti-

불행히도 행동 경제학자들이 이해하는 '인간'은 실제 사람을 거의 닮지 않았다.

주류 경제학자들은 밀턴 프리드먼의 조언에 따라 개인의 선택이란 이를 통해 예측이 가능해지는 유용한 허구라는 의견을 제시한다. 이 경우, 그들은 사람들이 실제로 합리적 선택을 한다는 견해를 지지하지도 거부하지도 않는다. 행동 경제학자들은 그러한 단서 자체를 제시하지 않는다.[21] 행동 경제학자들은 개별 행위자가 어떻게 행동하는지를 설명한다고 주장한다. 이 경우에 주류 경제학자의 인간에 대한 합리적인 관점이 협소하다는 행동 경제학자들의 반론은 명백히 설득력을 얻는다. 물론 프리드먼의 조언을 따르려는 주류 경제학자들에게는 그렇지 않겠지만 말이다. 무엇인가를 했다는 주장이 존재할 때 비로소 실패를 확정할 수 있는 법이다(주류 경제학이라는 정론이 존재해야 행동 경제학이라는 반론이 제기되는 법이다.—옮긴이주).

행동 경제학자들은 이상적인 행동과 경험적 행동을 구분함으로써 합리주의적 공리주의 모형에 내재된 모호성을 처음부터 적절히 해결한다. 사람들이 어떻게 행동해야 하는지를 묘사하는 것인가 아니면 실제로 어떻게 행동하는지를 설명하는 것인가? 흔히 경제학자들은 합리성이란 자신의 최선의 이익에 부합되는 행동으로 정의되며, 누군가가 고의로 다른 행동을 한다는 것은 상상할 수 없기 때문에 이 둘 사이에는 차이가 없다고 가정해왔다.

---

lity)' 사이에는 갭이 존재한다. 행동 경제학의 현황에 대한 훌륭한 리뷰는 라지 체티(Raj Chetty), 「행동 경제학과 공공 정책: 실용적 관점(Behavioral Economics and Public Policy: A Pragmatic Perspective)」과 리처드 T. 엘리의 강연, "전미경제리뷰: 논문과 학회집 2015", 2015년 5월, 1~33쪽을 참고하기 바란다.

21 중요한 예외는 앞서 인용한 체티인데, 이후에 다시 논의하겠다.

이러한 '해야 한다'와 '한다'의 혼용은 공리주의의 출발점까지 거슬러 올라간다. 제러미 벤담의 『도덕과 입법의 원칙에 대한 서론』은 다음과 같은 도입문으로 유명하다.

> 자연은 인류를 고통과 쾌락이라는 두 주권자의 통치하에 두었다. 무엇을 해야 할지를 지적하는 것은 그들만의 일이다. 한편으로는 옳고 그름의 기준이, 다른 한편으로는 원인과 결과의 사슬이 그들의 왕좌에 묶여 있다. 그들은 우리가 하는 모든 일, 말하는 모든 것, 생각하는 모든 것에서 우리를 지배한다. 우리가 그들의 지배를 벗어던지려는 모든 노력이 그 지배를 입증하고 확인하는 일이 된다. 말로는 그 제국에서 벗어난 척하지만 실제로는 여전히 제국의 신하로 남는다. 효용의 원칙은 이 복종을 인정하고 체제의 기초로 삼으며, 그 목적은 이성과 법의 손에 의해 지복의 조직(the fabric of felicity)을 길러내는 것이다. 그것에 의문을 제기하려는 체제는 감각 대신 소리를, 이성 대신 변덕을, 빛 대신 어둠을 다룬다.[22]

"옳고 그름의 기준"이라는 표현, "지복의 조직"을 키워내겠다는 목표, 그리고 실제로 공리주의 윤리를 채택하라는 이 간청은 모두 벤담이 우리에게 어떻게 행동해야 **하는지를** 말해준다. 사람은 합리적 행동 이외의 어떤 방식으로도 행동해서는 안 되며, 사회는 현재의 방식을 유지하는 것이 아니라 효용성 원칙에 따라 재건되어야 한다고 주장한다. 그러나 벤담이 "원인과 결과의 연쇄(chain of causes and effects)"가 이러한 행동을 보장한

22 제러미 벤담, 『도덕과 입법의 원칙에 대한 서론』(비콘 출판사, 1955)[한국어판은 강준호 옮김(아카넷 출판, 2013)], 1~2쪽.

다고 주장한 것, 다른 행동은 불가능하다는 주장, 사람들이 효용 원칙에 따라 행동한다는 것에 일관되게 의문을 제기할 수 없다는 그의 마지막 발언은 그가 사람들이 어떻게 행동해야 하는지가 아니라 어떻게 **행동하는지를** 제안하는 것이다. 여기에는 벤담이 인식하지 못한 논리적 혼란이 있다. 이는 이후로도 계속되어온 혼란이다.

규범적 공식은 벤담이 사회적 권고, 즉 다른 행동이 아닌 한 가지 특정 행동 방침을 처방할 수 있게 해준다. 그러나 모든 행동이 정의에 따라 기준에 부합한다는 진술은 정의상 동어반복으로 변질된다. 어느 행동을 하든 정의상 합리적인 것이다. 이 경우 공리주의를 채택하라는 권고를 포함한 권장 사항은 사실상 의미가 없다.

지난 2세기 동안 규범적·기술적 질문에 대한 일반적인 해결책은 사람들이 실제로 가장 큰 쾌락과 가장 적은 고통을 가져다준다고 생각하는 것에 따라 행동하지만, 종종 그 행동 원칙에 벗어난 실수를 범한다는 것이다. 사람들은 감정이나 효용 외의 다른 목표를 추구해서가 아니라, 인지적 오류로 인해 잘못된 길로 들어서게 된다. 이 경우 "해야 한다"는 규범은 의미가 있다. 우리는 타고난 인지적 혼란을 겪고 있으며, 이를 인식하고 대응하는 것이 좋다. 이것이 바로 행동 경제학에서 채택한 모형이다.

문제가 인지적인 것이라면, 비합리성은 합리성만큼이나 예측 가능하며, 우리는 여전히 예측 과학에 대한 실증적 기반을 가지고 있다. 또한 사람들이 저지르기 쉬운 비합리성을 바로잡기 위한 권고안을 제시할 수 있는 가능성도 있다.

이에 대해서는 두 가지 제안이 가능하다. 존 로크로부터 시작된 사회개혁의 전통이 전제하는 것처럼 사람들을 교육하는 것이다. 사람들이 자신의 진정한 합리적 이익을 이해한다면 당연히 그것을 따를 것이므로, 편견을 파악하기 위한 과학적 연구와 이를 바로잡기 위한 교화적인 교육이 필요하다. 또는 편견에 맞서기 위해 정부 정책도 시행해볼 만하다.[23] “선택 설계자(choice architects)”는 사람들에게 가장 적합한 기초 사양을 설정하고, 그 관성으로 인해 대부분의 사람들이 다른 것을 선택하지 않도록 함으로써 사람들을 ‘넛지’할 수 있을 것이다. 어느 경우이든 비합리성은 파악가능하고(intelligible), 예측 가능하며, 수정될 수 있다.

하지만 이런 유토피아적인 그림이 정말 의미가 있을까? 비합리성의 근원이 그렇게 쉽게 파악될 수 있을까? 비합리성은 다양한 방식으로 존재할 수 있으며, 존재한다면 그 종류는 얼마나 될까? 그렇다면 합리적 선택 모형이 예측하는 방식과 다르게 행동하는 것이 항상 비합리적일까? ‘오류’의 원인을 알고 있다고 가정할 때, 의도치 않게 새로운 비합리성을 도입하지 않고도 우리의 비합리적 경향에 대응하는 제도를 설계함으로써 일반적으로 ‘오류’의 원인을 교정할 수 있을까? 그렇다면 인생은 얼마나 쉬울까!

이런 아이디어에는 적어도 세 가지 반대론이 존재한다. 문화 홀대(neglect of culture), 인간에 대한 얄팍한 이해, 진정한 불합리성의 존재가 그것이다.

문화 홀대

가장 놀라운 점은 행동 경제학자들이 문화를 완전히 무시하고 있다는 점이다. 물론 최근 몇 년 동안 다수의 경제학자들이 문화를 이해하려고

---

23 리처드 H. 탈러·R. 선스타인, 『넛지: 복잡한 세상에서 똑똑한 선택을 이끄는 힘(Nudge: Improving Decisions about Health, Wealth, and Happiness)』(펭귄, 2009)[한국어 개정판은 이경식 옮김(리더스북, 2022)].

노력해왔으며, 적어도 역사적으로 문제가 되는 부분에서는 우리가 선호하는 방향으로 상당한 진전을 이루기도 했다. 하지만 에릭 L. 존스의 통찰력 있는 저서 『문화 통합: 문화에 대한 역사적·경제적 비판(Cultures Merging: A Historical and Economic Critique of Culture)』에서 주장하듯이, 이는 여전히 소수에 불과하다. 존스는 다음과 같이 논의를 개시한다. "경제학자들은 대중이 알고 있는 것과는 반대로 많은 것에 동의한다. 그러나 대다수 경제학자는 문화에 대해 더 이상 많은 의미를 부여하지 않는다는 의미에서만 동의한다." 1960년대와 1970년대에는 "경제적·문화적 변화 사이에서 문화의 역할에 강력한 관계를 찾을 수 있을 것"이라는 희망이 사라졌다고 말한다.[24] 대부분의 경제학자들은 존스가 "문화적 무효성(cultural nullity)"이라고 부르는 입장을 취하는데, 이는 문화가 "경제적 관심사에서 너무 주변적인 위치여서 무시해도 안전하고 (…) 경제학자들의 직업적 문화는 그들 대부분이 문화가 중요하다는 사실을 전혀 보지 못하게 한다"(존스, 5쪽)고 전제한다. 존스는 경제학자들이 문화를 부정하는 것 자체가 문화에 기반을 두고 있다는 아이러니에 대해서는 언급하지 않고 있다.

경제적 요인의 역할을 최소화하고 문화적 요인을 중시하는 반대편의 입장은 다른 분야 학자들 사이에서 물론 가장 대중적이다. 문화가 가장 중요하다는 견해는 인류학자와 '문화 연구' 지지자들 사이에서 특히 대중성이 높다. 이러한 인기가 문화적 요인 때문일까, 아니면 경제적 요인 때문일까, 아니면 둘 다일까?

---

24 에릭 L. 존스, 『문화 통합: 문화에 대한 역사적, 경제적 비판』(프린스턴 대학 출판부, 2006), 3쪽.

문화가 중요하다는 생각은 역사를 이해하려는 경제학자들 사이에서 지지를 얻었다. 서구에서 산업혁명과 지속적인 기술혁신이 일어날 수 있었던 이유는 무엇일까? 왜 그런 일이 일어났을까? 이러한 질문은 이미 시장경제의 토대가 당연시되는 환경을 전제로 하는 표준 경제 이론에서 벗어난 것이다. 경제학과 시장경제학이 동의어처럼 되어버리면 문화적 요인은 무관한 것처럼 보인다.[25]

앞서 언급했듯이, 더글러스 노스는 제도가 핵심 요소라고 제안하면서 경제사적 문제를 이해하는 경로를 개척했는데, 이 경로는 많은 이들에게 유익한 것으로 판명되었다.[26] 아브너 그라이프는 경제적 요인과 문화적·사회적 요인을 결합하도록 확장한 제도적 분석 접근법을 개발했다. 특히

---

25 고인이 된 경제학자 아론 카체넬린보이겐은 경제학이라는 학문이 여러 경제 시스템 중 하나만 다루기 때문에 이 분야에 "경제학"이라는 이름을 붙이는 것은 잘못된 명명이라고 말하곤 했다. 그는 소련경제 기획자로 경력을 시작했고 "시장경제학"이라는 용어를 제안했다.

26 제5장에서 인용된 노스의 연구 이외에도, 더글러스 C. 노스, 『제도, 제도적 변화 및 경제적 성과(Institutions, Institutional Change, and Economic Performance)』(케임브리지 대학 출판부, 1990); 더글러스 C. 노스·로버트 폴 토머스, 『서구의 부상: 새로운 경제사(The Rise of the Western World: A New Economic History』(케임브리지 대학 출판부, 1973)를 참고하기 바란다. 문화와 제도의 관계에 대한 최근 연구에 대한 종합적 리뷰는 알베르토 알레시나·파올라 쥴리아노, 「문화와 제도」, ≪경제문헌 저널≫, 2015년 12월, 898~944쪽을 참고하기 바란다. 이들은 문화와 제도가 서로 피드백을 주고받으며 상호작용하고 진화한다는 결론을 내린다. 귀도 타벨리니는 적어도 유럽사의 맥락에서 문화가 경제 발전에 중요한 인과적 영향을 미친다고 주장한다. 그의 주장이 맞다면 개인의 가치와 신념이 중요하고, 제5장에서 차등 성장률에 대해 설명한 몇 가지 퍼즐을 설명하는데 도움이 될 것이다. 귀도 타벨리니, 「제도와 문화」, 2007년 8월, 부다페스트 유럽경제학회 의장 연설, ≪유럽경제학회지≫, 2008년 4~5호, 255~294쪽. 또한 그의 「문화와 제도: 유럽 지역의 경제 발전」, ≪유럽경제학회지≫, 2010년 6월호, 677~716쪽도 참고하기 바란다.

흥미로운 것은 "사적 질서(private order)", 즉 "제3자의 집행자가 없음에도 불구하고 질서가 유지되는 상황"이라는 개념이다.[27] 그의 접근 방식은 제도가 경제 발전을 형성하는 방식뿐만 아니라 제도 자체가 어떻게 그리고 왜 변화하는지를 설명하려고 한다.

제도는 적어도 상대적으로 '딱딱해(hard)'(실증적이라는 뜻과 중의적으로 해석 가능–옮긴이주) 보이지만, 가치와 신념처럼 인문학자들이 논의하고 싶어 하는 '부드러운' 것들은 어떨까? 그리고 문화는 좀 더 부드러운 의미로 불러내야 하지 않을까?

이 책 5장의 주인공 중 한 명이었던 조엘 모키르는 최근의 저서『성장의 문화: 현대 경제의 근원(A Culture of Growth: The Origins of the Modern Economy)』에서 문화의 역할에 대해 신중하게 추론하는 방식으로 접근한다.[28] 그는 본질적으로 유동적인 것에 대해 엄밀한 고찰을 제시한다. "경제학자들이 경제사를 이야기할 때 제도를 빼놓고는 설명할 수 없다는 것을 인정한다면, 문화에 대한 이해는 필수이다. 그러나 그들은 명확하고 정밀하며 가능한 한 형식적으로 모델링되고 실험 가능한 것을 좋아한다. 이는 도전적인 작업이다"(모키르, 12쪽)라고 주장한다. 문화에 대해 너무 많이 요구되는 것일 수도 있지만, 그렇다고 해서 가치 있는 것을 알 수 없

---

27 아브너 그라이프,『제도와 현대 경제로 가는 길: 중세 무역의 교훈(Institutions and the Path to the Modern Economy: Lessons from Medieval Trade)』(케임브리지 대학 출판부, 2006), 8쪽.

28 조엘 모키르,『성장의 문화: 현대 경제의 근원』(프린스턴 대학 출판부, 2017)[한국어판은『성장의 문화: 현대 경제의 지적 기원』, 김민주·이엽 옮김(에코리브르, 2018)]. 또 다른 획기적인 시도는 데이비드 랜데스(David S. Landes)의 놀라운 통찰력을 담은 저서,『국가의 부와 빈곤: 왜 어떤 나라는 부유하고 어떤 나라는 가난한가(The Wealth and Poverty of Nations: Why Some Are So Rich and Some So Poor)』(노턴, 1998).

다는 뜻은 아니다.

모키르는 이 분석 과정에서 제도와 신념의 관계를 대담하게 탐구하고, 문화를 신념, 선호도, 가치관의 문제로 분석하고, 종교가 해온 매우 복잡한 역할을 강조하며, 베이컨이나 뉴턴 같은 개별 '문화 기업가(cultural entrepreneurs)'의 기여를 검토하고, 문화 변화에 대한 준진화론적 모형을 공식화하고, 사건의 본질적인 우연성을 강조하는 등 여러 가지 질문을 던진다. 어떤 것도 필연적이지는 않지만, (필연성을 전제함으로써) 상당 부분이 설명된다.

우연이 있는 곳에는 선택이 있고, 선택이 있는 곳에는 가능한 대안이 있다. 진정한 대안에 관한 이러한 주장은 모키르가 문화와 그에 따른 인간의 선택권을 진지하게 받아들이고 있음을 보여준다. 그래서인지 그의 연구는 데이비드 흄의 말을 인용하면서 시작된다. "기예와 과학의 역사를 추적하는 것보다 더 조심스럽게 진행해야 하는 주제는 없다. 존재하지도 않았던 원인을 부여하고, 단지 우연적인 것을 안정적이고 보편적인 원리로 환원시키지 않기 위해서이다. 어느 나라에서나 과학을 발전시키는 사람은 극히 소수에 불과하다: 그들을 지배하는 열정은 제한적이다. 그들의 취향과 판단은 섬세하고 쉽게 왜곡된다. 그리고 그들이 이론을 적용할 때는 사소한 사고로도 방해가 된다. 그러므로 우연, 또는 비밀스럽고 알려지지 않은 원인들은 세련된 기예의 부상과 발전에 큰 영향을 미쳤을 것이다"(모키르, vi쪽). 또는 모키르의 말처럼 "역사는 우연도 필연도 아닌 그 중간 어딘가에 있다. 개인의 중요성, 비록 그들의 영향이 결국 환경에 의해 제약을 받았더라도 개인의 중요성을 인정해야 한다"(모키르, 67쪽).

모키르의 설명은 인문학자가 의미하는 문화를 경제학 논리의 한편으로 통합해온 다른 누구보다도 인문학에 더 가깝다. 인문학자가 문제를 바라보는 것처럼, 사회과학자가 설명의 한 형태로서 모형을 만드는 것은 당연하다. 모형으로 설명할 수 있는 것이 많을수록 좋다. 모형 자체가 경제적이라면 가장 좋겠지만, 그렇지 않더라도 제도적 모형이나 게임이론과 같은 다른 모형을 사용할 수 있을 것이다. 때때로 균형과 같은 경제 모델링의 아이디어가 재등장할 수도 있을 것이다. 예를 들어 그라이프는 다음과 같이 설명한다.

> 여기에서 채택한 관점은 사회학에서 흔히 볼 수 있는 구조적·문화적 관점이나 경제학에서 흔히 볼 수 있는 대리인, 기능주의적 관점에서 제도를 바라보는 것으로부터 벗어난다. 대신 구조주의적 관점과 대리인(기능주의적) 관점을 결합할 것이다. 행동에 영향을 미치는 구조이자, 이 구조에 대한 행위자의 반응이 제도를 재생산하는 균형 현상인 제도를 연구하는 것이 중요하다는 점을 강조한다(그라이프, 14쪽).

경제학 모형과 사회학 모형만으로 부족하다면 두 모형을 함께 사용할 때 더 나은 결과를 얻을 수 있다. 그라이프가 다루는 이러한 다원주의는 꽤 잘 작동한다.

그러나 인문학자들과 많은 역사가들은 문화가 모형이 끝나는 곳에서 시작한다고 본다. 5장에서 허버트 버터필드가 『휘그의 역사 해석』에서 "비역사적인 것은 우리가 사고로부터 본질을 분리해낼 수 있다고 상상하는 것이다"라고 말한 것을 기억해보자.[29] 모형에 들어맞지 않는 특이성들

---

29 버터필드, 69쪽.

이 정확히 '역사적'인 것이다.

마찬가지로 사실주의 소설은 개인과 문화가 서로서로를 형성하며, 어느 쪽도 다른 쪽이나 다른 어떤 것으로 환원될 수 없다는 가정에서 작동한다. 조지 엘리엇의 『미들마치』, 앤서니 트롤롭의 『바체스터 타워』, 헨리 제임스의 『보스턴 사람들』과 같은 소설의 제목에서 알 수 있듯이, 사실주의 소설은 문화와 사회를 등장인물이 행동하는 비활성 배경 무대가 아닌, 복잡한 관계망으로 묘사한다. 오히려 문화와 사회란 정확하게 정의할 수는 없는 어떤 아우라를 지닌 복잡한 관계의 그물망으로써, 사건에 적극적인 역할을 하는 것이다. 이러한 문화의 규범과 관행은 시간이 지남에 따라 미묘하게 변화하며, 때로는 한 편의 소설이 진행되는 동안에도 미묘하게 변화하며, 결코 운명론적으로 결정된 것처럼 보이거나, 최종 안식처에 도달하는 방식이 아니다. 비록 상당히 안정적으로 보이더라도 그러한 균형 상태는 존재하지 않는다.

사실주의 소설이 문화를 묘사할 때 그 문화는 문화에 참여하는 개인을 형성하며, 이것이 바로 개인성이 시대마다 똑같은 모습으로 반복되지 않는 이유 중 하나이다. 18세기 영국의 구두쇠, 장교, 연인은 19세기 러시아에서는 다른 모습으로 나타나며, 이러한 변화는 실제로 문화적 차이에 대한 많은 소설의 주제를 구성한다. 그러나 문화가 개인을 형성하는 것은 사실이지만, 개인은 결코 문화의 관점에서만 설명될 수 없다. 개인성은 사회 문화적 범주가 끝나는 지점에서 시작된다는 인식이 강하다. 이러한 범주는 주변 등장인물이나 풍자적 인물에는 적합할지 몰라도 심리적 풍부함을 가진 주인공들에는 적합하지 않다. 사실주의 소설에 내포된 관점을 바흐친은 다음과 같이 말한다: "그는 (…) 사무원, 지주, 상인, 약혼자, 질투하는 연인, 아버지가 한번에 될 수는 없다. 소설의 주인공이 실제로 그런 존재가 된다면, 즉 그가 자신이 처한 상황과 운명에 완전히 일치한다면(일반적이고 일상적인 영웅, 소설 속 대부분의 부차적인 인물들처럼), 주인공에게 인간성의 잉여(the surplus of humanness)가 구현 해소되는 것이다."[30]

바흐친이 말하는 "인간 조건에 내재된 인간성의 잉여"는 각 사람의 진정한 인간성, 즉 그 사람의 가장 가치 있는 것을 의미한다. 사람들은 자신의 상황과 '일치'하지 않으며, 즉 모든 모형을 뛰어넘는 '초과(잉여를 가짐)'를 한다. 사실, 사람들은 자신이 어떤 존재이든 다른 존재가 될 수 있고 또 될 수 있었기 때문에 자신을 뛰어넘기도 한다. 인간은 자신에 대한 사실뿐만 아니라 '실현되지 않은 잠재력'에 의해서도 구성되기 때문에 자신의 잠재력을 포함한다.

바흐친은 다음과 같은 유명한 결론을 내린다.

> 인간에게 현존하는 사회적·역사적 육체가 주어졌다고 해도, 그가 완전히 육화될 수 있는 것은 아니다. 인간으로서 그가 지니는 가능성과 요구를 하나도 남김없이 완전히 육화할 수 있는 형식이란 존재하지 않고, (비극이나 서사시의 주인공처럼) 인간이 최후의 언설까지 자기 자신의 전부를 남김없이 다 꺼낼 수 있게 만든 형식도 존재하지 않으며(…) 인간성은 어떤 것으로도 구현되지 않는 과잉의 부분을 항상 남겨두고 있고 (…) 현존하는 의복은 그것이 무엇이든 모두 인간에게는 너무 꼭 낀다.(…) 소설이 그리는 현실 자체는 있을 법한 수많은 현실들 중 하나이다. 하지만 그 현실은 필연적인 것이 아니라 우연적인 것이며 다른 가능성들을 자기 자신 안에 숨기고 있다(바흐친, 「서사

30 M. M. 바흐친, 「서사시와 소설」, 마이클 홀퀴스트 편집, 캐릴 에머슨·마이클 홀퀴스트 옮김, 『대화적 상상력: 네 개의 에세이』(텍사스 대학 출판부, 1981), 37쪽.

시와 소설」, 37쪽).

이 견해가 옳다면 우리에게 필요한 것은 모형뿐만 아니라 모형이 실패하는 지점에 대한 감각이다. 실제로 모형을 조합하는 것만으로는 부족하며, 모형의 범위를 넘어서는 개별성과 특수성에 대한 감각이 필요하다. 이것이 바로 인문학이 가장 잘 가르칠 수 있는 부분이다.

모형은 개인의 차원에서는 실패할 가능성이 가장 높기 때문에, 사회과학 모형을 만드는 학자들은 개인을 중요하지 않은 것으로 치부하거나 아예 부차적 요인으로 구축해버린다. 그렇기에 모키르는 이와 정반대로 이론을 전개한다는 점이 특히 인상적이다. 베이컨과 뉴턴을 대하는 그의 태도는 —이런 방식으로 연구할 필요가 있는 다른 인물들에 대해— 모형과 개인성이 모두 필요하다는 그의 믿음을 보여준다. 진화 모형과 전적인 우연성을 조심스럽게 조합한 것도 마찬가지이다. 그가 설명하는 것처럼 현실성은 '필연적'이거나 전적으로 '자의적'인 것이 아니며 '그 자체로 다른 가능성을 내포하고 있다'.

당연히 우리는 이러한 여우다운 접근법을 좋아하며, 이 접근법이 경제사학자뿐만 아니라 모든 경제학자, 특히 인간 행동을 설명하고자 하는 경제학자들 사이에서 더 널리 받아들여지기를 바란다.

행동 경제학이 충분하지 않은 이유

다시 행동 경제학으로 돌아가서, 행동 경제학을 지지하는 사람들(그리고 그들의 실험실 속 실험)은 문화를 완전히 무시하는 주류 경제학자들보다 오히려 더 문화를 설명하지 않는다. 이들의 의사 결정에 대한 연구는 사람들이 어떻게 편향된 결정을 내리는지 보여준다. 이러한 비합리성을 설명하려 하면 진화 심리학이나 신경 생물학으로 바로 넘어간다. 문화는 암묵적으로 중요하지 않은 것으로 간주된다.

인문학자의 관점에서 보면 이것은 확실히 이상하다. 우리는 유기체가 아닌 사람을 다루고 있기 때문에 문학자나 문화인류학자라면 왜 유기체부터 시작하는지 먼저 물을 것이다. 왜 출발점에서 가까운 문화에서 시작하지 않느냐는 것이다. 스웨덴이나 사우디아라비아 사람들이 왜 결혼하는지 혹은 이혼하거나 별거하는 이유를 이해하려 한다면, 게리 베커가 제시하는 설명이 만족스럽지 않다면, 신경과 진화를 생각하기 앞서 먼저 스웨덴과 사우디아라비아 문화의 차이점에 대해서, 다시 말하면 대부분 무종교인인 사람들 속에 잔재하고 있는 루터교 전통과 와하비 무슬림 문화 사이의 차이점에 대해 먼저 의문을 품어야 할 것이다.

베커와 같은 주류 경제학자들은 과학적 지위에 대한 열망 때문에 문화를 우회하려 한다. 과학적 지위가 수학화를 수반한다면 문화는 수학화할 수 없기 때문에 장애물이 된다. 따라서 경제학자들은 문화적 원인처럼 보이는 것이 실제로는 내생적(endogenous) 요인, 즉 경제학의 내부적 요인으로 설명될 수 있음을 보여주려고 한다. 이 방법이 모든 곳에서 유효한 것은 아니지만, 인문학자들이 생각하는 것보다 더 자주 유효하다는 것은 꽤 고무적이다.

행동 경제학자 댄 애리얼리는 "교과서적 경제학을 수정하여 순진한 심리학의 상태(이성의 시험과 자기 성찰, 그리고 가장 중요한 실증적 검증에서 자주 성공적이지 못한 상태)에서 벗어나는 것이 합리적이지 않을까?"라고 질문한다.[31] 인문학자라면 실증적 검증을 통해 비록 과학적 예측 가능성을 일부 희생하더라도, 문화의 역할을 검증하는 것으로 귀결되더라도 말이다. 하지만 행동 경제학은 그러한 방식으로 접근하지 않는다. 의사 결정자의 모형은 변해도 그 모형의 탈문화적 요소는 그대로 유지된다. 그리고 사람들은 문화 같은 복잡한 요소를 무시할 때 비로소 예측 가능한 존재로 남아 있다.[32]

인문주의자라면 행동 경제학자에게만 국한되지는 않는 오류, 즉 **추상화의 오류**(the fallacy of abstraction)를 발견할 수 있을 것이다. 문화는 다양하기 때문에 어떤 문화도 본질적으로 인간적일 수 없다는 것은 잘못된 생각이다. 혹자는 이 잘못된 생각을 바탕으로 문화적인 모든 것을 인간으로부터 제거함으로써 인간이 본질적으로 어떤 존재인지 이해할 수 있다고 추론한다. 행동 경제학의 경우, **추상적 인간의 오류**라고 할 수 있는 특정한 류의 추상화의 오류가 존재한다.

추상적 인간의 오류는 매우 다양한 분야에서 발생한다. 존 롤스의 영향력 있는 저서 『정의론』은 경제관념에 도덕적 관점을 가져올 수 있는 몇 가지 통찰을 제시한다.[33] 롤스의 주장에 따르면 사람들은 자신들의 타고난 이점이 후천적으로 획득한 것이 아니라는 사실을 망각하고 정의에 대한 관점을 형성하는 경향이 있으며, 우리도 이에 동의한다. 그들은 어떻게든 정의와 자신의 이점이 일치한다고 진심으로 확신하게 된다.

그리고 경제학자들은 균형에 도달하는 것이 도덕적 상태에 도달하는 것과는 아무런 관련이 없다는 사실을 잊는 경향이 있다. "공정" 가격이란

---

31 댄 애리얼리, 『상식 밖의 경제학: 이제 상식에 기초한 경제학은 버려라!(Predictably Irrational: The Hidden Forces That Shape Our Decisions)』, 개정판(하퍼콜린스, 2009)[한국어판은 장석훈 옮김(청림출판, 2018)], xxx쪽.

32 그래서 애리얼리의 책 (원)제목이 "예측할 수 없을 정도로 비합리적인"인 것이다.

33 존 롤스, 『정의론(A Theory of Justice)』(하버드 대학 출판부, 1971)[한국어판은 황경식 옮김(이학사, 2003)].

단순히 지식이 있고 거래 용의가 있으며 어떠한 압박도 받지 않는 구매자가 시장에 관한 단순한 지식이 있고 거래 용의가 있으며 거래로 인한 어떠한 압박감도 없는 판매자에게 지불할 수 있는 금액이라는 의미이다. 수요와 공급을 일치시키는 공정 시장가격으로 시장은 청산되지만, 여기서 반드시 공정해야 하는 유일한 것은 거래를 설명하는 데 사용되는 "공정"이라는 단어일 뿐이다.

그럼에도 불구하고 롤스는 모든 문화를 포함하되 이에 국한되지 않고 "사회적 상황의 우연성(the contingency of social circumstances)"이라는 범주 밖에 있는 사람들로부터 시작하여 "정의로운" 사회가 무엇인지 규명하는 것처럼 주장한다. 그는 사람들이 사회에서 자신이 어떤 위치를 차지할지 모른다면 과연 어떤 사회를 선택할 것인가 묻는다.

따라서 롤스는 행위자들이 "절대적 평등"의 위치에서 시작한다고 상상하는데, 이는 공정성에 대한 개념을 왜곡할 수 있는 차별적 특성이 애시당초 없음을 의미한다. 계급적 지위, 사회적 지위, 자산과 부채는 존재하지 않으며, 지능, 힘 등의 여타 개인적 자질이 무엇인지 전혀 알지 못한다는 것이다. "나(롤스-옮긴이주)는 심지어 당사자들은 자신의 선에 대한 개념이나 특별한 심리적 성향조차도 모른다고 가정할 것이다. 정의의 원칙은 무지의 베일 뒤에서 선택된다"(롤스, 12쪽). 게다가 "그러한 정의의 원칙은 상대방의 이익에 대해서는 관심이 없고"(롤스, 13쪽), 오직 자신의 이익에만 관심을 갖는 듯한데, 이는 롤스의 인간관과 애덤 스미스의 인간관이 분명히 구분되는 지점이다. 이러한 무지의 베일에서 출발하면 인간은 합리적으로 선택하며, 이러한 합리성의 개념은 "교과서적 경제 이론처럼 주어진 목적에 가장 효과적인 수단을 취한다는 좁은 의미에서 가능한 한 해석되어야 한다"(롤스, 14쪽).

자신이 이익만 고려한다면 비록 자신의 작은 손실이 다른 모든 사람들의 순만족도를 크게 증가시킨다고 해도 "그 누구도 자신의 지속적인 손실을 묵인할 이유가 없다"는 것이다. 롤스는 '아무도 선택하지 않거나' 또는 누구라도 선택할 수 있는 것이 무엇인지 추론하여 자신의 정의 모형에 도달한다. 이 모형의 세부 사항은 모형의 독창성과 합일성에 비하면 덜 중요하다. 롤스는 "당사자들 사이의 차이점을 알지 못하고, 모든 사람이 똑같이 이성적이고 비슷한 위치에 놓여 있기 때문에 각자가 동일한 주장에 확신을 갖는다는 것은 명확하다. (…) 충분한 숙고 후에 누군가가 어느 것보다도 정의의 개념을 선호한다면, 모두가 그렇게 만장일치로 합의에 도달할 수 있다"(롤스, 141쪽). 직각삼각형의 빗변을 결정할 때보다 더 많은 의견 차이가 발생할 여지가 없다. 개인성과 문화에 관한 모든 것을 배제하고 나면 어떻게 다른 의견이 있을 수 있겠는가?

이와 거의 유사한 맥락에서 로런스 콜버그는 수십 년 동안 지배적인 모형으로 자리 잡은 합리주의적·탈문화적 아동 윤리 발달 모형을 공식화했다. 피아제가 아동이 물리적 세계를 이해하는 데 일련의 단계들을 거친다고 전제한 것처럼, 콜버그는 아동이 도덕적 세계를 이해하는 데 여섯 단계를 거친다고 제안했다. 마침내 가장 정교한 단계에 도달하게 되는데, 물리학에서와 마찬가지로 가장 정교한 것은 이성적 소여(所與)이다.

인본주의자라면 콜버그와 롤스가 수용한 합리성의 개념이 현대 미국 학계 자유주의자들이 공유하고 있는 견해로 이어진다는 점을 즉각 파악할 것이다. 이는 놀라운 우연의 일치로 보인다. 이러한 견해는 오늘날 대부분의 문화권, 거의 모든 과거 사회들, 그리고 실제로 우리 사회 다수의 견해와 상반되기 때문에 예상치 못한 결과가 나올 가능성이 훨씬 더 높아 보인다. 이 결론에 정말로 의심스러운 점이 없는가? 결국, 누구나 자신의 도덕률이 무엇보다도 우월하다고 생각하거나, 그렇지 않으면 애초에 자신의 도덕률이 될 수도 없었을 것이다. 그리고 이미 심어놓은 결론을 도출할 수 있는 가정에서 시작하는 것은 항상 쉬운 법이다.[34]

롤스와 콜버그 모두 여타 도덕적·정치적 선호를 비합리적이거나 미성숙한 것으로 간단히 무시할 수 있는 시스템을 구축했다. 물론 그 시스템은 사회적 쟁점이 있는 상황에 대해서 일반적 규칙으로 간주될 수는 있다. (그러나) 추상적인 이성이 자신의 입장을 지지하는 것처럼 보이면 보일수록 "이성"을 결정함에 있어서 보다 유리하게 결정될 수 있도록 부정하게 판이 짜이고 있다고 의심해야 한다. 예를 들어 롤스는 자신이 본질적이고 선문화적인(precultural) 인간을 축소한 방식이 자격 없는 개인의 이기주의를 합리적으로 간주하고 있다는 사실을 인식하지 못하는 것 같다.

인본주의자의 입장에서 본 근본적인 문제는 "선문화적 오류(precultural fallacy)"라는 근본적인 가정 자체에 있다. 문화가 다양하다고 해서 문화가 인간성에서 축약될 수 있다거나, 본질적으로 인간은 선문화적이라는 것을 의미하지는 않는다. 언어가 다양하다고 해서 본질적으로 인간은 벙어리이거나 침팬지처럼 언어가 없는 존재라고 주장하는 것과 마찬가지이다. 문화는 다르더라도 인간은 어떤 문화인가에는 속해 있다. 문화는 인간이 되기 위한 필수 요소이다. 언어와 문화로 분리해서 생각하는 것은 인간에 도달하는 것이 아니라 인간을 우회하는 것이다.

이사야 벌린은 자전적 에세이에서 여느 실증과학처럼 "모든 진정한 질문에는 단 하나의 정답만 존재하고 나머지는 오류일 수밖에 없고" "정답

34 콜버그 학파와 그들의 합리주의적 접근법에 대한 최근의 비판으로는 하이트, 『바른 마음』을 참고하기 바란다.

은 일단 발견되면 반드시 서로 양립할 수 있어야 하며 (…) 그러할 때 완벽한 삶의 모습이 어떠할지 상상해볼 수 있다"[35]라고 말하는 다수의 사회과학자, 철학자들의 합리주의적 가정을 어떻게 공유했는지 회상한다. 벌린은 문화가 진정으로 상이할 수 있고 일련의 가치들이 실제로 서로 양립할 수 없다는 것을 인정하면서 이러한 견해를 사실상 포기했다. 그는 여우이자 "다원주의자"가 되어 "세상에는 인간이 추구하는 다양한 목표가 존재하며, 우리가 플라톤이나 중세 일본 소설을 읽는 데서 얻을 수 있는 것처럼, 인간이 서로를 이해하고 공감하며 서로에게서 빛을 이끌어낼 수 있는 온전한 이성, 온전한 인간을 추구한다는 개념"(벌린, 11쪽)을 지지했다.

더 많은 소설을 읽음으로써 더 많은 문화에 대해 알게 될수록 롤스, 콜버그와 행동 경제학자들이 저질렀던 추상적 인간의 오류를 범할 가능성은 줄어들 것이다.

인간에 대한 얄팍한 이해

인문학자는 (행동 경제학의) 발견에 대해 "그걸 굳이 증명해야 했다는 거예요?"라고 진지하게 반응할 수밖에 없는 경우가 많다는 것에 어리둥절하곤 한다. 우리가 들은 발견들을 다음과 같이 정리할 수 있다.

- 매몰 비용은 정말로 중요하다. 비싼 공연 티켓을 구매했지만 당일 저녁에 다른 일을 보다 하고 싶다면, 그는 표 구매를 "낭비"하지 않으려

---

35 이사야 벌린, 『이상에 대한 추구, 인류의 비뚤어진 나무: 사상사의 장들(The Pursuit of the Ideal, in The Crooked Timber of Humanity: Chapters in the History of Ideas)』(크노프트, 1991), 5~6쪽.

고 "비합리적" 선택을 한 것이 된다.

- 사람들은 좋은 구매 여부를 결정하기 위해 준거 지점을 활용한다. 그러므로 다른 준거 지점을 활용하게 되면 결정에 영향을 줄 수밖에 없다. 여러 결정 중 하나만 합리적일 수 있기에 여타 다른 결정은 비합리적일 수밖에 없다는 결론에 이르게 된다.
- 결정에 어떠한 프레임을 씌우는가의 문제는 (의외로) 중요하다. 2개의 (동일한) 상품의 다른 가격을 매기려는 경우(예를 들어 충전 카드를 사용하는 경우와 현금을 사용하는 경우), 더 높은 가격을 추가 요금이라고 부르는 것보다 더 낮은 가격을 할인이라고 부르는 편이 (소비자의) 저항이 덜할 것이다.
- 사람들은 큰 구매에서 돈을 절약하는 것보다는 작은 구매에서 돈을 절약하기 위해 노력을 더 기울일 가능성이 크다. 즉, 25달러짜리 커피 메이커를 살 때 10달러를 절약하려고 15분 거리의 상점을 기꺼이 방문하겠지만, 500달러짜리 정장이나 3만 달러짜리 자동차를 구매하기 위해서 동일한 거리를 이동하지는 않는다. 하지만 동일 노력, 동일 보상의 원칙이 경제학의 원칙이기 때문에 (행동 경제학자에 의하면) 비합리적이다. 그런 사람은 "일관되게 시간의 가치를 계산하지 못하는 것이다"(탈러, 21쪽).[36]

---

36 닉 윌킨슨의 교과서 『행동 경제학 입문』(폴그레이브 맥밀런, 2008)의 서문에는 행동 경제학이 풀 수 있는 네 가지 퍼즐이 제시되어 있는데, 이상의 퍼즐과 다음의 퍼즐을 포함한다. "왜 사람들은 연봉이 10% 인상된다는 소식에 기뻐하면서, 동료의 연봉이 15% 인상될 것이라는 소식에는 분노하는 것일까?"(윌킨슨, 7쪽). 여기에 설명이 필요하다면 사람이 사람에 대해 가지는 감각이란 무엇일까?

인문학자, 또는 인문학자가 보기에 자기 성찰이 가능한 어느 누구에게도 이러한 통찰 가운데 그 무엇도 전혀 인상적이지 않다. 쇼핑을 해본 그 어느 누구에게도 놀랍지 않다. 결국 마케터들은 이러한 심리적 성향을 이용하여 특정 가격을 다른 가격보다 할인된 가격이라고 주장하는 것이 틀림없다. 할인이라고 하면 사람들이 구매할 가능성이 높아진다. 보통 세일 상품을 진열하는 슈퍼마켓 통로 끝에 상품을 배치하되 가격을 낮추지 않더라도 사람들이 구매할 가능성은 높아진다. 판매자가 제품의 가격을 20달러가 아니라 19.99달러로 책정한 것을 눈치채지 못하는 사람은 없을 것이다. 마치 19.50달러에서의 1센트보다 20달러에서의 1센트가 더 큰 차이를 가진 것처럼 말이다. 마케터와 소비자가 모두 이러한 사실을 잘 알고 있다면 이런 사실이 (행동 경제학의 새로운) 발견이 될 수 있을까? 등록 관리 주제로 되돌아가자면, 실무자들은 명목 가격(스티커 가격)에서 1만 달러 할인을 "필요 기반 지원"이라고 부르는 것보다 "학업 우수 지원"이라고 하는 것이 등록에 더 큰 영향을 미친다는 사실을 깨달았다. 학생과 학부모는 할인된 가격이 재정적 궁핍이 아니라 학업적 재능에 따른 결과라고 설명하면 보다 긍정적으로 호응한다. 놀랐는가? 아마도 전혀 놀라지 않았을 것이다.

게다가 행동 경제학은 차치하더라도 이러한 반응들이 과연 모두 비합리적인 것인지는 분명하지 않다. 소설 애호가라면 소설 속에서 자동차를 구입하는 한 여자를 쉽사리 상상할 수 있을 것이다. 그 사람은 어제 태어난 사람은 아닐 것이고 큰 돈을 쓰는 데 거부감이 있는 배경 이야기를 가지고 있을 것이다. 소설 속에서 그녀는 배우자와 다퉜고, 약간의 배탈로 고생했고, 교통 체증에 걸려 고생하다가 낭비한 시간을 만회하기 위해 과속을 해야 했고, 자동차 전시장으로 들어가기 직전에 라디오에서 끔찍한 뉴스를 듣는 등 긴 하루를 보낸다. 그녀는 자동차를 잘 모르기 때문에 협상에 불리하다는 것을 알고 있다. 이 여성이 커피머신을 살 때처럼 10달러를 절약하려고 걱정하는 것이 현명할까? 집중력은 한정된 자원이기 때문에 전체 가격에서 이렇게 비중이 작은 가격에 관심을 쏟는 것은 어리석은 일이다. 커피머신과는 달리 보다 더 중요한 부분을 간과할 위험이 있는 것이다. 실제로 덜 정직한 자동차 세일즈맨은 덜 중요한 문제를 제기하여 잠재적 구매자의 주의를 다른 곳으로 돌리려 할 수도 있다.

요컨대 주의력 자체가 공급이 부족한 자원이라는 점을 고려하면 일부 비합리적 행동은 상당히 합리적이라는 것이 증명된다. 주의력 부족에서 오는 행동은 우리가 교정해야 할 불량 행동이 아니다. 실제로 시간처럼 주의력도 한정된 자원으로 간주하는 주류 경제학의 모형이 다루고 있는 주제이기도 하다(그러나 주류 경제학계에서는 이미 2011년 노벨 경제학상을 수상한 크리스토퍼 심스가 '합리적인 부주의(rational inattention)'라는 이름으로 주의력 한계의 개념을 주류 거시경제의 모형에 이식시켰다. 경제인의 모든 정보를 취득·분석하려는 것이 오히려 정보비용을 비선형적으로 배가시키기 때문에 일부 정보에 관해서는 의도적으로 무시하는 것이 '합리적'인 선택이라고 주장한다.—옮긴이주).

같은 이유로 특정 상황에서 차선의 결과를 초래할 수 있음에도 불구하고, 습관에 의존하는 습관을 만드는 것, 규칙을 활용하는 규칙을 만드는 것이 예측 가능한 비합리가 아니라 합리적일 때도 있다. 우리는 종종 그러한 차선의 상황이 발생한다는 것을 알고 있고, 그러한 차선책이 분명하게 인식되는 경우에도 미래의 선택에 대해 곰곰이 따져야 할 수고를 덜기 위해 규칙을 따르는 선택을 내릴 수 있다. 식이요법을 해본 사람들은 알듯이, 규칙을 따르는 것만으로는 충분하지 않고, 규칙을 만들어야 한다. 비합리성에 대한 표준 행동 경제학의 사례들은 인간의 본성을 고려할 때 인간의 한계에 대한 합리적 조정이라는 측면을 간과하는 듯하다. 우리는 항상 온전히 집중하지 못할뿐더러, 산만하며, 당면한 일만 가지고도 최선을 다할 의지나 능력을 가지지 못한다.

인간의 본성뿐만 아니라 문화도 협상을 제대로 할 수 있는 방법, 절약한 돈의 가치를 얼마로 평가해야 하는지 등 거래의 다양한 측면을 형성하는 데 영향을 미친다. 교환에는 교환 자체보다 많은 것이 연관된다. 우리는 거래뿐만 아니라 우리의 자아상을 항상 모니터한다. 우리의 자아상은 문화 가치에 의해 형성된다. 우리의 문화에서 비합리적인 것이 다른 문화에서는 전적으로 합리적이거나 툴민이 표현하듯 **합당한** 것일 수 있다. '합리적'이라는 것이 때로는 합당하지 않을 수도 있고 그 반대의 경우도 있기 때문이다.

리처드 탈러가 '선물의 역설(the gift paradox)'이라고 부르는 문제를 살펴보자. "리(Lee)의 부인이 그에게 크리스마스에 비싼 캐시미어 스웨터를 선물했다. 그는 이미 가게에서 그 스웨터를 보고는 과한 가격이라고 생각했었다. 그럼에도 그는 선물에 만족했다. 리와 리의 부인은 모든 금융자산을 공동 소유하고 있고, 둘 중 누구도 다른 개별 소득원은 없었다"(탈러, 20~21쪽).[37] 탈러는 이를 경제적으로 비합리적인 행동이라고 간주하는데, "리는 스웨터가 더 저렴하지 않았음에도 아내가 결정한 비싼 스웨터에 가족의 공동 재원을 사용하는 데 기분이 좋아지기" 때문이다(탈러, 21쪽).

한 발 물러서서 생각해보면 인간을 연구하는 학문에서 선물이 가져오는 차이에 의아해 한다는 점은 분명 이상해 보인다. 선물은 무시할 수 없

37 윌킨슨은 이 퍼즐을 행동 경제학이 풀어야 할 숙제로 제시한다: 왜 어떤 사람은 어느 제품에 대해 500달러를 지불하기를 꺼리지만, 배우자가 공동 은행 계좌를 사용하여 같은 가격에 같은 제품을 사주면 기뻐할까?(윌킨슨, 7쪽)

는 문화적 사실처럼 보이기 때문이다. 문화인류학의 역사에서 선물과, 다양한 문화에서 선물의 복잡한 역할과 의미가, 적어도 인류학의 고전인 브로니슬라프 말리놉스키의 『서태평양의 항해자들(Argonauts of the Western Pacific: An Account of Native Enterprise and Adventure in the Archipelagoes of Melanesian New Guinea)』(1922), 마르셀 모스(Marcel Mauss)의 『선물(The Gift: The Form and Reason for Exchange in Archaic Societies)』(1925)(한국어판의 제목은 『증여론』이다.—옮긴이주) 이후 두드러지게 나타난 것은 놀라운 일이 아니다.[38] 모스의 부제에서 알 수 있듯이, 물물교환 또는 구매의 시장 시스템은 그룹뿐만 아니라 개인, 다양한 명예의 개념, 상호성에 대한 수많은 기대를 포함한 보다 큰 교환 유형에 속한 것으로 드러났다. 말리놉스키는 "교환을 통해 상호 효용성이 향상되지 않기 때문에" "경제적 관점"이 트로브리앙 섬의 선물 주기에 관련된 내용을 포착하는 데 실패했다는 점을 지적한다(말리놉스키, 175쪽). 예를 들어 "트로브리앙 섬에서는 A가 B에게 고구마 20 바구니를 주고 그 대가로 작은 칼을 받는 거래가 이루어졌다가 몇 주 후에 뒤집히는 일이 흔하다(말리놉스키, 175쪽). 우리가 구매와는 다르게 간주하는 선물은 어릴 적부터의 경험을 통해 누구나 알고 있듯이, 우리 문화에서 중요한 역할을 한다.

리의 기분이 나아진 것에 설명이 필요하다면 크리스마스 스타킹, 생일과 기념일 선물, 상품권 등 우리의 일상을 구성하는 수많은 행위들도 마찬

---

38 브로니슬라프 말리놉스키, 『서태평양의 항해자들: 멜라네시아 뉴기니 군도의 원주민 사업과 모험 이야기』(더튼, 1961)[한국어판은 최협 옮김(전남대학교출판부, 2013)]. 마르셀 모스의 뛰어난 저서인 『증여론: 고대사회에서 교환의 형식과 논리(Essai sur le don: Form et raison de l'echange dans les societies archaique)』(러틀리지, 1990)[한국어판은 『증여론』, 이상률 옮김(한길사, 2002)]를 참고하기 바란다.

가지일 것이다. 실제로 우리는 선물을 이해하지 못하는 사람을 인간성이 결여되었다고 간주하고, 그에게서 과연 무엇을 기대할 수 있을지 걱정스럽게 바라볼 수밖에 없을 것이다.

탈러는 "경제적인 인간"은 현금이 "받는 사람이 최적의 것을 살 수 있도록 해서" 가장 좋은 선물이라는 것을 알고 있기 때문에 "선물이라는 개념 자체에 대해 당황할 것"이라고 말한다(탈러, 6쪽). 그렇다면 왜 친한 친구들은 현금을 주지 않고, 왜 많은 사람들이 그런 선물을 무례하다고 생각할까? 이런 관점이 놓치고 있는 지점을 파악하기 위해서 굳이 지각과 오해의 심리학, 신경 생물학, 행동 경제학자들이 연구하는 '불량 행동'에 의지할 필요는 없다. 단순히 인간의 두뇌를 들여다봐서는 파악할 수 없는 누군가의 문화를 이해해야 할 것이다. 아니면 디킨스의 『위대한 유산』, 『죄와 벌』에서 라스콜니코프가 어머니로부터 받은 선물, 오 헨리의 감상적인 이야기 『매기의 선물』에 나오는, 쓸모는 없지만 엄청난 가치를 지닌 선물 등 문학에서 발견되는 통찰력에 주의를 돌릴 수 있을 것이다.

리는 선물에 대해서 다른 '심리적 회계(mental accounting)'(탈러의 핵심 이론 중 하나—옮긴이주)를 가져서가 아니라(행동 경제학자라면 이렇게 설명했겠지만) 단지 부인이 선물했다는 이유로 그 선물에 감사할 수 있었다. 부인은 선물을 구입하기까지 충분히 생각해보고 과연 남편이 좋아할 것인지에 관해서도 예상하고 있었을 것이다. 여기에서 주 통용 가치는 돈이 아니라 배려이기 때문에 은행 계좌를 공유한다는 것은 전혀 중요치 않은 것이다. 실제로 선물은 현금으로는 살 수 없는 경제적 가치 이상의 것이 있다. 아들이 여덟 살 때 그린 형편없는 그림을 소중히 간직하는 이유는 여덟 살인 아들이 그림을 선물하려고 정성을 들여 그리고 준비했기 때문이다. 그 그림을 이베이에서 사는 것은 불가능하다. 여기 어디에 행동 경제학이 말하는 퍼즐거리가 있는가?

행동 경제학자라면 "이것을 증명해야 한다고?"라는 질문에 인문학자에게는 당연할지 모르지만 경제학자에게는 그렇지 않다고 답할지 모른다. 행동 경제학자들이 주장하는 것이 그뿐이라면 누가 반대하겠는가? 하지만 그렇지 않다. 그들도 베커와 마찬가지로 제국주의적인데 방식의 차이만 있을 뿐이다.

주류 경제학자를 제외한 모든 사람이 알고 있는 뻔한 말을 재확인하는 것뿐이라면 왜 실험실 속 실험이나 신경학에서 정당성을 끌어오는가? 남녀가 서로 끌린다거나, 사람은 공격성을 띤다라거나, 음식과 예술 취향이 다르다는 것을 fMRI를 통해서 증명하지는 않는다. 오히려 다른 결과가 나온다면 fMRI의 유용성을 더 빨리 의심하게 될 것이다. 그리고 그런 뻔한 것들이 경제학자들에게는 새로운 것 전부라면, 왜 사회과학 전반을 재구성한다고 주장하거나, 공공 정책 문제에 대해 제안하거나, 사람들의 사회생활에 대해 조언하려 하는가? 댄 애리얼리는 저서 『왜 양말은 항상 한 짝만 없어질까?(Irrationally Yours: On Missing Socks, Pickup Lines, and Other Existential Puzzles)』에서 "이 책의 말미에 이르면 당신의 사적 생활, 직업 생활, 세상을 보는 방식에 대한 답을 얻게 될 것이다. (…) 나의 목표는 (…) 당신과 당신 주변 사람들을 시계 바늘의 째깍 소리처럼 효율적 삶을 가능케 하는 것이 무엇인지 근본적으로 다시 생각하도록 돕는 것이다"(애리얼리, xxxii쪽)라고 쓰고 있다. 그는 그 결과가 "의사 결정을 개선하고 우리의 삶의 방식을 더 나은 방향으로 변화시키는 방법"(애리얼리, xxx쪽)이 될 것이라고 말한다. 탈러와 선스타인의 저서 『넛지』 역시 광범위하게 그들의 방식을 적용할 것을 제안한다. 여기에서 "근본적인 재고"가 골수 주류 경제학자들에게만 국한된다는 조건은 어디에도 없다. 오히려 그 반대이다. 두 책 모두 그들의 야망은 확대 재생산적임을 드러낸다.

실제로 애리얼리는 ≪월스트리트 저널≫에 조언 칼럼을 기고하며 독자들의 다양한 질문에 대답을 주고 있다. 이것이 행동 경제학의 유용성을 입증하기 위한 의도라면, 그의 조언 중 일부는(인문학자의 관점에서 볼 때) 충격적으로 단순하다는 사실에 다시 한 번 놀랄 수밖에 없다.[39] 그는 누군가 아이를 갖는 것을 좋아할지 알고 싶다면 일주일 동안 친구의 아이를 돌본 다음 다른 연령대의 자녀를 둔 친구들의 아이도 돌봐보라고 제안한다.[40] 한 독자는 자신이 지난 6년 동안 한 여성과 관계를 맺어왔고 그녀와 편안하지만 "옥시토신 수치가 극도록 높았던 시절"은 지나갔다고 고백한다. 이에 대해 애리얼리는 사람들이 "편안하고 안전하며 예측 가능한 길을 너무 자주 택하는 경향이 있다"는 한 경제학자의 말을 인용하면서 다음과 같이 덧붙인다: "지금이 당신의 편안함을 포기하고 즐거움을 좇아볼 좋은 기회이다."[41] 행동 경제학자에게 도움을 청하지 말고 『안나 카레니나』를 읽는 게 어떨까?

진정한 비합리성의 존재

행동 경제학에서 언급하는 "비합리성"과 "불량 행동"은 인문학자가 생각하는 비합리성을 나타내는 것이 아니다. 이는 우리 모두가 알고 있는

---

39 이 칼럼 중 일부는 댄 애리얼리, 『왜 양말은 항상 한 짝만 없어질까?』(하퍼, 2015)[한국어판은 안세민 옮김(사회평론, 2017)]에 수록되어 있다.

40 애리얼리, 『왜 양말은 항상 한 짝만 없어질까?』, 114~115쪽. 만약 당신이 이 실험을 하고 싶지 않다면, 당신이 이미 마음을 정했거나, 노력을 하기에는 너무 게으른 것이라고 애리얼리는 덧붙인다.

41 애리얼리, 『왜 양말은 항상 한 짝만 없어질까?』, 68~69쪽.

착시 현상과 같이 일종의 인지적 착각에 해당하는 형편없는 인지적 직관의 예일 뿐이다. 물론 이러한 착각과 편견은 존재한다. 하지만 다른 비합리성도 존재한다.

예를 들어 때로 우리는 자신의 의지가 아닌 다른 사람의 의지에 따라 행동하는 것처럼 보일 때가 있다. 앞서 언급했듯이 군대는 이러한 경향을 이용해 병사들이 죽음을 각오하게 하고 집단 내에 묶어두는데, 이를 사학자 윌리엄 맥닐은 "근육적 유대감(muscular bonding)"[42]이라고 불렀다. 대중 집회에 참석한 정치인들도 이 경향을 이용한다. 사람들은 휩쓸려 평소 같으면 하지 않았을 행동을 하고 나중에 후회하기도 한다. 대학 풋볼 경기에서도 이런 일이 벌어진다. 중세 시대에는 마치 외부의 존재가 인간을 통제하는 듯 느껴졌기 때문에 빙의(사로잡힘, possession)라고 생각했다. 물론 사회심리학자들은 악마를 불러내지는 않았지만, 사람들은 본질적으로 개인이면서 집단의 일원이며, 때로 그들의 "벌집 스위치(hive switch)"가 활성화된다는 사실을 고려한다.[43]

찰스 맥케이는 1841년 발표된 고전적인 연구 『대중의 망상과 군중의 광기(Extraordinary Popular Delusions and the Madness of Crowds)』에서 남해 포말(South Sea Bubbles)과 튤립 광기(Tulip Bubbles) 사건에서 마녀사냥에 이르기까지 사람들이 나중에 광기라고 인식하는 일종의 광란에 휩싸이는 다양한 현상을 추적한다.[44] 어느 순간에 개인의 의지는 자신의 것이 아닌 "군중의 광기"에 의해 형성되는 듯하다. 그 의지는 부분적으로 자신의 것

42 맥닐, 『박자에 맞춰 단결하기』.

43 하이트, 221~245쪽.

44 찰스 맥케이, 『대중의 망상과 군중의 광기』, 증보판(와일더 출판사, 2008).

과 그 안에서 행동하는 군중의 의지가 되어 이중의 존재로 변화한다. 그 후에는 자신이 왜 그런 행동을 했는지, 즉 "무엇이 자신을 사로잡았는지"[45] 알 수 없게 된다. 이것은 인간의 본질적인 사회적 본성이 수반하는 인간의 취약성 중 하나인 것 같다.

이것 못지않게 흥미로운 사실은 우리가 예측할 수 없는 존재임을 보여주기 위해 때때로 의도적으로 자기 이익에 반하는 행동을 한다는 것이다. 이 책에서 몇 번 언급했듯이 이것이 바로 도스토옙스키의 『지하로부터의 수기』의 주제이다. 이 주문에 걸리면 자신의 타락에 자부심을 느끼거나 고의적으로 자신에게 해를 끼치기 위해 행동할 수 있는데, 도스토옙스키는 이러한 현상을 "파열(lacerations)"이라고 부른다. 이런 종류의 행동이 인정된다면 합리적 선택 경제학은 호적수를 만난 셈이다. 그러나 행동 경제학은 이런 경우를 상상조차 하지 않는다.

인간의 의도는 행동 경제학이 허용하는 것보다 훨씬 더 복잡하다. 예를 들어 일반적으로는 어떤 일을 하기 전에 합리적이든 비합리적이든 그 일을 하기로 결정해야 한다고 가정한다. 사실 우리는 종종 전혀 결정하지 않고 일을 하기도 한다. 예를 들어 꿈의 상태, 장기간의 무아지경, 인사불성, 또는 그 밖에 쇠약해진 기분에 빠질 수가 있다. 아니면 그냥 선택지를 열어두기도 한다. 『죄와 벌』에서 라스콜니코프는 이 두 상태를 모두 경험하며, 결국 전당포 노파를 죽일지 말지 결정하지 못한 채 죽이고 만다.

---

45 이 주제를 다룬 위대한 문학작품은 에우리피데스의 『바카이』이다. 아가베와 마에네드는 광기에 휩싸여 아가베의 아들인 펜테우스를 찢어 죽이고, 아가베는 광란이 지나가고 제정신을 찾고 나서야 자신이 한 행동을 깨닫는다. 도스토옙스키의 소설 『악령』('사로잡힌 사람들'이 더 직접적인 번역, '악마'로도 번역된다)이 혁명적 폭력을 유사한 관점에서 바라본다.

게다가 사람들은 행동에 옮기기 전에 자신의 소망에 대해 스스로를 기만할 수도 있다. 자기기만은 본질적으로 이중 의도를 내포하고 있다. 또한 자신을 속이려고 한다는 것을 알면 자동으로 속임수를 감지하는 것처럼 보일 수 있기 때문에 합리주의적 관점에서는 설명하기가 매우 어렵다. 하지만 이런 일은 항상 일어난다. 심리소설가들은 자기기만이 일어나는 과정을 세세하게 묘사하고 있다.

우리가 주류 경제학에서 출발한다면 (여전히) 인간 행동의 상당 부분을 설명할 수 있다. 결국 사람이란 합리적으로 행동할 때가 자주 있다. 개인이 합리적으로 행동하지 않더라도 시장의 힘은 합리적 개인이라면 선택했을 것을 총체적으로 만들어낼 수 있다. 모든 실용적인 목적에서 이는 결국 동일한 합리성에 도달할 수 있는 것이다.

신중한 주류 경제학자들은 프리드먼의 법칙, 즉 실제 사람을 묘사한다고 주장하지 말고, 유용한 허구를 구성하는 것이라고 함으로써 심리적으로 너무 순진한 것이 아니냐는 비난에서 벗어날 수 있다. 그 허구는 실제 개인이 하는 행동과 일치하는지 여부가 아니라 일반적인 예측에 따라 판단되어야 한다. 이러한 입장을 고수한다면 주류 경제학에 대한 행동 경제학자들의 반대, 즉 실제 개인은 비합리적으로 행동한다는 주장에 큰 의미가 없어진다.

반면 행동 경제학자들은 프리드먼의 법칙을 거의 따르지 않는다. 개인에 대한 그들의 실험은 개인이 실제로 무엇을 하는지 보여주는 것으로 제공되며, 이런 식으로 개인 심리가 작동되는 방식에 관해 주장을 펼친다. 만약 그들이 실제 개인의 심리를 설명한다고 주장한다면, 그들은 자신들이 그다지 잘하고 있지 않다는 반론에 직면하게 된다. 예를 들어 문화를 진지하게 고려하지 않는 점은 치명적인 문제가 된다. 프리드먼의 영향을 받은 주류 경제학도 우회할 수 있는 주장을 펼치는 것은 인문학자의 관점에 가까워지기는커녕 더 멀어지는 것이다.

하지만 이는 행동 경제학자들이 반드시 범할 수밖에 없는 오류는 아니다. 그들도 프리드먼의 법칙을 준수할 수 있다. 이 경우 행동 경제학자들이 자기 성찰과 개인을 대상으로 한 실험 등에서 얻은 통찰이 반드시 개인에 대한 적절한 설명은 아니면서도, 주류 경제학자들이 도출해낸 것과는 다른, 그러나 주류 경제학의 예측과 견줄 만한 규모의 경제행동을 예측하기 위한 실마리로 제공될 수 있을 것이다.[46] 이들의 독보적인 주장은 이러한 예측이 주류 경제학보다 우월할 때가 있다는 것뿐이다.

이 장의 앞부분에 인용된 「행동 경제학과 공공 정책: 실용적 관점」이라는 글에서 라지 체티가 하는 일이 바로 그것이다. 체티의 실용적 접근법은 행동 경제학이 이론적으로 우월하다거나 개인 행동에 대해 더 정확한 설명이라고 주장하는 것은 피한다. 대신 "정책적 질문에서 출발하여 (…) 행동 요인을 경험적 예측을 개선하기 위한 범위까지 통합한다. (…) 이 접근법은 프리드먼이 주창한 실증 경제학의 방법론으로, 경제모형을 평가할 때 가정보다는 경험적 예측의 정확성을 기준으로 평가하는 것이 더 유용하다고 주장한다"(체티, 1쪽). 이 경우 행동 경제학은 주류 경제학에 대한 정면공격이 아니라 주류 경제학의 '자연스러운 발전'으로 평가될 수 있다. "이런 의미에서 행동 경제학은 모든 경제학의 도구 상자의 일부로 보는 것이 더 낫다"고 그는 설명한다(체티, 29쪽).

---

46 대니얼 카너먼은 『빠르고 느리게 생각하기(Thinking Fast and Slow)』(파라, 스트로스 앤 지루, 2011)[한국어판은 『생각에 관한 생각』, 이창신 옮김(김영사, 2018)]에서 자신과 아모스 트베르스키가 행동 경제학으로 이어지는 통찰력을 개발할 때 크게 의존했다고 강조한다.

행동 경제학의 아이디어가 특정 정책 결정에 기여할 수 있는 몇 가지 사례를 제시하고, 그것이 어떻게 경험적으로 정당화될 수 있는지를 설명한 후, 체티는 "이 논문에서 검토한 응용 사례는 프리드먼이 옹호하는 경제 모델링에 대한 '만약(as if)' 접근법—전통적으로 신고전주의 모형을 옹호하는 데 사용되는 주요 논거 중 하나—을 새롭게 읽으면 '최적의 정책에 대해 더 정확하고 강력한 예측을 제공할 수 있는 한' 행동 경제학을 통합할 필요가 있음을 보여준다"고 결론을 내린다(체티, 29쪽).

이렇게 볼 때 행동 경제학은 그 주장에 관한 한 주류 경제학과 같은 입장에 서 있다. 어느 학파이든 프리드먼이 주장한 대로, 즉 개인 행동에 대한 그럴듯한 설명이 아니라 예측의 성공으로서 정당화되는 것으로 이해한다면, 적절한 경우 인문학의 통찰력, 즉 심리적(표현의 정확성을 위해), 도덕적(정책 권고는 그것의 의도나 실제 효과에 있어서 엄밀한 경제학적 관심사에 속하지 않기 때문에)으로 보완되고 수정될 수 있다. 이것이 바로 우리가 이 연구에서 시도한 것이다.

08

휴머노믹스

여러 학문의 대화

산다는 것은 대화에 참여하는 것이다. (…) 이 대화에서 인간은 (…) 담론에 전 인생을 투자하며 (…) 이 담론은 인간 삶의 대화적 구조에, 세계 심포지움에 진입한다. —미하일 바흐친[1]

경제학자와 인문학자 모두에게 도움이 되는 책을 쓰고 싶었다. 우리는 각 접근법의 많은 강점을 강조하고, 우리가 파악하는 약점은 무엇이며, 함께하면 더 강해진다는 것을 주장하려고 노력했다. 이 거대한 두 개의 힘 간의 대화를 통해 예상치 못한 유익한 결과를 얻을 수 있을 것이다.

사실 학생들은 주기적으로 요점 리스트(a list of takeaways)를 달라고 요청한다. 학생들이 대놓고 요구한다! 긴 요약과 장황한 결론은 우리가 혐오하는 것이지만(추가할 중요한 내용이 있었다면 앞 장들에 이어 포함되었을 것이다), 그럼에도 불구하고 몇 가지는 강조하고 싶다.

우선 경제학자가 자신의 전문 분야 주제에 집중할 때조차 인문학적 연구 방식과 사고방식이 주입되면 더 효율적이고 정의로운 연구를 할 수 있

1 M. M. 바흐친, 「도스토옙스키에 관한 저서의 개작 계획」, 캐릴 에머슨 편집, 『도스토옙스키 시학의 제문제』(미네소타 대학 출판부, 1984), 293쪽.

다는 점이다. 그러한 사례들은 차고 넘친다. 경제학자들은 기초식품에 대한 정부 보조금을 줄였을 때의 결과, 보건 문제 개입의 효율성이나 독성 폐기물 저장의 영향을 평가하는 방법, 불필요한 가격 할인을 최소화하기 위한 입학 등록 관리 도구를 구현하는 방법, 인체 장기 시장을 고안하는 방법, 가격과 소득이 변할 때 사람들이 어떻게 반응할지 예상하는 방법 등에 대해 많은 것을 알고 있다. 하지만 어떤 일을 하는 방법을 아는 것이 반드시 그 일을 실행해야 할지 여부를 판단하지는 못한다. 도덕적 측면에 대한 고려는 본질적으로 경제학자의 좁은 전문성을 벗어나는 영역이다.

빵 폭동, 폐기된 보건 프로그램, 이미 사망률이 높은 지역에 쓰레기를 투척하는 것, 교묘한 대학 등록금 책정 방식, 장기에 대한 초과수요를 충족하기 위한 시장 해결책 등 많은 사례들이 순전히 경제적인 이유만으로 정당화될 수 있다고 생각하기 쉽지만, 무시해서는 안 되는 광범위한 함의가 있다. 이런 함의들 중 일부는 이야기 방식들을 통해 가장 잘 이해될 수 있다.

인간에 관한 한, 이야기는 필수적인 앎의 방식이다. '가야 할' 대학을 선택하지 않아 우리의 모형을 혼란스럽게 하는 똑똑한 고등학생들과의 대화를 통해 통찰력을 얻든, 경제 계획자들의 최선의 노력에도 불구하고 우리가 기대하는 방식으로 발전하지 않는 지역의 역사를 배우고 문학을 읽고 문화를 연구하든, 질적 연구을 통해 얻을 수 있는 것은 많다. 우연성과 내러티브의 세계에서는 이야기가 필수이다. 계량경제학적 방법과 수학적 모형은 우리에게 많은 것을 가르쳐주지만 특정 맥락에서만 그러하다.

때로는 경제학적 연구 방법이 비경제학적 주제를 조명해주기도 한다. 그러나 경제학자들이 다른 학문의 영역으로 분석을 넓힐 때, 제국주의적인 방식으로 접근할 필요는 없다. 경제학자들이 다른 학문의 영역에 속하는 주제를 탐구한다고 하면, 대개는 해당 분야에서 뭔가를 배우려거나 진지하게 받아들이는 것이 아니라 그 분야를 장악하려 한다는 의미이다. 그들은 이러한 학문이 마치 경제학자의 과학적 확실성으로 대체되어야 하는 비과학적인 시시함과 모호함의 요새인 것처럼 접근한다.

하지만 꼭 그럴 필요는 없다. 진정한 대화가 가능하기 때문이다. 경제학자가 심리학, 철학, 사회학, 인류학, 과학은 물론 인문학의 지혜를 진지하게 받아들이면 분석은 훨씬 더 풍부해진다. 경제학이 다른 학문에게 말을 걸고 다른 학문이 다시 경제학에게 대화를 시도해야 한다.

경제학자가 관련이 먼 주제를 탐구했다고 하면 그들의 참고문헌을 체크해봐야 한다. 과연 같은 경제학자들끼리만 이야기한 것인지, 아니면 저자들이 적어도 행동 모형을 개발할 때 심리학이나 사회학에서 얻은 통찰력이나, 어떤 정책이 더 정당한지 결정할 때 철학과 문학에서 얻은 통찰력을 인정하고 있는지 말이다. 물론 인용만으로 충분하지는 않다. 경제 분석에 다른 분야들의 지혜를 통합하려는 진정한 시도가 보이는가? 우리는 이 책 전체에 걸쳐 그러한 노력의 수많은 사례를 제시했다. 이들 사례가 진실은 엉망투성이이고 그렇지 않은 척하는 답들은 문제투성이임을 인정하는 겸손함과 진정성 있는 활동이라는 점에서 높이 평가해주길 바란다.

학계에는 고슴도치가 필요하다. 고슴도치 학자들이 발견한 중요한 원리들을 놓쳐서는 안 될 것이다. 우리의 개념 도구 상자에 적절하게 '탈보편화'되고 신중하게 재구성된 그들의 원리들을 유용하게 추가할 수 있다. 지리학의 다이아몬드, 경제학의 베커, 개발 이론의 로스토처럼 거대한 진리와 광범위한 패턴을 활기차게 공식화하면 다른 많은 이들의 상상력을 사로잡을 수 있다. 그리고 고슴도치를 인정하든 반박하든 그 고슴도치에 반응하는 사람들은 종종 눈에 보이지 않은 진실을 더 많이 발견한다. 비평가들은 "경제학적 연구 방법은 모든 인간 행동에 적용할 수 있는 포괄적인 접근법이다" 또는 "이 책은 지난 1만 3천 년 동안의 모든 사람에 대한 간략한 역사를 기록하려는 시도이다"와 같은 문장에 대해 정당하게 반박할 수 있다. 그러나 때로는 안주하지 않는 역동적인 방식으로 문헌을 확장하려는 대담한 분석이 필요하다.

반면 우연적인 존재와 문화에 대한 진정한 진실에 더 가까이 다가가기 위해서는 여우가 필요하다. 고슴도치가 혼자 통치하면 엉뚱한 방향으로 향할 수도 있고, 고슴도치가 여우에게 영감을 주면 빛을 발할 수 있다. 고슴도치는 가시가 있고 여우는 교활하다. 현실의 미묘한 차이를 반영하는 모형을 만들고, 예측하고, 정책을 개발하려면 여우가 필요하다. 여우 같은 접근 방식은 훨씬 덜 섹시할지 모르지만 옳을 가능성은 훨씬 높다.

확실히 인문학자들은 자신의 학문적 지혜를 믿지 않는 것처럼 행동할 수 있다. 그들은 언어학이나 진화론, 신경 생물학, 컴퓨터 과학 또는 다른 분야가 주목 받고 다른 분야에 입학생을 빼앗기기 시작하면, 그 분야에 기반을 둔 유사 문예학을 만들어 더 권위 있는 친척 분야들을 모방하려 한다. 때로는 위대한 문학의 존재 자체를 부정하는 이론에 의지하거나 실제적이고 공감적인 참여나 지혜의 발견을 방해하는 접근법을 선택하기도 한다. 하지만 지혜는 여전히 존재하고 많은 인문학자들은 여전히 지혜를 찾고 가르치고 있다.

이제 경제학자가 문학 연구를 통해 배울 수 있는 몇 가지 방법을 요약해보려 한다. 위대한 작가와 진지하게 교류하기 위해서는 그들과 등장인물의 관점으로 살아보는 것이 필요하다. 다른 사람처럼 느끼고 생각하는 것이 어떤 것인지 내면에서 느끼도록 하는 것이다. 우리는 모든 사람이 같다고 가정하거나 그렇지 않으면 미개하다고 가정하는 본능적 경향을 극복할 수 있다. 문학은 여러 측면에서 우리를 자아, 문화, 역사적 시대의 감옥에서 해방시켜준다.

따라서 문학은 우리 자신의 지식에 대해 겸손해야 한다고 가르친다. 인간은 항상 보이는 것보다 훨씬 더 복잡하기 마련이다. 실증과학에서는 대부분의 경우 겉으로 보이는 복잡성 뒤에 진정한 단순성이 숨어 있다고 생각한 갈릴레오가 옳았지만, 인간의 경우 겉으로 보이는 단순성이 근본적인 복잡성을 감추는 경우가 많다. 일종의 지적 착시 현상으로 인해 딱 들어맞지 않는 정보를 걸러내다 보면, 우리는 사람을 사람답게 만드는 뉘앙스, 특수성, 심리적 특이성, 문화적 우연성을 모두 놓치기 쉽다.

우연성이 인간사에서 차지하는 역할을 고려할 때 내러티브적(서사적)인 설명이 종종 필요하다. 수리 모형화는 좋은 출발점은 될지 모르지만 그 이후에는 내러티브성(서사다움)을 인식해야 한다. 위대한 소설은 인간의 심리와 다른 세계관뿐만 아니라 설명 그 자체에 대해서도 가르쳐줄 수 있다. 소설은 우리에게 이야기가 필요한 이유와 시기를 보여준다. 경제학자들은 이야기만으로 설명할 수 있는 것을 시야에서 배제하지 말아야 한다. 여기에는 행동 경제학자들이 자신들의 모형이 가진 잠재력에도 불구하고 내러티브(서사적 전개)를 향해 이제 막 걸음마를 뗀 것도 포함된다. 경제학이든 실제 사람을 연구하는 다른 어떤 분야든, 모형의 깔끔함은 진리의 증거도 아니고 진리를 대신할 수도 없다.

경제학자들이 정책을 권고할 때도 그렇듯이 윤리적 문제가 수반될 때는 인문학이 필요하다. 복잡한 윤리적 문제를 회피하는 방법에는 여러 가지가 있지만 이 또한 윤리적 문제를 수반한다. 이러한 문제는 비가시적이기 때문에 더욱 현실적이다. 다른 문학 형식이 아닌 이상, 윤리적 질문의 복잡성이 위대한 소설보다 더 높이 평가되는 곳은 없을 것이다. 명료한 추상적 주장처럼 보이는 것이 특정 사람들에게 미칠 수 있는 영향에 대해 검토해봐야 하는데, 그러한 검토에 있어 위대한 소설보다 더 좋은 성과는 없다. 소설은 한 번도 다루지 않았던 새로운 질문에 적용할 수 있는 윤리적 사고를 위해 교육의 기회를 제공한다.

인문학자들이 경제학자들에게서 배울 점은 확실히 많다. 한정된 자원을 효율적으로 활용하는 것은 그 자체로 경제문제일 뿐만 아니라 윤리의 문제이기도 하다. 우리는 선택에 이익뿐만 아니라 비용도 수반된다는 점을 인식해야 한다. 우리가 인문학자들이 경계하는 것 이상으로 더 경계해야 할 것은 반례와 확증 편향이다. 반례와 확증 편향이 이 책의 주제가 아니기 때문에 몇 가지 사례만 언급했으나, 이 두 가지 이슈도 실제로 중요하다.

두 가지 문화가 존재하지만 하나의 목표를 공유한다. 더 오래, 더 건강하게, 더 풍요로운 삶을 영위하기 위해 경제학, 의학, 공학, 과학을 활용해야 하지만, 그러한 삶을 가치 있게 만드는 것은 인문학임을 잊지 말아야겠다. 정량적 엄밀성, 정책 중심, 경제학의 논리를 인문학의 장점인 공감, 판단력, 지혜로 보완하도록 하자. 불가능하다고? 그렇지 않을 것이다.

"얼마나 멋진 세상이 될 것인가(What a wonderful world this would be)"라는 샘 쿡의 노래 가사를 다시 한 번 되새기며 마무리한다.

찾아보기

ㅇ

ㅈ

옮긴이의 글

인류 역사상 최고의 경제학자 중 한 명으로 손꼽히는 존 메이너드 케인스(John Maynard Keynes)는 1938년 당시 저명한 경제학자인 로이 해로드(Roy F. Harrod)와 주고받은 서신에서 경제학을 다음과 같이 정의했다.

> 경제학이란 모형에 근거한 사유의 학문과도 같습니다. 물론 경제학은 현 세계와의 명백한 관련성을 드러내는 모형을 근거로 사유하는 학문이며 또한 그러한 모형을 선택해야 하는 기예이기도 합니다. 경제학이 이러한 속성을 가질 수밖에 없는 이유는, 전형적인 자연과학과 달리, 경제학이 적용되는 '질료(material)'가 여러모로 일정 시간 동안 [반복적]으로 동질적인 성질을 드러내는 [자연과학]의 질료와는 너무나도 다르기 때문입니다. 결국 [경제학] 모형의 목적은 먼저 반영구적이거나 상대적으로 일정한 요인들과 일시적이며 변동을 거듭하는 요인들을 구분하는 것이며, 특히 후자에 관한 논리적인 사고방식을 개발하여 그러한 일시적 변동 요인들이 특별한 경우에 일으키는 순차적 사건의 경로를 이해하려 하는 데 이르게 됩니다. 좋은 경제학 모형을 선택할 수 있는 '철두철미한 관찰력(vigilant observation)'을 활용할 줄 아는 재능이 사실 고도로 특화된 지적 기술을 요구하지 않음에도 불구하고, 이러한 재능을 가진 경제학자는 매우 드물고, 따라서 좋은 경제학자도 매우 드뭅니다.

여기서 케인스는 경제학이 비록 "반영구적이거나 상대적으로 일정한 요인들과 일시적이며 변동을 거듭하는 요인들을 구분"하는 자연과학적 모형의 속성을 공유하지만, 그럼에도 "일정 시간 동안 [반복적]으로 동질적인 성질을 드러내는 [자연과학]의 질료"와는 경제학의 질료가 명백히 다르고, 그렇기에 좋은 경제학자가 갖추어야 할 덕목이 "철두철미한 관찰력"을 활용하는 것이라고 선언했다.[1] 1938년의 또 다른 서신에서 케인스는 마침내 경제학의 성격을 아래와 같이 "인륜적(도덕적) 학문"으로 담대하게 결론짓는다.

> 경제학은 인륜적(도덕적) 학문이라는 점을 다시 한 번 강조하고 싶습니다. 이전에도 언급했다시피 경제학은 내적 성찰과 (도덕적) 가치관에 관해 다루

---

1 전자의 자연과학적 모형 속성은 상수 및 파라미터 그리고 변수로 구성된 모형의 '안정성 층위'라고 명명할 수 있겠다. 20세기의 기념비적 인문서 중 하나로 간주되는 더글러스 호프스태터(Douglas Hofstadter)의 저서 『괴델, 에셔, 바흐: 영원한 황금 노끈』에서 이 모형의 안정성 층위 개념을 어떤 과학 도서보다도 다음과 같이 잘 요약하고 있다. "우리는 어떤 상황을 마음속에서 표현할 때 한 층씩 층을 지어 구축한다. 최하층은 맥락의 가장 깊은 측면을 설정하는데, 종종 그 층은 너무나 낮은 곳에 있어서 전혀 변할 수 없다. 예를 들면, 세계의 3차원성은 너무나도 뿌리 깊어서 우리 대부분은 정신적으로 3차원이 이탈하도록 하는 것을 결코 상상하지 않을 것이다. 3차원성은 불변 상수이다. 그다음에는 배경 가정이라고 부를 수 있는 상황들의 고정된 측면—마음의 배후에는 변할 수 있는 것이라고 알고 있지만 대개는 변하지 않는 측면으로, 의문 없이 받아들이는 것들을 영구적이지는 않지만 일시적으로 설정하는 층—이 있다. 이런 것들도 '상수'라고 부를 수 있다. 예컨대, 미식축구 시합의 경기 규칙이 그런 종류의 상수이다. 다음으로 '매개변수(파라미터)'가 있다. 이것이 더 가변적이라고 생각할 수도 있겠지만, 일시적으로는 상수로 유지된다. 미식축구 경기에서는 날씨, 상대 팀 등이 매개변수에 포함될 것이다. 매개변수에는 여러 층이 있을 수 있다. 아마도 있을 것이다. 끝으로 마음속으로 표현하는 상황에서 가장 '불안정한' 측면, 즉 변수에 도달한다."

는 학문입니다. 또한 경제학은 (경제인의) 동기 및 기대 그리고 심리적인 불확정성 등을 다루는 학문이라 덧붙일 수 있을지도 모르겠습니다. 우리는 경제학의 질료가 복잡성을 가지고 있음에도 불구하고, 여타 과학의 질료들처럼 일정하고 동질적인 것으로 치부하는 사고를 끊임없이 경계해야 합니다.

『감성×경제』에서 케인스가 거의 85년 전에 대담하게 선언한 '경제학은 인륜적(도덕적) 학문이다'라는 명제를 우리는 다시 한 번 발견한다.[2] 또한 이 책은 그 '인륜적(도덕적) 학문'의 실체가 무엇인지 내러티브적(서사적) 설명으로 구체화하려는 대담한 시도를 보여준다. 특히 벤담의 글(7장, 348쪽)에서 저자들이 '철두철미한 관찰력'으로 파악해낸, 어떻게 행동해야 하는지(규범성)와 어떻게 행동하는지(실증성)에 관한 혼란이야말로 지난 '85년 동안' 경제학이 겪어온 논리적 혼란이다. 이러한 규범성과 실증성 사이의 혼란은 1944년 존 폰 노이만(John von Neumann)과 오스카르 모르겐슈테른(Oskar Morgenstern)이 『게임이론과 경제행동(Theory of Games and Economic Behavior)』을 출간함으로써 오히려 가중되어왔다.[3] 이 책을 계기로

---

2 이 책의 원제인 *Cents and Sensibility*는 제인 오스틴의 소설 『이성과 감성(Sense and Sensibility)』의 제목을 살짝 비튼 것이다. 'Sense'를 'Cents'로 대체했다.

3 존 폰 노이만과 오스카르 모르겐슈테른의 이 기념비적 책이 경제학 분야에 가장 크게 기여한 바는 경제학의 '균형(equilibrium)' 개념을 수학의 고정점 정리(fixed point theorem)로 엄밀히 재규정한 것이라고 감히 말할 수 있다. 고정점(fixed point)이란 수학적 개념으로 주어진 어떤 공간, 예를 들어 대한민국 영토 안에서 임의의 '위치' x를 '순간 이동시키는 기계' f에 의해 새로운 위치 $f(x)$로 변환되는 수학적 관계가 있을 때, 대한민국 영토 안의 일부 특정한 위치 $\hat{x}$는 $\hat{x}= f(\hat{x})$라는 수학적 등식을 만족할 수 있는데, 이 등식을 만족하는 '특정한 위치' $\hat{x}$을 고정점이라 부른다. 즉, 이 고정점이라는 '위치'는 '순간 이동시키는 기계' f(이 순간 이동 기계를 수학 용어로 함수라 한다)에 의해 다른 위치로 이동하더라도 결국 자기 자신의 위치로 되돌아올 수밖에 없는 운명에 처해 있다.

촉발된 수리 분석적인 경제모형이 비약적으로 발전하여 경제학을 자연과학적인 실증 모형의 일종으로 이해하게 하는 '집단 최면'의 상태로 유도했고, "일정 시간 동안 [반복적]으로 동질적인 성질을 드러내는 [자연과학]의 질료와는 너무나도 다르다"라는 케인스의 경고에도 불구하고 경제학은 자연과학적 모형에 근거한 사유의 학문이라는 왜곡된 전제를 바탕으로 진화해왔다. 최근 빅데이터 및 인공지능 기법의 비약적인 발전이 경제학의 왜곡된 상을 가중시키는 추세이다. 지난 '85년 동안' 행동 경제학을 포함한 주류 경제학계가 경제학은 규범성을 망각한 공학적 속성을 가진 그 무엇이라고 스스로를 규정해왔고 경제학의 위치를 자기 스스로 폄하해왔다고 볼 수밖에 없다.

단도직입적으로 말하자면 경제학의 전통적인 목적은 교화이다. 선악의

순간 이동 기계로 아무리 탈출을 시도하더라도 결국 자기 위치에서 벗어날 수 없다. 고정점 정리란 어떤 특정한 함수 f는 항상 고정점이라는 위치를 특정할 수 있다는 것이다. 예를 들어, 대한민국 영토가 '매끄럽게' 잘 정의된 영토이고 순간 이동 기계 f가 '연속함수'라면 대한민국 영토 안에는 고정점의 성질을 갖는 위치가 항상 존재한다. 경제학의 균형 개념은 고정점과 그 고정점을 특정할 수 있는 함수, 양자 모두를 의미한다. 고정점 성질을 드러내는 위치 $\hat{x}$와 그 고정점 위치가 특정한 '순간 이동 기계' f에 의해 동시에 결정될 때, 특정 '경제 역학 체계'의 균형이 존재함이 판명되는 것이다. 이와 같이 고정점 정리를 만족하는 고정점 $\hat{x}$와 함수 f를 '경제 동학 체계' 안에서 내재적으로 동시에 결정해야만 '경제 역학 체계'의 균형이 결정된다는 사실을 처음 규명한 이가 바로 폰 노이만이다(『게임이론과 경제행동』의 154쪽 주석 1 참조). 사실 폰 노이만은 "현대 경제학의 창시자인 레옹 왈라스가 태양계의 안정성을 보장하리라 믿는 물리학의 균형 법칙에 근거하여 제시한 경제 균형 법칙"(4장, 170쪽)이 '동어반복'에 지나지 않는다고 평가했고, 이것이 게임이론을 주창한 동기가 되었다. 일부 과학자와 공학자들이 소위 '과학 콘서트'류 과학 입문서에서 경제학의 균형 개념을 변하지 않는 무언가로 파악하여 비판하는 경우가 있는데, 이는 폰 노이만이 체계적으로 분석한 균형 개념, 즉 고정점과 그 고정점을 함의하는 함수를 '내재적'으로 동시에 결정해야 한다는 개념을 전혀 이해하지 못한 데서 온 무지로 볼 수 있다.

기준, 옳고 그름의 판단, 공정, 정직, 합리성 등과 같은 인간의 도덕률을 확립하고 제시하는 교화의 목적이 경제학의 본질적인 속성을 규정한다. 경제학이 교화의 목적에 다다를 수밖에 없는 이유는 4장(190~191쪽)에서 제시된 또 다른 통찰력으로부터 비롯된다. 경제학 모형은 필연적으로 분석 자체가 분석 대상을 바꿀 수 있는 '자기실현적 예언(self-fulfilling prophecy)'의 위험에 노출되어 있다. 사회학의 거인 중 한 명인 로버트 K. 머튼은 대중화된 '자기실현적 예언'을 '토머스 정리(The Thomas theorem)'라고 명명하기를 선호했다. 토머스 정리란 만일 사람들이 어떤 상황을 실재적인 그 무엇인가로 의미를 정해버리면 그 상황들은 결과론적으로 실존할 수밖에 없다는 것을 말한다. 이 책에서 '머튼의 말씀'으로 예시했듯이 "핼리 혜성의 귀환을 예측하는 모형처럼 물리학을 기반으로 고안된 모형은 혜성 자체가 이론을 학습하고 그에 따라 혜성의 행동을 바꿀 가능성을 고려할 필요가 없다"(191쪽). 이러한 가능성 때문에 머튼은 사회과학이 실증 사회과학으로 진화할 가능성은 거의 없다고 믿었다. 특히 경제학자 중 소위 거시경제학자라고 분류된 이들은 자기실현적 예언의 가능성으로 인해 그들의 거시경제모형이 실증 사회과학의 위치로 격상하는 데 종종 어려움에 봉착한다는 것을 잘 인지하고 있다.

그렇다면 "혜성 자체가 이론을 학습하고 그에 따라 혜성의 행동을 바꿀 가능성"이 있는 경제모형에서 이러한 어려움을 경제학자는 어떤 방식으로 극복할까? 혜성 자체가 혜성의 행동을 바꾸지 않도록 하는 규범을 정해서 혜성 자체가 그 규범을 따르도록 한다. 동어반복으로 들릴지 모르지만 경제모형은 규범적 모형임을 재확인하는 것이다. 경제모형 안의 '화자'인 규범적 경제인과 모형 밖의 '청자'이자 '독자'인 실존적 경제인인 우리가 대화할 수 있도록 경제모형이 설계되어야 한다. 특히 '작가'이자 경제

모형 설계자인 경제학자는 마치 도스토옙스키의 여느 소설처럼 그가 말하고자 하는 규범을 교묘하게 모형의 주인공이 스스로 '발화'하고 독자와 대화하도록 함으로써 부지불식간에 독자인 실존적 경제인이 도덕적으로 책임지는 행동에까지 이르게 한다. 모형 안에 규범이라는 덫을 정교하게 마련할수록 실존적 경제인은 '맹목적'으로 그 덫을 무는 법이다. 성공적인 경제모형일수록 규범적이고, 도스토옙스키 소설과 같으며, 규범의 덫을 문 실존적 경제인은 규범에 따라 행동하므로 모형은 결국 실증적이다. 경제모형의 규범과 실증의 관계는 화자와 청자, 작가와 독자 간의 대화와도 같다. 실제 지난 '85년 동안' 경제학자가 가장 성공적으로 주입시킨 규범은 '합리성'이었고, 의심할 바 없이 가장 성공적인 경제모형 중 하나는 물론 '합리성'에 기반을 둔 '합리적 기대(rational expectations)' 거시모형이었다. 특히 '합리적 기대' 거시모형은 도스토옙스키의 소설처럼 모형 속의 화자와 모형 밖의 청자 간에 "두 개의 의식, 두 개의 주체의 경계에서"(133쪽) 살아 움직이는 대화를 구성함에 따라, 주류 경제학자조차도 종종 '합리적 기대'가 '합리적 기대 가설'이라는 규범이었으며, 그것도 '루카스(Lucas)의 합리적 기대 가설'이라는 특수한 규범이었다는 사실을 잊는다.[4]

경제학 모형이 본질적으로 규범적 모형임을 받아들인다면, 이 책이 수미일관 가리키는 소설의 내러티브적 설명과 '(바흐친의) 대화 이론' 형식은 경제학자로 하여금 '합리성' 이외의 유의미한 규범을 발견할 기회 및 연구

4 로버트 루카스는 '합리적 기대 가설' 및 '루카스 비평' 등의 공헌으로 1995년 노벨경제학상을 단독 수상했다. '케인스 경제학'과 180도 반대편에 자리 잡고 있는 '신고전학파'의 거두로 20세기 후반 최고의 거시경제학자로 간주된다. (거시)경제학자가 보기에 이 책의 유일한 단점은 '케인스'와 '루카스'라는 경제학의 두 거인의 이름이 생략되어 있다는 것이다.

과제를 선사할 수 있는 강력한 도구가 되는 셈이다. 새로운 규범은 새로운 경제모형을 창출해낼 수 있기 때문이다. 또한 모형의 규범(화자)과 실증(청자) 간의 대화의 단절은 경제모형이 실증적 사회과학으로 진화할 기회를 놓치거나, 수리적 유희 놀이로 전락할 수 있다는 것을 자각하게 한다. (주류) 경제학자로 하여금 "경제학은 인륜적 학문이다"라는 태초의 말씀을 기억하고 회개할 기회를 준다. 적어도 '합리성'이라는 규범 및 개념에는 '비동일자(das Nichtidentische)'의 계기가 있고, 따라서 내재적 비판을 통한 '합리성' 개념의 반성을 수행할 의무를 갖게 한다. 그런 의미에서 이 책은 경제학자가 보기에 전적으로 경제학도나 경제학자를 위한 책이다.

인문학자의 입장에서 이 책은 그다지 혁신적으로 보이지 않을 수도 있다. 경제학이 시도해온 '합리성'의 규범이나 행동 경제학적 실증은 인문학자들에게 거의 칵테일 파티의 농담거리에 가깝다. 물론 이 책을 통해 인문학자들은 "우리는 자원이 한정되어 있다는 생각에 기반한 이 잘못된 선택을 거부한다"(345쪽)는 결론은 적어도 피할 수 있을 것이다. 그럼에도 이 책은 인문학자나 인문학도가 참고할 만한 실용적 가치를 담고 있다. 먼저 경제학을 포함한 다채로운 인문·사회 도서들을 비판적으로 개관할 수 있는 '서지 목록'이나 '백과사전'의 역할을 한다. 이 책에서 인용된 수많은 책들을 통해 독자들은 위대한 경제·인문·사회 저작들과 '대화'할 수 있는 계기를 갖는다. 옮긴이들은 인용된 저서들의 한국어판이 있다면 병기하여 자연스럽게 독서의 확장이 이루어질 수 있도록 했다. 둘째, 이 책이 제기한 도덕론을 철학적 용어로 공식화할 공론의 장을 독자들 스스로 마련할 기회를 가질 수 있다(331쪽). 칸트주의도 가능하고 다원주의도 가능하다. 아도르노의 부정변증법(Negative Dialektik)도 가능하다. 셋째, 최저 출산율을 기록하고 있는 작금의 한국에서 4장 베커의 결혼 경제학을 역비

관할 수 있는 독보적인 기회를 갖는다(이 책의 원서를 읽는 미국의 독자들은 누릴 수 없는 특혜이다). 적어도 한국에서 사랑은 오차항에 있을지 모른다. 넷째, '인공지능 시대의 융합'이라는 이름으로 우리 모두는 '스푸핑' 당하고 있을지도 모른다는 날카로운 사회 비판 시각을 유지할 수 있다. '융합'이나 '융합 교육'이라는 말이 남용될수록 우리는 이미 '스푸핑' 당하고 있는 것이다. 베토벤이 특히 그의 후기 피아노 소나타를 통해 '가짜 대위법'과 '소나타 양식'을 융합한 '융합'의 화신이었다는 것은 잘 알려져 있지만, 베토벤의 첫 스승인 네페(Neefe)가 베토벤이 바흐의 '진짜 대위법' 평균율 클라비어 곡집을 통째로 외워버릴 때까지 가르쳤다는 사실을 아는 이는 많지 않다.

마지막으로 이 책이 요청하는 '여우다움'은 고도로 특화된 지적 기술을 요구하는 '고슴도치형' 재능이 아닌 '철두철미한 관찰력'을 활용할 줄 아는 재능이라는 점을 지적해야겠다.

2024년 7월 15일 김형석·김형주

참고문헌

김형석. 출간 예정. 『현대경제학 비판』. 서강대학교출판부.
루카스, 로버트(Robert Lucas, Jr.). 1987. 『경기변동 모형(Models of Business Cycles)』. 바질 블랙웰.
아도르노, 테오도르(Theodor W. Adorno). 1999. 『부정변증법』. 홍승용 옮김. 한길사.
파머, 로저(Roger E. A. Farmer). 1999. 『자기실현적 예언의 거시경제학(Macroeconomics of Self-Fulfilling Prophecies)』. MIT 출판부.
폰 노이만, 존(John Von Neumann)·모르겐슈테른, 오스카르(Oskar Morgenstern). 1944. 『게임이론과 경제행동(Theory of Games and Economic Behavior)』. 프린스턴 대학 출판부.
호프스태터, 더글라스(Douglas Hofstadter). 2017. 『괴델, 에셔, 바흐: 영원한 황금 노끈』. 박여성·안병서 옮김. 까치글방.

지은이

게리 솔 모슨 (Gary Saul Morson)

1948년 출생이다. 예일 대학교에서 러시아 문학 박사 학위를 받았다. 현재 노스웨스턴 대학교 슬라브 어문학과 교수이다. 펜실베이니아 대학교에서 슬라브 학과 학장을 지냈으며 미국 인문과학 학술원 회원이다. 주요 관심 분야는 19세기 러시아 문학이며 도스토옙스키, 톨스토이에 대한 주요 저서들을 출간했다. *The New York Review of Books*에 러시아 문학 관련 서평을 지속적으로 기고하고 있다.

저서로는 『산문학과 기타 도발들: 공감, 열린 시간, 그리고 소설』(2013), 『평범한 시선 속에 숨겨진 것: 전쟁과 평화에 담긴 내러티브와 창조적 가능성』(1997), 『바흐친의 산문학』(1990) 등이 있다.

모턴 샤피로 (Morton Shapiro)

1953년 출생이다. 펜실베이니아 대학교에서 박사 학위를 받았다. 2009년부터 2022년까지 노스웨스턴 대학교 총장을 지냈고 2000년부터 2009년까지는 윌리엄스 칼리지 총장을 지냈다. 주 관심사는 대학 재정, 학비, 재정 보조이며 이에 관한 저서들을 집필했다. 미국 인문과학 학술원, 전미 교육원의 회원이다. ≪고등교육연감≫에 지속적으로 기고하고 있다.

옮긴이

김형석

서울대학교 경영대학을 졸업하고 미국 브라운 대학교에서 응용수학 석사 학위, 미국 컬럼비아 대학교에서 거시경제학·경기변동론으로 경제학 박사 학위를 받았다. 서강대학교 경제학부 교수, KAIST(한국과학기술원) 경영대학 교수를 거쳐 현재 KAIST 과학기술정책대학원 교수로 재직하고 있다. 2014년과 2016년 한국경제학회 사무차장, 2017~2018년 한국금융학회 이사를 역임했고 2018~2021년 한국은행 조사국 상임자문교수로 활동했다.

김형주

연세대학교 정치외교학과와 노어노문학과를 졸업하고 미국 브라운 대학교에서 러시아 문학 석사, 동 대학에서 러시아 문학·19세기 러시아 소설로 박사 수료했다. 현재 연세대학교에서 '여행기 사료 관점에서 본 러시아와 유럽의 관계'를 주제로 강의하고 있다.

한울아카데미 2525

감성 × 경제

지은이 | 게리 솔 모슨·모턴 샤피로
옮긴이 | 김형석·김형주
펴낸이 | 김종수
펴낸곳 | 한울엠플러스(주)
편　집 | 배소영

초판 1쇄 인쇄 | 2024년 8월 23일
초판 1쇄 발행 | 2024년 8월 30일

주소 | 10881 경기도 파주시 광인사길 153 한울시소빌딩 3층
전화 | 031-955-0655
팩스 | 031-955-0656
홈페이지 | www.hanulmplus.kr
등록번호 | 제406-2015-000143호

Printed in Korea.
ISBN 978-89-460-7525-2 93300 (양장)
978-89-460-8321-9 93300 (무선)

※ 책값은 겉표지에 표시되어 있습니다.
※ 이 책은 강의를 위한 학생판 교재를 따로 준비했습니다.
강의 교재로 사용하실 때는 본사로 연락해주시기 바랍니다.